高等职业教育轨道交通新形态一体化系列教材

铁路信号基础设备运行与维护

主　编　吴广荣　张胜平

副主编　刘怀昆　都淑明

主　审　姜　波

西南交通大学出版社

·成　都·

内容简介

本书根据我国铁路信号飞速发展现状，系统地介绍了铁路信号基础设备的结构、基本原理、维护标准以及一些信号基础设备调整、检修与故障分析处理方法。全书分为5个项目，在包括色灯信号机、道岔转辙设备、轨道电路、信号继电器维护及铁路信号设备雷电防护的认知基础上，增加了高速铁路、客运专线的一些高速铁路信号基础设备的知识。

本书可作为高等职业院校、中等职业学校铁道信号自动控制专业的教学用书，也可作为现场铁路信号工程技术人员和信号维修人员的培训教材。

图书在版编目（CIP）数据

铁路信号基础设备运行与维护 / 吴广荣，张胜平主编. —成都：西南交通大学出版社，2021.6

ISBN 978-7-5643-7914-8

Ⅰ. ①铁… Ⅱ. ①吴… ②张… Ⅲ. ①铁路信号－信号设备－运行－高等职业教育－教材②铁路信号－信号设备－维修－高等职业教育－教材 Ⅳ. ①U284.7

中国版本图书馆 CIP 数据核字（2020）第 255322 号

Tielu Xinhao Jichu Shebei Yunxing yu Weihu

铁路信号基础设备运行与维护

主编 / 吴广荣　张胜平

责任编辑 / 李芳芳

封面设计 / 何东琳设计工作室

西南交通大学出版社出版发行

（四川省成都市二环路北一段 111 号西南交通大学创新大厦 21 楼　610031）

发行部电话：028-87600564　　028-87600533

网址：http://www.xnjdcbs.com

印刷：成都中永印务有限责任公司

成品尺寸　185 mm × 260 mm

印张　17　　字数　425 千

版次　2021 年 6 月第 1 版　　印次　2021 年 6 月第 1 次

书号　ISBN 978-7-5643-7914-8

定价　45.00 元

课件咨询电话：028-81435775

图书如有印装质量问题　本社负责退换

前　言

铁路行车安全是第一位的，随着我国铁路不断提速，铁路建设步伐的不断加快，对铁路行车安全又提出了新的要求。铁路信号基础设备维护的好坏，直接影响着铁路行车的安全与效率，铁路信号技术人员水平的高低是影响铁路信号基础设备维护好坏的关键。在培养铁路信号行业技术人员过程中，除了让他们掌握铁路信号基础设备的理论知识外，更主要的是培养他们的职业能力，使他们能够及时准确地分析、判断和处理故障，这也是解决铁路信号基础设备维护问题的重要途径。

在列车提速过程中，铁路信号主要基础设备在一定程度上和一定范围内进行了更新改造，使其有了长足的进步。其中，高速铁路、客运专线需要更现代化的信号设备。在铁路快速发展的背景下，需要编写反映铁路信号基础设备现状和发展的适用教材，为铁路信号的技术进步和人才培养提供支持和保证。本教材是根据铁路职业教育的特点，结合高等职业教育铁路信号自动控制专业教学大纲组织编写的。该书比较全面地介绍了当今铁路信号基础设备的结构、运行原理以及常见故障处理方法，另外，在每个项目、任务中配套了 PPT、图片、视频（课件）、微课等数字资源，通过扫描二维码即可获取对应资源，使读者更为方便地学习理解各种信号基础设备的结构、运行原理。同时，每个项目后除了附有复习思考题外，通过扫描二维码还可获取该项目的在线题库资源，以便学生练习消化本项目中的知识。项目 1 信号继电器，共分为 5 个工作任务，以安全型继电器为主，兼顾了其他继电器，着重介绍了继电电路的分析与应用，并将信号继电器的检修标准、检修工作过程纳入本项目。项目 2 道岔转辙设备，共分为 7 个工作任务，不但介绍了目前我国铁路常用 ZD6 型电动转辙机、S700K 型电动转辙机、ZYJ7 型电液转辙机和 ZD（J）9 型电动转辙机的结构原理及钩式外锁闭装置的动作原理，还介绍了道岔转辙设备的调整方法以及常见机械故障处理方法，并将高速铁路和客运专线所用的道岔转辙设备纳入本项目。项目 3 铁路信号，共分为 5 个工作任务，其中信号显示按新《铁路技术管理规程》规定进行介绍，并将高速铁路（客运专线）地面信号机的设置、灯位配置和显示特点纳入本项目。项目 4 轨道电路，共分为 3 个工作任务，介绍轨道电路的基本知识、工频连续式轨道电路和 25 Hz 相敏轨道电路，以及工频连续式轨道电路和 25 Hz 相敏轨道电路的故障处理方法。项目 5 铁路信号设备防雷与接地，共分为 3 个工作任务，分别是铁路信号防雷技术认知、铁路信号综合防雷实施方案、铁路信号设备雷电综合防护系统的维护与管理。

辽宁铁道职业技术学院吴广荣担任第一主编，编写了项目 1 和项目 2，并负责全书的统稿；辽宁铁道职业技术学院张胜平担任第二主编，编写了项目 4；辽宁铁道职业技术学院刘怀昆担任副主编，编写了项目 3；辽宁铁道职业技术学院都淑明担任副主编，编写了项目 5；各个项目中的数字资源主要由辽宁铁道职业技术学院吴广荣、都淑明、刘怀昆、韩蕾、金永亮、鞠兴刚开发完成；中国铁路沈阳局集团有限公司电务处高级工程师姜波对全书进行了审定。

在本书编写过程中参考了大量相关资料，在此，本书所有编者对参考文献中所列专著、教材等的作者表示最诚挚的谢意。

由于编者水平所限，教材中不妥之处在所难免，望读者提出批评和指正，以不断提高教材质量。

编　者

2021 年 4 月

课程标准和授课计划

目　录

项目1　信号继电器

PPT资源

项目描述

继电器是自动控制系统中常用器材，它不但可以接通和断开电路，同时还可以构成各种逻辑电路，用来监督执行设备的运行状态，实现对电气和机械设备的自动控制和远程控制。在铁路信号控制系统中采用大量的继电器——信号继电器。信号继电器作为铁路信号控制系统中的重要器件，用来实现对各种信号设备的控制和监督。通过本项目的学习和训练应熟练掌握常用信号继电器的结构、动作原理，掌握继电电路的基本结构、控制原理和分析方法等，以达到信号设备检修岗位及车站与区间信号设备维修岗位的工作要求。

图片资源

教学目标

视频（课件）

1. 能力目标

（1）掌握信号继电器的种类、型号、技术参数及测试标准。

（2）掌握信号继电器的检修、测试、调整方法。

（3）掌握继电电路的基本结构、控制原理、分析方法，能够连接常用的继电电路。

微课资源

2. 知识目标

（1）熟练掌握继电器的基本原理和继电器的分类。

（2）熟练掌握各种安全型继电器的结构原理、线圈符号、接点符号和接点编号。

（3）熟练掌握常用的信号继电器结构组成及工作原理。

（4）熟练掌握继电电路的基本形式、控制原理、分析方法。

（5）掌握继电电路安全防护的基本措施。

3. 素质目标

（1）能够按照《铁路信号维护规则（技术标准）》(后简称《维规》)要求和标准化作业程序进行继电器的测试、维修。

（2）根据《铁路技术管理规程》(第10版，后简称《技规》)能够对继电电路的性能、原理进行分析，深刻理解“故障-安全”的含义。

（3）树立“安全第一”的责任意识，培养遵章守纪的工作作风。

相关案例

××年××月××日，××车站的轨道区段 $D_{419}G$ 出现红光带，该车站采用 25 Hz 相敏轨道电路，在室内分线盘甩开受电端外线，测得室外返回电压为 35 V，初步判断为室内故障，外线连接好以后再测量轨道继电器轨道线圈电压为 8.5 V，更换二元二位轨道继电器，故障消除，可见是二元二位轨道继电器故障。

继电器是铁路信号控制系统中的重要器材之一，与运输安全密切相关，以往由于对继电器维修不良、对继电电路原理不明等原因引发了多起事故，如继电器线圈损坏、继电器接点接触不良等等。只有熟练掌握信号继电器的结构、动作原理、维修方法和继电电路的分析方法，才能快速准确处理继电电路各种故障，保证铁路信号控制系统可靠稳定工作，确保铁路运输安全。

任务 1 信号继电器基本知识

1.1 任 务

本项任务的目的是使学生了解信号继电器的基本功能、基本结构和基本原理；了解继电器的分类，掌握各种型号继电器的表示方法，熟练识别各种型号的继电器；了解信号继电器及接点的图形符号表示方法；了解继电器的名称的含义。

1.2 相关知识

1.2.1 继电器的基本功能

继电器是一种多组接点的电励开关，它通过给线圈通电产生电磁力或利用交流感应的原理产生转矩，带动开关（接点）接通或断开。

在电气控制系统中，可以向继电器线圈发送电信号，使继电器动作，再控制下一级电路动作，即继电器有中继电气动作的特性，故称为继电器。

采用继电控制方式的控制系统，继电器主要有以下基本功能：

（1）可以用较小功率的电信号控制继电器动作，由继电器控制较大功率的执行设备动作。铁路信号的控制对象信号机、道岔转辙机功率都很大，现在大多都采用继电控制。

（2）可以用继电器组成结构复杂的逻辑电路，对各种逻辑条件的进行检查处理，构成功能强大的自动控制系统。在计算机控制技术应用之前，铁路信号的车站控制、区间控制、驼峰调车控制都曾采用继电控制电路，在计算机控制技术广泛应用的今天，许多电路仍然采用继电控制。

（3）当控制命令的发送端与执行端距离较远时，可将控制信号传送到接收端，进行放大，动作执行继电器，实现远程控制。

铁路信号控制系统是一套控制对象分散、控制逻辑复杂、安全性和可靠性要求高的自动控制和远程控制系统，信号继电器作为核心部件，在铁路信号控制系统中应用十分广泛，为保证铁路运输行车安全、提高运输效率发挥了不可替代的作用。

1.2.2 继电器的基本组成结构

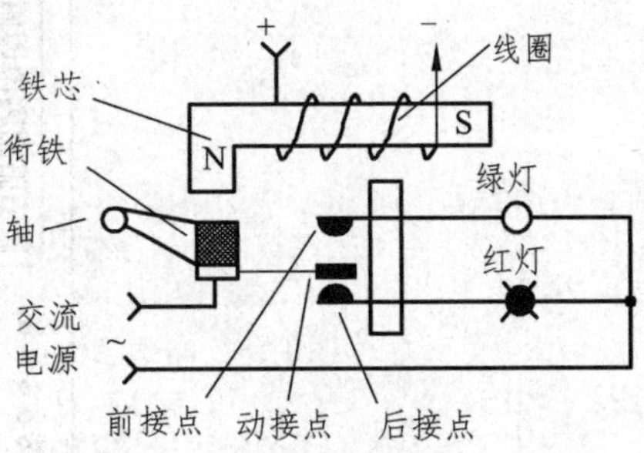

图 1.1.1 电磁继电器的基本原理

如图 1.1.1 所示，电磁继电器由电磁系统和接点系统两大部分构成。电磁系统包括线圈、固定线圈的铁芯、轭铁以及可动的衔铁；接点系统包括受拉杆带动的动接点和固定不动的静接点，其中称上边的静接点为前接点，下边的静接点为后接点。

图 1.1.2 是典型的插入式安全型无极继电器，其他各型继电器由无极继电器派生。继电器的电磁系统和接点系统固定在继电器的底座上，为保持继电器的部件清洁和动作可靠，加有聚甲基丙烯酸甲酯或聚碳酸酯制成的继电器外罩。为了防止继电器过热而引起火灾，目前要求大多继电器采用防火外罩。为了散热，外罩下面有散热孔。继电器安装在酚醛塑料制成的胶木底座上。

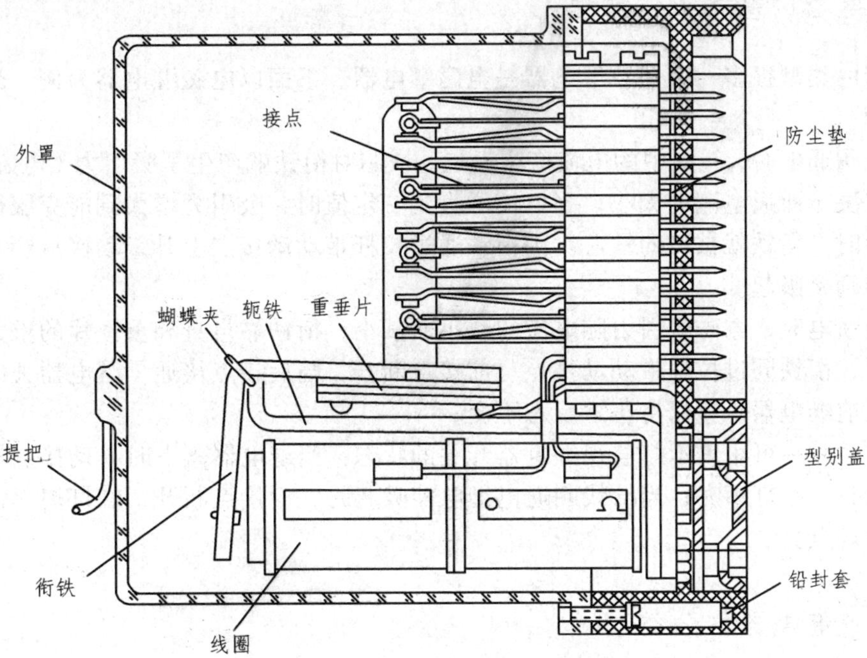

图 1.1.2 插入式无极继电器

继电器一般是插在组合架上的插座上面，插座的结构如图 1.1.3 所示。插座背面所注接点编号是无极继电器的接点编号，其他各类型继电器的接点编号各不相同，而实际使用的插座仅此一种，须按各继电器的实际接点编号情况使用。

插座正下方安装有鉴别销，目的是防止错插继电器。不同类型的继电器由型别盖上的鉴别孔与插座上的鉴别销相对应进行鉴别。

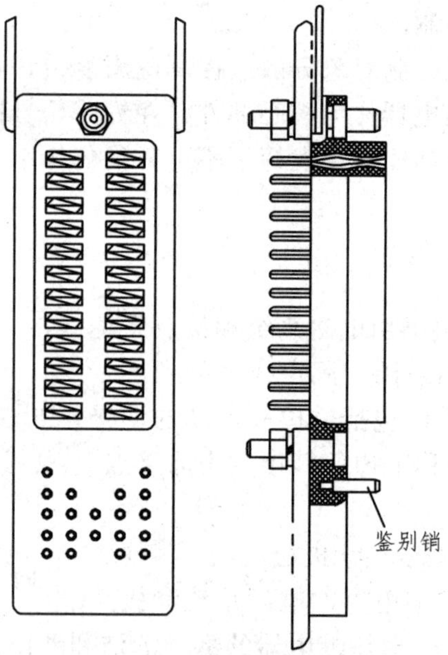

图 1.1.3　安全型继电器插座

1.2.3　继电器的基本工作原理

继电器的类型很多，大多数继电器是电磁继电器。下面以电磁继电器为例，介绍继电器的工作原理。

当给线圈通电时，线圈中的电流产生磁通，铁芯对衔铁就产生了吸引力（电磁力）。吸引力的大小取决于所通电流的大小。当电流增大到一定值时，吸引力增大到能克服衔铁向铁芯运动的阻力时，衔铁就被吸向铁芯。由衔铁通过拉杆带动动接点上升，动接点会与前接点接通，继电器励磁吸起。

当线圈断电时，电磁吸引力随电流的减小而减小，衔铁靠自身和重锤片的重力克服铁芯吸力而落下，衔铁同过拉杆带动动接点与前接点断开，与后接点接通，继电器失磁落下。在下次通电之前继电器一直保持落下状态不变。

演示实验时，可用表示灯监视继电器开关的状态：当继电器落下时，动接点与后接点接通，红灯点亮，绿灯不亮；当给线圈通电继电器吸起时，后接点断开，红灯熄灭，接着前接点接通，绿灯点亮。

1.2.4　信号继电器的分类

根据铁路信号对继电电路的控制功能需求，设计了多种类型、多种型号的信号继电器，下面按照不同的方式介绍信号继电器的分类。

1. 按继电器动作电流性质分类

按继电器动作电流性质分类，信号继电器可分为直流继电器和交流继电器。

直流继电器是由直流电源供电的，按所通电流的极性，又可分为无极、偏极和极性保持继电器。如 JWXC-1700、JPXC-1000、JYJXC-160/260 就属于直流继电器。直流继电器都属于电磁继电器。

交流继电器是由交流电源供电的，按动作原理，分为电磁继电器和感应继电器。如 JZCJ、JJJC 就属于交流电磁继电器，JRJC-66/345、$JRJC_1$-70/240 属于交流感应继电器。

整流式继电器（如 JZXC-480）虽然用于交流电路中，但它用整流元件将交流电整流为直流电，所以其实质上是直流继电器。

2. 按继电器动作原理分类

按继电器动作原理分类，继电器可分为电磁继电器、感应继电器、热力继电器等。

电磁继电器的原理是通过继电器线圈中的电流产生磁通，形成电磁力，吸引衔铁，带动接点动作。此类继电器数量最多，如 JWXC-1700、JYJXC-135/220 就属于电磁继电器。

感应继电器是利用电流通过线圈产生的交变磁场与另一交变磁场在翼板中所感应的电流相互作用产生电磁力，使翼板转动而动作的，如二元二位继电器 JRJC-66/345、$JRJC_1$-70/240 就属于感应继电器。

热力继电器是利用膨胀系数不同的两个金属片加热后单向弯曲的物理特性使接点动作。

3. 按继电器输入量的物理性质分类

按继电器输入量的物理性质分类，继电器可分为电流继电器、电压继电器、功率继电器、频率继电器等。

电流继电器反映的是电流的变化，它的线圈必须串联在电路中使用。如 JWXC-2.3、JZXC-H18 属于电流继电器。

电压继电器反映的是电压的变化，它的线圈需并联在电路中使用，其励磁电路单独构成。如 JWXC-1700、JYJXC-135/220 就属于电压继电器。

有些继电器集电压继电器和电流继电器于一身。如 JWJXC-H125/0.44，它有两个线圈，其中 125 Ω 的前圈是电压线圈，而 0.44 Ω 的后圈是电流线圈。

功率继电器反映功率的变化，频率继电器反映交流频率的变化。

4. 按继电器动作速度分类

按继电器动作速度分类，继电器可分为快动继电器、正常动作继电器和缓动继电器。

快动继电器动作速度非常快，一般动作时间小于 0.1 s。正常动作继电器动作时间为 0.1 ~ 0.3 s，大部分信号继电器属于此类。当继电器衔铁动作时间超过 0.3 s 时，该继电器称为缓动继电器。缓动继电器又分为缓吸型和缓放型。

5. 按继电器的接点结构分类

按继电器的接点结构分类，继电器可分为普通接点继电器和加强接点继电器。

普通接点继电器具有开、断功率较小的负载的能力，以满足一般信号电路的要求，多数继电器为普通接点继电器。

加强接点继电器具有开、断功率较大的负载的能力，以满足电流较大的信号电路的要求。如 JWJXC-480、JYJXC-135/220 就属于加强接点继电器。

6. 按工作可靠程度分类

按工作可靠程度分类，继电器可分为安全型继电器和非安全型继电器。

所谓安全型继电器是指继电器的动作必须符合“故障-安全”原则（系统中的设备发生一个或几个故障后，其结果是按照预先设定的，确保系统运行安全的状态输出，此原则称为“故障-安全”原则）。铁路信号系统中所用的继电器大都是安全型继电器。

1.2.5 信号继电器的表示方法

信号继电器的表示方法主要有型号、符号以及名称代号三种方法。型号是指由继电器结构决定的具有不同特性和功能的继电器；符号是指用电路符号表示不同型号的继电器及其接点；而名称代号是根据继电器的用途给继电器起的名称，它与继电器的型号、符号无关。

1. 信号继电器的型号表示法

信号继电器型号用汉字拼音字母和数字表示，字母表示继电器的类型，数字表示线圈的电阻值（单位为Ω）。例如：继电器 JWXC-1700，第一个字母表示继电器，第二个字母表示无极，第三个字母表示信号，第四个字母表示插入式，数字 1700 表示继电器线圈电阻为 1700 Ω。其中，该继电器的前圈和后圈均为 850 Ω。

信号继电器的文字符号含义如表 1.1.1 所示。

表 1.1.1 表示继电器型号的符号含义

代号	含义		代号	含义	
	安全型	其他类型		安全型	其他类型
A		安 全	R		二 元
B		半导体	S		时间、灯丝、双门
C	插入	插入、传输、差动	T		通用、弹力
D		单门、动态	W	无 极	
DB	单闭磁		X	信 号	信号、小型
H	缓 放	缓 放	Y	有 极	
J	继电器、加强接点	继电器、加强接点、交流	Z	整 流	整流、转换
P	偏 极				

下面介绍常用的信号继电器型号：

1）安全型继电器的型号

铁路信号控制系统中，应用最多的是安全型继电器，安全型继电器有无极继电器（含无极、无极加强接点、无极缓放、无极加强接点缓放）、整流式继电器、有极继电器（含有极、有极加强接点）、偏极继电器等型号。表 1.1.2 列出了各种安全型继电器的型号及其线圈连接方式、接点组数、鉴别销号码、电源片使用等情况，表中 Q 表示前接点，H 表示后接点，D 表示定位接点，F 表示反位接点，J 表示加强接点。

表 1.1.2　安全型继电器的规格及型号

类型序号	规格序号	继电器类型	继电器型号	线圈连接	接点组数	鉴别销号码	电源片连接	
							使用	连接
1	1	无极继电器	JWXC-2000	串联	2QH	12，55	1，4	2，3
	2		JWXC-1700		8QH	11，51		
	3		JWXC-1000			11，52		
	4		JWXC-7			11，55		
	5		JWXC-2.3		4QH	11，54		
	6		JWXC-370/480	单独	2QH，2Q	22，52	3，4/1，2	
	7	无极加强接点继电器	JWJXC-480	串联	2QH，2QHJ	15，51	1，4	2，3
	8		JWJXC-160		2QHJ	11，52	1，4	2，3
	9		JWJXC-135/135	单独	2QH，4QJ，2H	31，53	3，4/1，2	
	10		JWJXC-300/370		4QHJ	22，52		
	11	无极缓动继电器	JWXC-H310		8QH	22，54	1，4	
	12	无极缓放继电器	JWXC-H600	串联	8QH	12，51	1，4	2，3
	13		JWXC-H340			12，52		
	14		JWXC-500/H300	单独		12，53	3，4/1，2	
	15		JWXC-H850		4QH	11，52	1，4	
	16		JWXC-H1200	串联	8QH	14，42	1，4	2，3
	17	无极加强接点缓放继电器	JWJXC-H125/0.44	单独	2QH，2QHJ	15，55	3，4/1，2	
	18		JWJXC-H125/0.13		2QH，2QJ 2H	15，43		
	19		JWJXC-H125/80			31，52		
	20		JWJXC-H80/0.06			12，22		
	21		JWJXC-H80/0.17			15，55		
2	22	整流继电器	JZXC-480	串联	4QH，2Q	13，55	7，8	1，4
	23		JZXC-0.14	并联	4QH	13，54	5，6	1，3 2，4
	24		JZXC-H156	串联		22，53	5，6	1，4
			JZXC-H62			13，53		
	25		JZXC-H18	串联	4QH	13，53	5，6	1，4
	26		JZXC-H142					
	27		JZXC-H138					
	28		JZXC-H60					
	29		JZXC-H0.14/0.14	单独	2QH，2H	22，53	53，63/32，42	
	30		JZXC-16/16		4QH	13，53	1，2	
	31		JZXC-H18F				5，6	
	32		JZXC-H18F1				1，2	
	33		JZXC-480F		4QH，2Q		71，81	

续表

类型序号	规格序号	继电器类型	继电器型号	线圈连接	接点组数	鉴别销号码	电源片连接	
							使用	连接
3	34	有极继电器	JYXC-660	串联	6DF	15，52	1，4	2，3
	35		JYXC-270		4DF	15，53		
	36	有极加强接点继电器	JYJXC-3000		2F，2DFJ	13，51		
	37		JYJXC-J3000					
	38		JYJXC-135/220	单独	2DF，2DFJ	15，54	1，2/3，4	
	39		JYJXC-X135/220			12，23		
	40		JYJXC-220/220			15，54		
4	41	偏极继电器	JPXC-1000	串联	8QH	14，51	1，4	2，3

2）交流二元继电器的型号

交流二元继电器是 25 Hz 相敏轨道电路专用的轨道继电器，有 JRJC-66/345 和 JRJC-70/240 两种型号，如表 1.1.3 所示。

表 1.1.3 交流二元继电器的规格及型号

规格序号	继电器类型	继电器型号	线圈连接	接点组数	鉴别销号码	电源片连接	
						局部	轨道
1	交流二元继电器	JRJC-66/345	轨道线圈与局部线圈分开使用	2Q、2H	12，32	1，2	3，4
2		JRJC-70/240			11，22		

3）时间继电器的型号

时间继电器是用来记录延时时间的继电器，原来应用最多的是 JSBXC-850 型半导体时间继电器，在此基础上生产出了其他型号的时间继电器，如表 1.1.4 所示。

表 1.1.4 时间继电器的规格及型号

规格序号	继电器类型	继电器型号	线圈连接	接点组数	鉴别销号码	电源片连接	
						使用	连接
1	半导体时间继电器	JSBXC-780	单独	2QH、2Q	14，55	73，62	1、81 2、13 3、71 4、23
2		JSBXC-820					
3		JSBXC-850					
4	单片机时间继电器	JSDXC-850					—
5	单片可编程时间继电器	$JSBXC_1$-850					
6		$JSBXC_1$-870B01					
7	道口时间继电器	JSC-30		4QH	11，22		

除上述的信号继电器外，还有电源屏系列继电器、灯丝转换继电器等，其型号在此不一一列举。

2. 继电器图形符号

在信号控制电路中，应用各种信号继电器，为了简化和规范电路，将信号继电器（线圈）和开关接点用电路符号表示。图 1.1.4 是最常用的直流无极继电器的线圈和接点的基本图形符号。

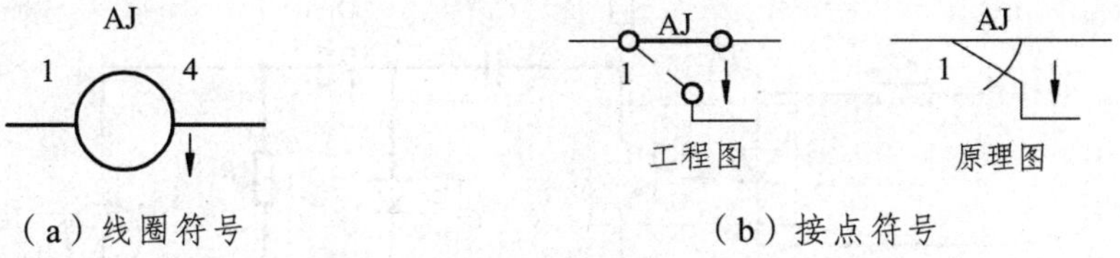

图 1.1.4　JWXC-1700 继电器的线圈符号和接点符号

继电器接点符号有工程图用符号和原理图用符号两种。工程图用的符号略为复杂，但能准确表达接点的状态，且不致因笔误而造成误解，所以信号工程图纸、文件和书籍必须采用标准的工程图用符号。原理图用的接点符号比较简单，容易造成误认，正规的文件和图纸中不许使用。

不同类型的信号继电器、不同的线圈使用方式，其线圈的符号不同；继电器不同的定位状态、电路中不同的开关状态要求，其接点的符号也不相同。继电器的线圈和接点各种符号表示方式，将在后面具体介绍。

3. 继电器名称

首先需要说明，继电器的型号和继电器的名称不是一回事。继电器的型号是继电器本身所固有的，如 JWXC-1700 表示该继电器是无极继电器，线圈阻值为 1700 Ω；而继电器的名称一般是根据它在继电电路中的主要用途和功能来命名的，常常用汉语拼音字头来表示，它与继电器的型号无关。例如按钮继电器表示为 AJ，信号继电器表示为 XJ。在一个控制系统中会使用很多继电器，同一作用和功能的继电器也不止一个，它们的名称必须有所区别。例如以 XLAJ 代表下行进站信号机的列车进路按钮继电器，SLAJ 代表上行进站信号机的列车按钮继电器。同一个继电器的线圈符号和接点符号的上面必须用该继电器的名称来标记，以免互相混淆。同一个继电器的各接点组还要进行编号，以防止重复使用。

1.3　知识拓展

动态继电器

随着电子技术和计算机技术的迅速发展，铁路信号控制系统采用了大量的微型计算机和电子元件取代了信号继电器，车站联锁控制采用了计算机联锁系统。在计算机联锁系统中，逻辑控制取消了大量安全型继电器，但继电器与电子器件相比，仍具有开关性能好、故障-安全（发生故障时导向安全）性能强、能控制多个回路、抗雷击性能强等特点。因此，计算机联锁系统的接口电路仍然采用继电器作为执行元件。

计算机联锁系统的接口继电器，原来都是动态继电器。动态继电器的基本原理，如图 1.1.5 所示。

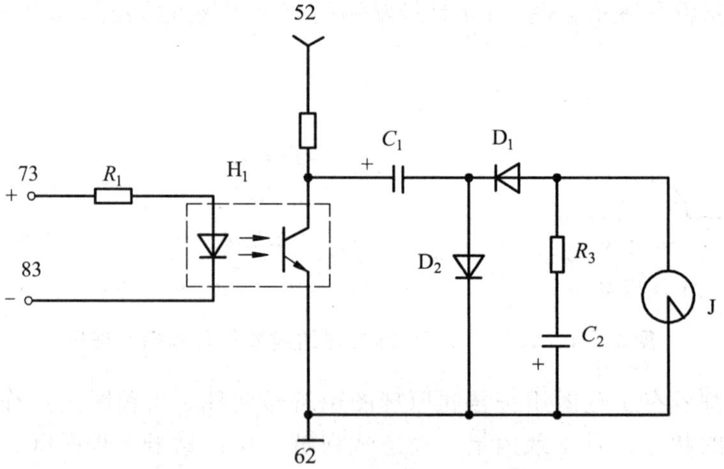

图 1.1.5　动态继电器电路原理图

电路在静态（无序列脉冲输入）时，固态光电耦合器 H_1 处于截止状态，电容器 C_1 充电，C_1 两端电压充至电源电压时充电结束，继电器 J 中无电流通过，继电器处于落下状态。

当控制端 73、83 有控制信号（序列脉冲）输入的情况下，当输出高电平时，H_1 导通，C_1 经 H_1 向 C_2 放电，同时也向继电器放电；当为低电平时，H_1 截止，C_1 恢复充电，C_2 向继电器放电；这样，H_1 随着控制信号的高、低电平变化不断地导通与截止，C_1、C_2 不断地充、放电。只要有 2 个以上脉冲输入并有一定的脉冲宽度使 C_2 两端电压达到继电器工作值并保持一定时间，可以使继电器吸起。

直到控制端无控制信号输入，H_1 截止，C_2 得不到能量补充，其两端电压下降至继电器落下值，继电器才落下。

当控制端输入固定高电平时，H_1 虽能导通，但 C_1、C_2 没有反复充放电过程，继电器不能吸起。当控制端输入固定低电平时，H_1 截止，继电器更没有吸起的可能。

可见，只有输入端连续收到计算机输出的动态脉冲，继电器才能吸起，因此称为动态继电器。

实际上动态继电器是用动态控制元件控制偏极继电器，原来的设计都是将偏极继电器拆掉两组接点，动态控制元件安装在内部，改变了原偏极继电器的结构。现在的计算机联锁系统都已将动态控制元件安装在计算机联锁机柜内，而将偏极继电器安装在组合架上，这样就取消了动态继电器。

1.4　相关规范、规程与标准

《铁路信号维护规则（技术标准）》11.1.1。

继电器的外罩须完整、清洁、明亮、封闭良好，封印完整，外罩应采用阻燃材料。继电器的可动部分和导电部分不能与外罩相碰。

任务2　常用信号继电器

2.1　任　务

本项任务的目的是使学生掌握常用信号继电器的结构特点，根据继电器的外形结构能够识别继电器的类型；掌握常用信号继电器的工作原理和动作特点，根据电路需要能够选用对应型号的继电器；掌握各种型号继电器的线圈、接点及其插座端子的使用情况。

2.2　相关知识

前面曾介绍过，铁路信号控制系统常用的继电器类型和型号很多，大多数信号继电器都属于安全型继电器。除安全型继电器外，还有交流二元二位继电器、时间继电器、灯丝转换继电器等。

2.2.1　直流无极继电器

直流无极继电器是最常用的电磁继电器，也是应用最多的安全型继电器。许多其他类型的继电器都是在直流无极继电器基础上派生出来。直流无极继电器有通用的无极继电器、无极加强接点继电器和无极缓放继电器等。

1. 通用的直流无极继电器

通常说的直流无极继电器指的是通用的无极继电器，主要型号有 JWXC-1700、JWXC-2000、JWXC-1000、JWXC-7、JWXC-2.3、JWXC-370/480 等，其中 JWXC-1700 型继电器是最常用的直流无极继电器。

1）无极继电器的结构

JWXC 型无极继电器如图 1.2.1 所示。无极继电器由电磁系统和接点系统两大部分组成。

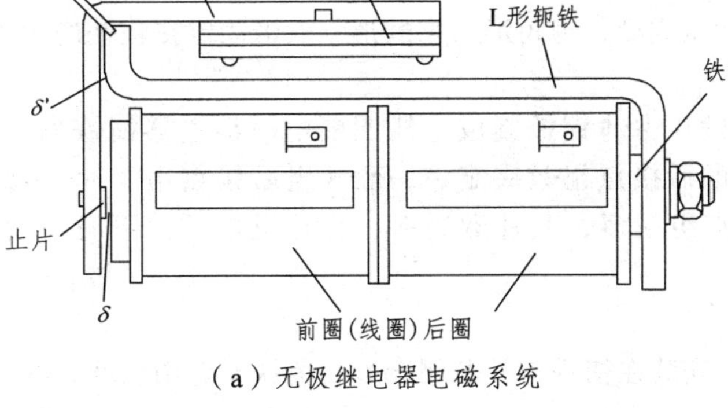

（a）无极继电器电磁系统

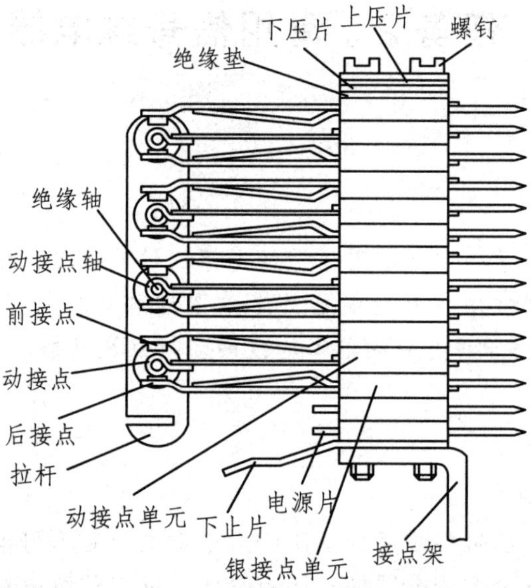

（b）无极继电器接点系统

图 1.2.1　无极继电器结构

（1）电磁系统。

如图 1.2.1（a）所示，电磁系统由线圈、铁芯、轭铁、衔铁、重锤片、止片等构成。

① 线圈。

线圈水平安装在铁芯上，分为前圈和后圈（前圈用 3-4 表示，后圈用 1-2 表示）。采用双线圈的目的主要是为了增强控制电路的适应性和灵活性。线圈绕在线圈架上，线圈架由酚醛树脂压制而成。线圈用高强度漆包线密排绕制，抽头焊有引线片。

② 铁芯。

如图 1.2.2 所示，铁芯由电工纯铁制成，为软磁材料，具有较高的磁通密度和较小的剩磁。它的外层镀锌防护。继电器的规格不同，铁芯的尺寸大小不同。极靴在铁芯头部，用冷镦法加粗。

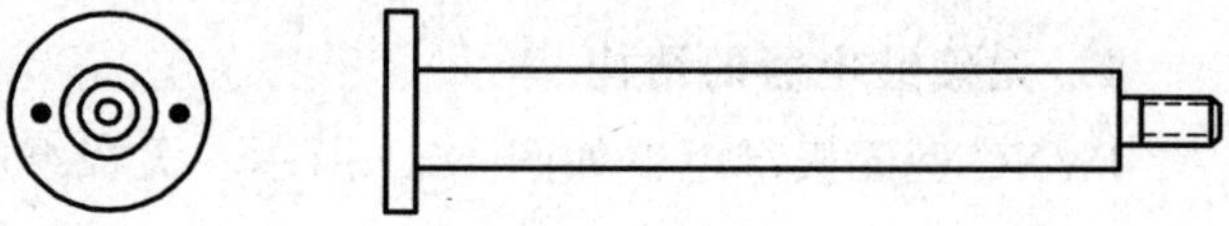

图 1.2.2　铁芯

③ 轭铁。

扼铁呈 L 形，由电工纯铁板冲压成型，外表镀多层铬防护。

④ 衔铁。

衔铁由电工纯铁冲压成型，为角形，靠蝶形钢丝卡固定在轭铁的刀刃上。

⑤ 重锤片。

铆在衔铁上的重锤片由薄钢板制成。线圈断电时继电器衔铁靠重力返回。重锤片的基片多少，由继电器的后接点组数决定，一般 8 组后接点用 3 片，6 组用 2 片，4 组用 1 片，2 组不用。后接点组越多，其片数越多，保证继电器落下时，动接点对后接点有足够的压力。

⑥ 止片。

止片由黄铜制成，安装在衔铁与铁芯闭合处的衔铁上。用以增大继电器在吸起状态的磁阻，减小剩磁影响，保证继电器可靠落下。止片厚度，因继电器规格不同而异，其止片也有所不同，共有6种，可取下按规格更换。

（2）接点系统。

接点系统如图 1.2.1（b）所示，无极继电器接点系统采用两排纵列式联动结构，它处于电磁系统上方，通过接点架、螺钉紧固在轭铁上，两者成为一个整体。用螺钉将下止片、电源片、银接点单元、动接点单元以及压片按顺序组装在接点架上。用拉杆将动接点与衔铁联结在一起。

① 电源片单元。

电源片单元由黄铜制成的电源片压在胶木内。电源片一端（继电器里侧）和继电器线圈连接，另一端（继电器外侧）与继电器插座相连。

② 银接点单元。

银接点单元由锡磷青铜带制成的接点片与由黄铜制成的托片组成，两组对称地压制在胶木内。在接点簧片的端部焊有银接点（前接点或后接点）。接点接触时碰撞会产生颤动，颤动将形成电弧，对接点有较大的破坏作用，为消除这种颤动必须设置托片。

③ 动接点单元。

动接点单元由锡磷青铜带制成的动接点簧片与黄铜板制成的补助片组成，它们压制在酚醛塑料胶木内。动接点簧片端部焊有动接点，动接点由银氧化镉制成。

④ 下止片。

下止片由锡磷青铜板制成，外层镀镍，它在衔铁落下时起限位作用。

⑤ 压片。

压片由弹簧钢板冲压成弓形，分上、下两片，其作用是保证接点组的稳固性。

⑥ 拉杆。

拉杆一般由塑料制成，拉杆上设有绝缘轴，动接点轴套在拉杆的绝缘轴上。衔铁通过拉杆带动接点组动作。

绝缘轴用冻石瓷料制成，抗冲击强度足够。动接点轴由锡磷青铜线制成。

⑦ 接点架。

接点架由钢板制成，用稳钉与扼铁固定，保证接点架不变位。

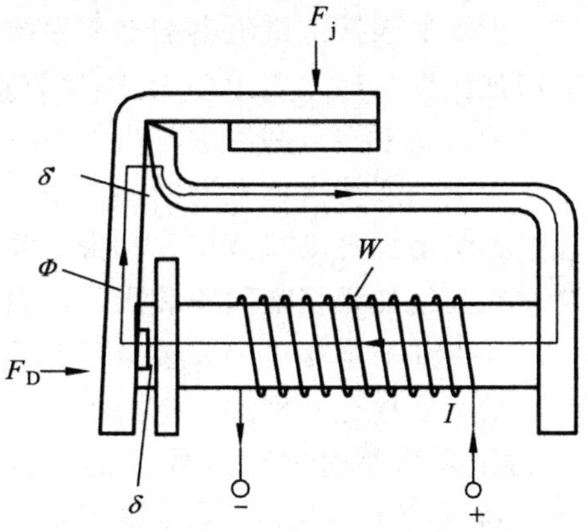

图 1.2.3 无极继电器磁路

2）直流无极继电器的动作原理

如图 1.2.3 所示，在线圈上通以直流电源后，线圈中的电流 I 使铁芯磁化，在铁芯内产生工作磁通 Φ，它从铁芯极靴处经过主工作气隙 δ 进入衔铁，又经过第二工作气隙 δ' 进入轭铁，然后回到铁芯，形成一闭合磁路。在工作气隙 δ 处，由于磁通 Φ 的作用，铁芯与衔铁间产生电磁吸引力 F_D，当 F_D 大到足以克服机械负载的阻力 F_j（主要是衔铁自重和接点的弹力）时，衔铁就会动作，与铁芯吸合。此时衔铁通过拉杆带动动接点动作，使后接点断开，前接点闭合接通。

当断开电源时，线圈中的电流逐渐减小，铁芯中的磁通按一定规律随之减小，吸引力也随着减小。当电流逐渐减小，它所产生的吸引力小于机械力时，衔铁离开铁芯而释放。此时拉杆带动动接点动作，使前接点断开，后接点闭合接通。

3）直流无极继电器的图形符号

图 1.2.4（a）所示为直流无极继电器的线圈符号；图 1.2.4（b）所示为直流无极继电器的接点符号。无极继电器的接点在工程图纸上用三个空心小圆、粗实线、虚线、接点引线、接点组号、箭头和继电器在电路中的名称构成。粗实线表示闭合接通，虚线表示断开。

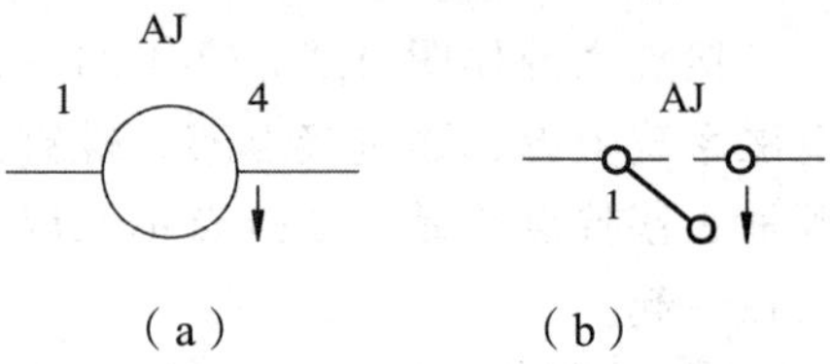

图 1.2.4　无极继电器的图形符号

4）无极继电器的电源片及接点编号（以下简称接点编号）

继电器的接点编号也称接点配置。从继电器的后面看，如图 1.2.5 所示，1 和 2 是继电器的后圈电源片，3 和 4 是继电器的前圈电源片，左边有 1、3、5、7 四组前后接点，右边有 2、4、6、8 四组前后接点。继电器 JWXC-1700、JWXC-7、JWXC-H340、JWXC-H600、JWXC-1000、JWXC-500/H300 的接点编号是相同的。

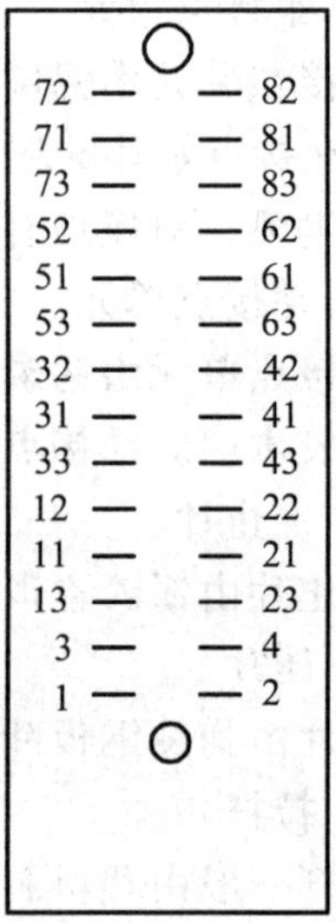

图 1.2.5　无极继电器接点编号

2. 无极加强接点继电器

加强接点继电器的加强接点具有通断较大功率信号电路的能力。无极加强接点继电器有 JWJXC-480、JWJXC-H125/0.44、JWJXC-H125/80、JWJXC-H125/0.13、JWJXC-H120/0.17、JWJXC-H80/0.06 等型号。

1）无极加强接点继电器的结构

无极加强接点继电器的电磁系统与无极继电器大体相同，接点系统由两组普通接点和两组加强接点组成，表示为 2QH 和 2QHJ。普通接点与无极继电器相同，加强接点则具有特殊设计的大功率接点和磁熄（吹）弧器。

无极加强接点继电器的接点系统如图 1.2.6 所示。它的普通接点与无极继电器相同。加强接点组由加强动接点单元和带磁吹弧器的加强接点单元组成。为了防止接点组间的飞弧短路，在两组加强接点间安装既耐高温、又具有良好绝缘性能的云母隔弧片，隔弧片铆在拉杆上。为保证加强接点的安装空间，达到熄灭接点电弧的目的（熄灭电弧或火花的一种方法），前、动、后接点间增加了空白单元。

由锡磷青铜片冲压成型的加强动接点片头部，铆有由银氧化镉制成的动接点。而加强静接点片头部，同样铆接银氧化镉接点，在接点的同一位置点焊了安装磁钢的熄弧器夹。

熄弧磁钢（永久磁钢）由铝镍钴合金或铁镍铝合金制成。为避免电弧烧损接点及对磁钢去磁，加强接点端部设有导弧角，使电弧迅速移到接点及磁钢的前部位置。

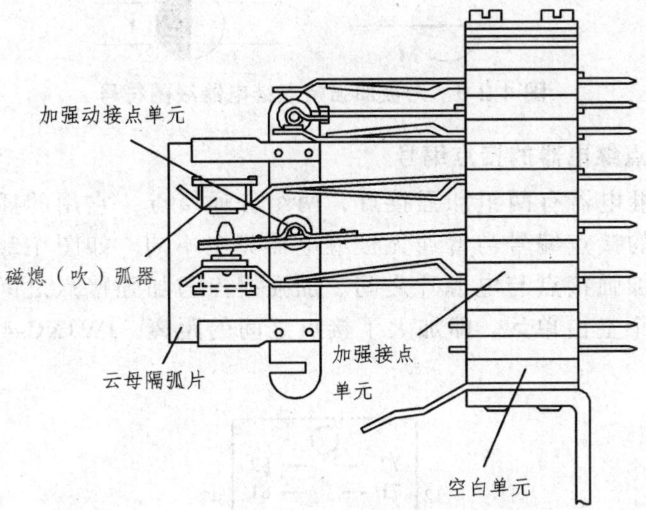

图 1.2.6　无极加强接点继电器接点系统

2）磁吹弧的原理

如图 1.2.7 所示，永久磁钢产生的永磁磁通经过接点间的气隙构成磁回路。接点断开时在接点之间产生电弧（电子和离子）。当接点间产生电弧时，电子和离子就要受到永磁的电磁力，使电弧吹得向外拉长，最后使电弧自行熄灭。

磁吹弧的方向根据左手定则确定。此时要求通过接点电流的方向，应符合使接点间电弧向外吹的原则。否则，向内吹弧，不但不会熄灭电弧，还会造成接点的损伤，所以，加强接点上用磁熄弧器的继电器，如 JWJXC-480、JWJXC-H125/0.44、JWJXC-H125/80 等都规定了接点的正负极性，使用中要注意磁吹弧的方向。磁吹弧器的安装与接点电流方向，如图 1.2.8 所示。

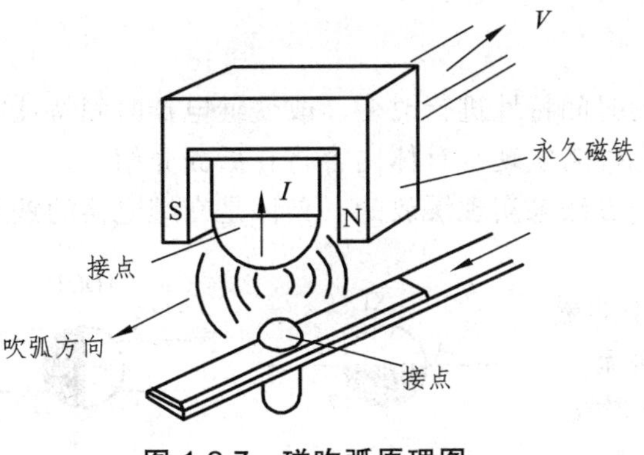

图 1.2.7　磁吹弧原理图

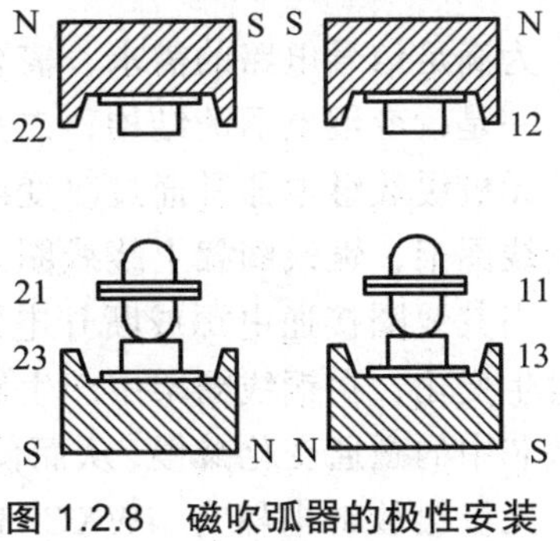

图 1.2.8　磁吹弧器的极性安装

3）无极加强接点继电器的图形符号

无极加强接点继电器的线圈符号是在无极继电器的基础上加一条粗实线，如图 1.2.9 所示。它的接点符号同普通直流无极继电器的接点符号。

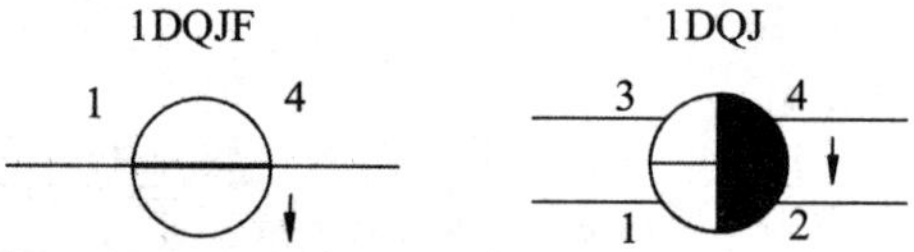

图 1.2.9　无极加强接点继电器线圈符号

4）无极加强接点继电器的接点编号

无极加强接点继电器有两组加强接点，两组普通接点，它用的插座与无极继电器用的插座相同，但它的接点编号与普通无极继电器完全不同。如图 1.2.10 所示，电源片上移了一个位置，在加强接点与电源片之间、加强接点与加强接点之间、加强接点与普通接点之间增加了一个空白单元，即加大了接点之间的距离。JWJXC-480 等继电器的接点编号基本相同。

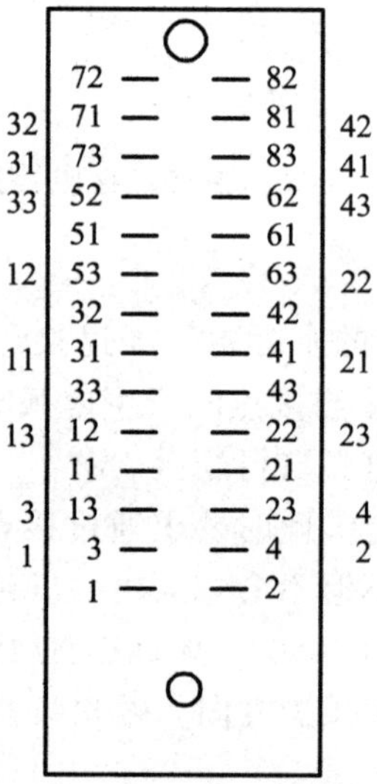

图 1.2.10　JWJXC-480 继电器接点编号

3. 无极缓放继电器

为满足信号电路的需求，需要对继电器的时间特性进行改变。改变继电器时间特性的方法：一是改变继电器的结构；二是通过外加元件来实现。具体内容将在后面介绍。

无极缓放继电器是通过改变继电器结构的方法来实现缓放的。具体是在继电器的铁芯上套铜线圈架，铜线圈架上绕线圈。

当其线圈接通电源或断开电源时，铁芯中的磁通发生变化，在铜线圈架中产生感应电流（涡流），使铁芯中的磁通变化减慢，从而使继电器缓吸缓放。

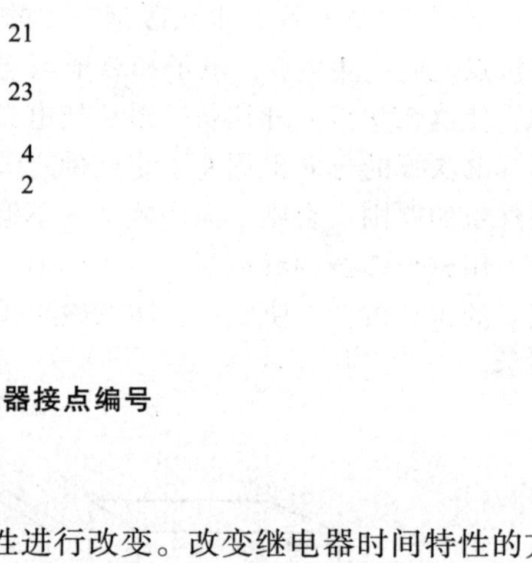

图 1.2.11　无极缓放继电器线圈符号

无极缓放继电器有 JWXC-H340、JWXC-H600 等型号，它们的线圈符号如图 1.2.11（a）所示。当然，有的无极加强接点继电器也是缓放继电器，如 JWJXC-H125/0.44、JWJXC-H125/80、JWJXC-H125/0.13、JWJXC-H120/0.17、JWJXC-H80/0.06 等，它们的线圈符号如图 1.2.11（b）所示。

无极缓放和无极缓放加强接点继电器的接点符号同无极继电器；无极缓放继电器的接点编号与无极继电器的接点编号基本相同，无极缓放加强接点继电器的接点编号与无极加强接点继电器的接点编号基本相同。

2.2.2 整流式继电器

整流式继电器用于交流电路中。在电路中，该继电器上虽然通的是交流电，但其内部由交流整流电路输出动作直流无极继电器。所以，整流式继电器属于直流继电器。

1. 整流式继电器结构

整流式继电器由无极继电器和整流电路构成。它的电磁系统与无极继电器基本相同；它的接点系统的结构与无极继电器也相同，零部件全部通用，只是接点编号有些区别。在接点组上方或线圈旁边安装由二极管组成的半波或全波整流电路。

整流式继电器有 JZXC-480、JZXC-0.14、JZXC-H142、JZXC-H18 及派生的 JZXC-H18F、JZXC-16/16 等型号。其中，JZXC-480 用于工频交流轨道电路，JZXC-H18、JZXC-18F、JZXC-H142、JZXC-16/16、JZXC-0.14 用于信号点灯电路。

多数整流式继电器的线圈与电源片连接如图 1.2.12 所示。在使用时，JZXC-480、JZXC-H18 等要求在继电器插座上将 1、4 封连，整流继电器线圈使用的 3-2 线圈，3 为“+”，2 为“－”。继电器的 53 和 63 或 73 和 83 为交流电的输入端，在继电器线圈符号上一般简写为 5、6 或 7、8；JZXC-0.14 的 1、3 封连，2、4 封连。

2. 整流式继电器的动作原理

如图 1.2.12（a）和（b）图所示，在 73、83 或 53、63 两端输入交流电，通过整流电路整流得到脉动的直流电，将此直流电加到 3、2 线圈两端（线圈 1、4 封连），使继电器吸起。如图 1.2.12（c）所示，在 53、63 两端输入交流电（继电器电源片 1、3 封连，2、4 封连），当 53 为“+”，63 为“－”时，继电器吸起，当 53 为“－”，63 为“+”时，继电器线圈通过二极管释放能量，使继电器保持在吸起位置。

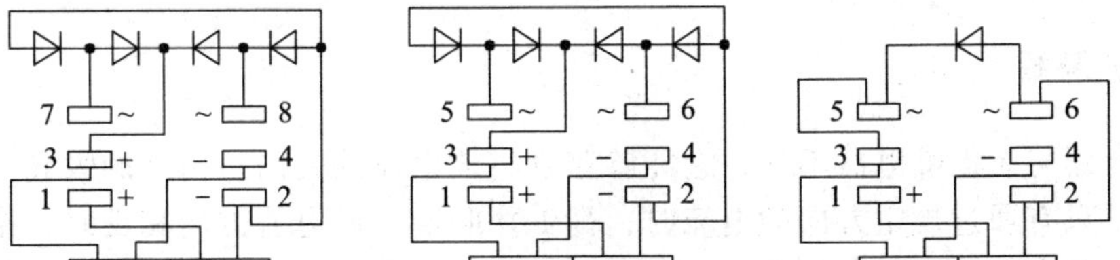

图 1.2.12　整流式继电器的线圈与电源片连接

由于交流电源通过整流后，在线圈上加的是全波或半波的脉动直流电，其中存在交变成分，使电磁吸引力产生脉动，对继电器正常工作带来不利影响。

3. 整流式继电器图形符号

整流式继电器的线圈符号是在无极继电器线圈符号的基础上加一个二极管符号，如图 1.2.13 所示。接点符号与无极继电器相同。

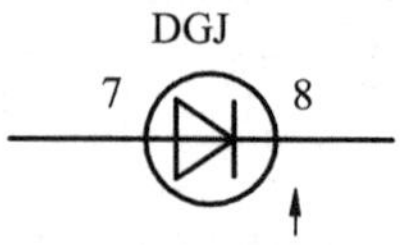

图 1.2.13　整流式继电器的线圈符号

4. 整流式继电器的接点编号

如图 1.2.14 所示，JZXC-480 继电器的交流输入端为 73、83，有 4 组前后接点，2 组前接点。JZXC-H18 等继电器的交流输入端为 53、63，有四组前后接点。JZXC-H18F1、JZXC-16/16 的交流输入端为 1、2 线圈。JZXC-480F 的交流输入端为 71、81。

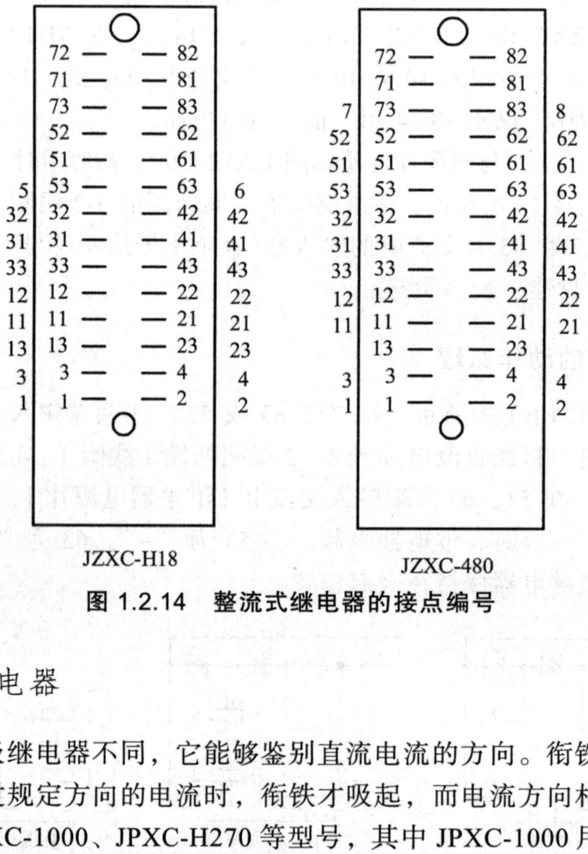

图 1.2.14　整流式继电器的接点编号

2.2.3　直流偏极继电器

偏极继电器与无极继电器不同，它能够鉴别直流电流的方向。衔铁的吸起与线圈中电流的方向有关，只有通过规定方向的电流时，衔铁才吸起，而电流方向相反时，衔铁不动作。

偏极继电器有 JPXC-1000、JPXC-H270 等型号，其中 JPXC-1000 用于道岔控制电路、计算机联锁系统的接口电路等。JPXC-H270 型有两个品种，$JPXC_1$-H270 型和 $JPXC_2$-H270 型。前者用于道口信号故障切断电路，后者用于单轨条机车信号或计轴电路。

1. 偏极继电器的结构

如图 1.2.15 所示，偏极继电器铁芯的极靴是方形的，在方形极靴下方用两个螺钉固定永久磁钢，处于极靴和永久磁钢之间的衔铁，受永磁力的作用偏于落下位置。由于永磁力的存在使动接点对后接点有一定的压力，因此衔铁只安装一块重锤片。

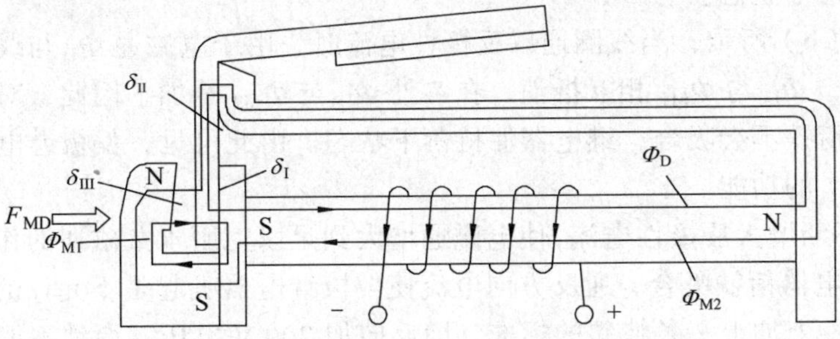

（a）衔铁吸合时的永磁及电磁磁路

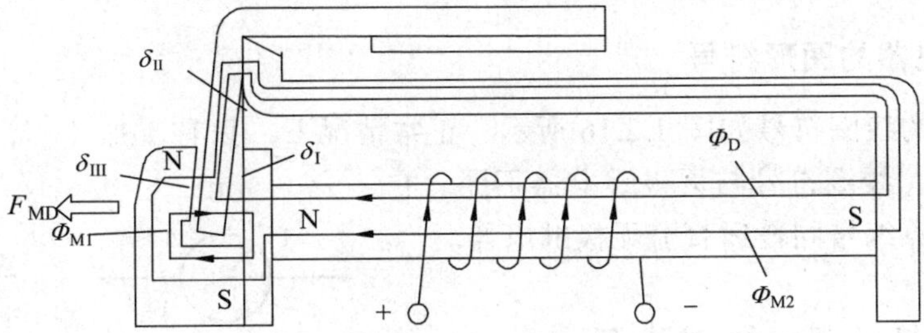

（b）通以反极性电源时的永磁及电磁磁路

图 1.2.15　偏极继电器磁路及工作原理

为了与铁芯的方形极靴配合，衔铁也由半圆形改为方形，以增加受磁面积，降低气隙磁阻。永久磁钢上部为 N 极，下部为 S 极。

偏极继电器的接点系统同无极继电器。

2. 偏极继电器的动作原理

如图 1.2.15 所示，偏极继电器有两个磁路：一个是永磁磁路 Φ_M，另一个是电磁磁路 Φ_D。永磁的磁通中 Φ_M 分成两部分：一部分磁通 Φ_{M1} 从 N 极出发，经第三工作气隙 $\delta_{Ⅲ}$ 进入衔铁后，经第一工作气隙 $\delta_{Ⅰ}$ 进入方形极靴，然后直接返回 S 极；另一部分磁通 Φ_{M2} 从 N 极出发，经第三工作气隙 $\delta_{Ⅲ}$ 进入衔铁后，穿过第二工作气隙 $\delta_{Ⅱ}$ 进入轭铁，再经铁芯至方形极靴，返回 S 极。由于 $\delta_{Ⅰ} > \delta_{Ⅱ}$，所以 $\Phi_{M2} > \Phi_{M1}$，而 $\Phi_M = \Phi_{M1} + \Phi_{M2}$，故 $\Phi_M >> \Phi_{M1}$。这样，$\delta_{Ⅲ}$ 处由 Φ_M 产生的永磁力 F_M 远大于 $\delta_{Ⅰ}$ 处由 Φ_{M1} 产生的永磁力，使衔铁处于稳定的落下位置。

线圈通电后，铁芯中产生电磁通 Φ_D，如图 1.2.15（a）所示。Φ_D 的方向与线圈产生的磁通有关。若线圈通正方向电流，电磁通在极靴处为 S 极，这时，$\delta_{Ⅰ}$ 处 Φ_D 和 Φ_{M1} 方向相同，在 $\delta_{Ⅱ}$ 处 Φ_D 和 Φ_{M2} 方向相反。由于力臂相差较大，$\delta_{Ⅰ}$ 处总电磁吸引力 F_{MD1} 增大；$\delta_{Ⅱ}$ 处总电磁吸引力 F_{MD2} 减小。因此，对衔铁的总吸引力 F_{MD} 增大。当 $F_{MD} > F_M$ 时，衔铁将被吸向铁芯。

衔铁与铁芯吸合后，由于磁路气隙 $\delta_{Ⅲ} >> \delta_{Ⅰ}$，永磁磁铁对衔铁的吸力大大减小，只要线圈中的直流电流保持稳定的工作值，继电器将保持吸起。

当继电器线圈无电时，磁通逐渐消失，继电器衔铁靠重力、接点的反作用力使衔铁离开铁芯，在衔铁返回的过程中，$\delta_{Ⅰ}$ 增大，$\delta_{Ⅱ}$ 减小，靠永久磁通 Φ_M 的作用力，使继电器迅速落下。

若线圈通以反方向电流，见图 1.2.15（b），由于电磁通 Φ_D 改变了方向，在 $\delta_{Ⅰ}$ 处，Φ_D 与

Φ_{M1}相减。而在δ_{II}处Φ_D与Φ_{M2}相加，因此，对衔铁的总吸引力F_{MD}减小，因此衔铁不会吸合，继电器保持落下状态。

如图 1.2.15（b）所示，当线圈通以反极性电流时，由于电磁通Φ_D与线圈通正方向电流时相反，在δ_I处，Φ_D与Φ_{M1}相互抵消，在δ_{II}处Φ_D与Φ_{M2}叠加，因此，对衔铁的总吸引力F_{MD}减小，因此衔铁不会吸合，继电器保持落下状态。由此可见，偏极继电器具有鉴别电流方向（电源极性）的功能。

但是，如果不断增大反极性电流，使电磁通增大到足以克服永久磁通的作用，即$F_D - F_{M1} > F_M$，也可能使继电器衔铁吸合，通反方向电流使偏极继电器吸起是不允许的。因此，在偏极继电器的电气特性上加上一条特殊的标准，即反向加 200 V 电压，衔铁不能吸起，以保证其工作的可靠性。可见，偏极继电器反极性不吸起是有条件的。

3. 偏极继电器的图形符号

偏极继电器的线圈符号如图 1.2.16 所示，正常情况下，只有 1 加“+”，4 加“－”时，继电器才能吸起，线圈符号与无极继电器不同。它的接点符号和接点编号同普通直流无极继电器。

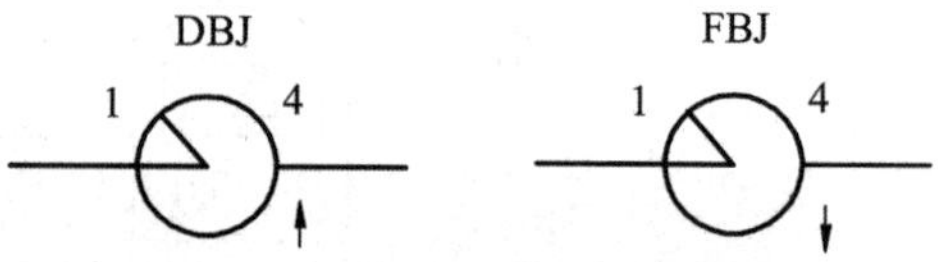

图 1.2.16　偏极继电器线圈符号

2.2.4　有极（极性保持）继电器

有极继电器具有定位和反位两种稳定状态，定位状态指的是吸起位置，反位指的是落下位置。这两种稳定状态在线圈中电流消失后，仍能继续保持，故有极继电器又称极性保持继电器。

有极继电器有 JYXC-660、JYXC-270 型和加强接点的 JYJXC-J3000、JYJXC-X135/220 、JYJXC-135/220 和它的替代产品 JYJXC-160/260 等型号。其中，JYXC-270 用于改变运行方向电路，JYJXC-135/220、JYJXC-160/260 用于道岔控制电路，JYJXC-X135/220 用于驼峰道岔控制电路。

1. 有极继电器的结构

有极继电器的结构如图 1.2.17 所示，用一块端部呈刃形的长条形永久磁钢代替了无极继电器的部分轭铁。永久磁钢与轭铁间用螺钉联结，电磁系统中增加了永久磁钢。

永久磁钢的上部中间位置有一台面，以形成均匀的第二工作气隙δ_{II}。另外，有极继电器没有加装止片。

2. 有极继电器的动作原理

有极继电器的衔铁与铁芯极靴之间的间隙最小时（即吸起状态）的位置规定为定位，此时闭合的接点叫作定位接点（符号为 D，相当于前接点）；衔铁与铁芯极靴之间的间隙最大时（即打落状态）的位置规定为反位，此时闭合的接点叫作反位接点（符号为 F，相当于后接点）。

如图 1.2.17 所示，有极继电器的磁路系统有两部分组合而成：一部分是由永磁磁路，另一部分是电磁磁路。

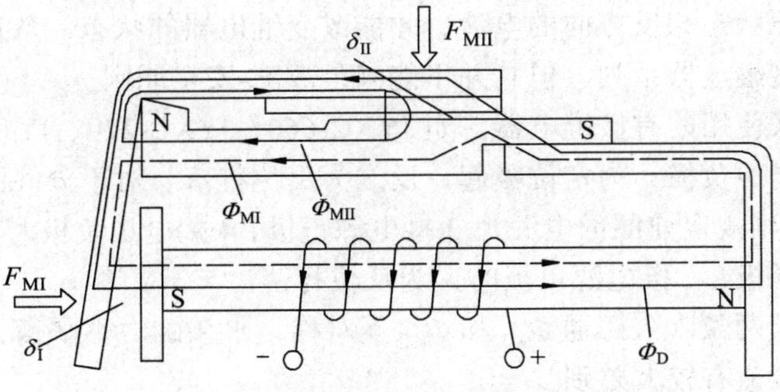

（a）由反位转换至定位的磁通方向

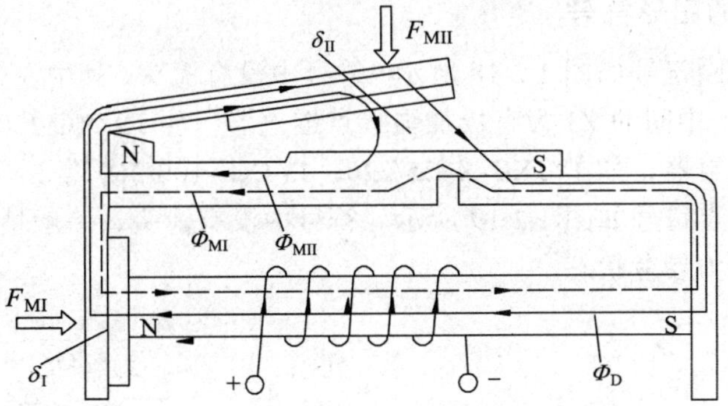

（b）由定位转换至反位的磁通方向

图 1.2.17　有极继电器的磁路

永久磁钢的磁通由 $\Phi_{\mathrm{M\,I}}$ 和 $\Phi_{\mathrm{M\,II}}$ 两条并联支路组成。$\Phi_{\mathrm{M\,I}}$ 从 N 极出发，经衔铁、第一工作气隙 δ_{I}、铁芯、轭铁，到 S 极；$\Phi_{\mathrm{M\,II}}$ 从 N 极出发，经衔铁上部、重锤片、第二工作气隙 δ_{II}，到 S 极。

当继电器处于反位打落状态时，由于 $\delta_{\mathrm{I}}>>\delta_{\mathrm{II}}$，因此 $\Phi_{\mathrm{M\,II}}>>\Phi_{\mathrm{M\,I}}$。由 $\Phi_{\mathrm{M\,II}}$ 所产生的吸引力 $F_{\mathrm{M\,II}}$，与衔铁重力、动接点预压力共同作用，克服了 $\Phi_{\mathrm{M\,I}}$ 产生的吸引力 $F_{\mathrm{M\,I}}$ 与后接点压力，使衔铁保持在稳定的打落位置。

此时，当给线圈中通以正方向电流时，如图 1.2.17（a）所示，则铁芯中电磁通 Φ_{D} 的方向是极靴处为 S 极。这时在 δ_{I} 处的 Φ_{D} 与 $\Phi_{\mathrm{M\,I}}$ 方向一致，磁通是加强的，等于 $\Phi_{\mathrm{D}}+\Phi_{\mathrm{M\,I}}$。而在 δ_{II} 处 Φ_{D} 与 $\Phi_{\mathrm{M\,II}}$ 方向相反，磁通是削弱的，等于 $\Phi_{\mathrm{M\,II}}-\Phi_{\mathrm{D}}$，当 Φ_{D} 增到足够大时，$\Phi_{\mathrm{D}}+\Phi_{\mathrm{M\,I}}>\Phi_{\mathrm{M\,II}}-\Phi_{\mathrm{D}}$，所以 $F_{\mathrm{MD\,I}}>F_{\mathrm{MD\,II}}$，$F_{\mathrm{MD\,I}}$ 将克服 $F_{\mathrm{MD\,II}}$、衔铁重力及接点反作用力，使衔铁开始吸合。在衔铁吸合过程中，随着 δ_{I} 的不断减小、δ_{II} 的不断增大，当 $F_{\mathrm{MD\,I}}>>F_{\mathrm{MD\,II}}$ 时，衔铁便迅速运动到吸合位置。

当继电器处于定位吸起状态时，由于 $\delta_{\mathrm{I}}<<\delta_{\mathrm{II}}$，因此 $\Phi_{\mathrm{M\,I}}>>\Phi_{\mathrm{M\,II}}$。由 Φ_{MI} 所产生的吸引力 $F_{\mathrm{M\,I}}$ 将克服 $\Phi_{\mathrm{M\,II}}$ 产生的吸引力 $F_{\mathrm{M\,II}}$、衔铁重力及接点的反作用力，使衔铁处于稳定的吸合位置。

此时，如果给线圈反方向电流，如图 1.2.17（b）所示，铁芯中电磁通 Φ_{D} 的方向随之改变，极靴处为 N 极。在 δ_{I} 处 Φ_{D} 与 $\Phi_{\mathrm{M\,I}}$ 方向相反，磁通削弱，等于 $\Phi_{\mathrm{M\,I}}-\Phi_{\mathrm{D}}$；在 δ_{II} 处，Φ_{D} 与 $\Phi_{\mathrm{M\,II}}$ 方向相同，磁通加强，等于 $\Phi_{\mathrm{M\,II}}+\Phi_{\mathrm{D}}$，$\Phi_{\mathrm{M\,II}}+\Phi_{\mathrm{D}}>\Phi_{\mathrm{M\,I}}-\Phi_{\mathrm{D}}$，$F_{\mathrm{MD\,II}}>F_{\mathrm{MD\,I}}$，在 $F_{\mathrm{MD\,II}}$、衔铁重力、接点作用力的共同作用下，衔铁返回到打落位置。

当有极继电器处于定位吸起状态时，给继电器线圈通正方向电流，继电器状态不变；当有极继电器处于反位打落状态时，给继电器线圈通反方向电流，继电器状态也不变。只有给继电器线圈通以与原状态相反方向的电流，才能改变继电器的状态。从这个角度讲，尽管有极继电器属于安全型继电器系列，但它并不能满足故障-安全原则。

对于两线圈串联使用的有极继电器，如 JYXC-660、JYXC-270、JYJXC-J3000，电源片 1 接电源正极，4 接电源负极，为定位吸起，反之为反位打落。对于分线圈使用的有极继电器 JYJXC-160/260 等，则规定前圈的电源片 3 接电源正极，4 接电源负极时为定位吸起，而后圈的电源片 2 接电源正极，1 接电源负极时，为反位打落。

应该指出，由于两条永久磁通 $\Phi_{\mathrm{M\,I}}$ 和 $\Phi_{\mathrm{M\,II}}$ 不对称，永久磁力不平衡，使有极继电器的正向转极值与反向转极值有较大差别。

3. 有极继电器的图形符号

有极继电器的线圈符号如图 1.2.18 所示，符号中没有箭头，其中左边的 FJ 为普通有极继电器，如 JYXC-270；中间的 ZJ 为有极加强接点继电器，如 JYJXC-J3000；右边的为有极加强接点分圈使用的继电器，如 JYJXC-X135/220、JYJXC-160/260 等。

有极继电器的接点符号如图 1.2.19 所示。符号中没有箭头，一般情况下，信号控制电路中均以定位吸起位置为参考状态。

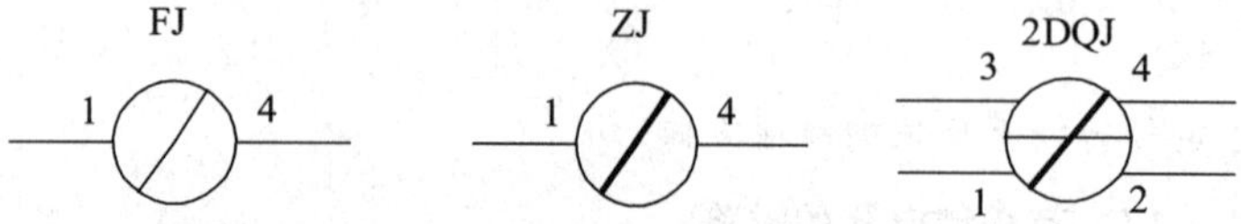

图 1.2.18 有极继电器的线圈符号

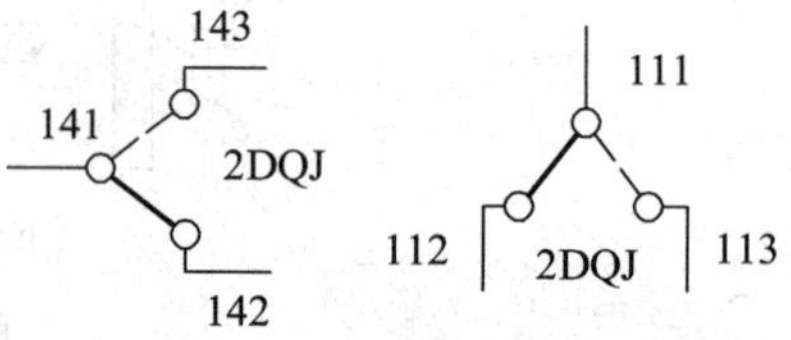

图 1.2.19 有极继电器的接点符号

4. 有极继电器的接点编号

如图 1.2.20 所示，左边两个为普通有极继电器的接点编号；右边两个为有极加强接点继电器的接点编号，它们都有两组加强接点和两组普通接点。

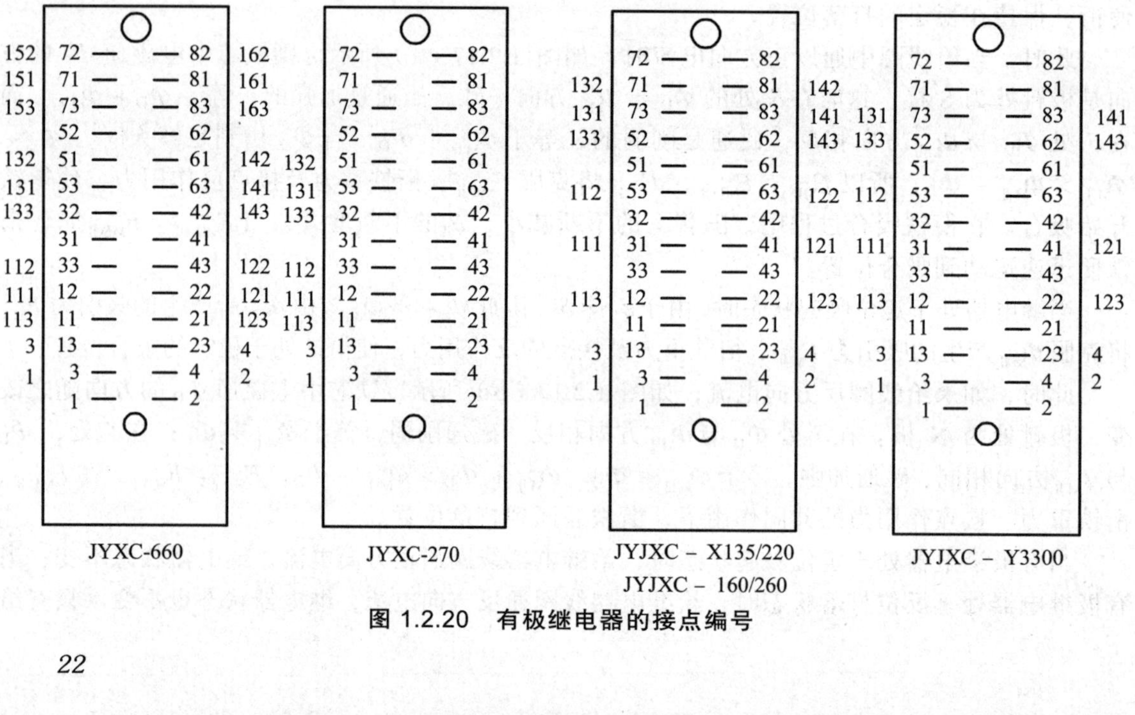

图 1.2.20 有极继电器的接点编号

2.2.5 时间继电器

时间继电器是一种缓吸继电器，它是在无极继电器的基础上，配合电子延时电路，可以获得 180 s、30 s、13 s、3 s 等延时时间，以满足各种信号电路的需要。

时间继电器由时间控制单元（电子延时电路）与 JWXC-370/480 型无极继电器组合而成。延时电路安装在接点组的上方。信号电路中常用的时间继电器为 JSBXC-850 型、$JSBXC_1$-850 型，它们的延时时间有四种，分别为 180 s、30 s、13 s、3 s。JSBXC-870B01 型时间继电器是对 JSBXC-850 型的缓吸时间的不同要求而设计的。此外，还有用于道口信号电路中的 JSC-30 型时间继电器。

时间继电器的 180 s 一般用于接车进路和正线发车进路的人工延时解锁、中间出岔解锁；30 s 用于侧线发车进路、调车进路的人工延时解锁、非进路调车进路解锁、道岔控制电路；13 s 用于道岔表示报警电路、道岔控制电路；3 s 用于灯丝断丝等报警电路。时间继电器的基本情况如表 1.2.1 所示。

表 1.2.1 时间继电器的基本情况

<table>
<tr><th rowspan="3">序号</th><th rowspan="3">继电器名称</th><th rowspan="3">型号</th><th rowspan="3">鉴别销号码</th><th colspan="2">线圈参数</th><th colspan="3">电气特性</th><th colspan="4">动作时间</th></tr>
<tr><th rowspan="2">连接</th><th rowspan="2">电阻/Ω</th><th rowspan="2">充磁值/mA</th><th rowspan="2">释放值/mA</th><th rowspan="2">工作值不大于/mA</th><th colspan="4">连接端子
51-52 53-12</th></tr>
<tr><th>51-52</th><th>51-61</th><th>51-63</th><th>51-83</th></tr>
<tr><td>1</td><td rowspan="3">半导体时间继电器</td><td>JSBXC-780</td><td rowspan="6">14、55</td><td rowspan="7">单独</td><td>390×2</td><td rowspan="2">$\frac{56}{56}$</td><td rowspan="2">$\frac{4.5}{4.5}$</td><td rowspan="2">$\frac{14}{14}$</td><td>60±6</td><td rowspan="2">30±3</td><td rowspan="2">13±1.3</td><td rowspan="2">3±0.3</td></tr>
<tr><td>2</td><td>JSBXC-820</td><td>410×2</td><td>45±4.5</td></tr>
<tr><td>3</td><td>JSBXC-850</td><td>370/480</td><td rowspan="5">$\frac{56}{54}$</td><td rowspan="5">$\frac{4}{3.8}$</td><td rowspan="3">$\frac{14}{13.4}$</td><td>180±27</td><td>30±4.5</td><td>13±1.95</td><td>3±0.45</td></tr>
<tr><td>4</td><td rowspan="2">单片机时间继电器</td><td>JSDXC-850</td><td>370/480</td><td rowspan="2">180±9</td><td rowspan="2">30±1.5</td><td rowspan="2">13±0.65</td><td rowspan="2">3±0.15</td></tr>
<tr><td>5</td><td>$JSBXC_1$-850</td><td>370/480</td></tr>
<tr><td>6</td><td>单片可编程时间继电器</td><td>$JSBXC_1$-870 B01</td><td>370/500</td><td>$\frac{16}{13.4}$</td><td>3±0.15</td><td>2±10.1</td><td>1±0.05</td><td>0.6±0.03</td></tr>
<tr><td>7</td><td>道口时间继电器</td><td>JSC-30</td><td>11、12</td><td>370/370</td><td>$\frac{14.5}{13.8}$</td><td colspan="4">连接 11-52、12-51、13-61
30±0.3</td></tr>
</table>

1. JSBXC-850 型半导体时间继电器

1）JSBXC-850 型时间继电器的结构

JSBXC-850 型半导体时间继电器（型号中 S 为时间，B 为半导体，850 是 370 和 480 之和）的电路如图 1.2.21 所示，它由无极继电器 JWXC-370/480 和延时电路构成。延时电路中的核心元件是单结晶体管 BT；电阻 $R_6 \sim R_{13}$ 和 C_1 构成了 RC 充电电路。

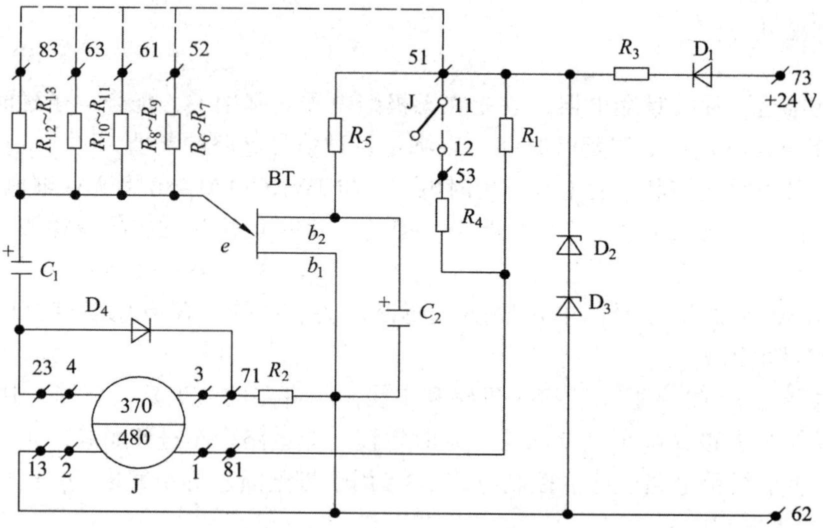

图 1.2.21　JSBXC-850 继电器

2）JSBXC-850 型时间继电器的动作原理

在 BT 的发射极 e 和第一基极 b_1 的放电回路中接入继电器 J 的前圈 3-4（370 Ω）；J 的后圈 1-2（480 Ω），通过电阻 R_1 直接与电源相连。接通电源时，后圈有电流流过，其电路为：+24 V 电源（73 端子）—二极管 D_1—R_3—R_1—$J_{1\text{-}2\,线圈}$—电源（62 端子）。但是，R_1 的阻值很大，为 3 ~ 4.7 kΩ，因此流过后圈的电流很小，继电器 J 不会动作。与此同时，电源也给电容器 C_1 充电，其电路为：+24 V 电源（73 端子）—D_1—R_3—R_6 ~ R_7（或 R_8—R_9、R_{10}—R_{11}、R_{12}—R_{13}）—C_1—$\dfrac{J_{4\text{-}3}}{D_4}$—电源（62 端子）。

此电流流过前圈的方向正好与后圈的相反，继电器更不会动作。

当电容器 C_1 充电电压上升至高于单结晶体管 BT 的击穿电压时，BT 的发射极 e 与第一基极 b_1 间导通，C_1 放电，其电路为：C_1（+）—BTeb_1—R_2—$J_{3\text{-}4\,线圈}$—C_1（−）。

此电流流过前圈的方向与后圈的相同，当两者之和达到继电器的工作值时，继电器吸起，其前接点 11-12 沟通了自闭电路，电路为：+24 V 电源（73 端子）—D_1—R_3—$J_{11\text{-}12}$—R_4—$J_{1\text{-}2\,线圈}$—电源（62 端子）。

由于 R_4 的接入，电路的电阻值降低近一半，流过后圈的电流大于继电器的落下值，继电器可靠吸起。

3）延时时间

JSBXC-850 的缓吸时间与充电电路的时间参数有关。C_1 的电容量越大，充电至单结晶体管 BT 击穿电压的时间越长，缓吸时间越长。充电电路的电阻值越大，电容器的充电电流越小，充电时间必然延长，缓吸时间越长。在端子 52、61、63、83 上分别接入不同阻值的电阻，即获得四种延时。缓吸时间还与单结晶体管的击穿电压有关，而击穿电压又决定于单结晶体管的分压比，分压比越大，击穿电压越高，缓吸时间越长。

在半导体时间继电器中，C_1 和单结晶体管选定后，改变延时时间，就靠接入不同的阻值的电阻来完成。

一般情况是连接端子 51-52 为 180 s，51-61 为 30 s，51-63 为 13 s，51-83 为 3 s。此外，

通过端子的不同连接还可获得其他延时时间，如 51 与 61、63 相连为 9s，51 与 61、63、83 相连为 2.3 s，以满足电路的特殊需要。

4）其他元件的作用

D_2、D_3与 R_3 串联后成为稳压电路，稳压值 19.5 ~ 20.5 V，使继电器电源电压在 21 ~ 27 V 间变化时保持标准值的吸起时间，以消除电源电压波动对延时的影响。

D_1是防止电源极性接错而设的，电源接错时它使电路不通。

D_4并在继电器前圈两端，构成继电器断电时产生的反电势产生电路的回路，以免击穿单结晶体管。

C_2是单结晶体管第二基极的平滑电容，也是稳压电路的滤波电容，以消除电源噪声对电路延时的干扰。

R_5是单结晶体管的基极电阻。

2. JSBXC$_1$-850 型时间继电器

JSBXC-850 型时间继电器采用是 *RC* 延时电路，由于电容器老化和环境温度变化，延时时间会发生漂移，需定期检修和调整其时间常数。而 JSBXC$_1$-850 型可编程时间继电器，是新一代的时间继电器，它采用微电子技术，通过单片机软件设定不同的延时时间。它采用动态电路输出，延时精度高（为 ± 5%），不需要调整，电路安全可靠，它不改动继电器的外部配线，使用很方便。

JSBXC$_1$-850 型时间继电器的电路如图 1.2.22 所示，由输入电路Ⅰ、控制电路Ⅱ、动态输出电路Ⅲ和电源电路Ⅳ组成。

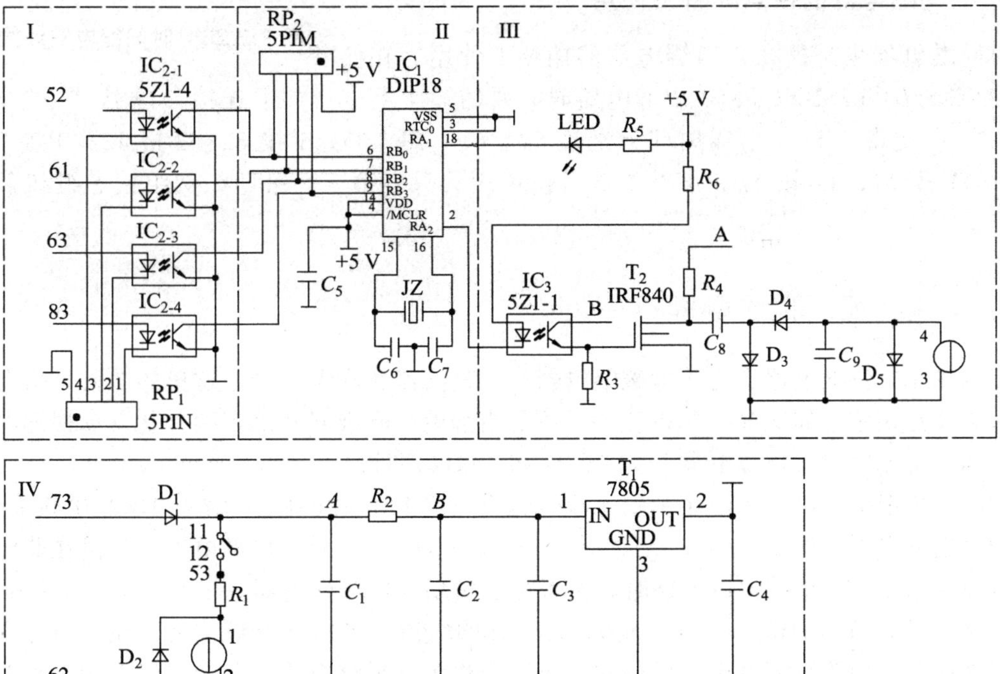

图 1.2.22 JSBXC$_1$-850 型继电器

Ⅰ为输入电路，经 4 个光电耦合器 IC_{2-1} ~ IC_{2-4}（5Z1-4 型）输入端不同连接，设定不同的延时时间，其连接同 JSBXC-50 型继电器。光电耦合器起隔离作用，将外部电路和单片机隔离开。当光电耦合器的发光二极管有输入导通时，其光敏三极管就导通，否则就截止。

Ⅱ为控制电路，由 IC_1（DIP18 型）单片机和晶体振荡器 JZ 及 C_6、C_7 等组成。JZ 为 IC_1 提供振荡源。当 IC_1 的输入端 RB_0 ~ RB_3 其中一个有输入时，通过软件的设定，其输出端 RA_1 ~ RA_3 在不同的延时时间后就有序列脉冲输出。在延时过程中发光二极管 LED 每秒钟闪亮一次。

Ⅲ为动态输出电路，当单片机的输出，通过光电耦合器 IC_3 接至 MOS 管 T_2（IRF840 型）栅极。在序列脉冲的作用下，T_2 反复导通和截止。T_2 导通时，对电容器 C_8 充电。T_2 截止时，C_8 对 C_9 放电。当 C_9 电压充至继电器工作值时，通过前圈（370 Ω）使继电器吸起。继电器吸起，其前接点 11-12 闭合，又使后圈（480 Ω）励磁，于是继电器可靠吸起。

Ⅳ为电源电路，经 73-62 输入的电源通过 D_1 鉴别极性。C_1、R_2、C_9 组成的滤波电路滤除交流成分，三端稳压器 T_1（7805 型）稳压，为单片机提供工作电源。

3. 时间继电器的图形符号

时间继电器的线圈符号如图 1.2.23 所示，在空心圆中显示的是该继电器的延时时间；它的接点符号与无极继电器相同；JSBXC-850 和 JSBXC$_1$-850 型继电器的接点符号与直流无极继电器相同。

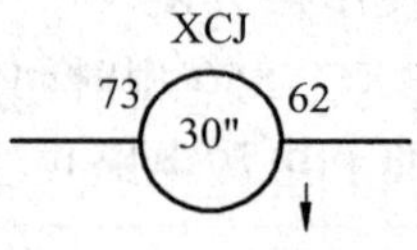

图 1.2.23 时间继电器线圈符号

4. 时间继电器的接点配置及使用

时间继电器也是插在普通继电器的插座上使用，在使用 JSBXC-850 和 JSBXC$_1$-850 型继电器时，要的插座上进行如下连接：73 接“+”电源，62 接“–”电源；51 按所需时间分别接 52、61、63、83；1 接 81；2 接 13；3 接 71；4 接 23；11 接 51；12 接 53。该继电器可供使用的只有第三、第四组两组接点组和第二组前接点。

2.2.6 交流二元二位继电器

交流二元二位继电器不同于电磁继电器，它是交流感应继电器。这里的二元是指有两个互相独立又互相感应的交变电磁系统，二位是指继电器有吸起和落下两种状态。根据电源的频率不同，交流二元二位继电器分为 25 Hz 和 50 Hz 两种。

在电气化牵引区段为了防止牵引电流对轨道电路工作的干扰，采用 25 Hz 相敏轨道电路，其中的轨道继电器采用 JRJC-66/345 型和 JRJC$_1$-70/240 型二元二位继电器。当然在非电气化牵引区段采用 25 Hz 相敏轨道电路时，也可用该类型的轨道继电器。

铁路现场应用的主要是 25 Hz 交流二元二位继电器，50 Hz 交流二元二位继电器主要用于地下铁道、矿山等直流牵引区段的轨道电路中作为轨道继电器。两者只是线圈参数有所不同，以适应不同频率的需要，结构和动作原理基本相同。

25 Hz 交流二元二位继电器的基本情况如表 1.2.2 所示。

表 1.2.2　交流二元二位继电器的基本情况

型号		接点组数	线圈电阻/Ω	电气特性					相位角	
				额定值		工作值不大于		释放值不大于	轨道电流滞后于局部电压	轨道电压滞后于局部电压
				电压/V	电流/mA	电压/V	电流/mA	电压/V		
JRJC-66/345	局部	2Q 2H	345	110	≤80				160°±8°	88°±8°
	轨道		66			15	38	7.5		
$JRJC_1$-70/240	局部	2Q 2H	240	110	≤100				157°±8°	87°±8°
	轨道		70			15	40	8.6		

1. 交流二元二位继电器的结构

$JRJC_1$-70/240 型交流二元二位继电器是在 JCJR-65/345 的基础上对结构进行改进而设计的。它的结构如图 1.2.24 所示，由电磁系统、翼板、接点等主要部件组成。

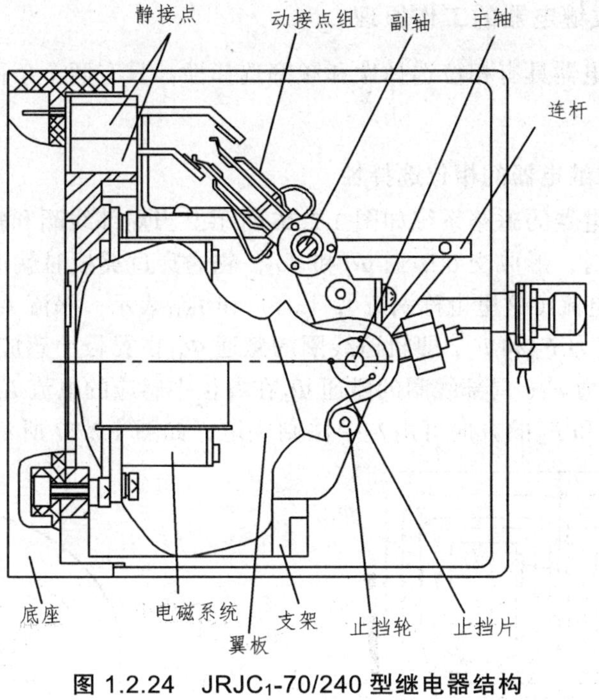

图 1.2.24　$JRJC_1$-70/240 型继电器结构

1）电磁系统

电磁系统包括局部电磁系统和轨道电磁系统。局部电磁系统由局部铁芯和局部线圈组成。轨道电磁系统由轨道铁芯和轨道线圈组成。铁芯均由硅钢片叠成。线圈是用高强度漆包线绕在线圈骨架上而构成的。

2）翼　板

翼板是将电磁系统的能量转换为机械能的关键部件。翼板由 1.2 mm 厚的铝板冲裁而成，安装在主轴上。翼片尾端安装有重锤螺母，对翼板起平衡作用，在翼板一侧的主轴上还安装一块 2.0 mm 厚由钢板制成的止挡片，与轴成一整体，使翼板转至上、下极端位置时受到限制。

3）接点组

动接点固定在副轴上，主轴通过连杆带动副轴上的动杆单元使动接点动作，接点编号如图 1.2.25 所示。

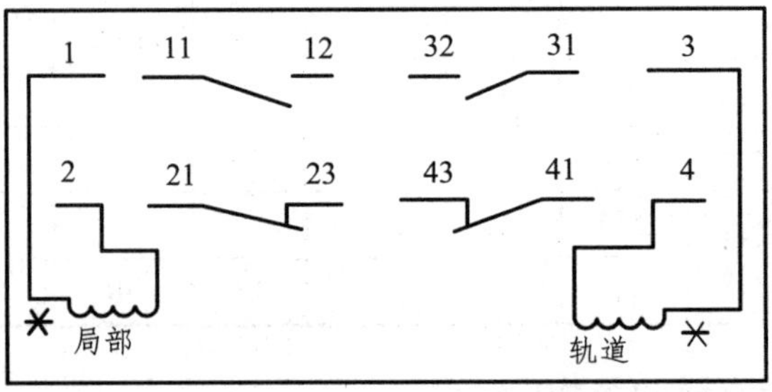

图 1.2.25　JRJC$_1$-70/240 型继电器接点编号

JRJC$_1$-70/240 型继电器插座外形尺寸为 126 mm × 165 mm，需要占两个安全型继电器的位置。

2. 交流二元二位继电器的工作原理

交流二元二位继电器具有相位选择性和频率选择性，只有两个条件都满足时，继电器才能吸起。

1）交流二元二位继电器的相位选择性

交流二元二位继电器的磁路系统如图 1.2.26 所示。当局部线圈和轨道线圈中分别通以一定相位差的交流电流时，形成交变磁通 Φ_J 和 Φ_G，磁通穿过翼板时就形成了磁极 J 和 G，在翼板中分别产生感应电流（这里也称涡流），以 I_{WJ} 和 I_{WG} 表示。涡流 I_{WG} 和 I_{WJ} 分别与磁通 Φ_J 和 Φ_G 作用，产生电磁力 F_1 和 F_2，即轨道线圈的磁通 Φ_G 在翼板中感应的电流 I_{WG}，在局部线圈磁通 Φ_J 作用下产生力 F_1；局部线圈的磁通 Φ_J 在翼板中感应的电流 I_{WJ}，在轨道线圈磁通 Φ_G 作用下产生力 F_2。F_1 和 F_2 的方向可由左手法则决定，如图 1.2.27 所示。

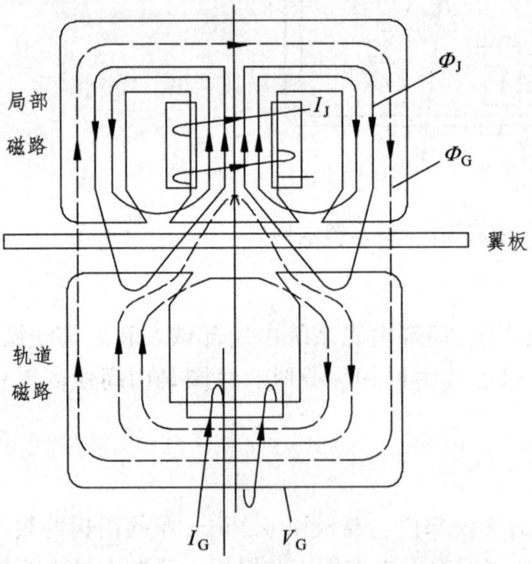

图 1.2.26　JRJC$_1$ 型继电器的磁路系统

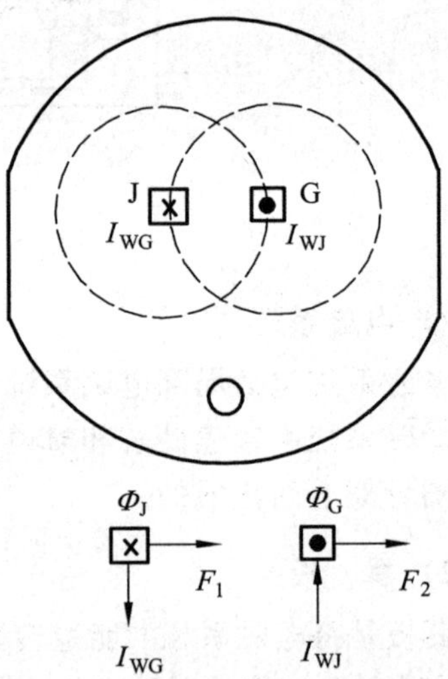

图 1.2.27　涡流在磁通作用下产生力

当Φ_J超前Φ_G 90°时，在翼板上得到正方向转矩（F_1和F_2此时是同方向的），继电器吸起。而当Φ_J滞后Φ_G 90°时，则在翼板上得到反方向转矩（F_1和F_2的方向此时是相反的），继电器不吸起，使后接点更加闭合。如果仅在任一线圈通电，或两线圈接入同一电源，翼板均不能产生转矩而动作，这就是交流二元二位继电器所具有的可靠的相位选择性。

通过以上分析可知，所谓交流二元二位继电器的相位选择性，指的是只有局部线圈电压相位超前于轨道线圈电压相位 90°时，继电器才能吸起。

2）交流二元二位继电器的频率选择性

对于电气化牵引区段，当牵引电流不平衡时，将有 50 Hz 电压加在轨道线圈上，这时所产生的转矩力在一个周期内平均值为零，即轨道线圈混入干扰电流与固定的 25 Hz 局部电流相作用，翼板不产生转矩，不能使继电器误动。同时，由于翼板的惯性较大，使继电器缓动，跟不上转矩力变化的速率，使继电器保持原来的位置而不致误动。也就是说，交流二元二位继电器只有通 25 Hz 交流电时，继电器才能吸起，这就是交流二元二位继电器的频率选择性。

3）交流二元二位继电器的图形符号

交流二元二位继电器的线圈符号如图 1.2.28 所示，其中 3-4 线圈为轨道线圈，1-2 线圈为局部线圈；其接点符号同直流无极继电器。

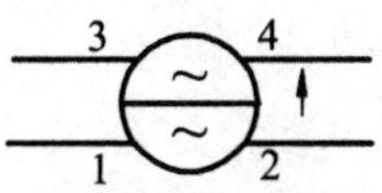

图 1.2.28　交流二元二位继电器的线圈符号

2.2.7　灯丝转换继电器

灯丝转换继电器是交流继电器，它用于信号点灯电路中，一般置于室外的变压器箱或信号机构中。当信号灯泡的主灯丝断丝时，通过它的落下自动点亮副灯丝，并通过其接点接通灯丝断丝报警电路。灯丝转换继电器有 JZCJ 型、JZSJC 型、$JZSJC_1$型和 JZCJ-0.16 型等类型。它们的基本情况如表 1.2.3 所示。

表 1.2.3　灯丝转换继电器的基本情况

型号	接点组数	线圈电阻/Ω	电气特性/A			转换时间不大于/s	备　注
			额定值	释放值不小于	工作值不大于		
JZCJ	2QH	0.12	AC 2.1	AC 0.35	AC 1.5		与 BX1-30 配合工作值不大于 150 V
JZSC-0.16	4QH	0.16		AC 0.35	AC 1.5		
JZSJC	2QH		AC 2.1	AC 0.35	AC 1.5	0.1	
$JZSJC_1$	2QH		AC 2.1	AC 0.35	AC 1.5		线圈压降不大于 1.6 V
$JZSJC_2$	2QH		AC 2.1	AC 0.35	AC 1.5	0.1	线圈压降不大于 1.6 V

灯丝转换继电器属于弹力型继电器，下面以 JZCJ 型灯丝转换继电器为例，简单介绍其结构原理。

如图 1.2.29 所示，JZCJ 型继电器的电磁系统由圆柱形铁芯、U 形扼铁、平板形衔铁组成Π形拍合式磁路。铁芯端部极面处嵌有一个半圆形短路铜环，以减小磁吸力的脉动。弹簧挂在衔铁后端与轭铁左下部，螺旋弹簧用来产生机械反作用力。衔铁的释放，靠弹簧的反作用力，通过弹簧连接螺钉、螺母可调整反作用力。线圈是圆形结构，线径较粗，匝数较少，交流阻抗小，保证灯泡有足够的电压及亮度。动接点不是通过拉杆而是直接用螺钉固定在衔铁上。该继电器有两组并排的接点组，底座端子编号如图 1.2.30 所示，采用连接端子与外线连接。

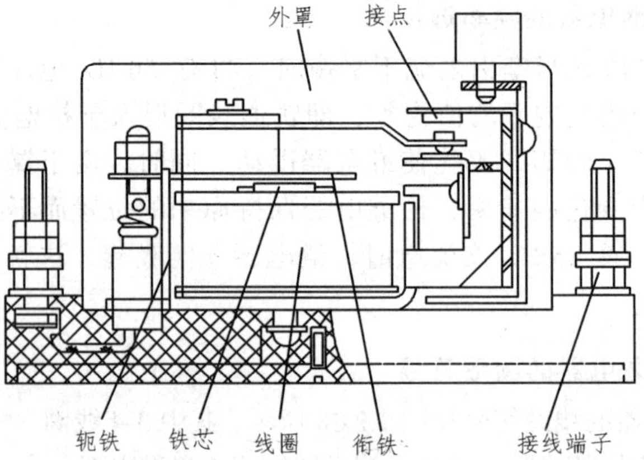

图 1.2.29　JZCJ 型继电器结构

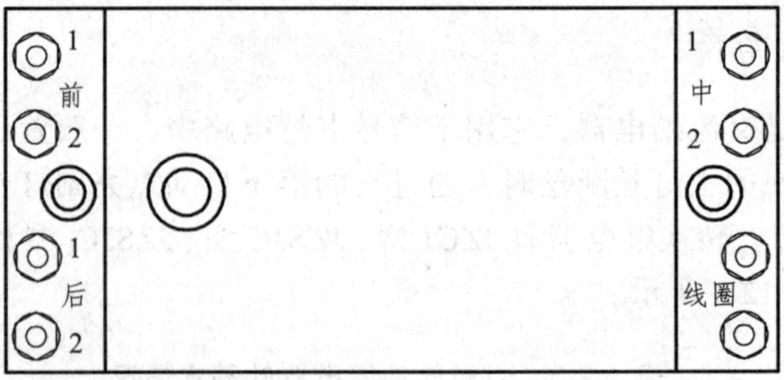

图 1.2.30　JZCJ 型继电器底座端子编号

灯丝转换继电器的线圈符号如图 1.2.31 所示，其接点符号同直流无极继电器。

2.2.8　电源屏用继电器

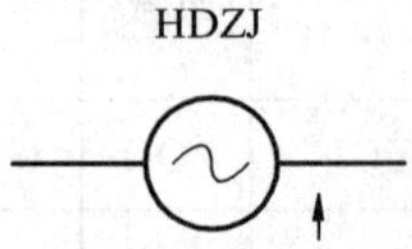

图 1.2.31　灯丝转换继电器的线圈符号

电源屏用继电器结构原理与前面介绍的对应继电器大体相同，在电源屏中起转换、表示和监督作用。该继电器分为无极、整流、交流三种继电器，按使用电源分为交流 24 V、交流 220 V、直流 24 V 和直流 220 V 四种。在这些继电器中，有普通接点继电器，也有加强接点继电器。另外，电源屏用的整流继电器的整流元件一般都放在继电器的外面。随着智能电源屏的大面积使用，电源屏用继电器用得越来越少。

电源屏用继电器的基本情况如表 1.2.4 所示。

表 1.2.4　电源屏用继电器的基本情况

序号	继电器型号	接点组数	接点容量		线圈电阻	线圈连接	鉴别销号码	电源片连接方式		用途
			加强接点	普通接点				使用	连接	
1	JWJXC-6800	2QHJ、2QH	220 V 10 A	24 V 1 A	3 400×2	串联	15、42	1、4	2、3	小站电动转辙机电源监督
2	JWJXC-7200	4QJ、2H	220 V 10A	24 V 1 A	3 600×2	串联	14、55	1、4	2、3	大站电动转辙机电源监督
3	JWJXC-100	4QJ、2H	220 V 10 A	24 V 1 A	50×2	串联	22、54	1、4	2、3	电源转换与监督
4	JWJXC-440	2Q、4HJ	220 V 5 A	24 V 1 A	220×2	串联	23、51	1、4	2、3	断相监督
5	JZJXC-7200	4QJ、2H	AC 220 V 10 A	AC 24 V 1.5 A	3 600×2	串联	12、54	1、4	2、3	可逆电动机控制
6	JZXC-100	4QJ、2H	AC 220 V 10 A	AC 24 V 1.5 A	50×2	串联	22、32	1、4	2、3	表示灯电源监督
7	JZXC-20000	6QH		AC 24 V 1.5 A	10 000×2	串联	23、55	7、8	1、4	信号、道岔、轨道电源监督，主、备屏转换
8	JJC	4QJ、2H	AC 24 V 30 A	AC 24 V 1.5 A	3.5	单独	22、32	1、2		表示灯电源监督
9	JJC_1	4QJ、2H	AC 220 V 10 A	AC 24 V 1.5 A	190	单独	12、54	1、2		可逆电动机控制
10	JJC_3	2QJ、2QH	AC 220 V 20 A	AC 24 V 1.5 A	185	单独	31、43	1、2		小站电源屏电源控制
11	JJC_4	2QHJ、2QH	AC 220 V 5 A	AC 24 V 1.5 A	150	单独	14、43	1、2		小站电源屏信号、轨道电源控制
12	JJC_5	2QHJ、2QH	AC 24 V 5 A	AC 24 V 1.5 A	3.2	单独	13、43	1、2		小站电源屏表示灯电源监督
13	JJC	4QH、2Q		AC 24 V 1.5 A	400	单独	23、55	1、2		信号、道岔轨道电源监督，主备屏转换

电源屏用继电器的电气特性和时间特性如表 1.2.5 所示。

表 1.2.5　电源屏用继电器的电气特性和时间特性

序号	继电器型号	电气特性/V			额定值时时间特性/s	
		额定值	工作值不大于	释放值不小于	吸起不大于	释放不大于
1	JWJXC-6800	220	100	30	0.1	0.1
2	JWJXC-7200	220	85	30	0.1	0.1
3	JWJXC-100	24	10	3.5	0.1	0.1
4	JWJXC-440	24	16	3.5	0.1	0.1
5	JZJXC-7200	AC 220	AC 90	AC 35	0.1	0.1
6	JZJXC-100	AC 24	AC 11	AC 4	0.1	0.1
7	JZXC-20000	AC 220	AC 105	AC 35	0.1	0.1

续表

序号	继电器型号	电气特性/V			额定值时时间特性/s	
		额定值	工作值不大于	释放值不小于	吸起不大于	释放不大于
8	JJJC	AC 24	AC 18	AC 5.5	0.05	0.05
9	$JJJC_1$	AC 220	AC 180	AC 54	0.05	0.05
10	$JJJC_3$	AC 220	AC 175	AC 70	0.05	0.05
11	$JJJC_4$	AC 220	AC 180	AC 70	0.04	0.08
12	$JJJC_5$	AC 24	AC 18	AC 8	0.04	0.08
13	JJC	AC 220	AC 180	AC 54	0.05	0.05

2.3 知识拓展

2.3.1 有极继电器的改进

多数有极继电器的接点系统与无极加强接点继电器的接点系统大体相同，但这种接点系统存在下面缺点：继电器加强接点行程过大、接点压力过大，致使动接点簧片在多次动作后产生疲劳应力，容易造成继电器接点簧片断裂。为了克服上述缺点，目前在高速铁路（客运专线）的道岔控制电路中应用了 JYJXC-135/220 的替代产品 JYJXC-160/260，与 JYJXC-135/220 相比，JYJXC-160/260 有极继电器除了线圈阻值发生变化外，它的接点系统发生了很大变化。JYJXC-160/260 有极继电器外形如图 1.2.32 所示。

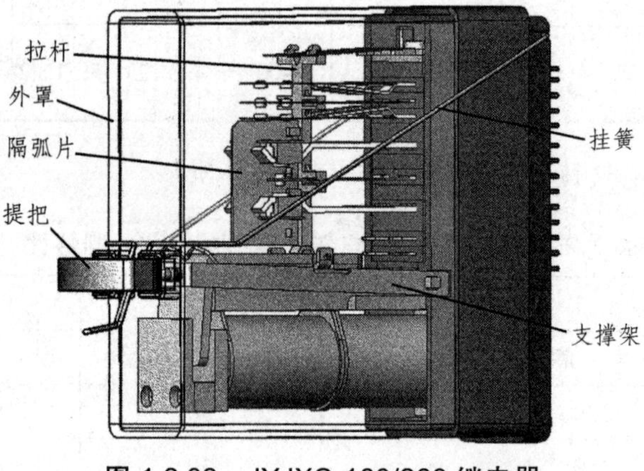

图 1.2.32 JYJXC-160/260 继电器

JYJXC-160/260 有极继电器的普通接点由触头与接点簧片铆接而成；加强接点除动接点簧片不再需要铆弧形片外，其他基本与 JYJXC-135/220 型继电器的加强接点相同。该继电器采用了夹片式拉杆，各簧片仅在厚度方向受到拉杆的夹持，在簧片纵向上没有一个固定点与拉杆连接。拉杆在驱动接点簧片做上下摆动时，各簧片与拉杆在纵向上均有各自的相对位移，不会因接点簧片长度不一而受到附加的扭力。

另外，JYJXC-160/260 有极继电器的接点组以滑道的形式固定于底座上，提高组装精度，也降低了组装难度。同时，该继电器外罩取消通风孔，磁路工作时产生的热量通过金属支撑架与金属提把的传导与外界实现热交换。取消通风孔的目的是减少使用过程中外界环境对继电器触头的污染，提高继电器的电寿命。

2.3.2 JCRC-27K/7.5K 型二元差动继电器

1. JCRC-24.7K/7.5K 型二元差动继电器的工作原理

二元差动继电器是高压脉冲轨道电路专用的轨道继电器，它与译码器、扼流变压器构成电气化区段轨道电路的接收端，专门接收钢轨上固定极性的高压脉冲。它不需要局部电源，当钢轨上的脉冲极性不符或高压脉冲的波头、波尾的幅值比例畸变或在钢轨上有工频电流干扰时，二元差动继电器停止工作。

JCRC 型继电器为双闭磁路直流二元重力返回式继电器，它有两个大线圈和两个引导线圈，这四个线圈按极性要求串联作为头部圈，还有两个中线圈和两个小线圈（差动线圈）按极性要求串联作为尾部圈，继电器接点组数为两组前后接点。

为了说明二元差动继电器的差动功能，现以单闭磁路结构为例，如图 1.2.33 所示，在闭合磁铁上绕有三个线圈，B_1 侧线圈的匝数为 N_1，B_2 侧两个线圈的匝数分别为 N_2 和 n_2，其中 B_2 侧两个线圈磁通的方向是 N_2 磁通减去 n_2 的磁通。

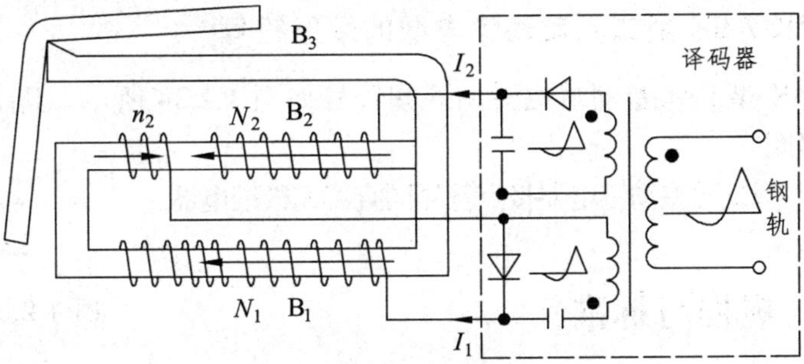

图 1.2.33 二元差动继电器原理图

现假设二元差动继电器吸起需在 B_3 中有 100 安匝的磁势，通过适当调整和选择，使译码的二元单元在满足接收最小高压脉冲的情况下，可以得到高压脉冲头尾比例设为 8∶1 的脉冲。

此时，磁路 B_1 上的磁势为 100 安匝（I_1N_1）；磁路 B_2 上的磁势等于 144 安匝（I_2N_2）减去 44 安匝（I_1n_2），即为 100 安匝。这样，在两个并列的磁路 B_1 和 B_2 上可以得到 100 安匝磁势，磁通方向是一致的，使继电器吸起。

如果在接收端出现交流电压，并假设交流的幅值与最小高压脉冲波头幅值相等，这时它的波尾将比波头的峰值增大 8 倍，则电流 I_1 比原来大 8 倍，而 I_2 和原来一样。那么，磁路 B_1 上的磁势为 $I_2N_2 - I_1n_2 = 144 - (8 \times 44) = -208$ 安匝，磁路 B_2 上的磁势 $= I_1N_1 = 8 \times 100 = 800$ 安匝。这样，B_1 和 B_2 磁通方向是串联的，构成磁路闭合，磁路 B_3 上就没有磁通，因此继电器就会失磁落下。由此可见，高压脉冲二元差动继电器对工频或对称的其他波形，都具有很强的抗干扰能力。

2. JCRC-24.7K/7.5K 型二元差动继电器的线圈参数

大线圈：导线直径 ϕ0.12 mm；匝数 72 000 匝；直流电阻 12（1 ± 10%）kΩ；
中线圈：导线直径 ϕ0.12 mm；匝数 20 200 匝；直流电阻 2.3（1 ± 10%）kΩ；
小线圈：导线直径 ϕ0.12 mm；匝数 8 900 匝：直流电阻 1.47（1 ± 10%）kΩ。

3. JCRC-24.7K/7.5K 型二元差动继电器的电气特性

JCRC-24.7K/7.5K 型二元差动继电器的电气特性如表 1.2.6 所示。

表 1.2.6　JCRC-24.7K/7.5K 型二元差动继电器的电气特性

继电器型号	释放值		工作值		差动值			充磁值		头部圈单圈不吸起电压 V_1 不小于
	头部圈电压 V_1 不小于	尾部圈电压 V_2 不小于	头部圈电压 V_1 不大于	尾部圈电压 V_2 不大于	尾部圈电压 V_2 不大于	头部圈电压 V_1 给定	差动比	头部圈电压 V	尾部圈电压 V	
JCRC-24.7K 7.5K	实测工作值的 50%	实测工作值的 50%	27	19	$\frac{81}{150}$	$\frac{27}{50}$	2：1～3：1	100	100	300

4. JCRC-24.7K/7.5K 型二元差动继电器的图形符号

JCRC-24.7K/7.5K 型二元差动继电器的线圈符号如图 1.2.34 所示。其中，1-2 线圈为头部圈，3-4 线圈为尾部圈。

JCRC-24.7K/7.5K 型二元差动继电器接点符号同直流无极继电器。

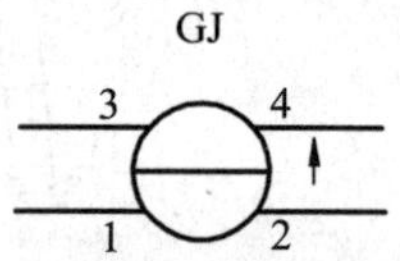

图 1.2.34　二元差动继电器的线圈符号

2.4　相关规范、规程与标准

《铁路信号维护规则（技术标准）》11.5.1 ~ 11.5.4、11.2.2 ~ 11.2.5。

任务 3　信号继电器的特性

3.1　任　务

本任务的目的是使学生掌握常用信号继电器的电气特性，了解影响继电器电气特性的因素；掌握信号继电器的时间特性及改变继电器时间特性的方法；了解各种不同特性的信号继电器的应用条件，根据电路功能需要能够选用不同的信号继电器。

3.2 相关知识

信号继电器的特性包括电气特性、时间特性、机械特性和牵引特性。这些特性用来表征继电器的性能，是选用和检修信号继电器的重要依据。

3.2.1 信号继电器的电气特性

信号继电器的电气特性是反映继电器性能的电气参数，这些参数对于设计信号控制电路、实现继电电路的逻辑功能具有重要的作用。信号继电器的电气特性包括额定值、充磁值、释放值、工作值、反向工作值、转极值。

1. 额定值

额定值是继电器正常工作时，所必须接入的电源电压或电流值。

信号控制电路中大多数直流继电器的额定电压为直流 24 V，其他性能不同的继电器，有着不同的额定值。

2. 吸起值

吸起值是指向继电器线圈通电，继电器刚一吸起，即动接点与前接点刚刚接触时的电压或电流值。

3. 工作值

保证继电器可靠吸起，即衔铁止片与铁芯紧密接触、全部前接点闭合，并满足规定接点压力继电器线圈所需要接入的最小电压或电流值。工作值是保持继电器电磁系统及接点系统正常工作状态要求的最低值，实际应用时，继电器线圈所接入的电压或电流值必须大于工作值。显然，继电器的工作值越小越好，一般规定工作值不大于额定值的 70%。当额定值为 24 V 时，工作值为 16.8 V。

4. 转极值

转极值是有极继电器的特有参数，它是指能够使有极继电器衔铁转极的最小电压或电流值。

转极值分为正向转极值和反向转极值。正向转极值是指使有极继电器的衔铁由反位向定位转极，全部定位接点闭合，并满足规定接点压力时的正向最小电压或电流值；反向转极值是指使有极继电器的衔铁由定位向反位转极，全部反位接点闭合，并满足规定接点压力时的反向最小电压或电流值。前已述及，正向转极值和反向转极值并不相等。

5. 充磁值

充磁值也称过负载值，它是 4 倍的工作值或转极值。这是在测试继电器的释放值或转极值时，为了使继电器磁系统充分磁化，达到磁饱和后，在最不利条件下继电器的测试释放值或转极值。

6. 释放值

继电器的释放值也称落下值，即向继电器通以规定的充磁值后，逐渐降低电压或电流，当继电器衔铁落下、全部前接点断开时，继电器线圈的最大电压或电流值即为释放值。显然继电器的释放值越大，继电器工作越可靠。

比较前面的几个参数大小可知，对同一继电器有下列关系：

释放值 < 吸起值 < 工作值 < 额定值 < 充磁值。

7. 反向工作值

向继电器线圈反向通电，使继电器可靠吸起，即衔铁止片与铁芯接触、全部前接点闭合，并满足接点压力时所需要的最小电压或电流值。由于磁路剩磁的影响，同一继电器的反向工作值大于工作值，但相差不能太大，一般反向工作值不大于工作值的 120%。

8. 反向不工作值

反向不工作值是偏极继电器特有的参数，即向偏极继电器线圈反向通电，保证继电器不动作的最大电压值。对于 JPXC-1000 型继电器，该值为 200 V。

9. 返还系数

返还系数是衡量继电器工作性能的重要参数。继电器的释放值与工作值之比称为返还系数。显然，返还系数越大越好，因为返还系数越高，说明继电器的落下越灵敏，工作越可靠。规定普通继电器的返还系数不小于 30%，缓放型继电器不小于 20%，轨道继电器不小于 50%。

有关各种信号继电器的电器特性参数，可参阅《铁路信号维护规则（技术标准）》等书籍，这里不一一列举。

3.2.2 信号继电器的时间特性

信号继电器的时间特性是反映继电器动作快慢的时间参数。

一般的信号继电器，并不是线圈通电就立即吸起，线圈断电就立即落下，而是稍有迟缓，这是因为电磁继电器的线圈实际上是具有铁芯的电感，在接通或断开电源时，由于电磁感应作用，使得电感中的电流不能“突变”，在铁芯中会产生涡流，在线圈中产生感应电流。根据楞次定律，感应电流产生的磁通总是阻碍铁芯中原来磁通的变化，因而，电磁继电器都有一点缓动的特性。

普通的信号继电器，自身结构产生的缓动时间并不长，一般不超过 0.2 s，对继电电路的正常动作，不会造成大的影响。但在实际的信号控制电路中，由于电路动作的需要，有时要求继电器必须具有一定的缓动时间，因此需采取措施设法改变继电器固有的时间特性。

1. 继电器的时间特性参数

从线圈通电到衔铁动作，带动后接点断开，前接点接通，需要一定的时间。从线圈断电到衔铁动作，带动前接点断开，后接点接通，也需要一定的时间。即吸起需要时间，落下也需要时间。

图 1.3.1 是继电器动作的时间分析图，图中各点的含义如下：

1—继电器线圈通电；

2—继电器动接点离开后接点，即后接点断开；

3—继电器动接点与前接点接通；

4—继电器线圈断电；

5—继电器动接点与前接点断开；

6—继电器动接点与后接点接通；

阴影部分—线圈有电且前接点接通的时间；

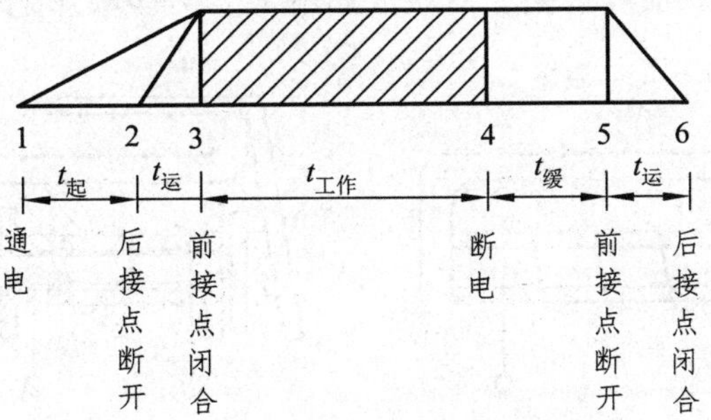

图 1.3.1　继电器动作时间

反映继电器时间特性的参数如下：

（1）缓吸时间：从继电器线圈通电到动接点与后接点断开的时间，即图中 1 到 2 的时间。

（2）吸起时间：从继电器线圈通电到动接点与前接点接通的时间，即图中 1 到 3 的时间。实际上图中 2 到 3 的时间是继电器吸起过程中接点的转换时间。这样继电器的吸起时间就是缓吸时间加上接点转换时间。

（3）缓放时间：从继电器线圈断电到动接点与前接点断开的时间，即图中 4 到 5 的时间。由于继电器线圈断电后磁滞的影响，一般继电器的缓放时间都大于缓吸时间。

（4）落下时间：从继电器线圈通电到动接点与后接点接通的时间，即图中 4 到 6 的时间。实际上图中 5 到 6 的时间是继电器落下过程中接点的转换时间。这样继电器的落下时间就是缓放时间加上接点转换时间。

2. 改变继电器时间特性的方法

在各种信号继电器控制电路中，对继电器时间特性有着不同的要求，而普通的继电器固有的时间特性无法满足电路的要求，必须通过改变继电器的结构或外加元件，改变继电器的时间特性，增加继电器的缓吸、缓放时间。

1）改变继电器结构

由前面的介绍可知，电磁继电器线圈刚一接通或断开电源的瞬间，由于电磁感应的作用，在铁芯中产生涡流，使继电器具有缓动的特性。涡流的大小直接受继电器的元件材质和结构影响，因此改变继电器的内部结构可以改变继电器的时间特性。如果需要继电器快动，就要减小涡流的影响，主要有以下几种方法：

（1）调节衔铁与铁芯间止片厚度，即可调整二者之间的气隙，可以改变继电器的落下时间；止片越厚，气隙越大，则继电器落下时间越短。

（2）选用较高电阻率的铁磁材料，能够减小涡流，可以缩短继电器的吸起和落下时间；

（3）增大线圈导线的线径，加大继电器的激磁电流，能够减小继电器的吸起时间，使继电器迅速吸起。

（4）在继电器铁芯上套短路铜环或铜线圈架，加大涡流，延缓剩磁消失，使继电器缓动，构成缓放型继电器。这是无极缓放继电器采取的最主要措施。由于继电器激磁时间总是小于剩磁消失时间，因此缓放继电器的缓吸时间总是小于缓放时间。另外，铜环加在继电器的前圈和后圈对继电器的缓动影响也不一样。如果铜套只加在前圈，或前后圈都加，继电器既有缓放也有缓吸；如果铜套只加在后圈，对缓放影响大，对缓吸影响很小，如图 1.3.2 所示。

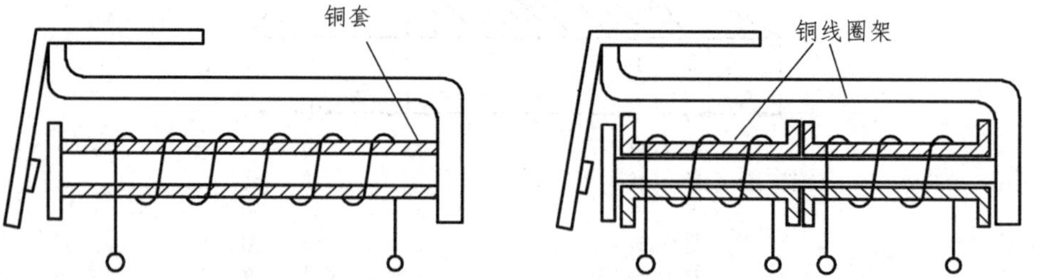

图 1.3.2　缓放型继电器的铜线圈架

实际电路中经常利用继电器的缓放特性。如 JWXC-H340、JWJXC-H125/0.44 等继电器就是采用将线圈绕在铜套上的方法实现缓放。

2）外加电路元件

通过改变继电器的结构来改变继电器的时间特性非常有限，JWXC-H340 型缓放继电器也只有 0.5 s 左右的缓放时间。要想使继电器有更长的缓放时间，通过改变继电器的结构无法实现，必须采取外加电路元件的办法。

通过外加元件改变继电器时间特性，主要方法有如下几种：

（1）经常采用的方法是在继电器线圈两端并联 *RC* 支路，使继电器缓吸、缓放。如图 1.3.3（a）所示，在继电器通电时，电容器充电，因充电电流一开始很大，在 *R* 上产生较大压降，降低了继电器的端电压，继电器线圈中的电流增长减缓，使继电器缓吸；在继电器线圈断电后，电容器 *C* 经电阻 *R* 和继电器线圈构成 *R-L-C* 放电回路，使继电器缓放。由于电源接通时电容充电回路的电阻是 *R* 与线圈电阻的并联值，继电器线圈断电后，电容器 *C* 放电回路的电阻是 *R* 与线圈电阻的串联值，后者显然远大于前者，因此继电器的缓放时间远大于缓吸时间。

缓放时间长短与电容器的容量、放电回路中的电阻值及继电器的释放值有关。可通过改变 *C* 的电容值和 *R* 的电阻值调整继电器的缓放时间，一般缓放时间最长可调整到 3 s 左右。

（2）在继电器线圈两端并联电阻 *R* 和二极管 D 支路使其缓放。如图 1.3.3（b）所示，需要说明的是，二极管的负极必须接电源的正极，这样继电器线圈断电后，线圈电感 *L* 经 *R* 和 D 构成放电回路，使继电器缓放，而线圈通电时，因二极管截止，继电器并不缓吸。

（3）在继电器线圈上串联 *RC* 并联电路使其快吸。如图 1.3.3（c）所示，电源刚一接通，电容器相当于短路，使线圈电流最大，继电器迅速激磁而吸起，随着电容器的充电电压提高，线圈电压将降低。但这种办法在实际电路中并不常用。

（4）使用继电器的一个线圈（一般为前圈）接电源，将继电器另一个线圈短路，使继电器缓放。如图 1.3.3（d）所示，短路的线圈虽然不接电源，但它相当于一个铜套加在铁芯上，可以产生感应电流，延长剩磁的消失时间，使继电器缓放。

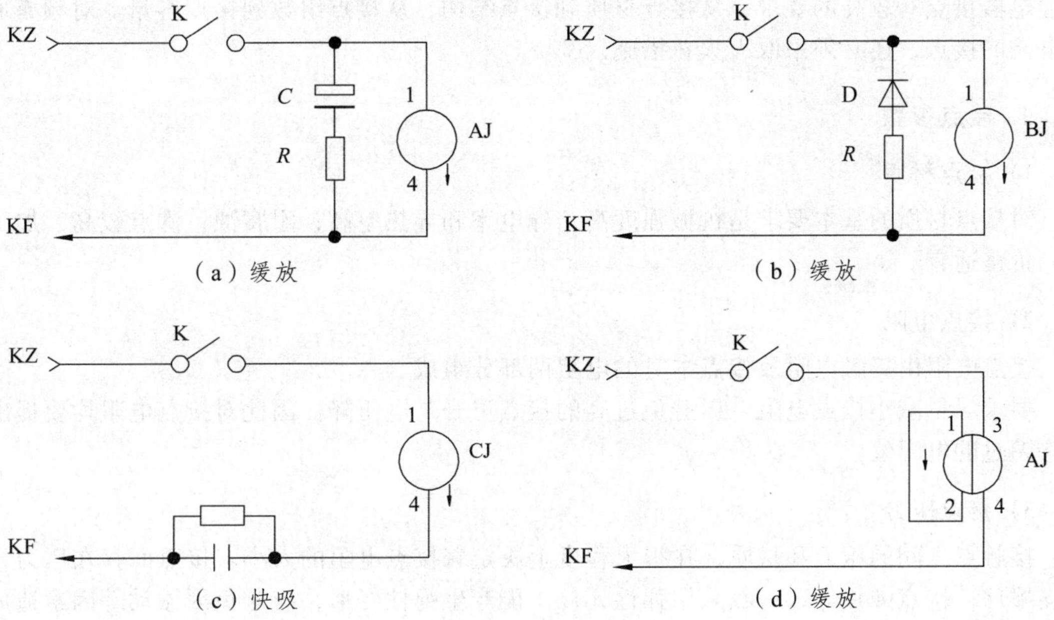

图 1.3.3　外加元件电路

3.3　知识拓展

3.3.1　安全型继电器的机械特性与牵引特性

在继电器衔铁的动作过程中，衔铁上受到电磁吸引力的牵引，故称电磁吸引力为牵引力。同时，继电器衔铁（及重锤片）的重力和接点簧片的弹力组成的作为牵引力的反作用力，它与牵引力方向相反，称为机械力。显然，牵引力必须大于机械力，才能使继电器可靠工作，因此，继电器机械力的大小决定了牵引力的大小。

1. 机械特性

安全型继电器接点片的数量、重锤片的数量、衔铁的动程等决定着继电器机械力的大小，而且继电器的机械力的大小不是固定不变的，而是随着衔铁与铁芯间的气隙的变化而发生变化，继电器的结构不同，其机械特性也不同。

2. 牵引特性

当无极继电器线圈上加上直流电源后，铁芯中就产生磁通，磁通经过铁芯与衔铁间的气隙时，对衔铁产生电磁吸引力，称为牵引力。牵引力与线圈的磁势（线圈的匝数和所加电流的乘积，通常称安匝）及气隙大小有关。

3.3.2 安全型继电器接点

继电器接点是继电器的执行机构，通过接点来反映继电器的状态，进行电路的控制。对于继电器接点有较高的要求，从接点材质到接点结构，从接点组数到接点容量。对频繁通断大电流的接点，还必须采取灭火花措施。

1. 接点参数

1）接点材质

对接点材质的基本要求是机械强度高，导电率和导热率高，耐腐蚀，沸点较高，加工容易，价格适宜。

2）接点电阻

接点电阻由接触电阻及接点本身的电阻两部分组成。

要求尽量减小接点电阻，以避免过高的接点温升与电压降。因此对接点电阻均要提出不允许超过的电阻值。

3）接点压力

接触点之间的压力和材质，在很大程度上决定着接点电阻的大小。接点间存在压力，接点支撑件（接点弹片等，一般采用弹性元件）能产生弹性变形，应避免因振动等因素造成接触分离，所以对接点压力有明确的最低值。

4）接点齐度

同一继电器的所有接点用于电路中，理论上要求同时接触。但在接点系统的生产过程中，从工艺上不可能做到没有误差，因而接点很难做到完全同时接触。继电器各组接点同时接触的误差称为接点不齐度，要求其越小越好。

5）接点间隙

在动接点和静接点开始分离的瞬间，接点间产生很高的电场，在接点间隙中的自由电子在此电场力的作用下从阴极向阳极高速移动，这样就产生了接点间的电弧。另外，这些电子与气体中的自由电子撞击，使气体电离，进一步使电弧加剧。电弧的产生使接点迅速氧化和点燃，加速接点的损耗，缩短使用寿命。但当接点间隔增大后，拉长了电弧，可使电弧熄灭。此外，接点间隙小，雷电效应亦可能使接点间产生放电现象。故要求接点间有足够大的间隙。

6）接点滑程

接点表面的腐蚀、氧化和灰尘等对接触电阻有很大影响，为了保证接点的可靠工作，当接点开始接触后，要求接点相互之间有一定程度的位移，该位移叫作接点滑程。

2. 接点容量

继电器接点所允许通过的最大电流称为接点容量，继电器使用时严禁超出接点允许容量，以保证各类接点达到规定的接点寿命动作次数。一般情况下，继电器的普通接点允许流过的最大电流为 1 A，无极加强接点允许流过的最大电流为 5 A，有极加强接点最大电流为 7.5 A。

3. 接点材料

安全型继电器的普通接点，静接点常用银或银氧化锡制成，动接点用银氧化锡制成。加强接点的静接点、动接点均用银氧化镉制成。

《铁路信号维护规则（技术标准）》规定，普通接点的接触电阻，银-银应不大于 0.03 Ω，银-银氧化镉应不大于 0.05 Ω，银-银碳应不大于 0.3 Ω，银氧化镉-银氧化镉应不大于 0.1 Ω。加强接点的接触电阻，银氧化镉-银氧化镉应不大于 0.1 Ω。

4. 接点的接触形式

接点的接触形式，有面接触、线接触和点接触三种。如 JWXC 型无极继电器的接点采用点接触方式，在接点簧片的端部开一条 0.5 mm 宽的细长槽口，在槽的两边各焊一个银接点（由直径 1.5 mm 的银丝制成）。它与动静点一起构成点接触方式，且形成一个簧片上有两个接触点的并联接触方式，大大提高了触头接触的可靠性。

JYJXC-135/220 型等加强接点有极继电器，为满足通断较大电流的需要，除了加强接点片厚度外，接点采用面接触方式。

5. 熄灭接点电弧

当电路中的电流较大时（大于产生电弧的临界电流 I_0），接点断开过程中，由于在强大电场作用下从负极发出的电子具有足够大的能量使气体电子发生强烈游离，在接点间产生电弧。电弧温度很高，会引起接点材料的蒸发与喷溅，增加了接点的电腐蚀，同时还引起接点表面的氧化。必须设法熄灭接点电弧，熄灭接点电弧原理在任务 2 中已经说明。

3.4 相关规范、规程与标准

《铁路信号维护规则（技术标准）》11.2.8 ~ 11.2.23：各继电器的机械特性、电气特性、时间特性、线圈参数等。

任务 4 继电电路的分析与应用

4.1 任 务

本任务的目的是使学生掌握继电电路中信号继电器线圈、接点各种形式的画法及含义，并熟练应用线圈、接点符号设计简单电路；理解铁路信号故障导向安全原则和继电电路的安全对应原则，掌握信号继电器参考状态的设计要求；掌握继电电路的基本形式和常用电路的基本功能和分析方法；掌握继电电路的安全防护措施，熟练应用故障安全原则。

4.2 相关知识

4.2.1 铁路信号继电电路的基本知识

用继电器组成逻辑控制电路，实现铁路信号的控制功能，是铁路信号控制系统的基本控制方式，尽管计算机控制技术在铁路信号控制系统中的应用越来越广泛，但由于继电电路安全性好、可靠性高、负载能力强，许多情况下仍需应用继电电路控制。因此，学习继电电路的基本知识，掌握继电电路的组成形式、逻辑功能和分析方法，仍是信号工作人员的重要任务。

1. 继电电路线圈的使用方法

前面曾介绍信号继电器大多为电磁继电器，电磁继电器的线圈分前圈（3-4 圈）和后圈（1-2 圈）两部分，在实际应用中，大多数电磁继电器的线圈使用方式都不是固定一种方式，根据继电电路的不同需求，前、后圈可以串联使用，可以并联使用，也可以分圈或单独使用。下面以普通的无极继电器为例介绍线圈的使用方法、电源要求。

1）线圈串联使用

继电器的电磁吸力大小与流过线圈的电流 I 同线圈匝数 N 的乘积（安匝数）的大小成正比。线圈串联使用时，匝数是两线圈之和，电阻最大，若此时加到两线圈两端的电压一定，那么流过线圈的电流就比其他连接方式小，继电器的功耗就小，因此线圈串联使用是最常用的使用方式。在继电电路中线圈串联使用的图形符号如图 1.4.1（a）。

2）线圈并联使用

线圈并联使用，匝数与线圈串联相同，线圈电流与串联电流相等即可，因此，继电器线圈电压只需串联使用时的一半即可。如果继电器串联使用额定电压为 24 V，线圈并联使用时只需 12 V 电压。在继电电路中线圈并联使用的图形符号如图 1.4.1（b）。由于信号控制电路一般都是使用统一的控制电源，即电源的电压不变，因此，继电器线圈很少并联使用。当需要将两个继电器线圈串联构成电路时，每个继电器的线圈应并联使用。

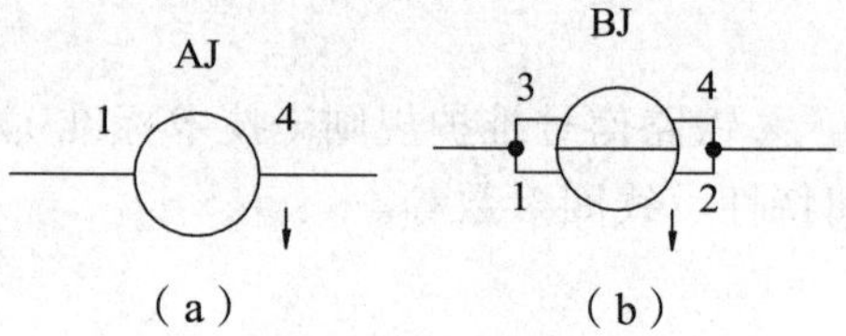

图 1.4.1 无极继电器线圈使用

3）线圈单独使用

线圈单独使用，就是只给继电器一个线圈通电，另一线圈闲着不用，或将另一线圈封连，使继电器缓放。

线圈单独使用时，线圈的匝数是串联或并联使用时的一半，其电源电压与串联使用时相同，这样线圈电流变为串联使用时的 2 倍，保证了安匝数不变，继电器正常工作。

4）线圈分开使用

线圈分开使用，就是将继电器的前圈和后圈分别接在两个不同的电路中，根据电路要求，可在不同的条件下接通每一线圈的电路，任一线圈有电均可使继电器吸起，当然两线圈也可以同时通电。但须注意的是，同时通电时两线圈的电流必须方向一致，若两线圈产生的磁通相反，继电器不能吸起。

线圈分开使用时，线圈的匝数是串联或并联使用时的一半，其电源电压与串联使用时相同，保证只有一个线圈通电时，继电器能正常工作。

各种类型的信号继电器线圈不同方式使用时，继电器线圈符号的画法如表 1.4.1 所示。需要说明的是，有的继电器由于设计的要求，线圈的使用方式是固定的，不是所有继电器的线圈都有四种不同的用法。

表 1.4.1　各种继电器线圈不同使用方式的图形符号

序号	继电器类型	线圈串联	线圈并联	线圈单独使用	线圈分开使用
1	直流无极	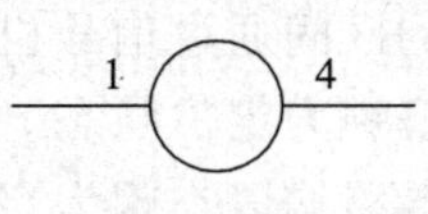	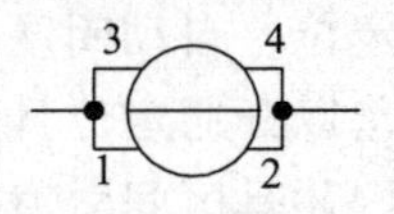	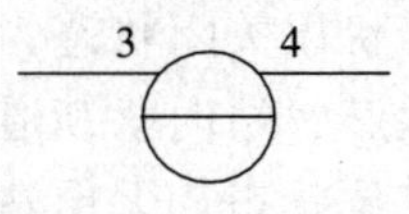	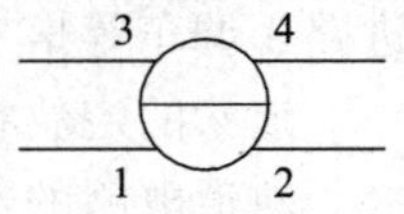
2	直流无极 加强接点	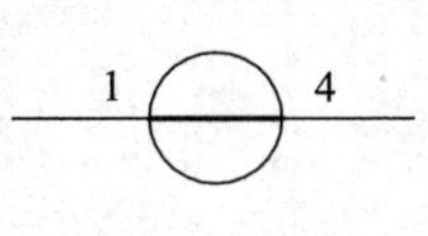	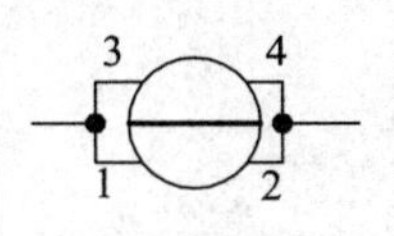	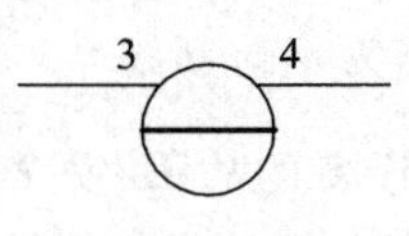	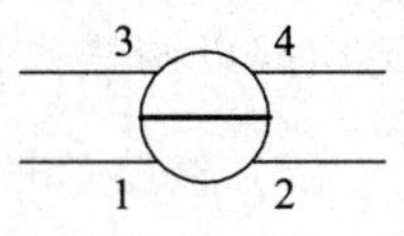
3	直流无极缓放	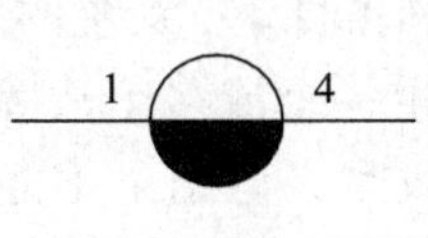	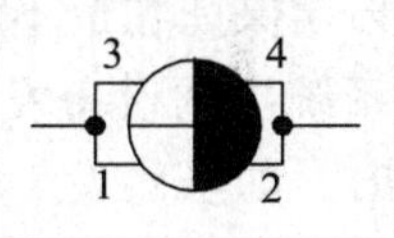	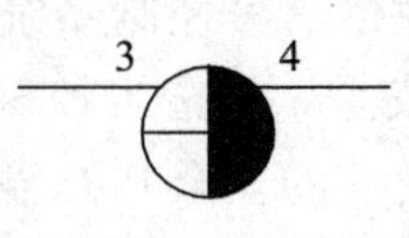	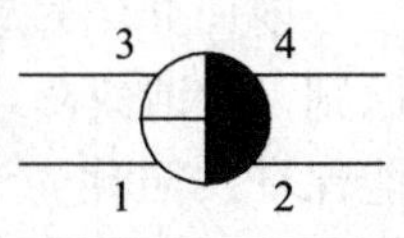
4	交流整流	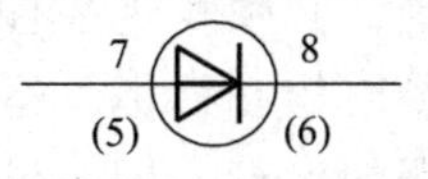	—	—	—
5	直流偏极	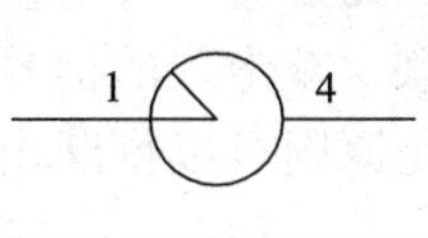	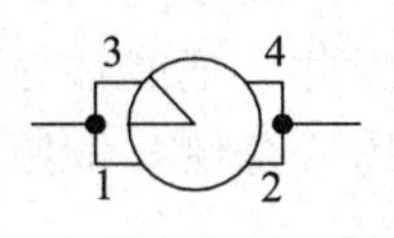	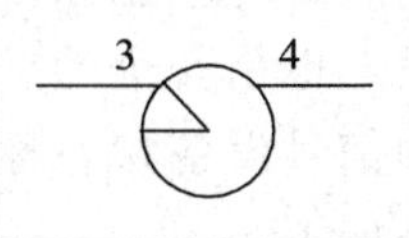	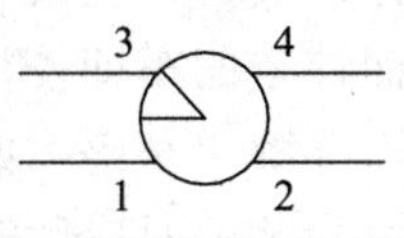
6	直流有极	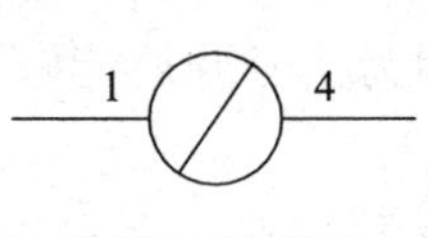	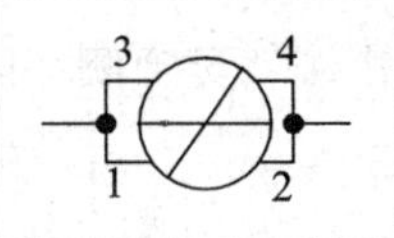	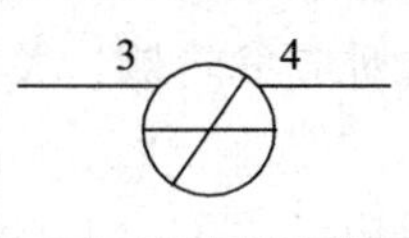	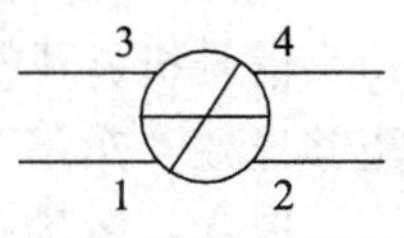
7	直流有极 加强接点	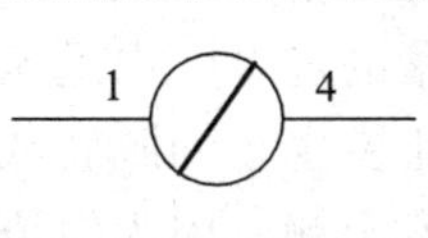	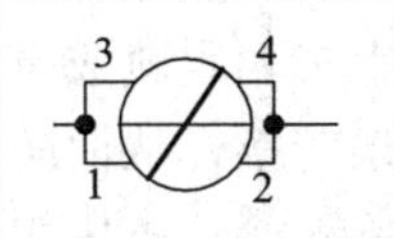	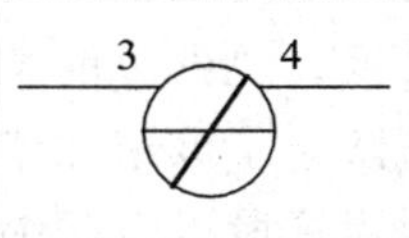	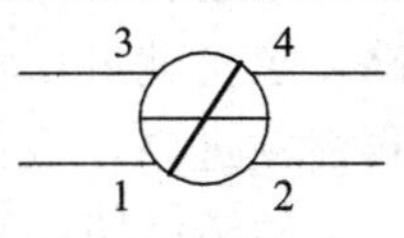
8	时间继电器	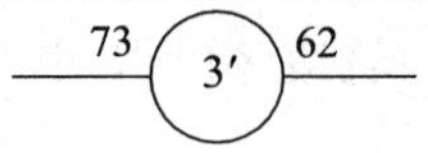	—	—	—
9	交流二元二位	—	—	—	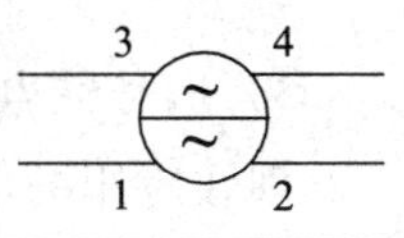
10	交流	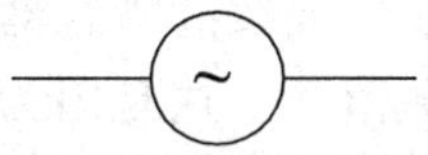	—	—	—

2. 信号继电器的参考状态

在继电器控制的电路中，线圈和接点都必须用箭头标出继电器的参考状态（也称定位状态或平时状态），“↑”表示继电器平时吸起，“↓”表示继电器平时落下。

继电器的参考状态是如何确定的，它与继电器的用途和电路要求有关，介绍如下：

1）铁路信号设备的定位状态

继电器在信号控制电路中有着不同的用途，它的参考状态与信号设备的定位状态有关。要确定信号继电器的定位状态，首先应了解信号设备的定位状态。

信号设备的定位状态，一般以“无车”和“未办理任何作业”为前提，即在没有列车或车列运行，也未办理任何作业时，信号机、道岔、轨道电路等信号设备所处的状态就是定位状态。

信号机的定位状态：对于信号机的定位状态后面章节会有详细介绍，站内的进站、出站、进路、调车等信号机以关闭状态为定位，自动闭塞的区间通过信号机以开放为定位。

道岔的定位状态：站内联锁道岔以开通定位且解锁为定位状态。

轨道电路的定位状态：无论站内还是区间轨道电路均以空闲为定位状态。对于闭路式轨道电路以调整状态为定位状态。

2）铁路信号设备的故障-安全

前面介绍过铁路信号控制系统必须保证在最不利条件下，系统的工作应满足故障-安全的原则。所谓故障-安全，是指当控制系统中的设备发生一个或多个故障后，系统运行的结果应能保证按照预先设计的安全状态输出，即虽然发生故障，但结果不能是危险的。

铁路信号控制系统作为铁路运输的安全保障系统，必须实现在任何条件下、发生任何故障都能保证铁路运输的安全。在铁路运输各系统的最终控制目标下运行的列车或车列，为了保证安全，当发生故障时应能保证列车或车列不错误的运行。即不该走的车走了是危险的，而该走的车即使没走也是安全的。因此，把能够导致“车走”的信号设备状态称为危险侧，而导致“车停”的信号设备状态称为安全侧。依照此原则可以推断出各信号设备的安全侧与危险侧的对应状态如下：

信号机：开放对应危险侧，关闭对应安全侧。因为信号开放能够导致“车走”，信号关闭能够导致“车停”。

道岔：解锁对应危险侧，锁闭对应安全侧。因为道岔解锁就可以经过该道岔排列其他进路，道岔就可以转换，也就可能发生车列脱轨或挤岔的危险。而道岔锁闭，则不能经该道岔再建立进路，也就防止了该道岔错误转换，从而防止发生车列脱轨或挤岔的危险。

轨道区段：轨道区段以空闲为危险侧，占用为安全侧。因为轨道区段空闲，就可以经过该区段建立进路，可能导致“车走”进入该区段，而轨道区段占用，不可能经过该区段再建立其他进路，其他车列也就不可能再进入该区段了。

3）信号继电器参考状态的确定

现在应用的信号继电器一般只有两个工作状态：一是吸起 “↑”，二是落下“↓”。对于AX 系列的信号继电器经常发生断线故障，而很少发生混线故障，即便发生了混线故障，由于电源断路器的脱扣，也会最终导致断电，使继电器落下。这是因为发生故障导致继电器错误吸起的概率远远小于故障落下的概率，因此，安全型继电器属于“非对称元件”。

为了确保继电电路的工作安全，利用信号继电器的“非对称性”，要求信号控制电路继电器的工作状态设计必须符合“安全对应”的原则，即应以继电器的吸起状态对应信号设备的危险侧，落下状态对应信号设备的安全侧。这样若发生故障时，使继电器落下，才能保证系统运行的结果是安全的状态输出。

依据“安全对应”原则，参照信号设备的定位状态，要求信号继电器的参考状态按如下原则确定：

（1）与信号设备安全直接相关的继电器，根据信号设备的定位状态，确定继电器的参考状态。

控制信号开放关闭的信号继电器（XJ）：以 XJ↑对应信号开放，以 XJ↓对应信号关闭。这样控制站内信号机的 XJ 以“↓”为参考状态，控制区间信号机的 XJ 以“↑”为参考状态。

反映道岔位置的继电器：定位表示继电器（DBJ）以“↑”为参考状态，反位表示继电器（FBJ）以“↓”为参考状态。

反映道岔状态的锁闭继电器（SJ）：以 SJ↑对应道岔解锁，以 SJ↓对应道岔锁闭，并以“↑”为参考状态。

反映轨道区段状态的轨道继电器（GJ）：以 GJ↑对应轨道区段空闲，以 GJ↓对应轨道区段占用，并以“↑”为参考状态。

（2）与信号设备安全间接相关的继电器，可根据信号设备的定位状态推断确定继电器的参考状态。

如车站联锁控制电路中反映进路锁闭状态的接近预告继电器（JYJ）以“↑”为参考状态；检查信号开放基本条件的信号检查继电器（XJJ）以“↓”为参考状态。

（3）与安全无直接或间接关系的继电器，参考状态可以是“↑”，也可以是“↓”。一般均以“↓”为参考状态，这样既可以保证安全，又可以省电。因此，在继电电路设计时，大多数继电器平时都是“↓”的。

需要说明的是，继电器的参考状态不是永恒的状态，继电电路经常是动态工作，继电器的状态也是动态的，这里的参考状态只是规定的定位状态，电路动作时经常不在参考状态。

3. 信号继电器接点符号的形式

根据控制电路功能要求，规定了信号继电器参考状态以后，继电电路中线圈符号一侧应该用“↑”或“↓”标明该继电器的参考状态。任何电路用到该继电器的开关接点时，都必须标明与线圈一致的“↑”或“↓”，绝不能出现线圈与接点的状态不符的标记，引起误解。

但是，继电器的接点画法根据继电电路的结构安排，可以有许多种方式，在识别电路图时，必须迅速辨认和确定是前接点还是后接点。其方法是“一看箭头、二看通断”。前接点要么是“吸起接通”，要么是“落下断开”。后接点要么是“落下接通”，要么是“吸起断开”。

简单地说，箭头向下，接通的是后接点，断开的是前接点；箭头向上，接通的是前接点，断开的是后接点。无论接点符号如何画，都可以判断继电器接点的状态。

无论继电器的参考状态是“↑”或“↓”，其前接点或后接点的画法都有 16 种不同的方式，但依据上述方法均可迅速识别是前接点还是后接点。

对于有极继电器，一般均以定位吸起为参考状态，因此，其接点没有箭头标记。为区别于其他继电器的接点，有极继电器的接点画成 60°角的形式，且无论其角度如何变换，其接通的总是定位接点，断开的总是反位接点，如表 1.4.2 所示。

表 1.4.2　继电器接点的画法

序号	参考状态“↑”接点		参考状态“↓”接点		有极继电器接点
1	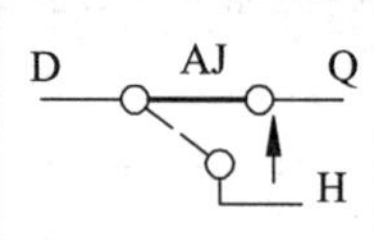	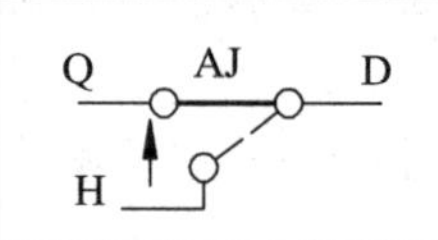	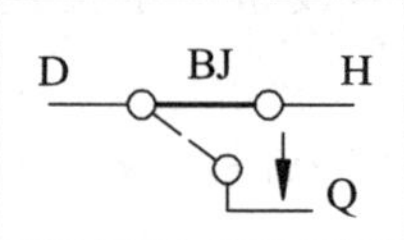	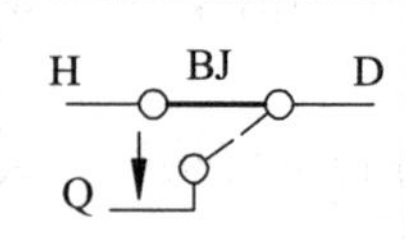	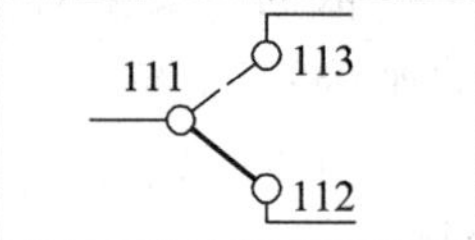
2	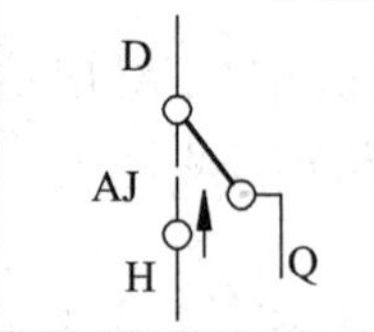	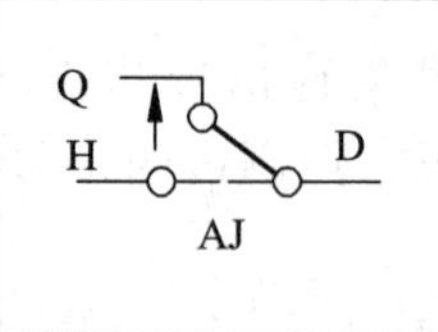	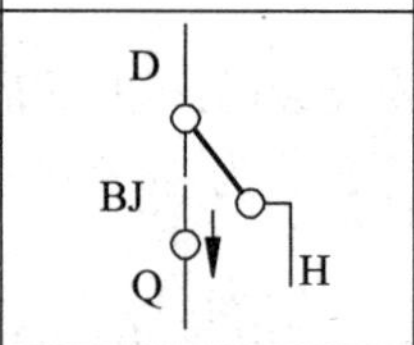	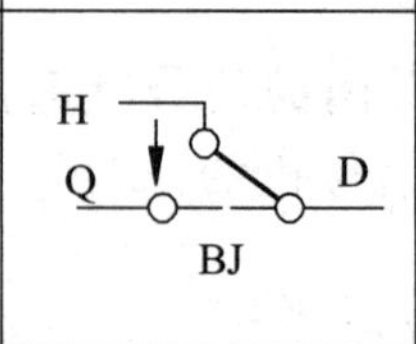	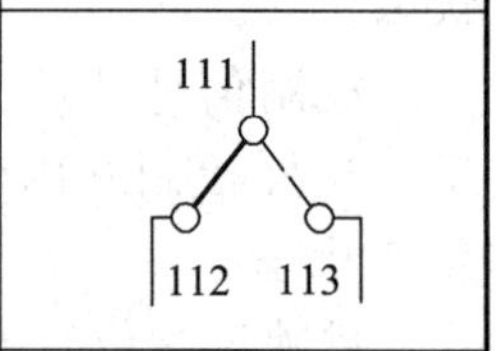
3	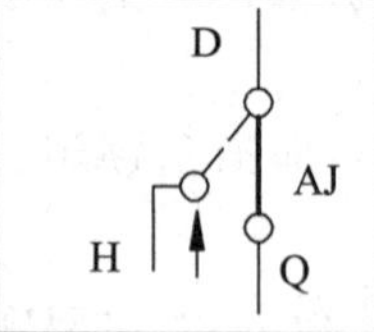	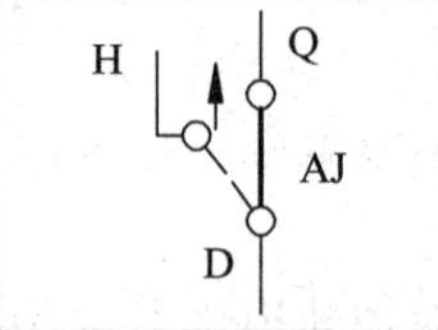	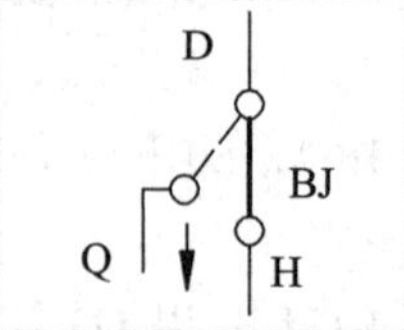	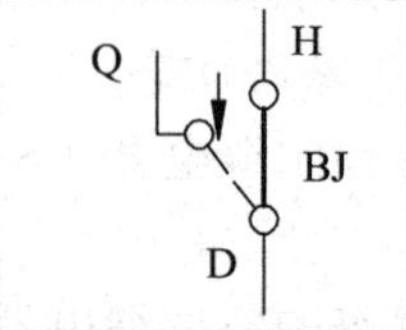	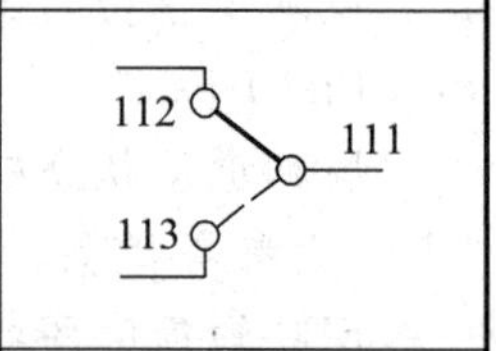
4	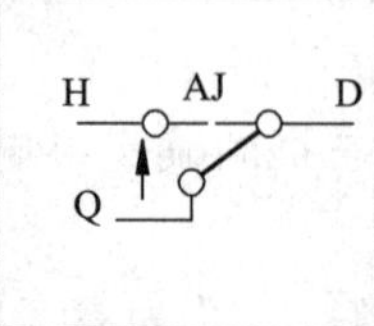	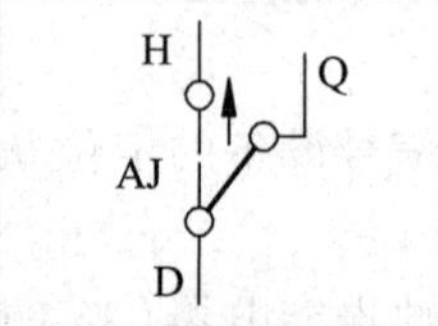	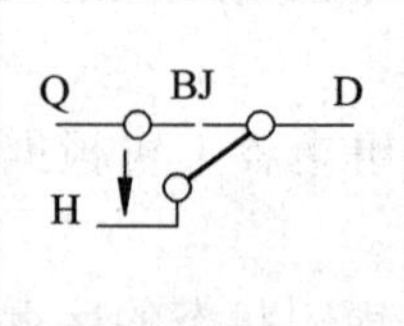	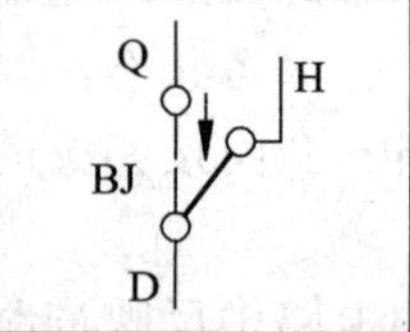	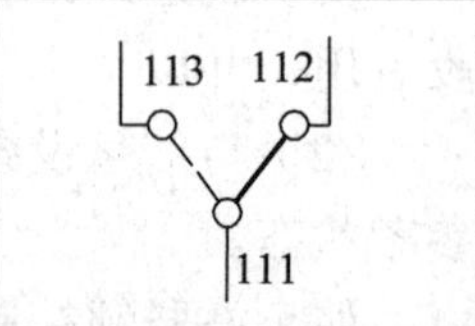
5	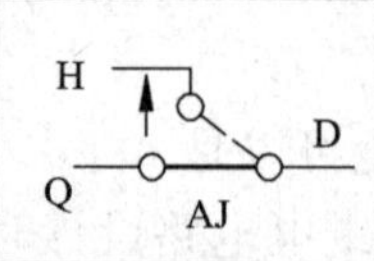	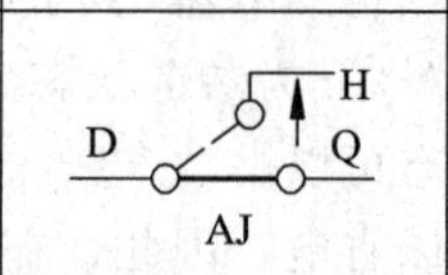	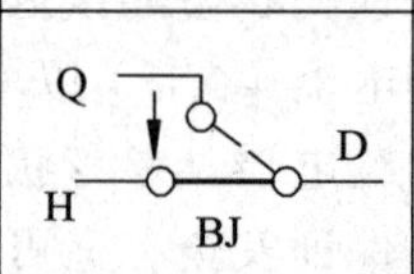	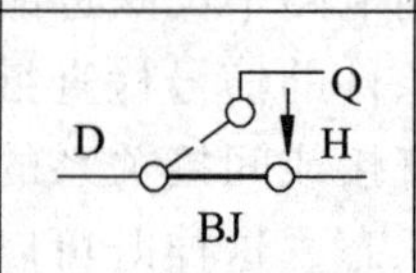	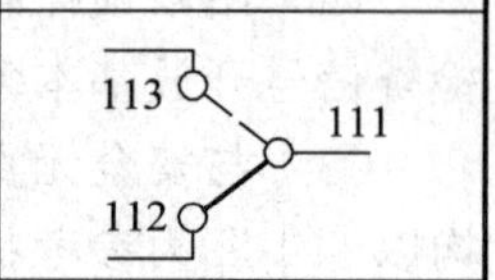
6	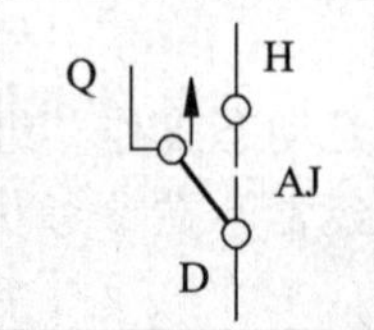	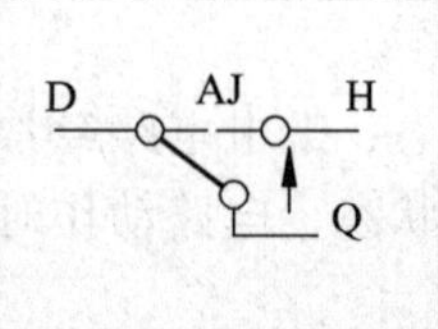	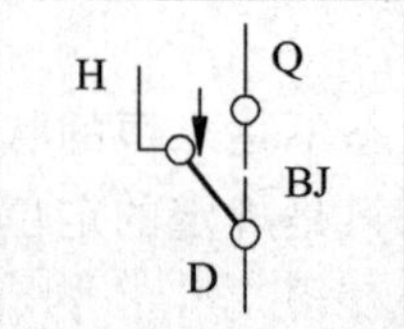	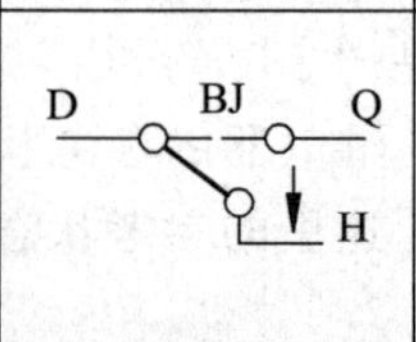	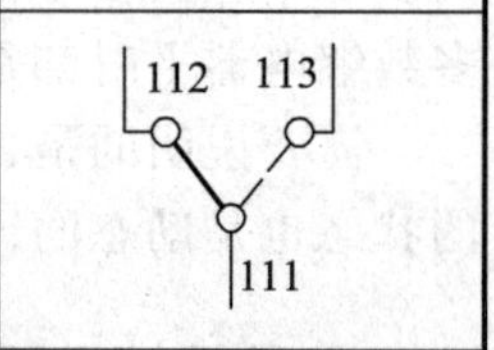
7	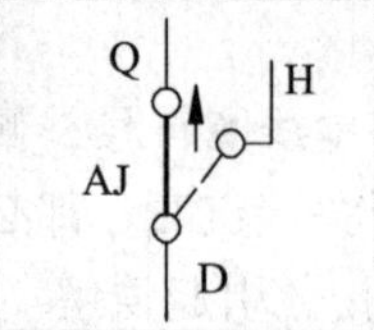	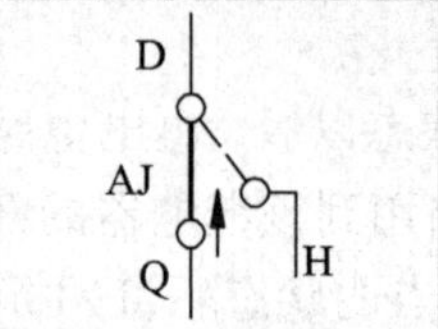	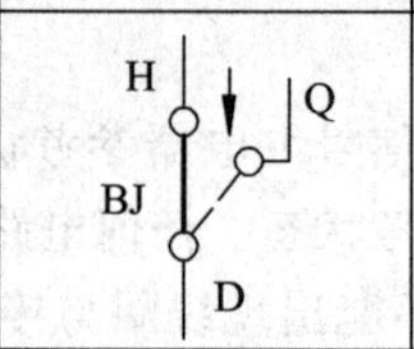	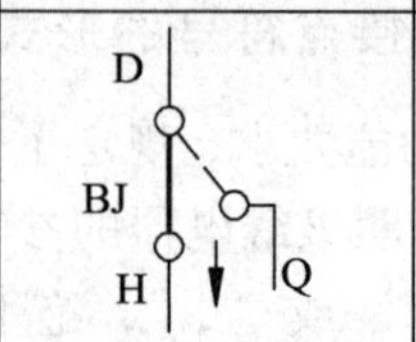	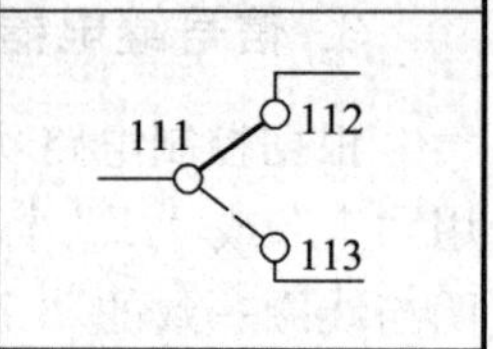
8	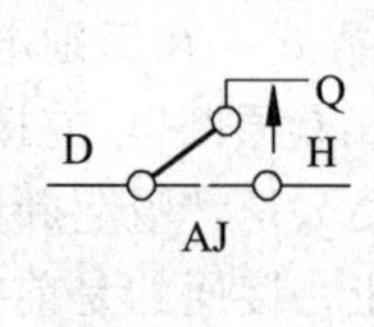	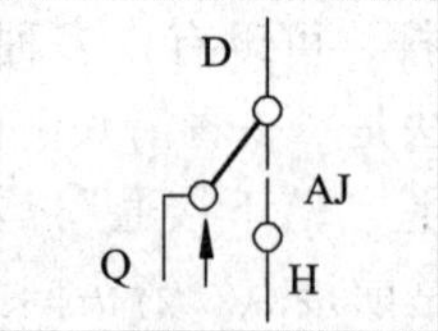	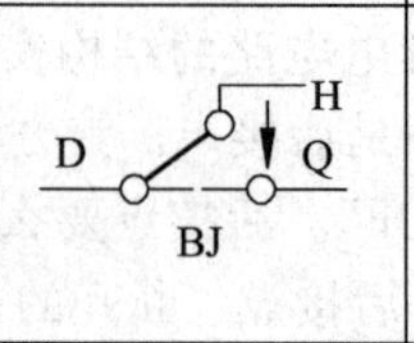	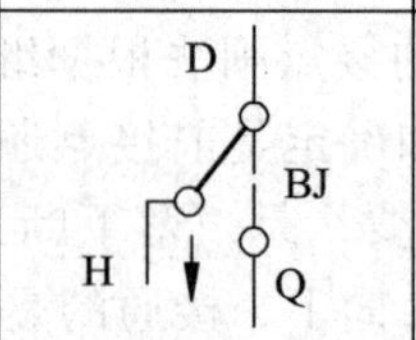	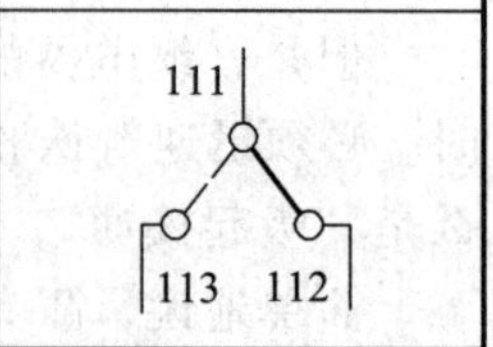

4. 继电电路的基本组成

任何电路的组成，都必须有电源、负载和控制条件三个基本要素，在铁路信号控制系统中，继电控制电路主要有三种形式：

1）控制继电器线圈的电路

如图 1.4.2（a）所示，它的电源就是控制继电器动作的电源，可以是直流电源，也可以是交流电源；电路的负载就是继电器的线圈，控制条件可以是开关（按钮）或继电器接点。

2）用继电器接点控制其他负载的电路

电路的电源就是动作负载的直流或交流电源，控制条件是继电器接点，负载可以是信号灯泡、表示灯、电动机等。如图 1.4.2（b）所示是用继电器接点控制表示灯的电路。

3）继电器线圈与其他负载串接的电路

如图 1.4.2（c）所示，电路的负载由电流继电器的线圈与电机绕组串联构成，电源是电机的动作电源，控制条件是有关继电器接点。这样用继电器的状态可以监督电机动作的电路是否接通。

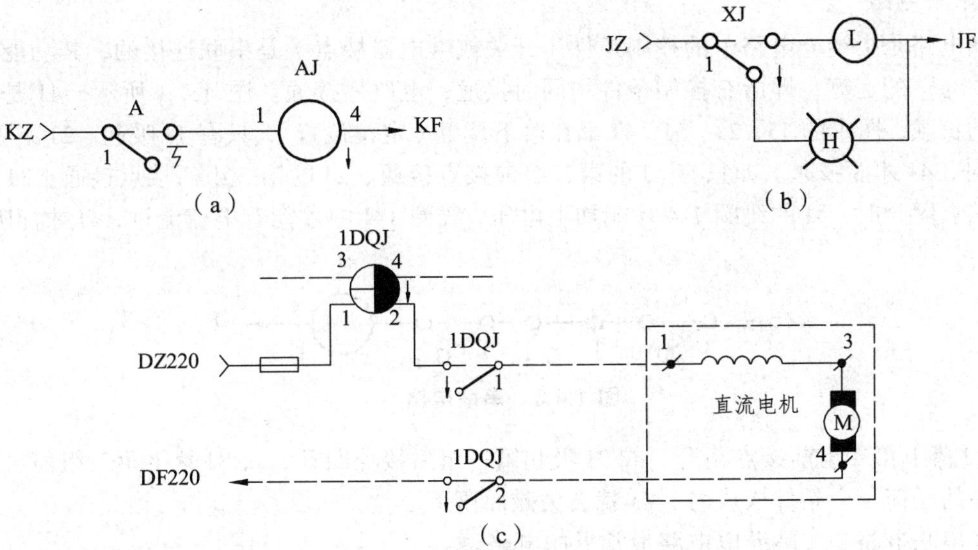

图 1.4.2　继电控制电路的形式

5. 继电器线圈与接点的关系

以无极继电器为例，当继电器的线圈通电时，继电器吸起，后接点断开，前接点闭合；当继电器的线圈断电时，继电器落下，前接点断开，后接点闭合。继电器的线圈和接点既有联系又是分开的。

继电器的线圈有电或无电控制继电器吸起或落下，从而控制接点开关接通或断开，但各组接点是否有电与继电器状态无直接关系。当给继电器线圈通电时，继电器吸起，但无论其前接点还是后接点都不一定有电；当给继电器线圈断电时，继电器落下，但无论其后接点还是前接点都不一定无电。同样，当继电器后接点有电流流过时，其线圈上不一定有电。继电器的线圈与其本身的接点往往不在一个电路中，但无论继电器的接点在哪个电路中，其接通或断开的状态必须与继电器线圈状态一致。即线圈有电，前接点闭合；线圈无电，后接点闭合。学习继电器控制电路必须清楚继电器线圈与接点的关系。

如图 1.4.6（a）所示，当 A 按下时，AJ↑，但就本电路图而言，AJ 的接点根本没有使用，所以，AJ 的线圈上有电流流过，而 AJ 的接点上并没有电。再如图 1.4.6（b）所示，当 AJ 自闭后，BJ 第一组后接点上有电流流过，但此时 BJ 在落下位置，显然 BJ 的线圈上没有电。

多数情况下，继电器的线圈和接点上都有电流流过，即便是这样，它们所用的可能是同一个电源，也可能不是同一个电源。如图 1.4.6（b）所示，当 AJ 自闭后，AJ 线圈和 AJ 第一组前接点流过的电流都是由 KZ、KF 电源提供的；如图 1.4.6（c）所示，AJ 线圈上所加的电源固定是 KZ、KF 直流电源，AJ 的第一接点接的是 JZ、JF 交流电源，而它的其余接点组所接的电源就不一定是该电源了。

4.2.2 继电电路的形式与分析方法

1. 继电电路的基本形式

1）串联电路

串联电路是指继电电路中的控制条件（开关或继电器接点）是串联连接的，其功能是实现逻辑“与”的运算，即所有控制条件均同时接通，电路才接通。图 1.4.3 所示，4J 是该继电电路的负载，图中的 1J、2J、3J、4J 都在落下位置（定位位置），只有 1J 吸起、2J 不吸起、3J 吸起时，4J 才能吸起。即只有 1J 的第二组前接点接通、2J 的第一组后接点接通、3J 的第三组前接点闭合时，4J 的线圈 1-4 才能加上电压，线圈 1-4 中才能有电流流过，4J 才能吸起。

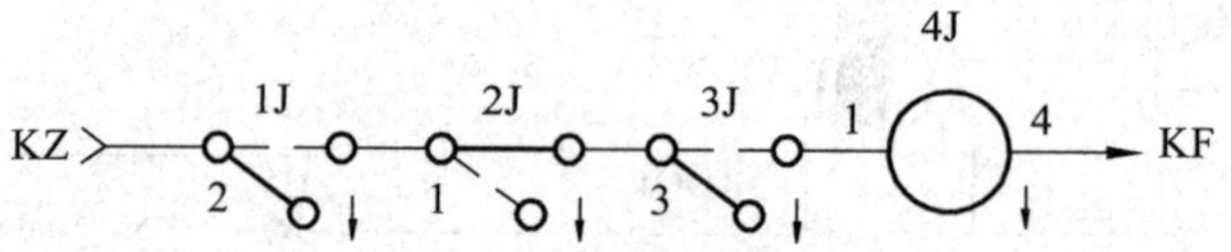

图 1.4.3 串联电路

当 1J 落下第二组前接点断开，或 2J 吸起第一组后接点断开，或 3J 落下第三组前接点断开，其中的任何一个条件构成时，4J 就会失磁而落下。

上述串联电路是实际继电电路最常见的电路。

2）并联电路

并联电路是指继电电路中的控制条件是并联连接的，其功能是实现逻辑“或”的运算，即各控制条件有任意一个接通时，电路即可接通。如图 1.4.4 所示，DJ 是该继电电路的负载，继电器的定位状态为：AJ、CJ 和 DJ 都在落下位置，BJ 在吸起位置。DJ 吸起的条件是：当 AJ 吸起第一组前接点闭合时，DJ 就能吸起；或者当 BJ 落下第五组后接点闭合时，DJ 也能吸起；或者当 CJ 吸起第七组前接点闭合时，DJ 也能吸起。也就是说，只要 AJ、BJ、CJ 的任意一个接点闭合，DJ 就会吸起。

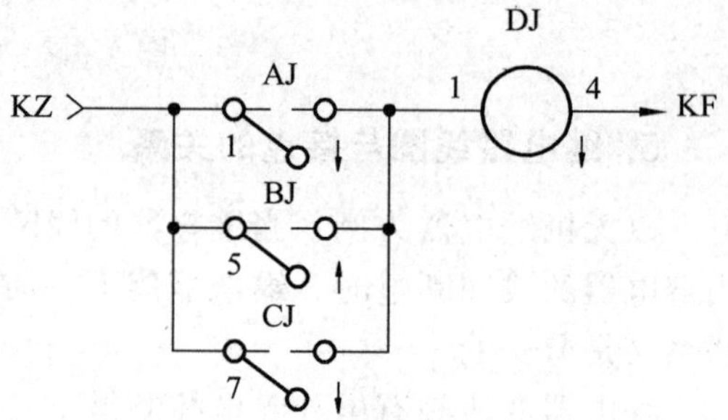

图 1.4.4 并联电路

DJ 的落下条件是：只有电路中 AJ、BJ、CJ 的相关接点都断开时，DJ 才能落下。

3）串并联电路

串并联电路是指继电电路中的控制条件有些接点串联连接的，有些是并联连接的，这类电路称为串并联电路，其功能既有逻辑“与”的运算又有逻辑“或”的运算。如图 1.4.5 所示，10J 是负载，该继电电路各继电器的定位状态为：5J、6J、7J、8J、9J、10J 均在落下位置。10J 吸起的条件是：5J 的第一组前接点闭合，6J 的第三组后接点闭合，7J 的第一组前接点闭合或 8J 第五组前接点闭合或 9J 的第七组前接点闭合，10J 就会吸起。

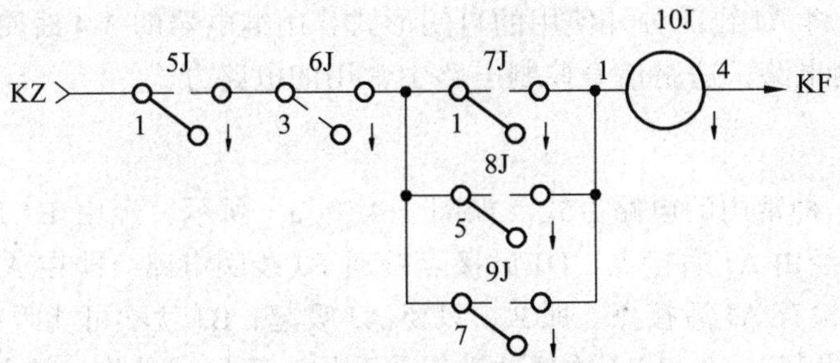

图 1.4.5　串并联电路

复杂的控制电路一般都是串并混联的电路，单一的并联或单一的串联电路逻辑功能都比较简单。

2. 继电电路的常用形式

1）继电器自闭电路

信号继电电路中，自闭电路较为常见。在继电器动作时，经常需要将某一操作记录下来，为以后其他电路的动作做好准备。

如图 1.4.6（a）所示的按钮继电器 AJ 电路，当按下自复式按钮 A 后，AJ 就会吸起，但当松开按钮后，AJ 就会失磁落下而不能保持在吸起位置。

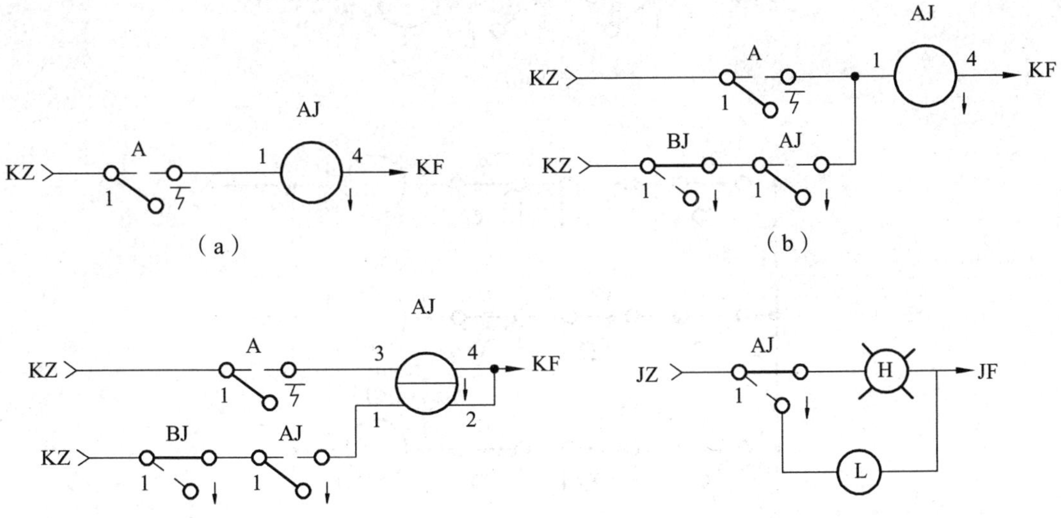

图 1.4.6　自闭电路

为了使 AJ 在松开 A 后保持在吸起位置，增加了一条由自身前接点构成的电路，使按钮松开后，继电器不落下。如图 1.4.6（b）所示，当按下 A 后，AJ 吸起，这时，AJ 第一组前接点闭合，KZ 电源就会经过 BJ 的第一组后接点，AJ 本身的第一前接点，接到 AJ 的线圈 1 上，使

AJ 保持在吸起位置，即便此时松开 A，AJ 也不会落下。这条由自身前接点构成的电路称为自闭电路。有了自闭电路后继电器就有了记忆功能，图 1.4.6（b）就能够记录按下 A 的动作。

AJ 落下的落下条件是：A 早已经松开，当 BJ 吸起时，由于 BJ 的第一组后接点的断开，只有切断了 AJ 的自闭电路，AJ 才能落下。

图 1.4.6（c）是将 AJ 线圈分开使用的自闭形式，用继电器的 3-4 线圈作为励磁电路，而由 1-2 线圈构成自闭电路，这是信号控制电路中常用的电路方式。

2）互切电路

互切电路也是一种常用的电路方式。如图 1.4.7（a）所示，经由 BJ 后接点、CJ 后接点接通 AJ 线圈电路，经由 AJ 后接点、DJ 后接点接通 BJ 线圈电路。即在 AJ 电路中检查 BJ 后接点，在 BJ 电路中检查 AJ 后接点。那么，只要 AJ 吸起，BJ 就不可能吸起；同理，只要 BJ 吸起，AJ 也不可能吸起。AJ 和 BJ 的这种动作关系称为互切（也称互锁）。

不仅两个继电器之间可以构成互切关系，多个继电器之间也可以设计成互切电路。图 1.4.7（b）所示，AJ、BJ、CJ、DJ 四个继电器构成了互切关系，任何一个继电器吸起都检查了其他三个继电器的后接点，只要有一个继电器吸起，其他三个继电器都不可能吸起，即四个继电器同时只准许有一个继电器吸起。

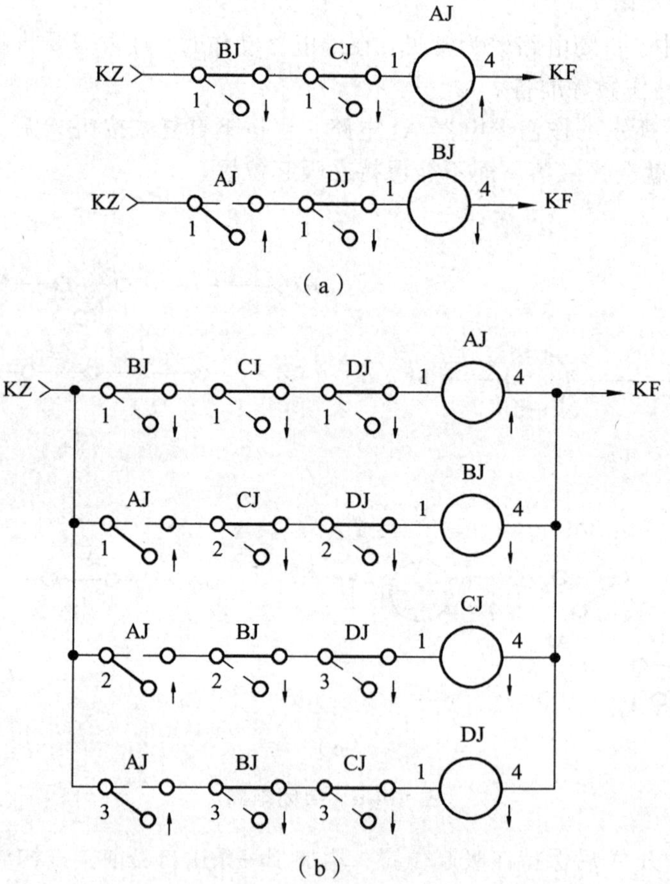

图 1.4.7　继电器互切电路

3）脉动偶电路

如图 1.4.8 所示，经 BJ 的后接点接通 AJ 电路，经 AJ 前接点接通 BJ 电路。当开关 K 闭合后，AJ 先吸起，AJ 前接点接通后使 BJ 吸起；BJ 吸起后，BJ 落下后接点切断了 AJ 电路使 AJ 落下；AJ 落下后，AJ 前接点断开了 BJ 电路，使 BJ 落下；BJ 落下后，AJ 线圈电路又重新接通。重复上述电路动作，使 AJ、BJ 反复脉动，因此称该电路为脉动偶电路。只要开关 K 不断开，则 AJ 和 BJ 将一直脉动。

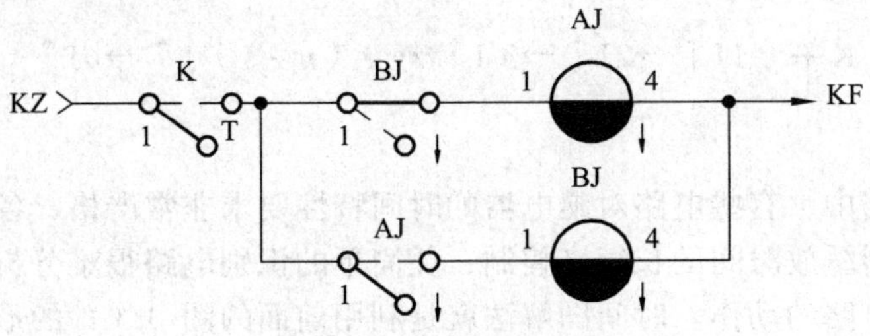

图 1.4.8　脉动偶电路

4）时序步进电路

时序步进电路，就是用继电器控制电路有规律地顺序动作。如图 1.4.9 所示，用 n 个继电器组成的并联传递式时序步进电路，开关 K 接通后 1J 吸起，1J 吸起后用其前接点接通 2J 电路，使 2J 吸起，以后依此类推，1J ~ nJ 顺序吸起。当 nJ 吸起以后，说明前面的继电器均已吸起。

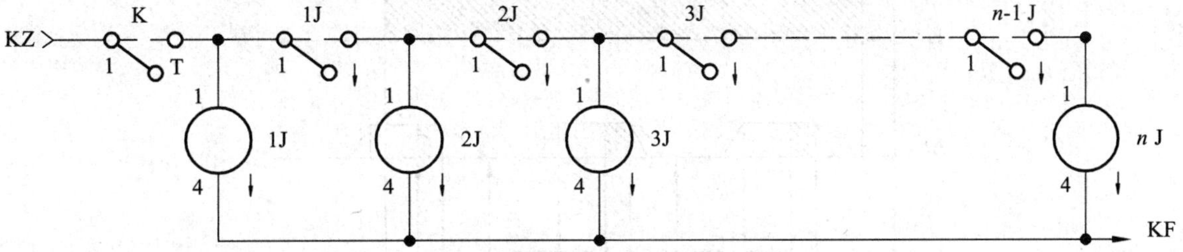

图 1.4.9　时序步进电路

用这种时序步进电路可以控制信号设备顺序启动，避免同时启动瞬间电流过大。将时序电路稍加修改，即可变成多个继电器的脉动电路，分别用各个继电器接点控制点灯，可以构成顺序闪光的点灯效果。

3. 继电电路的分析方法

1）继电器动作时序法

在铁路信号控制系统中，许多继电电路结构和动作都很复杂，一个指令下达后，要引起多步电路动作，靠简单的识别难以分析，用继电器的动作时序分析继电器吸起落下的逻辑顺序和动作关系，可以清楚地了解电路的动作和控制功能，掌握各继电器之间的控制关系。

图 1.4.8 所示的脉动偶电路的动作，可用下列时序动作清楚地表示：

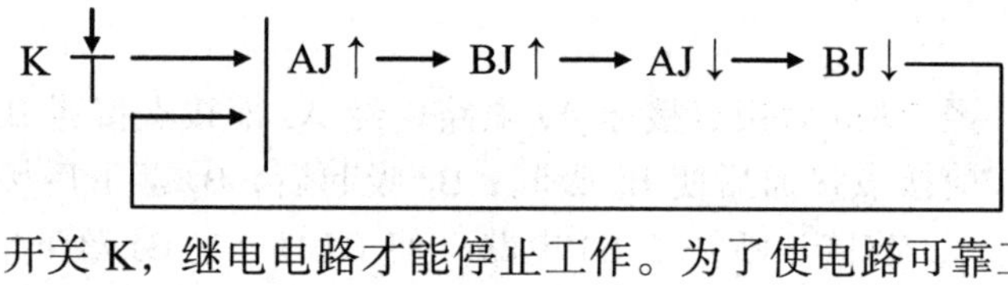

可见，只有拉出开关K，继电电路才能停止工作。为了使电路可靠工作，AJ和BJ必须采用缓放型继电器，否则电路将不能正常工作。

图1.4.9时序步进电路的动作可用下列动作时序表示：

$$K\downarrow \to 1J\uparrow \to 2J\uparrow \to 3J\uparrow \cdots \to (n-1)J\uparrow \to nJ\uparrow$$

2）时间图解法

在信号控制电路中，有些电路对继电器的时间特性要求非常严格，各继电器之间的动作配合就是利用继电器缓放时间的长短来控制，凭简单的识别电路很难分析清楚，采用时间图解法可以准确分析电路的动作。时间图解法就是利用前面的图1.3.1的形式，把继电器线圈通电、后接点断开、前接点闭合、线圈断电、前接点断开、后接点闭合等都用时间图表示出来。将各继电器的动作用时间分析图描述，从而分析各继电器动作的时间关系，从而精确地反映整个电路的动作过程。

如图1.4.8所示的脉动偶电路，就可以用图1.4.10表示出来。图上的箭头表示了继电器之间的互相控制关系。

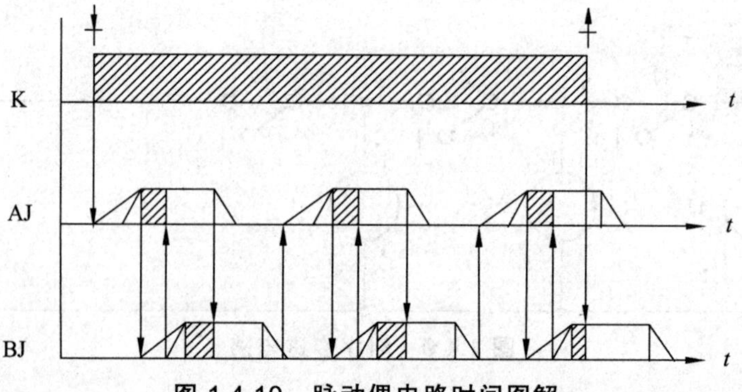

图1.4.10 脉动偶电路时间图解

3）接通公式法

接通公式法（也称接通径路法）就是俗称的跑电路。就是把某一控制回路用继电器线圈和接点等电路符号表示清楚，可以从电源的正极经各个控制条件和负载到电源负极，也可以从电源负极经各个控制条件和负载到正极。它是在分析继电器电路中常用的方法。

例如，对于图1.4.6所示电路，AJ励磁电路为：KZ-$A_{11\text{-}12}$-$AJ_{1\text{-}4}$-KF；AJ自闭电路为：KZ-$BJ_{11\text{-}13}$-$AJ_{11\text{-}12}$-$AJ_{1\text{-}4}$-KF。

再例如，对于图1.4.8所示的脉动偶电路，AJ励磁电路为：KZ-$K_{11\text{-}12}$-$BJ_{11\text{-}13}$-$AJ_{1\text{-}4}$-KF；BJ的励磁电路为：KZ-$K_{11\text{-}12}$-$AJ_{11\text{-}12}$-$BJ_{1\text{-}4}$-KF。

接通公式中各控制条件及其器件的下标是它们在电路中具体连接的接点号、端子号或继电器线圈，有时为了简化，继电器的前接点也可用“Q”表示，继电器的后接点可用“H”表示，接点之间用“-”联系，它表示经由。

同一个控制对象，其接通的路径不同，接通公式也不同。有时一个继电器或其他负载有几条路径同时接通，那就有几个接通公式同时构成。

学习继电电路时，首先要学会跑电路，即掌握各电路的接通公式，进而分析电路的逻辑动作，全面掌握电路的动作时机和控制功能。但应注意，接通公式与动作时序是两种不同的分析方法，为避免混淆，二者所用的符号应尽量区分开。接通公式中继电器（或按钮）接点用接点号（或用-Q、-H）表示，动作时序中继电器的动作用↑或↓表示。接通公式中的符号间隔用“-”连接，动作时序的符号间隔用“→”连接。

4.2.3 继电电路的安全防护

前面已经介绍，铁路信号控制系统中，继电电路必须能够保证系统中的设备发生一个或几个故障后，其结果是按照预先设定的，确保系统运行安全的状态输出，即满足故障-安全原则。为了满足这一原则的要求，在继电电路设计中尽量选用安全型继电器，按照安全对应的原则设计继电器的参考状态，除这些措施外，在电路结构上还必须进一步采取措施，防止发生故障后继电电路产生危险的输出结果。

根据生产实际运用中继电电路发生故障的类型统计，继电电路发生的断线故障多于混线故障，即使发生混线故障，大多都是室外电缆线路混线，即室外混线故障多于室内混线故障，采用了安全对应的方式后，继电器的因故落下多于因故吸起。为了进一步提高电路动作的安全性和可靠性，采取对混线故障进行防护，对断线故障进行检查的防护措施。保证电路发生故障能及时发现，即便发生故障也不会产生危险的后果。

1. 继电电路的混线保护

1）位置法

图 1.4.11 是道岔表示电路的举例，室内设有道岔定位表示继电器监督室外道岔转辙机自

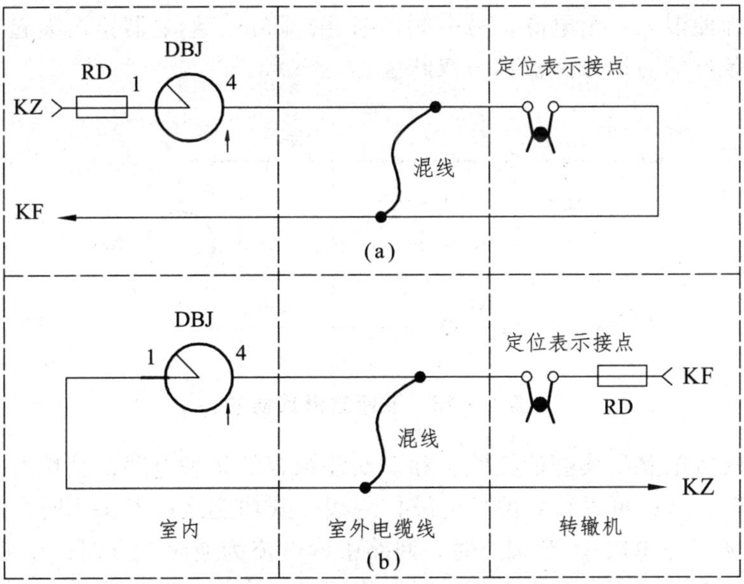

图 1.4.11 混线防护电路

动开闭器接点状态。即控制条件在室外，控制对象在室内，两者之间通过电缆线路连接，当室外自动开闭器接点接通时，DBJ 吸起。图 1.4.11（a）和 1.4.11（b）两电路虽然功能相同，但发生混线后的结果却不一样。

图 1.4.11（a）中，DBJ 和 KZ、KF 的直流电源均在室内，正常情况下，在室外转辙机的定位表示接点接通时，DBJ↑，道岔向反位转换时，定位表示接点断开，DBJ↓。当道岔在反位时，定位表示接点断开，如果此时发生混线故障，DBJ 将无条件地错误吸起，这是非常危险的。

在图 1.4.11（b）中，DBJ 设于室内，电源设于室外，即 DBJ 和电源分别设置在电路两侧。发生混线故障时，一方面使 DBJ 线圈短路而不能错误吸起，另一方面在定位表示接点闭合的情况下会使电源处的 RD 熔断器熔断，从而使继电器落下，导向安全侧。所以，位置法的关键是继电器和电源必须分别设置在可能混线位置的两侧，保证室内、室外电路之间发生混线时将电源和负载分别短路。因此，位置法也称远端供电法。

2）极性法

极性法就是通过鉴别回路中的电流方向，防止混入相反极性的电源时造成电路错误动作。如图 1.4.12 所示，执行部件 1JGJ 采用偏极继电器。正常情况下，当 1GJ↑时，1JGJ↑；当 1GJ↓时，1JGJ↓。如果电缆线路去线或回线混入电源，只要极性与电路中原电源极性不一致，1JGJ 电路就不会错误吸起。

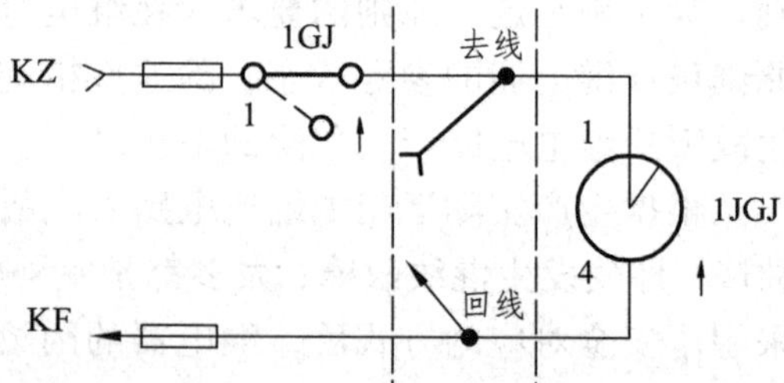

图 1.4.12　极性防护法

3）双断法

如图 1.4.13 所示，如果用一个控制条件控制一个执行对象，当控制条件与控制对象之间距离较远时，如果从控制条件的一侧混入一个电源，即使控制条件不通，执行继电器也可能错误吸起。因此，室内外联系的控制电路，在电源的正极、负极一侧均加入控制条件。当控制条件断开时，即使混入一个电源，另一侧仍断开，防止了继电器错误吸起。这种在电源两侧分别加入控制条件的防护方法被称为双断法。

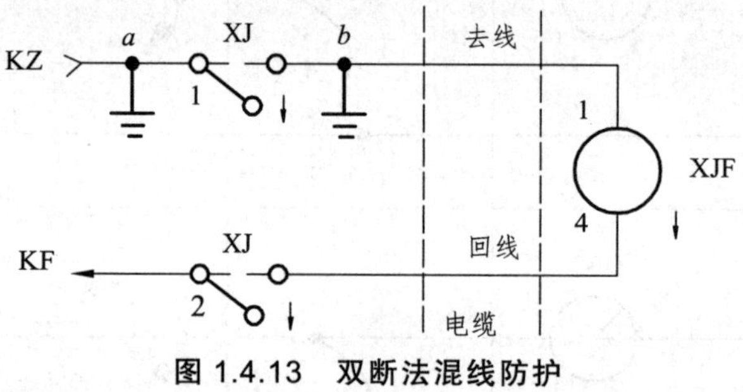

图 1.4.13　双断法混线防护

图 1.4.14 的转极电路是典型的极性法和双断法结合的防护电路，其特点是采用一个回路控制两个执行部件，这样可以节省两条电缆控制线。其功能是：当 aJ↑时，回路中的电流为顺时针方向，使 AJ↑、BJ↓；当 aJ↓时，回路中的电流为逆时针方向，使 BJ↑、AJ↓。当电路中的一侧混入电源，或电源极性不对时，均不会造成 AJ 或 BJ 错误吸起。

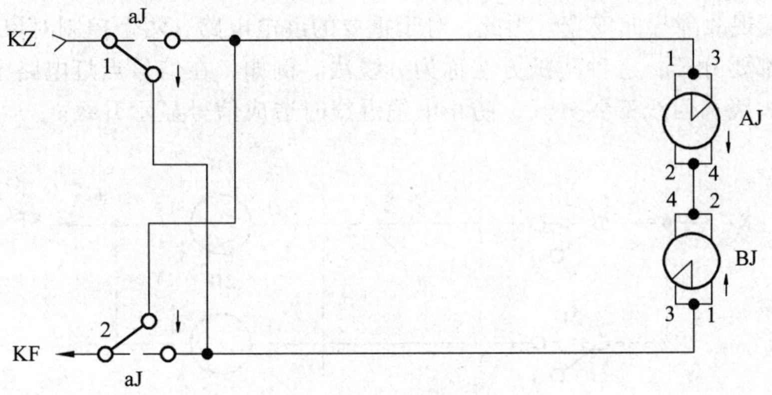

图 1.4.14　转极电路

4）电源隔离法（独立电源法）

在电路设计时，有室内外联系的控制电路，经常是将同类控制功能的电缆联系芯线放在一根电缆内。当发生电缆间混线时，为防止两个回路之间的电源混在一起，造成继电器错误吸起，一般尽量采取每一个控制对象单独使用一个电源，这样任何两条线路混线或混入其他电源时都不会使继电器错误吸起。

在实际应用的继电电路中，例如轨道电路、信号点灯电路和道岔表示电路，都采用变压器实现电源隔离，这相当于每个控制对象单独使用一个电源。图 1.4.15 所示为道岔表示电路，其中的表示变压器 BB 就是专用的隔离变压器。当电缆混入其他电源时，因为不能与本电源构成回路，因此，DBJ 就不能错误励磁吸起。

在一些直流继电电路中，如果每个控制对象都采用一个独立的直流电源很不经济，所以，电源隔离法一般都是使用交流电源。

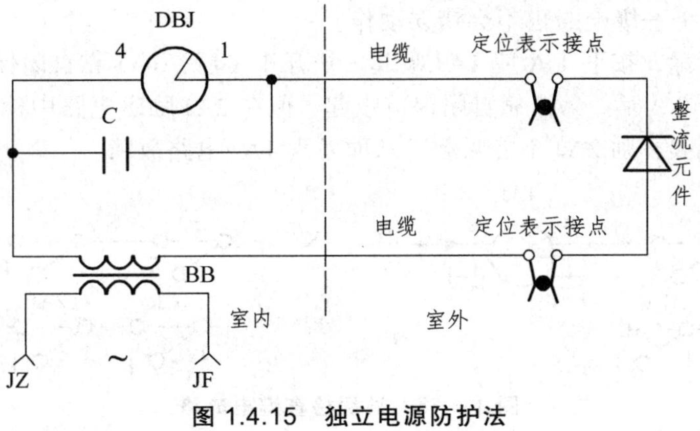

图 1.4.15　独立电源防护法

5）分线法

一个电源控制多个执行对象，如果均在室内完全可以共用一条回线，这样可以使电路简化，节省控制线。但当控制距离较远时，如果多个控制对象共用一条回线，一旦发生混线等故障时就会引起继电电路错误动作。

如图 1.4.16 所示，正常情况下，1J↑→1JF↑，2J↑→2JF↑。当外线混线时，只要 1J↑、1JF↑，即使 2J 未吸起，2JF 也错误吸起；只要 2J↑、2JF↑，即使 1J 未吸起，1JF 也错误吸起，显然未能实现故障导向安全。因此，对于重要的继电电路，两个控制对象不能共用回线，即去线和回线都要分开，这种防护方法称为分线法。例如，在信号点灯电路中，同一信号机的红灯和绿灯去线和回线都要分开，防止电缆混线时造成信号显示升级。

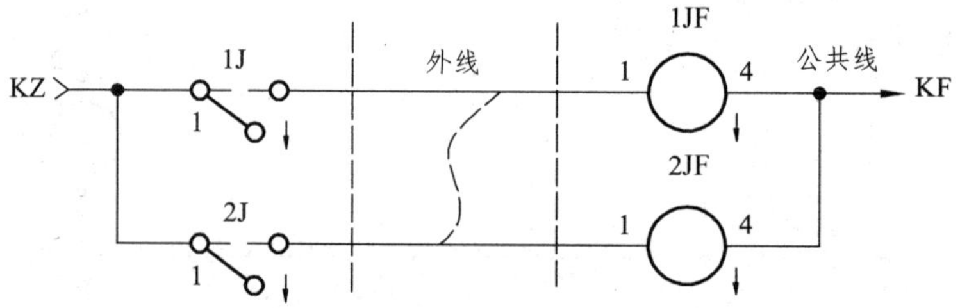

图 1.4.16　分线法防护电路

在实际继电电路中，根据控制对象功能要求不同，采取的防护措施也不尽相同，多种防护措施在一个电路也可以同时采用。

2. 继电电路的断线检查

在继电电路的应用过程中，经常会出现如断线、脱焊、螺丝松脱、线圈烧坏、接点接触不良、器件失效、插接件接触不良等断线故障。由于安全性继电器的非对称性，发生断线故障时，均可导致吸起的继电器落下。一般情况下继电器错误落下不会导致危险结果，但影响控制系统的正常运行。因此，断线故障虽难以防护，但也应随时检查，及时发现，以便尽快处理。

断线故障的检查方法主要有两个：

1）逐级检查

对于有多级动作的继电电路，用后级电路监督检查前一级电路动作是否正常，如果前一级电路动作异常，下一级电路也不会错误动作。

如图 1.4.17 所示，按下 1 A 使 1AJ 吸起，松开 1 A 后，1AJ 靠自闭保持吸起。按下 2 A 使 2AJ 吸起，松开 2 A 后，2AJ 靠自闭保持吸起，但在 2AJ 励磁电路中检查 1AJ 前接点，如果 1AJ 未能保持吸起，则 2AJ 不能吸起，从而发现 1AJ 电路故障。

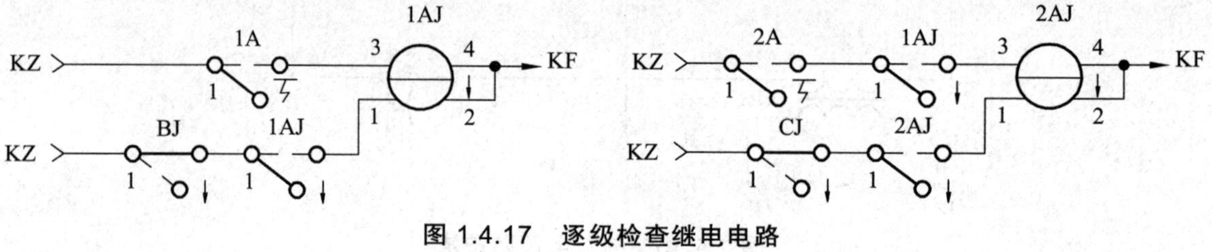

图 1.4.17　逐级检查继电电路

2）故障报警

对于许多重要的信号设备，发生故障后，为及时修复，经常采用的方法是另外设计一套专门用来监督设备动作状态的报警电路，一旦设备动作异常，由故障报警电路给出灯光、音响、语音等报警提示。

例如，监督道岔位置异常的挤岔报警电路、监督信号点灯异常的断丝报警电路等。这些电路将在后续课程中介绍，这里不再赘述。

4.3 知识拓展

继电电路的接点简化

目前，在我国使用的各种型号信号继电器中，一台继电器最多只有 8 组接点，许多继电器由于内部结构空间的限制还不足 8 组接点。在复杂的继电电路中，经常会出现继电器的接点不够使用，有时不得不另外增加复示继电器。因此，在设计电路时，应尽量节约使用继电器的接点。

要节省继电器接点，必须对继电电路进行简化。所谓简化，就是指在保证继电电路控制功能不变的前提下，多条支路尽量共同使用相同的控制条件。能够简化使用继电器接点的电路有两种情况：① 一个控制电路有多条支路，两条支路或多条支路中使用相同的继电器接点；② 几个不同的继电电路使用相同的继电器接点。能够简化使用的继电器接点有两种情况：① 相同继电器相同状态的两组接点；② 相同继电器的两组状态相反的接点。具体情况分别介绍如下：

1. 状态相同的接点简化

如图 1.4.18（a）所示，控制 CJ 吸起的两个支路中均有 AJ 的前接点，因此，可以合并共用一组，如图 1.4.18（b）所示。

必须注意，不能因简化接点，错误构成新的迂回电路，改变继电电路的功能，使不该接通的电路错误接通。如图 1.4.19 所示，如果将 1.4.19（a）简化成 1.4.19（b），就会错误的构成虚线所示的回路，使 BJ 错误吸起。这时可将 AJ 线圈分开使用，简化成 1.4.19（c）所示电路。

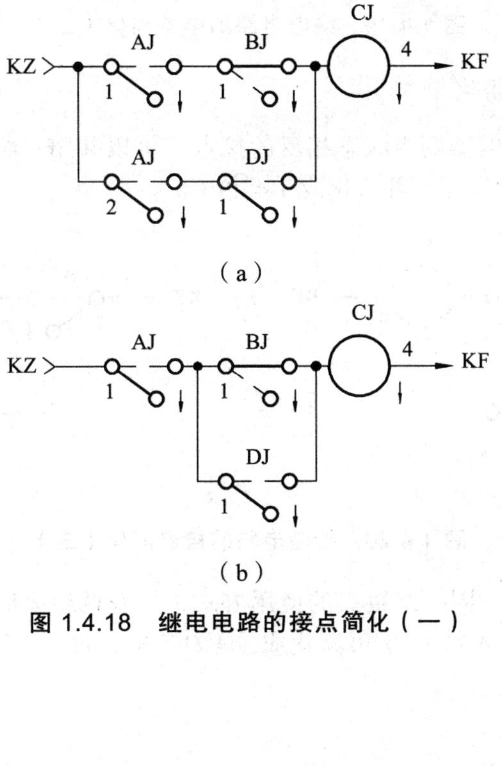

图 1.4.18 继电电路的接点简化（一）

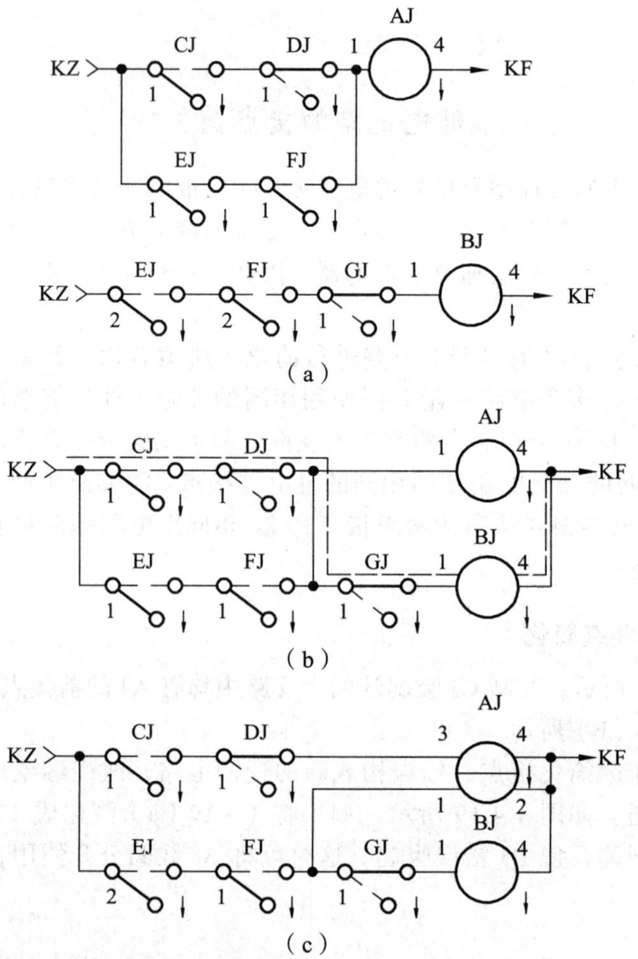

图 1.4.19　继电电路的接点简化（二）

2. 状态相反的接点简化

两条支路使用同一继电器两组状态相反的接点，可以共用一组接点，将电路进行简化，如图 1.4.20 所示，图 1.4.20（a）可简化成 1.4.20（b）。

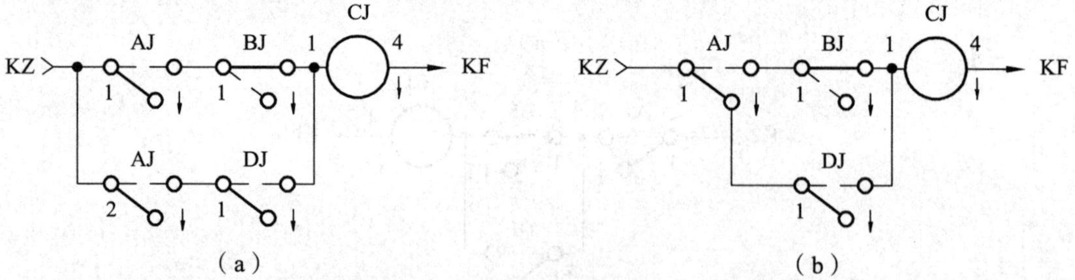

图 1.4.20　继电电路的接点简化（三）

另外，在一个支路中，同一组接点的使用方式，以及两组串联接点的前后顺序，均可以进行“等效变换”。如图 1.4.21（a）可简化成 1.4.21（b），进一步可以简化成 1.4.21（c）。这样将原来的四组接点，简化为两组接点。

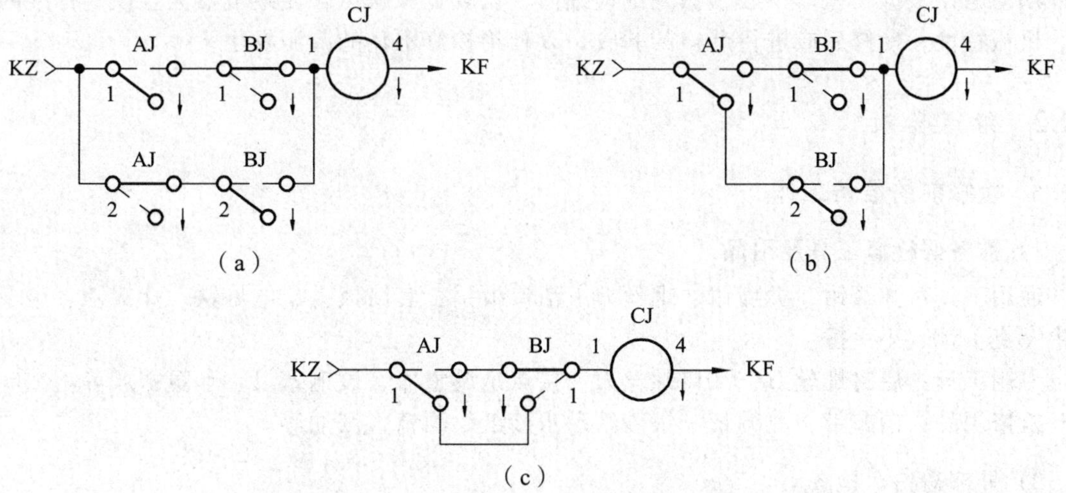

图 1.4.21 继电电路的接点简化（四）

任务 5 信号继电器检修

5.1 任 务

本任务的目的是使学生了解继电器检修目的和要求；掌握继电器的检修方法；熟练掌握继电器检修过程；了解继电器检修工作的组织管理。

5.2 相关知识

5.2.1 信号继电器检修的目的和要求

继电器在长期运用过程中，由于接点的烧损，可动部分的磨耗，线圈因受潮而绝缘能力降低，金属零件的氧化、龟裂、变形等，引起机械与电气特性的逐渐变化，如果不进行定期的预防性检修，就有可能因特性变坏而造成设备故障。因此，继电器检修的目的就是要克服继电器运用中产生的缺点，恢复其电气、机械特性，保证其可靠、安全的工作。根据各种继电器不同的运用状态，它们在信号电路中动作的频繁程度（出厂时规定正常动作继电器动作十万次，缓动继电器动作五万次，不会发生电气、机械特性的显著变化），以及长期的实践经验的积累，规定了信号继电器的基本检修周期。按周期有计划地开展继电器检修工作，可以做到无病防病，有病根治，贯彻了铁路信号设备维修工作以预防为主的原则。因此，必须坚持实行。

继电器由电务段的电气信号检修所进行检修，检修所内必须建立严密的工作制度以保证继电器的检修质量。例如：必须对每台继电器建立检修电子卡片，做好检修记录；继电器在检修前应进行全面的电气性能测试，并把测试结果填入检修电子卡片上，作为考察继电器检修周期的原始根据；检修中必须做到细检细修，认真克服缺点，使继电器完全恢复标准的电气、机械特性；检修后应进行严格的验收，以杜绝检修不良的漏洞发生。

5.2.2 继电器检修

1. 检修前的准备工作

1）准备好检修工具及用品

通用工具：弹簧钳、尖嘴钳、螺丝刀、活口扳手、套筒扳手、电烙铁、什锦锉、镊子、测牛（克）计、小手捶。

专用工具：启封螺丝刀、叉口螺丝刀、接点爪调整器、黄铜塞尺、卡簧塞尺等。

检修用品：白布带、白绸带、银砂纸、水砂纸、酒精、汽油等。

2）外部清扫、检查

（1）清扫外部尘土及污染物。

（2）检查外罩及各部有无破损、残缺。

（3）检查接点插片是否间隔均匀，伸出底座外应不小于 8 mm。

（4）检查封印是否完整。

3）检查前的测试

（1）启封，打开外罩。

（2）测试线圈电阻、接点电阻、绝缘电阻、电气特性。

对继电器进行测试时，要使用继电器综合测试台，尽管测试台型号不一，但基本测试内容和方法大同小异。

① 测试前的准备。

将调压器旋转到 0 位，打开测试台电源。根据被测继电器的型号选择对应测试盒，将测试盒安装到测试架上，旋紧测试座紧固螺母。将被测继电器插在测试盘上对应的继电器插座上，根据“功能选择”所列功能逐一测试。

② 项目测试。

a. 继电器线圈电阻测试。

将继电器插在测试盘上对应的继电器插座上，将“功能选择”拨到“线圈电阻”测试挡位，选择“低电阻测试仪”的适当量程，将“条件选择”分别置于前圈，电阻表显示数为前圈电阻阻值，将条件选择开关拨至后圈，电阻表显示数为后圈电阻阻值。

b. 继电器绝缘电阻测试。

将绝缘表上的开关指向 500 V 挡位，将“功能选择”开关依次选至线圈对地、接点对地、接点对线圈挡位，按下红色测试按钮，绝缘测试指示灯亮，表头显示数字为其相应的绝缘电阻阻值。测出后再次按下红色测试按钮，使绝缘测试指示灯灭，绝缘电阻测试完成。

c. 继电器电气特性测试。

（a）释放值。

选好各开关挡位后，将测试电源开关拨至“通”位，缓慢旋转调压器升至充磁值 67 V，然后逐渐降低至全部前接点断开，此时的最大电压值为被测继电器的“释放值”。(可借助测试座两边“接点通断”指示 LED 灯观察接点闭合情况，绿色亮为下接点吸合，红色亮为上接点吸合。)

(b) 工作值。

测完释放值后，电压回零，断开测试电源 1 s，然后从零逐渐升高电压至继电器全部前接点闭合，并满足规定的压力，此时的最小电压值为“工作值”。

(c) 转极值。

选好各开关挡位后，将测试电源开关拨至“通”位，缓慢旋动调压器逐渐升高电压至全部接点闭合，此时测得的电压值即为定位或反位转极值。

d. 时间特性测试。

(a) JSBXC-850 时间继电器时间特性。

将条件选择开关拨至“JSBXC-850”，按下测试盒上两红色按钮，其指示灯亮，转测试盒上黑色旋钮使“3 s”“13 s”“30 s”“180 s”中任一指示灯亮(选几秒时间指示测试则测几秒缓吸时间)，将电压升至 24 V，将时间选择开关选至“缓吸时间”挡，并将秒表清零。打开测试电源开关，秒表开始记数，继电器吸起，秒表停止记数，秒表显示数为缓吸时间。

(b) 缓放型继电器时间特性。

将条件选择开关拨至“串联”，将时间选择选至“释放时间”挡并将秒表清零。打开测试电源开关，将电流升到规定数值，关断测试电源开关，秒表开始记数，继电器落下，秒表停止记数，秒表显示数为缓放时间。

e. 继电器接点电阻测试。

将“功能选择”拨到“接点电阻”测试挡位，并选择“低电阻测试仪”的 2 Ω量程。在继电器落下时，旋转接点选择开关使“1H ~ 8H”指示灯逐一亮，每一接点指示灯亮时电阻表显示阻值为该后接点电阻的阻值。将“电源选择”拨到该继电器所需挡位，“条件选择”至串联位置，“通/断”开关拨到“通”位，然后开通测试电源，升压至继电器吸合，旋转接点选择开关使“1Q ~ 8Q”指示灯逐一亮，每一接点指示灯亮时电阻表显示阻值为该前接点电阻的阻值。

f. 绝缘测试。

将功能选择开关分别拨至“线圈对地”“接点组对地”“接点组对线圈”挡，分别按下绝缘表右边的“测量开关”按钮，此时绝缘表显示数为其绝缘阻值。(若显示数为 1，其绝缘阻值已经大于 2 000 MΩ，超出兆欧表量程。)

2. 电磁系统、接点系统检查

1) 无极继电器电磁系统检查

(1) 线圈检查。

线圈架应无破损和龟裂；核对线圈引线与电源片的连接是否符合要求；用镊子检查线圈引线有无假焊、断股，发现断股应重新焊接。

(2) 磁路检查。

① 卸下钢丝卡检查，钢丝卡应无裂纹，弹力充足。

② 检查扼铁。扼铁转角处应无裂纹，衔铁安装处的刀刃应良好。检查铁芯，铁芯安装应正直、牢固。

③ 检查衔铁。衔铁应无扭曲变形，吸合时应于铁芯面平行，以保证气隙均匀，导磁性能良好。衔铁上止片安装应不活动。衔铁上的拉轴应平直不弯曲，无严重磨耗，衔铁安装在轭铁上，应保证 0.2 mm 的轴向游程，与铁芯闭合时应盖住极靴，不允许极靴边缘露出衔铁外缘，两者闭合时的间隙应符合要求。

④ 磁系统擦洗去污。

2）无极继电器接点系统的检修

（1）检查接点片及托片有无硬伤，镀层是否完好，有影响强度的钳伤时，应更换接点单元。

（2）用镊子检查银接点（或碳接点）。银接点与接点片焊接牢固；碳接点与碳杯紧固不活动，且探头完整无缺损。

（3）检查动接点与银接点的接触位置。银接点位于动接点的中间，若偏离中心时，则接触处距动接点边缘不得少于 1 mm，银接点伸出动接点外也不得少于 1.5 mm。

（4）检查拉杆、动接点轴及绝缘轴。拉杆安装应平直，拉杆应处于轭铁中心，偏差不超过 0.5 mm，同时拉杆应处于衔铁槽口中心，衔铁运动过程与拉杆均有一定的间隙，不产生磨卡和别动。

（5）检查各种单元块胶木绝缘，应无影响强度的裂纹和较大的破损残缺。

（6）检查接点组紧固螺丝，应有足够的紧固压力以保持接点组的稳固性。

（7）接点系统擦洗去污。

（8）装好防尘垫及底座，紧固底座螺丝，检查确认型别盖。

（9）检查继电器整体动作。

3）整流式继电器电磁系统与接点系统检修

整流式继电器的电磁系统与接点系统的检修方法、程序和要求与无极继电器相同，只是磁路的结构和参数不同，应参照相应的标准进行检查。

4）偏极继电器电磁系统与接点系统检修

偏极继电器电磁系统与接点系统的检修方法、程序和要求与无极继电器基本相同，但磁路的结构参数应按标准检查。另外，应增加对永久磁钢的检查项目。

（1）永久磁钢应安装牢固，端正；磁钢应无裂纹或残缺；磁钢上不允许吸附有铁质物件。

（2）用指南针检查磁钢的极性，极性应符合标准。

（3）卸下磁钢，测试磁通量，应符合标准规定。

5）有极继电器电磁系统与接点系统检修

极性保持（加强接点）继电器电磁系统的检修方法、程序和要求与无极继电器基本相同，但磁路的结构参数应按标准检查。另外，应增加对永久磁钢的检查项目。

（1）永久磁钢应安装牢固、端正；磁钢应无裂纹，在刀刃处无破损，刀刃良好；磁钢上不允许吸附有铁质物件。

（2）接点组的拉杆底部应位于永久槽口的中心，运动时应不与凹槽磨卡。

（3）校核磁钢的极性是否正确，用指南针检查，刃型端应为 N 极。

（4）对磁钢的磁通量可以事先测试，也可以在电气特性不能调整达到标准值时再进行检查。

6）时间继电器电磁系统与接点系统检修

半导体时间继电器参数的调整与无极继电器相同，还应进行以下检修。

（1）印刷电路板的检查与检修。

② 检查印刷板的引出线，应无断股、假焊。发现断股与假焊应重新焊接，并应使用 45 W 以下的电烙铁，以防高温损伤元件。

② 检查各元件在印刷板上的焊接，焊点美观无假焊。

③ 检查印刷电路板。电路的铜皮不卷边，不断裂。发现微小的断裂应补焊完整。

（2）时间单元的延时调整。

① 按图测试电路接线。

② 测试稳压后的电源电压。

③ 测试单结晶体管的分压比。

④ 调整电阻 R_1。

⑤ 调整电阻 R_2。

⑥ 调整 180 s、30 s、13 s、3 s 延时。

5.3 知识拓展

5.3.1 继电器检修工作的组织与管理

电务段的信号检修所是信号器材的检修基地，除检修继电器外，还担负变压器、整流器、各种电源设备的检修任务，以及轨道电路测试，仪表校正等工作。因此，必须做好检修所的组织与管理工作。检修所应建立继电器台账，对电务段管内运用中的继电器按类型、品种进行统计，然后按检修周期确定年度继电器检修任务，编好年度检修计划。根据年度计划及继电器检修工时定额，安排足够的检修人员，以保证年度计划的完成。

为了提高继电器的检修效率和保证检修质量，每个检修工人应配备检修继电器所必需的通用和专用工具及简易测试台；检修所应有各种综合性测试台，以备验收和进行较复杂的测试之用；应有测试绝缘电阻、接点电阻、线圈电阻、电容与电感的专用仪器和设备；应备有恒温箱，作烘烤线圈、接点热处理以及元件温升试验之用；应有钳工室，室内设有电动台钻及钳工工具；最好有真空压力浸漆设备，供新绕制的线圈作浸漆处理用。检修所内应储备足够数量的备用器材，以满足周期性轮换检修时替换使用设备的需要。检修所的房舍应有充分的照明和自然采光，以满足继电器检修的需要；应有较好的防尘设备，以保证工作场所的高度清洁。

5.3.2 检修过程控制

一般情况下，继电器实行工位制检修方式。

1. 入所控制

入所设备分工程入所、正常入所和故障入所三种。其中工程入所需输入继电器类型由系统自动生成流水号形成条形码编号，并在入所类型上选择“工程”后，入待修库；轮修入所的继电器、器材直接在入所管理机上录入条码后即可入待修库；故障入所的继电器、器材需经全面检查、测试后，详细录入故障原因，在入所类型上选择“故障”后，入待修库。

2. 派工单发放

每周，工长至少统一发放一次待检器材，具体做法是：工长根据轮修计划和临时任务确定每个检修人应检修的器材种类和数量并填写检修作业单，入所管理员根据检修作业单上职工姓名、设备型号、数量到待修库提取相应的设备，录入条形码，并生成派工单，将派工单和待修设备统一发放给检修人。

3. 检前测试

各种继电器、器材检修前应进行检前机械特性及电气特性测试，录入并保存测试结果。

4. 检修过程控制

各种继电器、器材检修应严格按照检修作业流程，对继电器的机械特性、电气特性进行测试、调整，直至达到《铁路信号维修规则（技术标准）》要求。将继电器的机械特性测试数据录入，并保存所有测试结果；对于经测试、调整后仍有特性不合格的继电器、器材，检修者应向验收员申请报废。

禁止在检修过程中使用非标准的工具。

当在检修过程中发生元器件或耗材需要更换时，应执行检修者申请，兼职材料员办理材料出库手续，实现材料管理控制。

5. 验收过程控制

各段应调整各检修者的送验时间，避免大量的继电器、器材的集中送验，以确保验收员有充足的时间验收单件继电器、器材，保证验收质量。

验收员要严格按照验收作业程序，确保验收测试不漏项，对验收台不能自动测试的机械特性，必须手动测试，对测试不合格的继电器、器材，按返手修程序返还检修者，严禁特性测试不合格的继电器、器材出所或入成品库。验收员验收合格的继电器、器材返还检修者加封，并经出所管理员检查外观后入成品库。

对于检修者送交申请报废的继电器、器材，或者经验收员验收测试发现特性不合格的继电器、器材，需经工长、验收员共同测试，确认后，入报废库。

6. 出所控制

经验收员验收合格，检修人加封，出入所管理员确认现场运用位置的继电器或器材可以出所，并统一粘贴含条码出所合格证。出所的继电器和器材的使用时间必须控制在《铁路信号维修规则（技术标准）》规定的寿命内。

5.4 相关规范、规程与标准

1.《铁路信号维护规则（技术标准）》11.1

（1）继电器的外罩须完整、清洁、明亮、封闭良好，封印完整，外罩应采用阻燃材料。

继电器的可动部分和导电部分不能与外罩相碰。

（2）所有金属零件的防护层，不得有龟裂、熔化、脱落及锈蚀等现象，但对防护层脱落部分，可用涂漆方法防锈。端子板、线圈架应无影响电气性能、机械强度的破损及裂纹。

（3）线圈应安装牢固、无较大旷动，线圈封包良好，无短路、断线及发霉等现象。线圈引出线及各部连接线须无断根、脱落、开焊、假焊及造成混线的可能。

（4）磁极应保持清洁平整，不得有铁屑或其他杂物。衔铁动作灵活，不得卡阻。

（5）接点须清洁平整，不得有严重的烧损或发黑。接点引接线应不影响接点动作，并无歪斜、碰混及脱落、腐蚀等现象。

（6）继电器的同类型接点同时接触或同时断开，其齐度误差：普通接点与普通接点间应不大于 0.2 mm；加强接点与加强接点间应不大于 0.1 mm。

（7）接点的接触电阻见表 1.5.1。

表 1.5.1　继电器接点接触电阻

<table>
<tr><th>继电器类型</th><th colspan="2">接点材料及类型</th><th>接触电阻/Ω</th></tr>
<tr><td rowspan="2">传输继电器</td><td>银-银</td><td>普通接点</td><td>≤0.03</td></tr>
<tr><td>银氧化镉-银氧化镉</td><td>加强接点</td><td>≤0.1</td></tr>
<tr><td rowspan="2">安全型继电器、电源屏继电器、动态继电器、时间继电器</td><td>银-银氧化镉</td><td>普通接点</td><td>≤0.05</td></tr>
<tr><td>银氧化镉-银氧化镉</td><td>加强接点</td><td>≤0.1</td></tr>
<tr><td>JRJC-66/345 型二元二位继电器</td><td>银-银氧化镉</td><td rowspan="2">—</td><td>≤0.05</td></tr>
<tr><td>JRJC-70/240 型二元二位继电器</td><td>银氧化镉-银氧化镉</td><td rowspan="2">≤0.1</td></tr>
<tr><td>继电式发码器</td><td>银氧化镉-银氧化镉</td><td>加强接点</td></tr>
<tr><td>灯丝转换继电器</td><td>银-银氧化镉</td><td>—</td><td>≤0.05</td></tr>
</table>

接点的接触电阻应采用低电阻测试仪或电流表-电压表法测量。电流表-电压表法即在接点及插座簧片上通以 0.5 A 电流，测量接点及插座簧片上的电压降，并用下列公式计算接触电阻：

$$R_{\mathrm{j}} = \frac{U}{I} - R_{\mathrm{i}}$$

式中　R_{j}——接触电阻值；

R_{i}——引接线电阻值；

I——电流值；

U——电压值。

（8）继电器的线圈电阻应单个测量，并将测量的电阻值按下式换算为 + 20 °C 时的数值。5 Ω以上者，其误差不得超过 ± 10%，5 Ω及其以下者，其误差不得超过 ± 5%。

$$R_{20} = \frac{R_t}{1+\alpha(t-20)}$$

式中　R_{20}——换算到 + 20 °C 时的电阻值；

R_t——环境温度为 t 时测得的电阻值；

t——测量时的环境温度；

α——0 °C 时被测线圈导体材料的电阻温度系数（铜为 0.004，1/°C）。

（9）在标准大气压条件下，继电器和插座的绝缘电阻应不小于 100 MΩ。

（10）电气特性指标是环境温度为 + 20 °C 的数值，在其他环境温度下，电压继电器的电气特性应按下式换算：

$$U_t = U_{20}[1+\alpha(t-20)]$$

式中　U_{20}——温度为 + 20 °C 时的电压值；

U_t——环境温度为 t 时测得的电压值；

t——测量时的环境温度；

α——0 °C 时被测线圈导体材料的电阻温度系数（铜为 0.004，1/°C）。

（11）当继电器超过电寿命规定次数，或超过继电器的寿命管理周期时，继电器不能继续使用。

（12）继电器中使用的电子元件，其特性发生变化不能保证其使用时，不得继续使用。

（13）继电器检修测试应采用专用的测试设备，测试精度应符合要求。

2.《铁路信号维护规则（技术标准）》11.2

（1）衔铁与轭铁间左右的横向游间应不大于 0.2 mm，钢丝卡应无影响衔铁正常活动的卡阻现象。

（2）银接点应位于动接点的中间，偏离中心时，接触处距动接点边缘不得小于 1 mm；银接点伸出动接点外不得小于 1.2 mm。

（3）接点插片须间隔均匀，伸出底座外不小于 8 mm。

（4）拉杆应处于衔铁槽口中心，衔铁运动过程中与拉杆均应保持不小于 0.5 mm 的间隙。

（5）极保磁钢、偏极 L 型磁钢、有极 L 型磁钢及加强接点熄弧磁钢的剩余磁通量应符合表 1.5.2 的要求。

表 1.5.2

名　　称	剩余磁通量/Wb
熄弧磁钢	$6.5\times10^{-6}\sim8\times10^{-6}$
偏极 L 型磁钢、有极 L 型磁钢	$>6\times10^{-5}$
极保磁钢	$1.5\times10^{-4}\sim1.8\times10^{-4}$

（6）极性保持继电器在铁芯极面中心或拉杆中心相对应的衔铁上测量，其定位或反位的保持力应不小于 2 N（JYJXC-135/220、JYJXC-X135/220 型及 JYJXC-J3000 型不小于 4 N）。

（7）加强接点的熄弧磁钢应在熄弧器夹上安装牢固，其极性的安装应符合要求。

（8）无极继电器在环境温度为 + 20℃时的线圈参数、电气和时间特性应符合表 1.5.3 的要求。其他继电器的相关内容见《维规》。

表 1.5.3

序号	继电器型号	线圈电阻/Ω	电气特性					时间特性	
			额定值	充磁值	释放值不小于	工作值不大于	反向工作值不大于	缓放时间不小于/s	缓放时间不小于/s
								18 V	24 V
1	JWXC-1000	500×2	24 V	58 V	4.3 V	14.4 V	15.8 V		
2	JWXC-7	3.5×2	250 mA	600 mA	45 mA	150 mA	165 mA		
3	JWXC-1700	850×2	24 V	67 V	3.4 V	16.8 V	18.4 V		
4	JWXC-2.3	1.15×2	280 mA	750 mA	实际工作值的 50%	206 mA	206 mA		—
5	JWXC-2000	1000×2	12 V	30 V	2.4～3.2 V	7.5 V	—		
6	JWXC-370/480	370/480	18/17.2 mA	48/46 mA	3.8/3.6 mA	12/11.5 mA	14.4 mA/13.8 mA	—	
7	JWJXC-480	240×2	24 V	64 V	4.8 V	16 V	17.6 V		
8	JWJXC-160	80×2	24 V	40 V	2.5 V	10 V	—		见注 2
9	JWJXC-135/135	135、135	24 V	48/48 V	5.5/5.5 V	15/15 V	16.5/16.5 V		
10	JWJXC-300/370	300/370	75/75 mA	200/200 mA	15/15 mA	50/50 mA	55/55 mA		—
11	JWXC-H310	310×1		60 V	4 V	15 V	—		
12	JWXC-H850	850×1		67 V	3.4 V	16.8 V	18.4 V		0.3
13	JWXC-H340	170×2	24 V	46 V	2.3V	11.5 V	12.6 V	0.45	0.50
14	JWXC-H600	300×2		52 V	2.6 V	13 V	14.3 V		0.32
15	JWXC-H1200	600×2		66 V	4 V	16.4 V	18 V	—	见注 4
16	JWJXC-500/H300	500/300		54/54 V	2.7/2.7 V	13.5/13.5 V	14.8/14.8 V		/0.16
17	JWXC-H125/0.44	125/0.44	24 V/2 A	48 V/	2.5 V/	12 V/	13.2 V/	0.35	0.45
								后圈电流由 5 A 降至 1.5 A 断电时 0.3	
18	JWJXC-H125/0.13	125/0.13	24 V/3.75 A	44 V/5 A	2.3 V/<1 A	11 V/2.5 A	12.1 V/2.7 A	0.35	0.4
								后圈电流由 4 A 降至 1 A 断电时 0.2	
19	JWJXC-H125/80	125/80	24 V	48 V	2.5/2.5 V	12/12 V	13.2/13.2 V	0.4/0.4	0.5/0.5
20	JWJXC-H80/0.06	80/0.06	24 V/	40 V/8 A	2.5 V/<1.3 A	11.5 V/41A	12.6 V/4.4 A	0.35	0.45
								后圈电流由 5 A 降至 1.5 A 断电时 0.2	
21	JWJXC-H120/0.17	120/0.17	—	—	2.4 V/<0.5 A	12 V/1.6 A	—	—	0.55
								电流圈电流由 4 A 降至 1 A 断电时 0.4	

注：1. JWXC-H340 型继电器缓吸时间在电压 18 V 时不大于 0.35 s、24 V 时不大于 0.3 s。

2. JWJXC-160 型继电器在 24 V 时缓放时间不大于 0.03 s，缓吸时间不大于 0.07 s。

3. JWXC-H310 型继电器在 24 V 时缓放时间为（0.8±0.1）s，缓吸时间为（0.4±0.1）s。

4. JWXC-H1200 型继电器在 24 V 时缓吸时间不小于 0.6 s。

5. JWJXC-H125/80 型继电器是专为交流道岔改进设计的全电压缓放继电器。

项目小结

本项目的主要内容是介绍信号继电器的结构、动作原理、继电电路的分析方法及继电器的检修方法，简要概括如下：

1. 信号继电器的结构原理

铁路信号继电器主要有无极继电器、无极缓放继电器、无极加强接点继电器、整流式继电器、偏极继电器、有极继电器、时间继电器、交流二元二位继电器、灯丝转换继电器等。铁路信号用的大多数继电器都是电磁继电器，一般由电磁系统和接点系统两大部分构成。电磁系统由线圈、固定线圈的铁芯、轭铁以及可动的衔铁构成，接点系统由动接点和静接点构成。电磁继电器基本原理为：当给线圈通电时，线圈中就会有电流流过而形成磁通，此时，铁芯对衔铁就产生了吸引力（电磁力）。吸引力的大小取决于所通电流大小。当电流增大到一定值时，吸引力增大到能克服衔铁向铁芯运动的阻力时，衔铁就被吸向铁芯。由衔铁带动动接点与前接点闭合，继电器吸起。当线圈断电时，电流逐渐减小，吸引力随电流的减小而减小，当吸引力减小到不足以克服衔铁重力和接点弹力时，衔铁带动动接点与前接点断开，与后接点接通，继电器落下。

为了防止接点断开或接通瞬间发生烧坏接点现象的发生，采用了加强接点，并在接点上安装了熄弧装置。

为了满足信号电路的需求，可以改变继电器的时间特性。改变继电器时间特性的方法基本有两种：一是通过改变继电器的结构，如加铜套，使继电器达到缓放的目的；二是通过外加元件，如在继电器线圈两端并联 *RC* 支路，使继电器达到缓放的目的。

在信号交流电路中，采用了整流式继电器，利用整流元件将交流电变为脉动的直流电，使继电器吸起。

偏极继电器只有通以正方向电流时才能吸起，即线圈 1 加正电源，线圈 4 加负电源时继电器吸起，反之继电器不能吸起。

有极继电器具有鉴别电流极性和极性保持的特点，即线圈 1 加正电源，线圈 4 加负电源，继电器吸起到定位，断电后仍保持在定位；反之，线圈 4 加正电源，线圈 1 加负电源，继电器落下，断电后仍保持在反位落下位置。

时间继电器实际是一种缓吸继电器，它由延时电路加一台无极继电器构成，一般情况下，它有 4 种延时时间。

交流二元二位继电器主要应用在轨道电路中，它具有相位选择性和频率选择性。

灯丝转换继电器属于交流继电器，它主要应用在信号机点灯电路中。

2. 继电电路的分析方法

在继电电路图中，画着大量的继电器线圈符号和接点符号，正确分析继电电路的前提是必须认识继电器的线圈和接点符号。

分析继电电路的方法有以下三种方法：动作程序法、时间图解法和接通径路法。动作程序法用来表示继电器的动作过程，着重反映继电电路的时序关系，而不严格地表达逻辑功能。时间图解法能很清楚地表示出各继电器的工作情况、相互关系和时间特性，能正确地反映整个电路的动作过程。接通径路法是用来描述继电器励磁电流的径路，即由电源正极经继电器接点、线圈及其他器件流向电源负极的回路，它是在分析继电器电路中最常用的方法。

3. 继电器的检修

为了保证继电器的可靠使用，定期要对继电器进行检修，检修继电器一定要按标准化作业程序进行。

复习思考题

在线题库资源

1. 简述继电器的基本原理。
2. 信号继电器如何分类？
3. 识读各类安全型继电器型号。
4. 安全型继电器的插座编号、鉴别销和型别盖有什么作用？
5. 安全型继电器有哪些特点？
6. 简述无极继电器的结构和工作原理。由哪些主要部件组成？各起什么作用？
7. 无极加强继电器结构上有何特点？
8. 整流式继电器与无极继电器有何异同？
9. 偏极继电器的磁路结构有何特点？简述其工作原理。
10. 有极继电器的磁路结构有何特点？简述其工作原理。
11. 简述时间继电器的结构。它们是如何获得延时的？
12. 交流二元继电器结构有何特点？用于何处？它如何具有相位选择性和频率选择性？
12. 二元差动继电器用于何处？灯丝转换继电器有何特点？
13. 电源屏用交流继电器在结构上有什么特点？简述其工作原理。
14. 动态继电器结构上有什么特点？何为动态特性？
15. 安全型继电器的电气特性主要包括哪些？各有什么含义？
16. 如何改变安全型继电器的时间特性？
17. 如何熄灭接点电弧？
18. 电路中选择继电器有哪些原则？
19. 识读各种继电器的图形符号和接点图形符号。
20. 有哪些基本继电电路？何谓自闭电路？有何作用？
21. 继电电路采用哪些分析电路的方式？各有什么特点？
22. 继电电路如何进行断线防护？
23. 继电电路如何进行混线防护？各种防护方法各有什么特点？
24. 继电器线圈有哪些使用方法？
25. 信号继电器检修的目的是什么？对检修信号继电器有何要求。
26. 说明检修继电器的方法和步骤。
27. 熟悉信号继电器的维护标准。
28. 熟悉继电器检修工作的组织与管理。
29. 对信号继电器检修过程控制是如何规定的。

项目 2　道岔转辙设备

PPT 资源

项目描述

道岔转辙设备是保证列车或车列在站内安全运行的重要基础设备。通过本项目的学习和训练应熟练掌握车站各类转辙设备的结构、动作原理、维护标准和常见故障处理方法，以达到车站信号设备维修信号工的岗位要求。

视频（课件）资源

教学目标

1. 能力目标

（1）掌握 ZD6 型电动转辙机、S700K 型电动转辙机、ZD（J）9 型电动转辙机及 ZYJ7 型电液转辙机的维护标准。

（2）掌握普通道岔与提速道岔的密贴和表示缺口调整方法。

（3）熟练掌握 ZD6 型电动转辙机摩擦电流的调整方法。

微课资源

2. 知识目标

（1）熟练掌握 ZD6 型电动转辙机、S700K 型电动转辙机、ZD（J）9 型电动转辙机及 ZYJ7 型电液转辙机的结构、各部件作用及动作原理。

（2）熟练掌握钩式外锁闭装置的结构及动作原理。

（3）熟练掌握 HRS 锁闭装置的结构原理；了解 BWG 道岔尖轨辊轮及下拉装置的结构原理。

（4）了解道岔融雪装置结构原理；熟练掌握密贴检查器的结构及动作原理。

图片资源

3. 素质目标

（1）能够按照《铁路信号维护规则（技术标准）》的要求和标准化作业程序进行道岔调整和维护。

（2）树立“安全第一”的责任意识，培养遵章守纪的工作作风。

相关案例

××年××月××日，××站 1/3 号道岔发生来回操纵无表示的故障，3 号道岔处于四开位置，控制台电流表瞬间满挡；故障延时达 1 小时 12 分。经信号维修人员的分析及处理，判断故障原因是 3 号道岔处 ZD6-D 型电动转辙机的减速器卡阻，造成操纵道岔后定反位均无表示的现象。

从本案例可以看出，信号人员在处理道岔转辙设备故障时，头脑一定要清醒，对设备的结构原理一定要非常清楚，一定要仔细观察故障现象，透过现象看本质。只有熟练掌握道岔转辙设备的结构、动作原理和维护方法，才能快速准确处理各种故障，保障车站范围内的行车安全。以往由于对道岔转辙设备维护不良等原因引发了多起事故，造成巨大损失，甚至血的教训。因此，掌握道岔转辙设备的原理和性能，维护好道岔转辙设备对保证铁路运输安全至关重要。

任务 1　道岔转辙设备概述

1.1 任　务

本项任务的目的是使学生掌握转辙机的作用、分类和设置，了解转辙机外部转辙装置；对道岔转辙设备进行初步了解，掌握道岔转辙设备的基本知识。

1.2 相关知识

道岔转辙设备包括转辙机及其外部的转辙装置、转换锁闭器、道岔监督与监测设备等，其中转辙机是道岔转辙系统的核心和主体，外部转辙装置包括各类杆件、安装装置和外锁闭装置（外锁闭道岔），转换锁闭器是电动液压转辙机配套设备，道岔监督与监测设备是保证列车及调车车列安全的附加设备，它们共同完成道岔的转换、锁闭和位置监督功能。

1.2.1　转辙机

1. 转辙机的作用

（1）转换道岔的位置，根据值班员的意图将道岔转换至规定位置（定位或反位）；

（2）道岔转换到规定位置而且密贴后，实现机械锁闭，防止外力转换道岔；

（3）正确地反映道岔的实际位置，道岔的尖轨密贴于基本轨后（可动心轨道岔的心轨和翼轨密贴），给出相应的表示；

（4）道岔被挤或因故处于“四开”（两侧尖轨均不密贴）位置时，及时切断表示并发出报警。

2. 转辙机的分类

（1）按供电电源种类分类，转辙机可分为直流转辙机和交流转辙机。

直流转辙机的工作电源为直流电，它采用直流电动机。ZD6 型电动转辙机、ZD9 型电动转辙机、ZY 型电液转辙机和 ZK 型电空转辙机均属于直流转辙机，前三种转辙机由直流 220 V 供电，电空转辙机则由直流 24 V 供电。直流电动机的缺点是：由于存在换向器和碳刷，较易损坏，故障率较高。目前无刷直流电机已经在直流转辙机上进行试用，如果推广使用，将克服上述缺点。

交流转辙机采用三相交流电源或单相交流电源，由三相异步电动机或单相异步电动机（现大多采用三相异步电动机）作为动力。目前推广的提速道岔用的 S700K 型电动转辙机、ZYJ7 型电液转辙机和 ZD（J）9 型电动转辙机均为交流转辙机。交流转辙机采用交流电动机，不存在换向器和电刷，因此故障率低，而且单芯电缆控制距离比较远。

（2）按动作能源和传动方式分类，转辙机可分为电动转辙机、电动液压转辙机和电空转辙机。

电动转辙机由电动机提供动力，采用机械传动。多数转辙机都是电动转辙机，包括我国铁路使用的 ZD6 系列转辙机、S700K 型电动转辙机和 ZD（J）9 型电动转辙机。

电动液压转辙机简称电液转辙机，由电动机提供动力，采用液压传动。ZY（J）系列转辙机即为电液转辙机。

电空转辙机由压缩空气作为动力，由电磁换向阀控制。ZK 系列转辙机即为电空转辙机。

（3）按动作速度分类，转辙机分为普通动作转辙机和快动转辙机。

绝大多数转辙机转换道岔时间都在 3.8 s 以上，属于普通动作转辙机。ZD7 型和 ZK 系列电空转辙机转换道岔时间在 0.8 s 以下，属于快动转辙机。快动转辙机主要用于驼峰调车场，以满足分路道岔快速转换的要求。

（4）按锁闭道岔的方式，转辙机可分为内锁闭转辙机和外锁闭转辙机。

内锁闭转辙机依靠转辙机内部的锁闭装置锁闭道岔尖轨，是间接锁闭的方式。ZD6 系列转辙机即采用内锁闭方式。采用内锁闭方式锁闭道岔，锁闭力量小，列车运行对转辙机的冲击较大，速度较高时容易造成锁闭失灵，因此只在非提速区段道岔或提速区段侧线道岔使用。

外锁闭转辙机虽然内部也有锁闭装置，但对道岔的直接锁闭依靠转辙机外的外锁闭装置。将密贴尖轨直接锁于基本轨，斥离尖轨锁于固定位置，是直接锁闭的方式。用于提速道岔的 S700K 型电动转辙机、ZYJ7 型电液转辙机（包括 SH6 型转换锁闭器）和 ZD（J）9 型电动转辙机均采用外锁闭方式。采用外锁闭方式的优点是：锁闭可靠，列车对转辙机几乎无冲击。

（5）按是否可挤，转辙机分为可挤型转辙机和不可挤型转辙机。

可挤型转辙机内设挤岔保护（挤切或挤脱）装置，道岔被挤时，动作杆能够脱离机械联系，从而保护了整机不被损坏。不可挤型转辙机内不设挤岔保护装置，道岔被挤时，挤坏动作杆与整机连接结构。电动转辙机和电液转辙机都有可挤型和不可挤型。

3. 转辙机的设置

在非提速区段车站和提速区段、客运专线、高速铁路车站的非正线上，联锁区域内一般每组道岔岔尖处均设一台转辙机；在采用 AT（矮型特种钢）道岔时，因其为弹性可弯道岔，尖轨加长且有弹性，需要采用两台或三台转辙机来转换道岔：一台牵引尖轨尖端（第一牵引点，一般用 ZD6-E 型电动转辙机），另一台牵引尖轨腰部（第二牵引点，一般采用 ZD6-J 型电动转辙机）；如果采用三台转辙机牵引道岔时，第三牵引点也采用 ZD6-J 型电动转辙机。可动心轨道岔的心轨需一台转辙机牵引。复式交分道岔的两组尖轨和两组可动心轨分别由一台转辙机牵引。18 号道岔尖轨也需两个牵引点，可动心轨需两个牵引点。

在提速区段、客运专线和高速铁路车站的正线上，采用提速道岔，该道岔进一步加长了尖轨长度，为满足多点牵引多点检查的要求，需多台转辙机牵引。转辙机的数量要视道岔号码、固定辙叉还是可动心轨而定。

对于 12 号固定辙叉提速道岔，一般有两个牵引点，采用 S700K 或 ZD（J）9 型电动转辙机牵引时，需要两台 S700K 或 ZD（J）9 型电动转辙机；当用 ZYJ7 型电液转辙机牵引时，第一牵引点用 ZYJ7 型电液转辙机，而第二牵引点用 SH6 型转换锁闭器。

18 号可动心提速道岔共有 5（3+2）个牵引点，用 S700K 或 ZD（J）9 型电动转辙机牵引时，每个牵引点设置一台转辙机；采用 ZYJ7 型转辙机时，尖轨和心轨第一牵引点设置 ZYJ7 型电液转辙机，而其他牵引点都用 SH6 型转换锁闭牵引。

对于 30 号及以上提速道岔，牵引点还需要增加，每个牵引点设一台转辙机牵引。目前，客运专线及高速铁路车站的提速道岔大都采用 S700K 或 ZD（J）9 型电动转辙机牵引。

1.2.2 外部转辙装置

1. ZD6 系列转辙机的外部转辙装置

ZD6 系列转辙机的外部转辙装置主要包括密贴调整杆和表示调整杆。密贴调整杆一端通过立式杆架与道岔的第一连接杆相连，另一端通过螺栓与电动转辙机的动作杆相连。动作杆通过密贴调整杆、道岔第一连接杆带动道岔尖轨进行转换并实现密贴。通过调整密贴调整杆上的轴套可调整道岔尖轨的密贴。表示调整杆的一端通过舌铁与道岔尖端杆相连，另一端通过螺栓与转辙机的表示杆连接。通过调整道岔尖端杆上的螺栓的位置，可以调整道岔的主表示缺口。

2. 外锁闭装置

提速道岔转辙系统的外部转辙装置均采用外锁闭装置。目前，外锁闭装置有钩式和 HRS 锁闭装置两种，早期的燕尾式外锁闭装置已基本淘汰。钩式外锁闭装置属于垂直锁闭方式，锁闭可靠，安装调整方便。目前，绝大多数提速道岔的各牵引点都采用钩式外锁闭装置，只有高速铁路和客运专线部分道岔上采用了 HRS 锁闭装置。

1.2.3 转换锁闭器

转换锁闭器是电动液压转辙机配套设备，18 号及其以下道岔，除了尖轨和心轨的第一牵引点用电液转辙机外，其余各牵引点均采用转换锁闭器。

1.3 知识拓展

密贴检查器用于检查尖轨和心轨的密贴状态，也可以用于道岔挤岔时切断表示。在铁路低速区段，普通道岔基本上采用挤切方式实现挤岔保护。提速区段和高速区段提速道岔的第一牵引点一般均采用不可挤结构，第二及以后的牵引点采用挤脱结构（高速铁路和客运专线除外）。在两个牵引点间，需要用密贴检查器检查两牵引点间尖轨或心轨的密贴状态。

1.4 相关规范、规程与标准

《铁路信号维护规则（技术标准）》3.1.16。

任务2 ZD6型电动转辙机

2.1 任 务

本项任务的目的是使学生掌握ZD6型电动转辙机的结构、各部件作用和动作原理；掌握ZD6型道岔的密贴和表示缺口调整方法，按照标准能够熟练调整道岔；掌握ZD6型电动转辙机摩擦电流的调整方法；掌握ZD6型电动转辙机所牵引道岔常见机械故障处理方法；利用所学知识维护普通道岔转辙设备，当道岔转辙设备发生故障时，能及时进行处理，保障行车安全畅通。

2.2 相关知识

在我国铁路的各个车站内，广泛使用着内锁闭方式的ZD6型电动转辙机，它主要用于非提速区段车站的正线、侧线和高速铁路及客运专线各车站的侧线上。

2.2.1 ZD6型电动转辙机概述

1. ZD6型电动转辙机的特点

（1）ZD6型电动转辙机采用直流串激可逆电动机，额定电压160 V，具有过载能力强，并可在额定转矩的1.8倍情况下安全使用的特点。

（2）ZD6型电动转辙机所用的减速器为两级减速封闭式减速器，第一级为外啮合齿轮传动，第二级为一齿差行星内啮合齿轮传动，总传动比大，机械转矩大。

（3）ZD6型电动转辙机所用的自动开闭器是整体式结构，可以独立拆卸而不影响其他部分。目前，ZD6型电动转辙机的自动开闭器通用一种型号，便于现场的互换。其静接点片采用铍青铜，动接点环采用铝青铜材料，提高了导电性能及耐磨性能。速动爪上采用了无注油滚轮，避免了往摩擦带上滴油，减少了现场维护工作量。小拐轴改为花键轴，减少了旷动，增加了扭转强度。

（4）ZD6型电动转辙机所用的动作杆、表示杆均采用镀硬铬工艺，耐磨性能得到大大提高。

（5）表示杆采用新型加强式表示杆，不但增加了整体强度，同时消除了滑扣和主、副表示杆脱开失控的现象。

2. ZD6 型电动转辙机的型号及表示意义

ZD6 型电动转辙机型号用 ZD6-XX/X 来表示，其中 Z 表示转辙机、D 表示电动、6 表示设计序号、第一个 X 表示派生顺序号、第二个 X 表示动作杆动程、第三个 X 表示转辙机的额定转换力。

3. ZD6 系列电动转辙机的型号及主要技术参数（见表 2.2.1）

表 2.2.1 ZD6 系列电动转辙机的型号及主要技术参数

型号	额定电压 DC/V	额定转换力/N	动作杆动程/mm	表示杆动程/mm	转换时间 /s	工作电流 /A	主副销抗挤切力 /N	表示杆销抗挤切力/N
ZD6-A165/250	160	2 450	165^{+2}_{0}	135 ~ 185	≤3.8	≤2.0	主副 29 420 ± 1 961	—
ZD6-D165/350	160	3 430	165^{+2}_{0}	135 ~ 185	≤5.5	≤2.0	主副 29 420 ± 1 961	14 700~17 600
ZD6-E190/600	160	5 884	190^{+2}_{0}	140 ~ 190	≤9	≤2.0	主 49 000 ± 1 961 副 ≥88 260	设固定检查缺口 ≥20 000
ZD6-F130/450	160	4 410	130^{+2}_{0}	80 ~ 130	≤6.5	≤2.0	主 29 420 ± 1 961 副 49 000 ± 1 961	14 700~17 600
ZD6-G165/600	160	5 884	165^{+2}_{0}	135 ~ 185	≤9	≤2.0	主 29 420 ± 1 961 副 49 000 ± 1 961	14 700~17 600
ZD6-H165/350	160	3 430	165^{+2}_{0}	80 ~ 130	≤5.5	≤2.0	主副 29 420 ± 1 961	—
ZD6-J165/600	160	5 884	165^{+2}_{0}	50 ~ 130	≤9	≤2.0	主副 29 420 ± 1 961	—
ZD6-K190/350	160	3 430	190^{+2}_{0}	80 ~ 130	≤7.5	≤2.0	主 29 420 ± 1 961 副 49 000 ± 1 961	—

4. 常用 ZD6 型电动转辙机简介

目前，铁路现场使用的 ZD6 系列电动转辙机主要有 ZD6-A、ZD6-D、ZD6-E、ZD6-F、ZD6-G、ZD6-H、ZD6-J、ZD6-K 等几种型号。

1）ZD6-D 型转辙机

ZD6-D 型转辙机增加了表示杆对尖轨的机械锁闭功能，形成了双锁闭。所谓双锁闭，一个是靠锁闭齿轮圆弧与齿条块削尖齿弧面相重合而实现的机械锁闭；另一个是靠表示杆实现辅助机械锁闭。辅助锁闭原理是：在表示杆检查块处增加一个销子（称为副锁闭销），使检查块与表示杆联为一体，检查柱落入缺口，道岔便被表示杆锁住。挤岔时副锁闭销切断，表示杆照常有挤岔断表示的功能。

另外，ZD6-D 型转辙机的摩擦联结器与 ZD6-A 型转辙机也有所区别，它有两个调整摩擦力的弹簧和螺母。在调整道岔故障电流时，要分别进行。

2）ZD6-E 型转辙机

ZD6-E 型转辙机具有双锁闭功能，一般定为不可挤，还使用了与之配套的新型电动机。

它适用于特种断面的道岔和大号码道岔。将单侧圆弧锁闭改进为卧式圆柱体下方两侧对称圆弧接触面，实现双圆弧组成的圆槽锁闭，提高了锁闭的可靠性。启动齿结构从原来的半齿弱力启动改进为全齿啮合抗过载强力启动，提高了耐磨性能，延长了零件的使用寿命。强化了减速器，采用轴承钢，增设了固化板，行星齿轮的滚动轴承由滚珠式改为滚柱式，增加壳体局部厚度，提高了机械强度。另外，ZD6-E 型电动转辙机还与 ZD6-J 型电动转辙机配合使用，牵引 AT 道岔的尖轨。

3）ZD6-F 型转辙机

ZD6-F 电动转辙机适用于可动心轨道岔。它在主轴轴尾原有的弹性制动防逆转措施基础上，叠加了刚性制动防逆转措施，采用了专用启动片和专用速动片。在自动开闭器下方设有方棒锁闭杆，以满足辅助锁闭、监督心轨位置及挤岔报警的要求。

4）ZD6-J 型转辙机

ZD6-J 型电动转辙机适用于 AT 道岔的第二、三牵引点，用来辅助牵引道岔尖轨。它与 ZD6-E 型转辙机配合牵引 AT 道岔，称为“双机牵引”或“三机牵引”。它更换了 ZD6-E 型转辙机的第一级减速齿轮，使之与 ZD6-E 型动作同步。另外，它取消了表示杆内的副锁闭销，使之能顺利地实现挤岔报警。

2.2.2 ZD6 型电动转辙机的结构

如图 2.2.1 所示，ZD6 型电动转辙机主要由电动机、减速器、摩擦联结器、自动开闭器、主轴、锁闭齿轮、齿条块、挤切销、动作杆、表示杆（或锁闭杆）、移位接触器、安全接点（遮断开关）、壳体等组成。

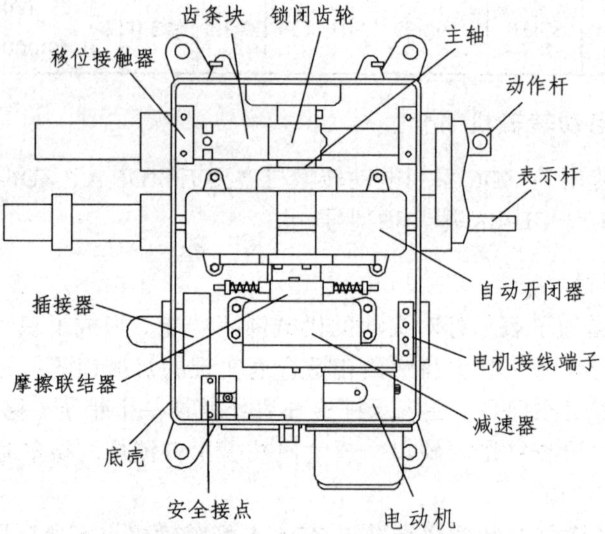

图 2.2.1　ZD6 型电动转辙机结构

1. 电动机

ZD6 型转辙机目前基本采用 DZG 电动机，属于直流电动机。它为短时、直流、串激、可逆电机，主要由定子绕组（简称定子）、转子绕组（简称转子）、换向器、碳刷、外壳等组成。

电动机能够将电能转换为机械能，为电动转辙机提供动力。给电机通电，电机旋转，带动其他部件动作，最终使道岔转换。

直流电动机的正转和反转可通过改变定子或转子的电流方向来实现。为配合四线制道岔控制电路，采用了定子正转和反转分开使用的方式，如图 2.2.2 所示。两个定子通过公共端子与转子绕组串联，电机电路电流方向为：从 1 端子到 3 端子，通过碳刷、换向器、碳刷到 4 端子；或从 2 端子到 3 端子，通过碳刷、换向器、碳刷到 4 端子。

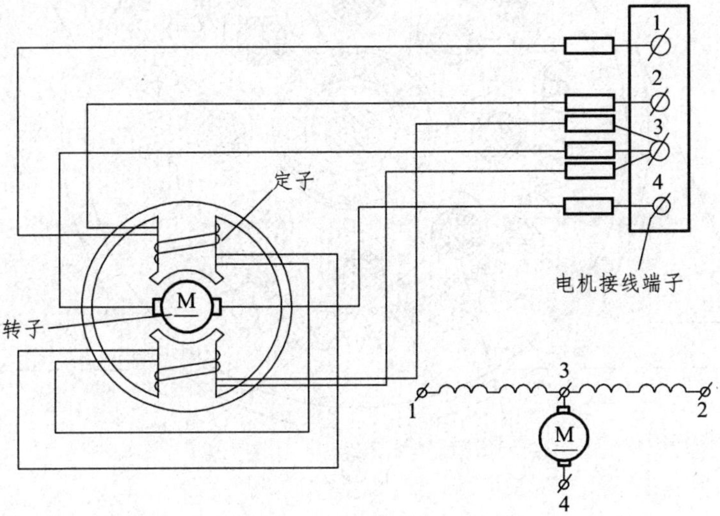

图 2.2.2　电动机内部接线

直流电动机的电气参数为：额定电压 160 V；额定电流 2.0 A；摩擦电流 2.3 ~ 2.9 A；额定转速 2 400 r/min；额定转矩 0.882 6 N · m；短时工作输出功率≥220 V · A；单定子工作电阻（20 °C）为（2.85 ± 0.14）× 2 Ω；刷间总电阻（20 °C）为 4.9 Ω ± 0.245 Ω。

2. 减速器

减速器的作用是为了把电动机高速旋转的转速降下来，以获得较大的转矩从而带动道岔转换。ZD6 系列电动转辙机所用的减速器为两级减速封闭式减速器，第一级为外啮合齿轮传动，称为齿轮减速器，当电机通电旋转时，安装在电机输出轴的小齿轮转动，使与之啮合的大齿轮转动，实现减速；第二级为一齿差行星式内啮合齿轮传动，称为行星减速器。减速器总传动比大，机械转矩大。各型转辙机减速器相关参数如表 2.2.2 所示。

表 2.2.2　ZD6 系列各型转辙机减速器参数

转辙机机型	大齿轮齿数	小齿轮齿数	一级减速比	二级减速比
ZD6-A	103	27	3.815	41
ZD6-D/H	110	20	5.5	41
ZD6-E/F/G/J	118	12	9.833	41
ZD6-K	114	16	7.125	41

如图 2.2.3 所示，行星减速器主要由偏心轴、外齿轮（两个）、内齿轮、输出圆盘等组成。

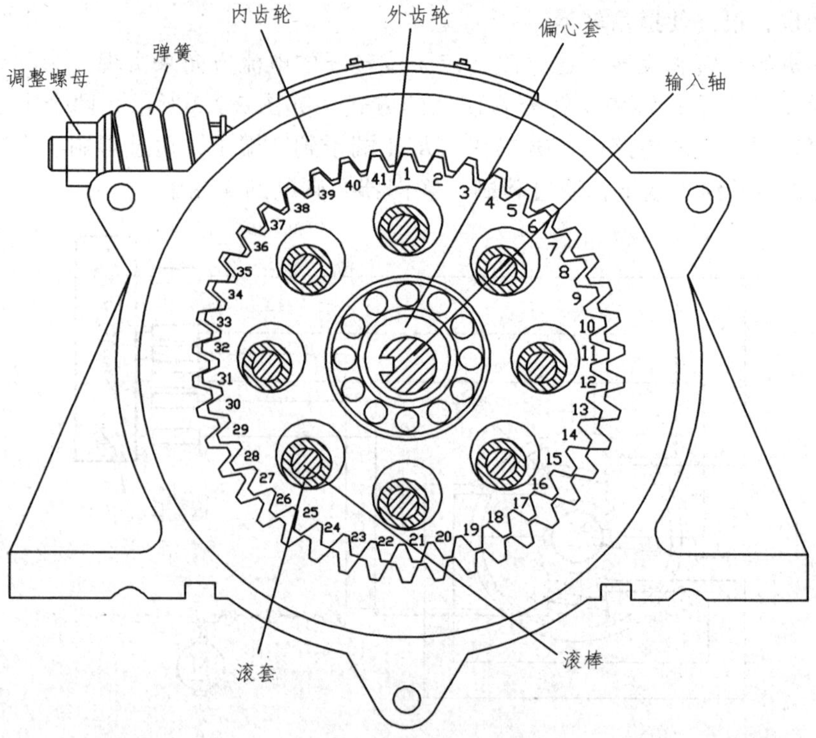

图 2.2.3　行星减速器

偏心轴属于行星减速器的输入轴，它的一端连接在第一级减速器的大齿轮上，当大齿轮旋转时，偏心轴就会旋转。偏心轴上有两个呈 180°角的滚动轴承，每个滚动轴承上安装一个外齿轮。外齿轮有 41 个齿，配有此两个外齿轮的目的是达到机械转动的平衡。每个外齿轮上有八个圆孔，每个圆孔内插入一根套有滚套的滚棒，滚棒安装在输出圆盘的一侧。内齿轮靠摩擦联结器的摩擦带“固定”在减速器壳内，外齿轮处于内齿轮里面，内齿轮有 42 个齿。输出圆盘的另一侧属于输出轴。当输入轴旋转时，由于偏心轴外齿轮会作摆式旋转，外齿轮会带动滚棒即带动输出圆盘旋转，此时输出圆盘即输出轴就随之旋转。

当输入轴随第一级减速齿轮顺时针旋转时，偏心轴也顺时针旋转，使外齿轮在内齿轮里沿内齿作逐齿啮合的偏心运动。当输入轴旋转一周，外齿轮也做一周偏心运动。在外齿轮偏心转动（公转）一周时，外齿轮的齿在内齿轮里反时针错位一齿。在正常情况下，由于内齿轮静止不动，迫使外齿轮在一周的偏心运动中反时针旋转（自转）一齿的角度。当输入轴顺时针转动（公转）41 周时，外齿轮逆时针转动（自转）一周，从而带动输出轴（输出圆盘）逆时针旋转一周，这样就达到了减速的目的。

外齿轮既在输入轴（偏心轴）的作用下做偏心运动，又与内齿轮作用做旋转运动，类似于行星的运动，既有自转又有公转，所以外齿轮称为行星齿轮，该种减速器称为行星传动式减速器。

3. 摩擦联结器

如图 2.2.4 所示，ZD6 型电动转辙机在行星减速器内齿轮的延伸部分上安装了摩擦联结器，它主要由减速壳、摩擦制动板、摩擦带、弹簧、调整螺母等构成。其作用有两点：一是在道岔转换到规定位置，电动机断电，由于电机转动有惯性而不能立即停转时，为防止内部机件受到撞击而毁坏，通过摩擦空转消耗电机的剩余动能；二是当道岔因故转不到规定位置时，电机电路不能断开，为防止电动机突然停转，电流过大损坏电机，通过摩擦空转消耗电机的动能，使电机保持转动。

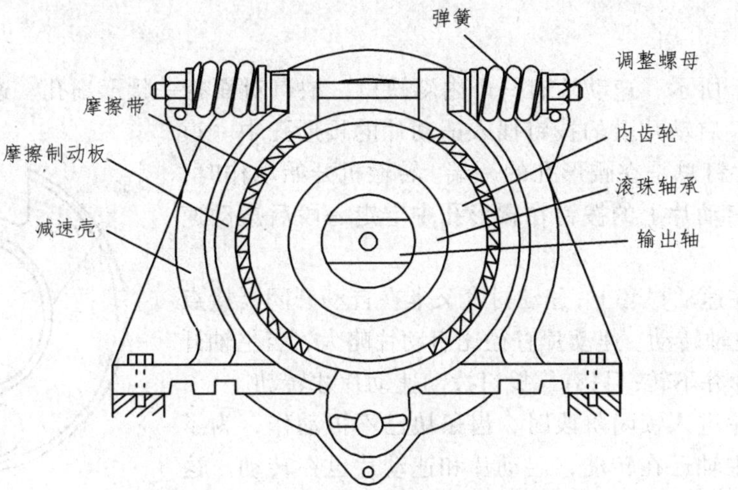

图 2.2.4　摩擦联结器的结构

摩擦制动板下端套在固定于减速壳的夹板轴上，当上端螺栓弹簧压紧时，内齿轮就靠摩擦作用而被“固定”，即在正常情况下，内齿轮靠摩擦联结器的摩擦力而“固定”不动。当道岔受阻不能密贴时，或在道岔转换完毕电动机惯性运动的情况下，输出轴不能转动，外齿轮受滚棒阻止而不能自转，但在输入轴带动下作摆式运动，这样外齿轮对内齿轮产生一个作用力，使内齿轮在摩擦制动板中旋转（称为摩擦空转），消耗能量，保护电动机和机械传动装置。

ZD6-A 型电动转辙机的摩擦联结器的调整弹簧和螺母只有一套，而 ZD6 其他转辙机一般有两个弹簧和螺母。在调整道岔摩擦电流时，可两侧分别调整摩擦力。

摩擦联结器的摩擦力要调整适当，过紧会失去摩擦联结作用，损坏电动机和机件；过松不能正常带动道岔转换。摩擦联结器的松紧用调整螺母调整弹簧压力来实现。一般情况下，额定摩擦电流应为额定动作电流的 1.3 ~ 1.5 倍。

4. 启动片

如图 2.2.5 所示，启动片用来联结减速器的输出轴与转辙机主轴，利用其正、反两面互相垂直成“十”字形的沟槽，在旋转时自动补偿两轴不同心的误差。

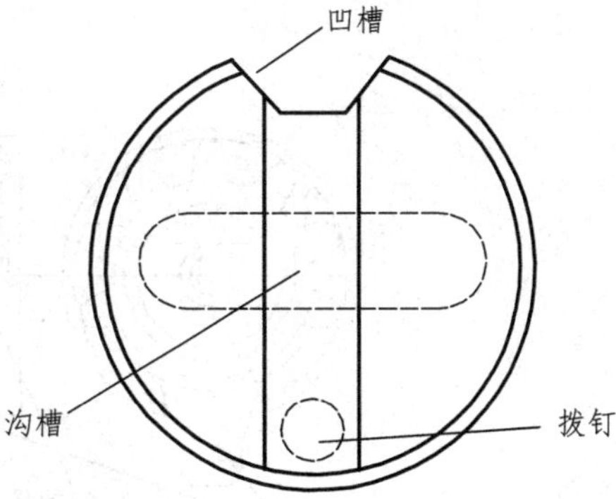

图 2.2.5　启动片

启动片上有一梯形凹槽，道岔锁闭后总会有一个速动爪上的滚轮落入其中。道岔解锁时，启动片一方面带动主轴转动，另一方面利用它梯形凹槽的坡面推动速动爪滚轮上升，使速动爪抬起，以断开自动开闭器表示接点。在道岔转换过程中，两个速动爪均抬起，滚轮在启动片上空滑。在道岔接近锁闭阶段时，启动片的凹槽正好转到速动爪滚轮下方，与速动片配合，速动爪迅速落于速动片的缺口中，速动爪上的滚轮迅速落于启动片的凹槽中，完成自动开闭器的速动，切断电机电路。

另外，启动片上有一个拨钉，插在速动片的腰形孔内，当启动片转动一定角度后，可以利用拨钉拨动速动片转动。

5. 速动片

如图 2.2.6 所示，速动片有一个内斜缺口，缺口对面有一腰形扁孔。速动片通过速动衬套套在主轴上。启动片上的拨钉插入速动片的腰形孔中。道岔锁闭后，拨片钉总是在腰形孔的一端。转辙机开始动作时，启动片旋转，启动片上的拨钉在腰形孔中空走一段后拨动速动片一起转动。

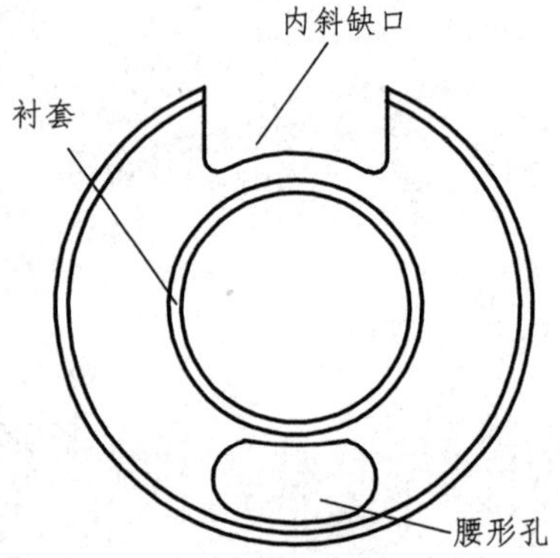

图 2.2.6 速动片

速动片套在速动衬套上，速动衬套又卡在自动开闭器接点座上，它不随主轴转动。速动片直径比启动片略大，当主轴开始转动，速动片并不转；只有靠拨钉拨动速动片才转动。

在锁闭齿轮进入锁闭阶段时，齿条块已不再动作，为了完成内锁闭，主轴还在转动，启动片和速动片也在转动。这时启动片的梯形凹槽已经转到速动爪滚轮的下方，为速动爪的落下做好准备。但是，速动片仍然支承着速动爪，使它不能落下。只有当速动片再转过一个角度时，使速动爪突然失去支承，在拉簧弹力的作用下，速动爪迅速落入速动片内斜缺口，滚轮迅速落向启动片凹槽底部，实现了自动开闭器的速动。因此，速动的关键是速动爪的尖爪从速动片的缺口尖角边突然跌落。

6. 主 轴

如图 2.2.7 所示，转辙机的主轴主要由主轴、主轴套、轴承、止挡栓等组成。它的一端和启动片连接，另一端连接锁闭齿轮。当启动片转动时，主轴随之转动，主轴带动锁闭齿轮转动。主轴上的止挡栓用来限制主轴的转角，使锁闭齿轮和齿条块达到规定的锁闭角，使整机动作协调。

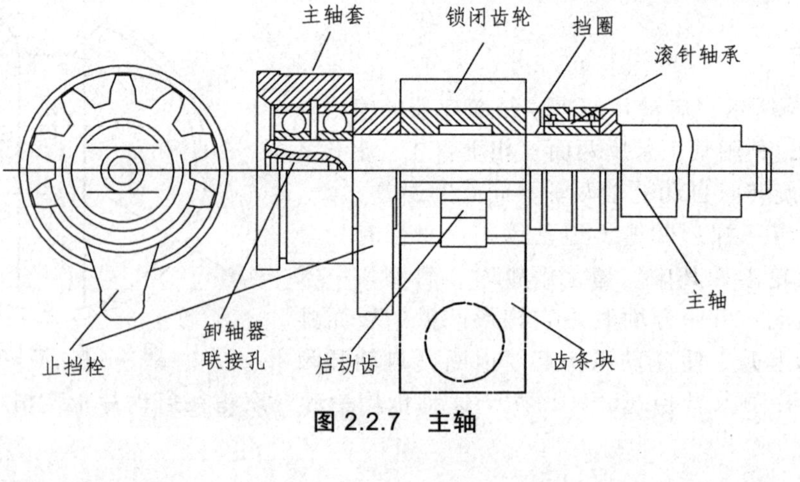

图 2.2.7 主轴

7. 锁闭齿轮和齿条块

锁闭齿轮如图 2.2.8（a）所示，它共有 7 个齿，其中 1 和 7 称为启动小齿，在它们之间的另一侧是锁闭圆弧。如图 2.2.8（b）所示，齿条块上有 6 个齿 7 个齿槽。中间 4 个是完整的齿，两边的是中间有缺槽的削尖齿。缺槽是为了使锁闭齿轮上的启动小齿能顺利通过而设置的。

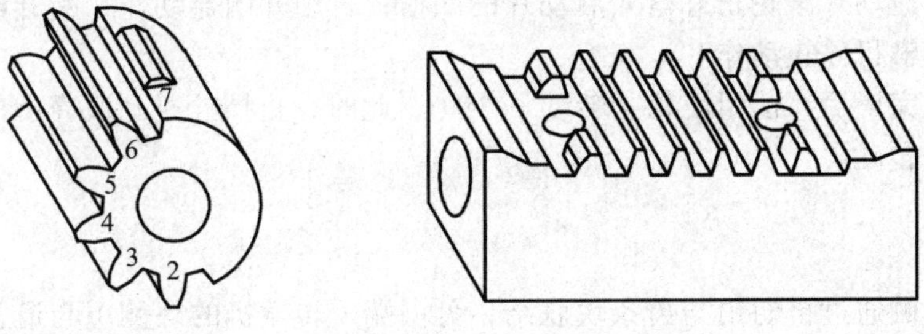

图 2.2.8　锁闭齿轮和齿条块

如图 2.2.9 所示，当道岔到达规定位置即尖轨与基本轨密贴时，锁闭齿轮的圆弧正好与齿条块的削尖齿弧面相重合，从而实现机械锁闭。实现机械锁闭后，如果尖轨受到外力要使之移动，那么齿条块就将要移动，但此时的作用力只能沿锁闭圆弧的半径方向传给锁闭齿轮，它不会转动，从而实现了对道岔的间接锁闭。

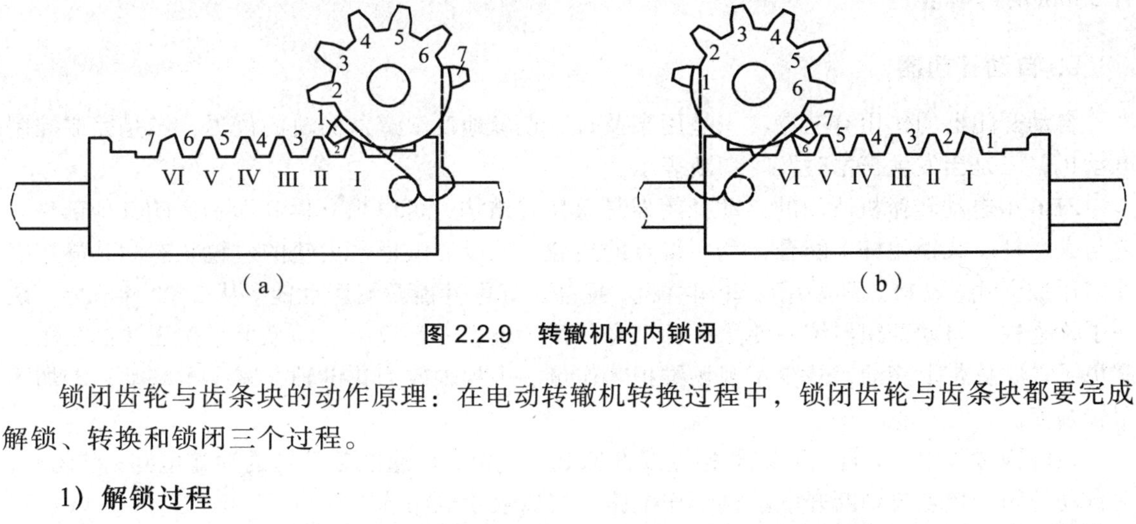

图 2.2.9　转辙机的内锁闭

锁闭齿轮与齿条块的动作原理：在电动转辙机转换过程中，锁闭齿轮与齿条块都要完成解锁、转换和锁闭三个过程。

1）解锁过程

假定图 2.2.9（a）所示为定位锁闭状态，若要将道岔转换至反位，电机需逆时针旋转，输入轴顺时针旋转，使输出轴逆时针旋转，通过启动片带动主轴、锁闭齿轮作逆时针转动。此时，锁闭齿轮的锁闭圆弧面首先在齿条块的削尖齿上滑退，锁闭齿轮上的启动小齿 1 从削尖齿 I 的缺槽经过。当主轴旋转 32.9°时，锁闭圆弧面全部从削尖齿上滑开，启动小齿 1 与齿条块齿槽 1 的右侧接触，完成解锁。

2）转换过程

启动小齿 1 拨动齿条块齿槽 1 的右侧，带动齿条块移动，锁闭齿轮的齿与齿条块的齿啮合，将锁闭齿轮的旋转运动变成齿条块的直线运动。当锁闭齿轮旋转 306.1°时，齿条块、动作杆向右移动了 165 mm，使原斥离尖轨转换到反位，与另一基本轨实现密贴。

3）锁闭过程

电机继续转动，锁闭齿轮的启动小齿 7 在削尖齿Ⅵ的齿槽通过，锁闭齿轮上的圆弧面与齿条块削尖齿弧面相重合，实现了机械锁闭，如图 2.2.9（b）所示。此时，速动爪正好落入速动片的缺口，速动片滚轮正好落入启动片的凹槽，自动开闭器动作，断开电机电路，电机停止转动，即转辙机停止动作。

转辙机动作完毕后，锁闭齿轮共转动了 339°，此时，止挡栓碰到底壳上的止挡桩，锁闭齿轮也正好停止转动。

8. 动作杆

动作杆的里侧通过挤切销与齿条块联结，另一端（转辙机的外侧）与道岔的密贴调整杆相连接，当动作杆作直线动作时，使道岔的尖轨转换。

动作杆通过挤切销和齿条块联结成一体。在道岔正常转换时，动作杆、齿条块、挤切销一起作直线动作；当发生挤岔时，挤切销折断，动作杆和齿条块能迅速脱离机械联系，使转辙机内部机件不受损坏。挤切销分主销和副销，分别装于齿条块削尖齿中间开口处的挤切孔内。主销挤切孔为圆形，主销能顺利插入起主要联结作用。副销挤切孔为扁圆形，副销插入起备用联结作用。如果主销折断，副销不折断时，副销能起到联结作用，齿条块在动作杆上有 3 mm 的窜动量。

9. 自动开闭器

自动开闭器的作用有三点：一是用来及时、正确地反映道岔尖轨的位置；二是完成控制电动机；三是当发生挤岔时及时切断表示。

ZD6 型电动转辙机所用的自动开闭器是整体式结构，可以独立拆卸而不影响其他部件。它与表示杆（或锁闭杆）配合，利用接点的通断，可以反映道岔尖轨的位置状态。其静接点片采用铍青铜，动接点环采用铝青铜材料，提高了导电性能及耐磨性能。从 2002 年开始，统一了检查柱，自动开闭器统一使用一种型号，便于现场的互换。速动爪上采用无注油滚轮，避免了往摩擦带上滴油，减少了现场维护工作量。小拐轴改为花键轴，减少了旷动，增加了扭转强度。

在解锁过程中，由自动开闭器接点断开原表示电路，接通准备反转的动作电路；锁闭后，由自动开闭器接点自动断开电动机动作电路，接通表示电路。

1）自动开闭器的组成

如图 2.2.10 所示，自动开闭器由 4 排静接点、2 排动接点、2 个速动爪、2 个检查柱、速动片、启动片等组成。静接点、动接点、速动爪、检查柱分别对称地装于主轴的两侧，但又是一个整体。

自动开闭器分为动接点传动部分、接点部分及控制部分。

动接点传动部分包括速动爪及其爪尖上的滚轮、接点调整架、连接板、挡销板、拐轴等，这些零部件左、右各有一套。通过调节接点调整架上的螺钉可以改变动接点打入静接点的深度。

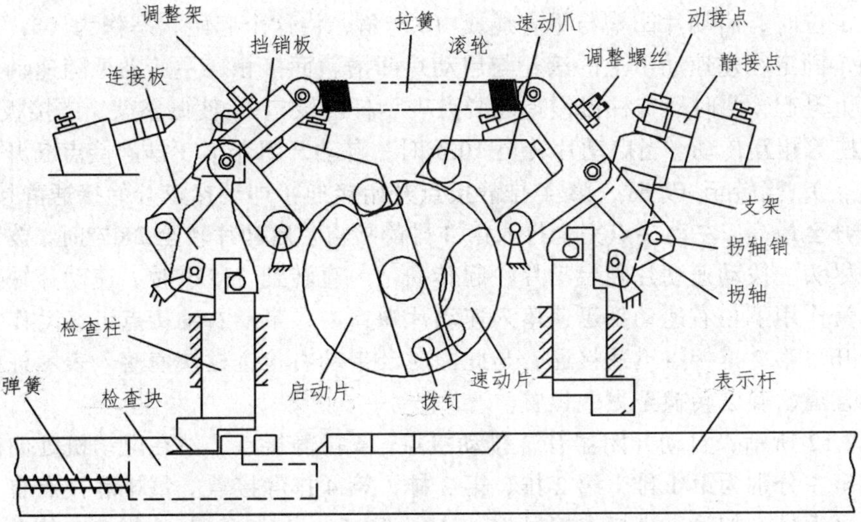

图 2.2.10　自动开闭器及与表示杆的动作关系

接点部分包括动接点、静接点、接点座等。静接点左右对称地安装在接点座上。两组动接点分别安装在左右拐轴上，拐轴通过拐轴销安装在接点座内部。当拐轴转动时，动接点可以改变其在静接点组的接通位置。

控制部分由拉簧、检查柱、速动片、启动片等组成。拉簧用来连接两侧的调整架，将两侧的动接点拉向内侧，为动接点速动提供动力。检查柱在道岔正常转换时，对表示杆缺口起探测作用，当道岔不密贴，表示杆的缺口位置不对时，检查柱将不会落下，阻止动接点的动作，不能接通表示接点；当道岔密贴时，检查柱对准表示杆的缺口，在拉簧的弹力作用下，检查柱快速落入表示杆的缺口，断开电机的启动接点，接通道岔的表示接点；当发生挤岔时，检查柱被表示杆顶起，迫使动接点转向外方与表示接点断开，即断开道岔表示电路。

2）自动开闭器的动作原理

自动开闭器的动作直接受启动片及速动片的控制。减速器的输出圆盘（输出轴）转动时带动启动片转动。速动片由启动片上的拨钉带动转动。它们之间的动作关系和速动爪的动作情况如图 2.2.11 所示。

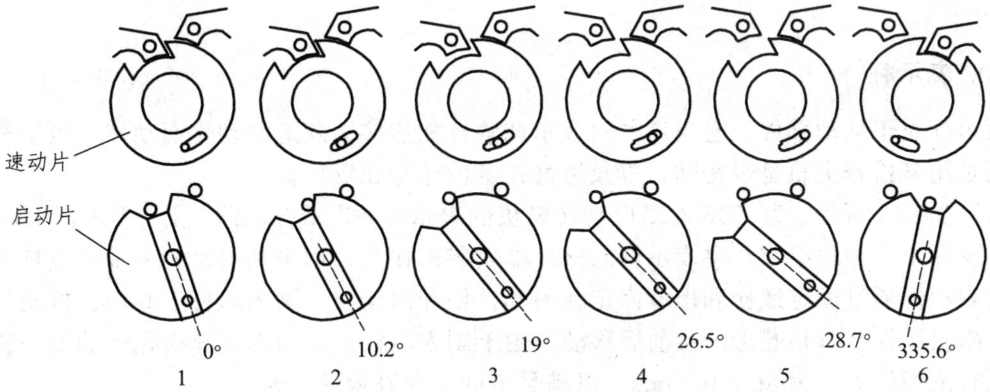

图 2.2.11　启动片、速动片及速动爪的动作关系

道岔在定位时，启动片凹槽与垂直线成 10.5°角，将这个起始状态作为 0°，假设启动片逆时针转动，固定在左速动爪上的滚轮与启动片凹槽斜面接触，左速动爪随速动爪上滚轮沿斜面滚动向上升起（此时检查柱慢慢抬起脱离表示杆的缺口），使调整架、连接板、拐轴、动接点、检查柱等相互传动。当启动片转至 10.2°时，自动开闭器第 3 排静接点断开（即动接点脱离了静接点）；当转至 19°时，第 4 排静接点开始接通（即动接点开始接通静接点），左速动爪的滚轮升至最高，左动接点完全打入第 4 排静接点。启动片转至 28.7°时，拨钉移动至速动片腰形孔尽头，拨动速动片随启动片一起转动，一直转到 335.6°时，速动片缺口对准右速动爪，在弹簧作用下，右速动爪迅速落入速动片缺口内，带动右动接点迅速动作，使第 1 排接点迅速断开，第 2 排接点迅速接通，与此同时，带动右检查柱快速落入表示杆检查块的缺口内，以检查道岔确已转换至另一位置。

如图 2.2.12 所示，自动开闭器有 2 排动接点，4 排静接点。站在电动机处向前看，它们的编号自右至左分别为第 1 排、第 2 排、第 3 排、第 4 排静接点。每排静接点有 3 组接点，自远而近顺序编号。如第 1 排接点编号为 11-12、13-14、15-16。其他排接点依此类推。

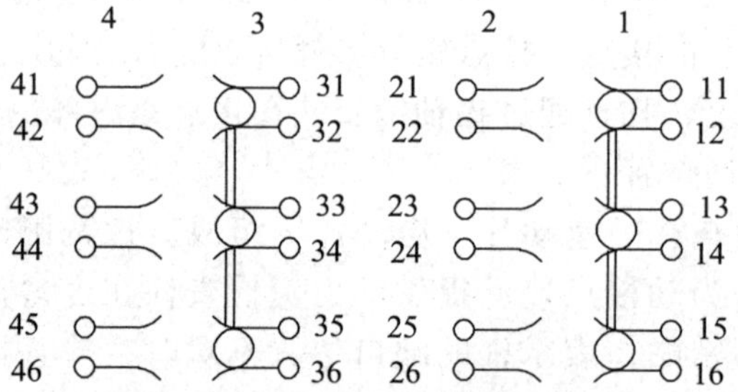

图 2.2.12　自动开闭器接点

若转辙机定位时为 1、3 排接点闭合，则转辙机向反位动作，解锁时，左动接点先动作，慢慢断开第 3 排接点，切断了道岔定位表示电路，接通第 4 排接点，接通了电机动作电路，为道岔向回转做好准备。转换至反位后，右动接点快速动作，迅速断开第 1 排接点，切断电机动作电路，接通第 2 排接点，接通了道岔反位表示电路。从反位转向定位时，接点动作情况与上述相反。

若转辙机定位时为 2、4 排接点闭合，则转向反位时，右动接点先动作，慢慢断开第 2 排接点，接通第 1 排接点；转换到反位时，左动接点动作，迅速断开第 4 排接点，接通第 3 排接点。

10. 表示杆

表示杆属于从动部件，它与道岔的表示调整杆相连接，随道岔动作而动作，表示杆的主要作用是用来检查尖轨是否密贴，以及道岔在定位还是在反位。

如图 2.2.13 所示，为 ZD6-A 型电动转辙机的表示杆。表示杆由前（主）表示杆、后（副）表示杆及两个检查块组成。主表示杆的机外端安装连接头，用来和道岔的表示调整杆相连。主、副表示杆通过固定螺栓和螺母固定在一起，松开固定主、副表示杆上螺栓，拧动调整螺杆时，副表示杆在调整螺母内会前后移动。由于副表示杆前端与固定螺栓相连的是一长孔，所以调整范围较大，为 86 ~ 167 mm，以满足不同道岔开程的需要。

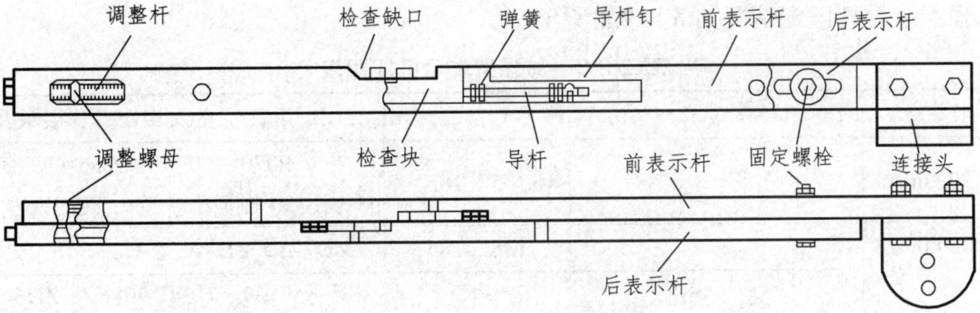

图 2.2.13　表示杆

主、副表示杆的腹部设有空腔，在空腔内分别设一个检查块。检查块上有一个缺口，在道岔转换到规定位置且密贴后，自动开闭器的检查柱将落入此缺口，使自动开闭器的第 1 排或第 4 排静接点断开，接通第 2 排或第 3 排接点。当检查柱落入表示杆缺口时，两侧应各有 1.5 mm ± 0.5 mm 的空隙。

检查块平时靠轴向顶杆上弹簧弹力顶住检查块。当发生挤岔时，表示杆移动，弹簧首先被压缩，与此同时，利用表示杆中段缺口斜面和检查柱底部的斜面使检查柱抬起，脱离检查块缺口，各部件不致受损。由于检查柱的抬起，自动开闭器的动接点立即退出静接点组，断开道岔表示电路。

目前，一些 ZD6 型电动转辙机采用了方棒表示杆，如图 2.2.14 所示，它扩大了表示杆的功能，使之对尖轨也有机械锁闭作用，构成双锁闭。在表示杆检查块处增加一个销子（称为副锁闭销），使检查块与表示杆联为一体，检查柱落入缺口，道岔便被表示杆锁住。挤岔时副锁闭销切断，表示杆照常有挤岔断表示的功能。在前表示杆上设有前、中、后三个横穿孔，使后表示杆与之配合时有更大的选择余地，这样就扩大了表示杆动程的可调范围，使之既能适应普通道岔尖轨的动程需要，也能适应交分道岔和可动心轨道岔的动程需要。

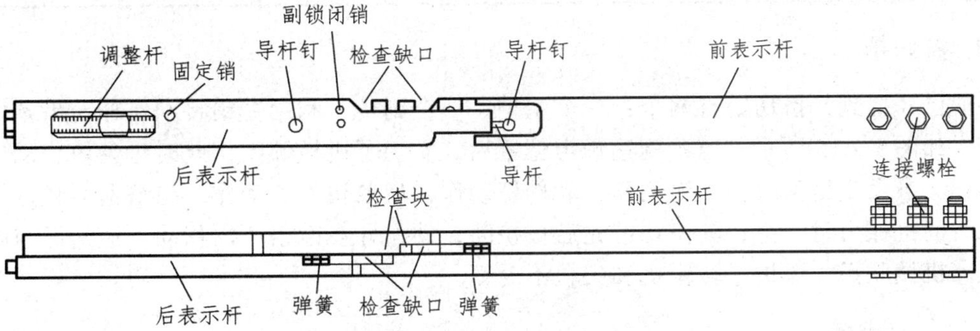

图 2.2.14　方棒表示杆

另外，多数 ZD6 型电动转辙机采用了新型加强式表示杆，其具有以下特点：

（1）表示杆采用了镀硬铬工艺，耐磨性能得到大大提高。

（2）主、副表示杆同时承担作用力，增加了整体强度。

（3）调整螺母整体横穿式，与两杆连接不另设螺母，消除了滑扣和主、副表示杆脱开失控现象。

（4）加强式表示杆调整简单、方便，动程范围大。

加强型表示杆匹配情况如表 2.2.3 所示。

表 2.2.3　加强型表示杆匹配表

表示杆图号	表示杆副锁销抗挤切力/N	表示杆动程/mm	适用的机型及匹配的安装装置
X2346.209.00A1	—	135～185	电号 9070、9073 的 ZD6-A 安装装置，43 轨、50 轨单机牵引的 ZD6-A 型机
X2346.209.00A2	—	135～185	ZD7-A，ZD7-C 型机
X2346.409.00D1	14 700～17 600	135～185	通号 9137、9138、9086 的 ZD6-D 安装装置，单机牵引的 ZD6-D 型机；通号 9906、9916、9146 的 ZD6-G 安装装置，复式交分道岔岔尖牵引的 ZD6-G 型机
X2346.509G.00E	≥20 000	140～190	通号 9162、9145、9140、9134 的 ZD6-E/J 安装装置，第一牵引点的 ZD6-E 型机
X2346.609.00F1	14 700～17 600	80～130	通号 9906、9916、9146 的 ZD6-G/F 安装装置，复式交分道岔岔心牵引的 ZD6-F 型机
X2346.609.00F2	—	80～130	复式交分道岔，外锁闭安装装置，岔心牵引的 ZD6-K 型机
X2346.709.00J	—	50～130	通号 9162、9145、9140、9134 的 ZD6-E/J 安装装置，第二牵引点和 S0212E/J/J 安装装置第二、三牵引点的 ZD6-J 型机
X2346.909.00H	—	80～185	电号 9100、9101、9102、9103 的 ZD6-H 安装装置，复式交分道岔的岔尖和岔心牵引的 ZD6-H 型机

11. 挤切销

前面已经提到，挤切销有两个：一个主销，一个副销，利用主销将动作杆与齿条块联结在一起，如图 2.2.15 所示。道岔到达规定位置后，实现了机械锁闭，此时齿条块、动作杆将不能动作。当发生挤岔时，尖轨动作，动作杆动作，齿条块不能动作，当挤岔力超过挤切销所能承受的机械力时，主、副挤切销先后被挤断，动作杆在齿条块内移动，道岔即与电动转辙机脱离机械联系，保护了转辙机和尖轨不受损。

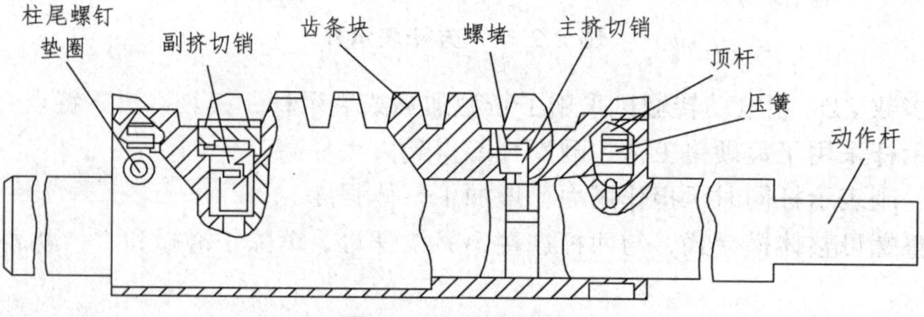

图 2.2.15　挤切销

12. 移位接触器

挤岔时，除了检查柱抬起，使自动开闭器的第 2 排或第 3 排动接点离开静接点组，从而断开表示电路外，ZD6 型转辙机还要利用设置的移位接触器（ZD6-E 型电动转辙机不设移位接触器）来切断表示电路。

移位接触器共两个，安装于机壳内侧，处于动作杆、齿条块的上方。它由触头、弹簧、顶销、接点等组成，如图 2.2.16 所示。它受齿条块内两端的顶杆控制。平时齿条块中的顶杆受弹簧弹力落入动作杆上的圆坑内。挤岔时，齿条块不动，挤切销折断，动作杆在齿条块内移动，顶杆将脱离动作杆上的圆坑而上升，将移位接触器的顶销顶起，断开它的接点，从而断开道岔表示电路。移位接触器上部有一按钮，挤岔后恢复时，可按下此按钮，使移位接触器再次接通。

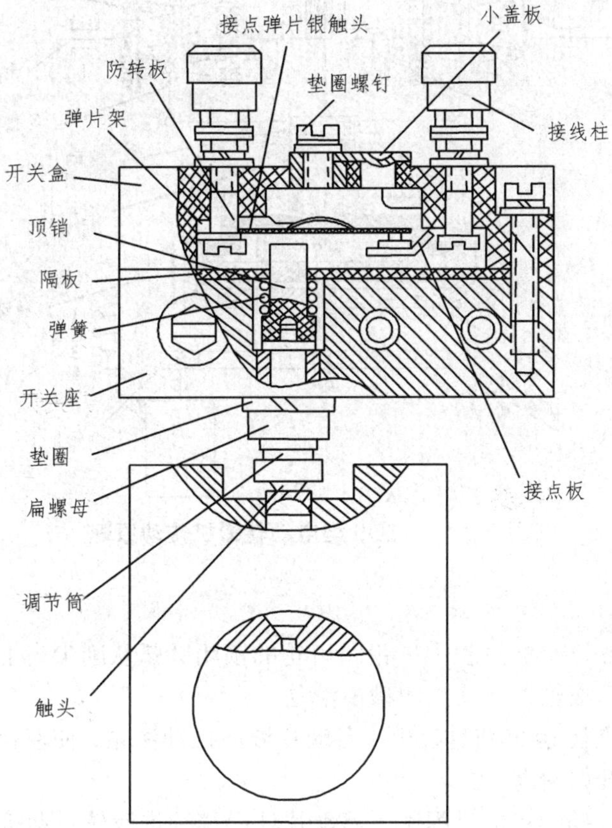

图 2.2.16　移位接触器

13. 遮断开关

遮断开关又称安全接点，俗称电门。在维护道岔时，为了保证工作人员的安全，在转辙机上安装了遮断开关。

需要手摇转辙机时，首先要用钥匙打开盖明锁，露出摇把孔，然后将摇把插入第一级减速大齿轮轴，摇动转辙机至所需位置。在摇把口露出时，转辙机内部的遮断开关已经被打开。需用专用钥匙打开转辙机的机盖，才能合上遮断开关。

2.2.3 ZD6 型电动转辙机的动作过程

如图 2.2.17 所示，假定原道岔为 1、3 闭合。道岔在定位时，左检查柱落入副表示杆缺口，自动开闭器第 1、3 排接点接通。当操纵道岔由定位向反位转换时，电机逆时针方向旋转，电机通过第一级减速器的齿轮带动行星减速器动作，这时输入轴按顺时针方向旋转，输出轴按逆时针方向旋转，输出轴通过启动片带动主轴按逆时针方向旋转，锁闭齿轮随主轴逆时针方向旋转。

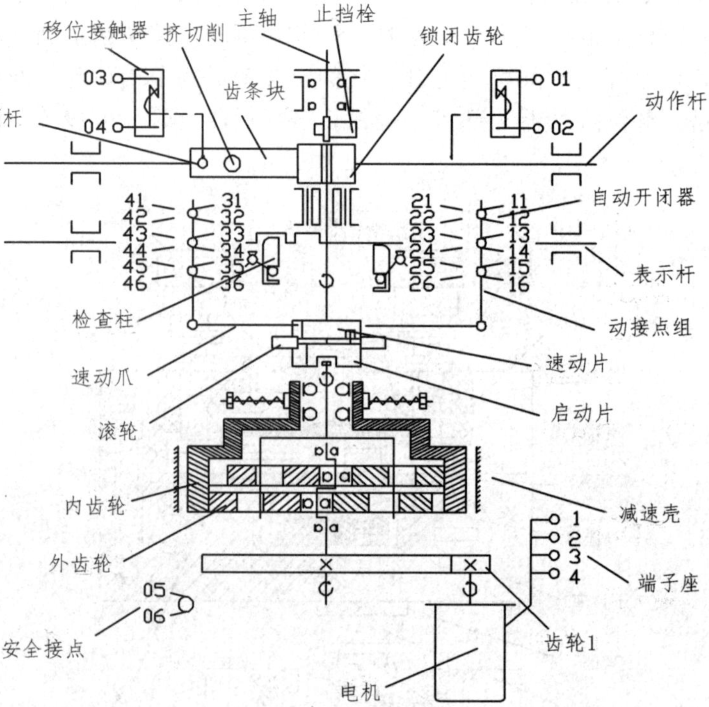

图 2.2.17 ZD6 型电动转辙机传动原理

1. 解锁过程

在主轴由 0°旋转至 7.5°的过程中，锁闭齿轮的锁闭圆弧从削尖齿上退转 7.5°开始解锁。此时，左侧速动爪上的滚轮在启动片凹槽中滚动。

在主轴由 7.5°旋转至 10.2°的过程中，启动片坡面推动滚轮，使左速动爪抬高，第 3 排接点断开，左侧检查柱开始抬高。

在主轴由 10.2°旋转至 19°的过程中，启动片坡面继续推滚轮，动接点开始接通第 4 排静接点，为电机反转准备条件。

在主轴由 19°旋转至 26.5°的过程中，左速动爪完全爬上启动片弧面，动接点完全插入第 4 排静接点，左侧检查柱完全退出表示杆检查块的缺口。

在主轴由 26.5°旋转至 28.7°的过程中，启动片上拨钉开始拨动速动片。

在主轴由 28.7°旋转至 32.9°的过程中，锁闭圆弧完全退出削尖齿，解锁完成。

2. 转换过程

在主轴由 32.9°旋转至 306.1°的过程中，锁闭齿轮拨动齿条块，使动作杆右移（165+2）mm，尖轨转换至反位，锁闭齿轮的锁闭圆弧开始接触齿条块销尖齿弧面，准备锁闭。此时，动接点接向外侧 1、4 排接点，两个速动爪滚轮将在启动片和速动片上滚动。

3. 锁闭过程

在主轴由 306.1°旋转至 335.6°的过程中，锁闭圆弧对齿条已达 29.6°锁闭角。此时，主表示杆（反位）缺口已经运动至右侧检查柱下方，右侧速动爪滚轮离开启动片弧面，速动爪完全由速动片承托。稍后，右侧速动爪突然跌落，右检查柱落入主表示杆的缺口，迅速断开第 1 排接点，切断电机电路，接通第 2 排接点，接通反位表示电路。

在主轴由 335.6°旋转至 339°的过程中，锁闭圆弧与削尖齿之间完成同心圆弧面重合 32.9°的锁闭角，完全实现机械锁闭。

锁闭齿轮在旋转中完成解锁、转换、锁闭三个过程，使动作杆带动道岔尖轨向右移动，最后密贴于右侧尖轨并锁闭。

2.2.4 ZD6 型电动转辙机的安装

1. ZD6 型转辙机的安装方式

安装 ZD6 型电动转辙机时，都是将转辙机的电动机对向岔尖。电动转辙机的安装位置分为正装和反装。它们的区别在于动作杆相对于电动机的伸出位置。站在电动机侧看，动作杆从右侧伸出，视为正装；动作杆从左侧伸出，视为反装。

无论正装还是反装，在道岔定位时，动作杆都有伸出和拉入两种情况，如图 2.2.18 所示，有正装拉入为定位、正装伸出为定位、反装伸出为定位、反装拉入为定位四种情况。其中正装拉入和反装伸出为定位时，自动开闭器第 1、3 排接点接通。正装伸出和反装拉入为定位时，自动开闭器第 2、4 排接点接通。据此来决定电动转辙机道岔电路采用何种类型。

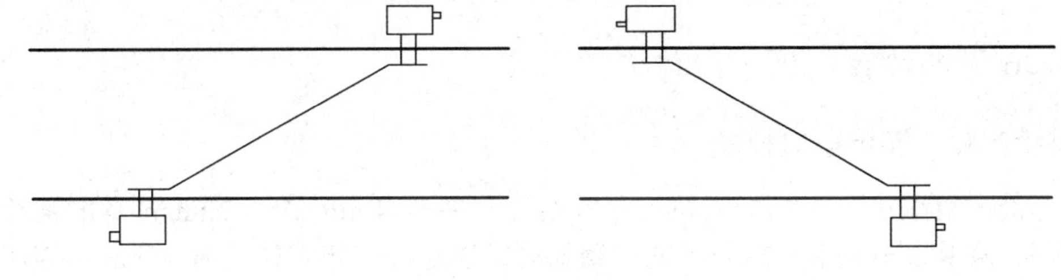

图 2.2.18 ZD6 型电动转辙机安装方式

在判定电动转辙机定位接通的时候，要掌握电动转辙机内部件的动作规律，动作杆、表示杆的运动方向与自动开闭器的动接点的运动方向是相反的。在正装拉入为定位时，从反位向定位转换时，表示杆向左运动，动接点向右运动，故定位时 1、3 排接点闭合；反装伸出也是如此。而在正装伸出为定位时，从反位向定位转换时，表示杆向右运动，动接点向左运动，故定位为 2、4 排接点闭合；反装拉入与此相同。

2. ZD6 型电动转辙机的安装装置

ZD6 型转辙机的安装装置由基础角钢、尖端铁、尖端杆、表示调整杆、连接杆、密贴调整杆、角形铁（L 铁）、螺栓、螺母等组成，如图 2.2.19 所示。

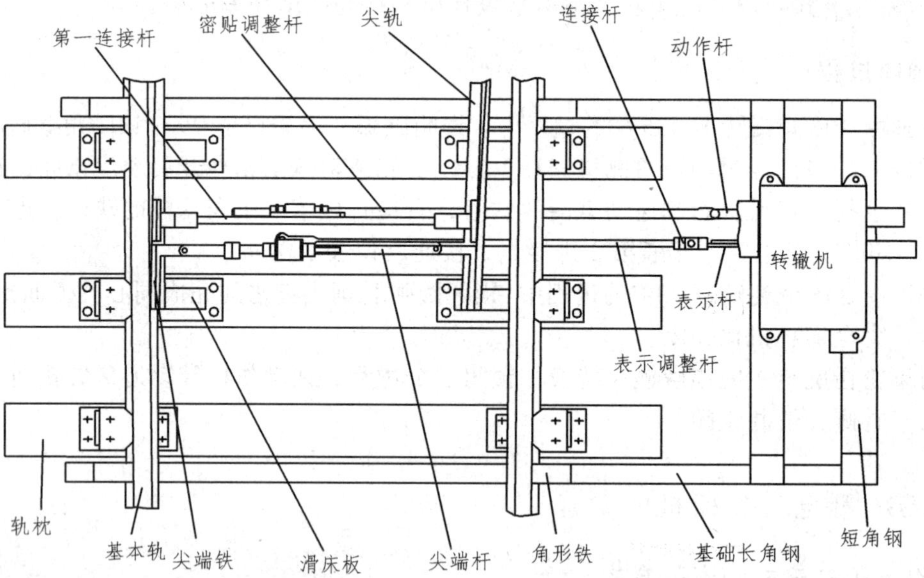

图 2.2.19　ZD6 型电动转辙机安装

ZD6 型转辙机安装在不等边角钢上，角钢通过角形铁固定在基本轨上，密贴调整杆通过立式杆架与道岔的第一连接杆相连，再通过螺栓与电动转辙机的动作杆相连。动作杆通过密贴调整杆、第一连接杆带动道岔尖轨转换并密贴。通过密贴调整杆上的轴套，可调整尖轨的密贴。

尖端杆通过尖端铁固定在尖轨上，再通过舌铁与连接杆的接头铁相连，连接杆通过螺栓与电动转辙机的表示杆相连。这样，尖轨的位置可由表示杆来反映。通过尖端杆上的螺母可调整前表示杆缺口的位置。

2.2.5　ZD6 型电动转辙机牵引的道岔调整

1. 道岔密贴、表示缺口标准

密贴标准：对应第一连接杆尖轨与基本轨之间夹有 4 mm 厚、20 mm 宽的钢板时，道岔不应锁闭；夹有 2 mm 厚、20 mm 宽的钢板时，道岔应锁闭。即夹有 4 mm 不锁闭，夹有 2 mm 锁闭。

表示杆缺口标准：道岔密贴，电动转辙机自动开闭器检查柱应自动落入表示杆检查块缺口内，检查柱与检查块缺口边缘应有（1.5 ± 0.5）mm 的间隙。

2. 道岔调整的过程与方法

1）尖轨密贴的调整

尖轨在转辙机的带动下到规定位置并完成机械锁闭后，必须与基本轨密贴并满足《技规》规定，其密贴调整是靠调整密贴调整杆上的两个轴套来完成的。为了叙述方便，规定靠近拉杆联结销一侧的轴套叫内轴套，靠丝扣外端的轴套叫外轴套。

当尖轨与基本轨不密贴时，可拧开螺母，退出挡环，旋动轴套，将轴套间隙缩小。当动作杆处于伸出位置时应调整内轴套，当动作杆在拉入位置时，则应调整外轴套。

当尖轨已经密贴而转辙机不能完成机械锁闭（锁闭圆弧不能进入削尖齿内）时，应将两轴套的间隙增大。当动作杆处于伸出位置时应调内轴套，动作杆在拉入位置时调外轴套。

转辙机动作杆动程与尖轨开程和密调杆空动距离三者有如下关系：

转辙机动作杆动程=尖轨开程+密调杆空动距离+（销孔旷量+杆类压力变形量）

密贴调整后要用厚 4 mm、宽 20 mm 的试验板夹在尖轨与基本轨间（第一连接杆处）进行 4 mm 不锁闭试验，使其满足《技规》规定，最后要紧固螺母，并加防松措施。

这里有一点值得注意，就是调整道岔密贴必须在转辙机机械未锁闭状态，换言之就是检查柱已落入表示杆缺口内的状态时，不能进行大动量和密贴调整。因为检查柱落入表示杆缺口内，表示杆与检查柱间只有 3 mm 的相对位移间隙，表示杆动量超过 3 mm 时，一个方向会使检查柱 45°斜面，检查柱上升，断开表示点（相当于挤岔时），而另一方向会使检查柱另侧的立面与表示杆缺口的立面相卡，表示杆给检查柱水平方向横向的力，造成检查杆弯曲，损坏自动开闭器。

2）表示杆缺口调整

表示杆是用来检查道岔尖轨密贴的。

道岔密贴调整后，就要调整表示杆使检查柱落入其相应的缺口内，并满足《维规》两侧间隙为（1.5 ± 0.5）mm 的标准。

根据后表示杆装在前表示杆上，前表示杆直接与尖轨相联系的结构，在调整表示杆缺口时必须先调整表示杆伸出位置的缺口，后调整拉入位置时的缺口。

伸出位置缺口时，调整表示连接杆杆架在尖端杆上的位置：当间隙大于（1.5+0.5）mm 时，松开螺母向靠近转辙机一侧调杆架；当间隙小于（1.5 ± 0.5）mm 时，松开螺母向外侧（不靠转辙机侧）调杆架，调整标准后紧固螺母，并加防松措施。

拉入位置缺口时，在伸出拉调标准后，道岔扳到拉入位置，松开前后表示杆的紧固螺母，旋转后表示杆尾部的调整母，当间隙过大时顺时针方向旋转，间隙过小时逆时针旋转，调标准后，要将前后表示杆的紧固螺母拧紧。

注意：表示杆缺口必须在尖轨与基本轨密贴后才能调整，且先调伸出位，后调拉入位，这个顺序是不能变的。

3）摩擦电流的调整

摩擦电流是道岔尖轨在变位中受阻，内齿轮在摩擦夹板内“空转”时的电动机电路中的电流。这是一级测试要求测试的项目，也是经常要调整的。调整应符合《维规》的要求：即道岔正常转换时，摩擦联结器不应空转，道岔转换终了时应稍有空转。当调到规定摩擦电流时，弹簧各圈最小间隙不能小于 1.5 mm，如小于 1.5 mm，说明弹簧弹力不足应更换。

调整摩擦电流的步骤为：打开转辙机机盖，断开遮断开关，在接点间串入量程为 5 A 的直流电流表（注意：05 接红表笔，06 接黑表笔）。同时，在第一连接杆处尖轨与基本轨之间插入厚 4 mm 以上的硬物。然后，接通转辙机电源，使道岔转换，当尖轨被卡阻时，直流电流表的读数便是摩擦电流值。

调整方法为：调节夹板螺栓上弹簧外侧的螺母，摩擦电流过小时顺时针旋动螺母，压缩弹簧，摩擦电流过大时，逆时针旋动螺母，放松弹簧。

最小摩擦电流：将摩擦制动板弹簧压力减小，直至再减小就不能启动道岔时为止，此时测试摩擦电流值即为最小摩擦电流。

最大摩擦电流：将摩擦制动板弹簧压力逐渐增大，直至再增加就会造成 4 mm 错误锁闭为止，此时测试摩擦电流值即为最大摩擦电流。

注意：上述最小、最大摩擦电流均是不可取的极限值。

额定摩擦电流：额定摩擦电流值等于电机额定电流值的 1.3 倍（2.6 A），它是转辙机出厂时，工厂检查摩擦联结器是否合格的标准。

实需摩擦电流：是指各转辙机不同的实际情况，在保证道岔正常转换，而又无过度机械磨耗的条件下调出的低于“额定摩擦电流”的实需摩擦电流值，根据实际经验，实需摩擦电流一般以 2.0 ~ 2.2 A 较为合适。《维规》规定，正反向摩擦电流相差应小于 0.3 A，ZD6-A、D、F 型为 2.3 ~ 2.9 A，ZD6-E、J 型为 2.0 ~ 2.5 A。

4）表示接点及移位接触器调整

《维规》规定，自动开闭器动接点在静接点片内的接触深度不得小于 4 mm，用手扳动动接点，其摆动量不大于 3.5 mm；动接点与静接点座间隙不小于 3 mm；各接点片的压力均匀，接点接触压力不小于 4.0 N，速动爪落下前，动接点在静接点内有窜动时，应保证接点接触深度不小于 2 mm。

（1）表示接点的调整。

先拧松速动爪背部螺钉的螺母，再拧动螺钉即可调整动接点在静接点片内的插接深度，拧松相应静接点组整体弹片的固定螺丝，可对动接点两侧接触深度差以及中分线偏差予以调整。适当改变静接点整体弹片开合形状，便调整了接点压力。

（2）移位接触器的复位。

移位接触器是两组非自复式常闭接点，分别串接在道岔定位和反位表示电路中。移位接触器触头与顶杆两者相距 1.5 mm。当发生挤岔时，动作杆在齿条块内产生移动，当移动量仅有刚开始移动的 3 mm 时，动作杆内 45°斜度的锥形坑便推动齿条块内顶杆向上同样移动 3 mm。经过 1.5 mm 的动程，顶杆与移位接触器触头接触，使其上升 1.5 mm，而触头的断电行程只需（0.7 ± 0.1）mm，从而使移位接触器常闭接点断开。移位接触器的接点一旦断开便不会自动复原。必须在有关人员打开转辙机，确认挤切销完好或被切断的挤切销已经更换，方可从移位接触器上方的窗孔向下压下弹片，使接点复原，接通表示电路。

2.3 知识拓展

ZD6 型电动转辙机所牵引道岔常见机械故障处理方法

对于 ZD6 型电动转辙机所牵引道岔，经常会由于道岔密贴调整、表示缺口调整不当、道岔或转辙机有卡阻物等原因造成道岔故障，一般情况下会伴随有转辙机空转的现象，下面就转辙机空转进行故障分析。

1. 不解锁空转

正常情况下，ZD6 型电动转辙机的锁闭齿轮转动 32.9° 时才能带动齿条块动作。不解锁空转最明显的特征是转辙机的齿条块不动。不解锁空转原因有以下 4 种：

① 摩擦电流偏小；

② 自动开闭器的动接点轴锈蚀；

③ 检查柱与表示缺口卡阻；

④ 锁闭圆弧与齿条块缺油等。

2. 解锁空转

解锁空转是指转辙机的锁闭齿轮转动 32.9°后发生的空转。解锁空转原因一般都存在异物卡阻。解锁空转有以下 4 种现象：

（1）齿条块不动。原因可能是锁闭齿轮与齿条块之间有异物卡阻或它们之间啮合不当。

（2）齿条块能动，但密贴调整杆空动距离小于 5 mm。原因可能是：

① 密贴调整杆处有异物卡阻；

② 道岔不方正；

③ 密贴调整杆轴套的中心线与挡架中心线不在一条直线上而被卡住。

（3）齿条块带动密贴调整杆能完成空动距离，但尖轨不动。原因一般为密贴压力过大或基本轨有“肥边”。

（4）道岔在四开位置空转，即尖轨能动，道岔转换不到底。其主要原因有：

① 摩擦电流偏小；

② 摩擦阻力大，一般为滑床板不干净、尖轨尾部轨端无缝及接头螺栓过紧等；

③ 道岔尖轨与基本轨间有异物卡阻。

3. 密贴空转

密贴空转有不锁闭空转与锁闭空转两种情况，不锁闭空转是因为道岔密贴调整杆带动道岔的动程大于尖轨走行的动程而造成的，经重新调整后即可恢复正常；锁闭空转说明道岔能锁闭，仅是道岔启动电路未能断开，一般是启动电路混线所造成。

2.4 相关规范、规程与标准

《铁路信号维护规则（技术标准）》3.2.1 ~ 3.2.11。

任务 3 S700K 型电动转辙机

3.1 任 务

本项任务的目的是使学生掌握 S700K 型电动转辙机的结构、各部件作用和动作原理；利用所学知识对 S700K 型电动转辙机进行有效维护，并严格按相关铁路规章制度进行作业，保障行车安全畅通。

3.2 相关知识

S700K 型电动转辙机是从德国西门子公司引进的设备，该转辙机应用于提速区段、高速铁路和客运专线上，它采用三相交流电动机，用滚珠丝杠作为驱动装置，结构先进、工艺精良、故障率低。

3.2.1 S700K 型电动转辙机概述

1. S700K 型电动转辙机的特点

S700K 型电动转辙机适用于尖轨或可动心轨处采用外锁闭装置的道岔，它具有以下主要特点：

（1）采用交流三相电动机，从根本上解决了直流电动转辙机必须设置整流子而引起的故障率高、使用寿命短、维修量大的不足，另外，减少了控制导线截面，延长了控制距离，单芯电缆控制距离可达 2.3 km。

（2）采用直径 32 mm 的滚珠丝杠作为驱动装置，延长了转辙机的使用寿命。

（3）采用具有簧式挤脱装置的保持联结器，并选用不可挤型零件，从根本上解决了由挤切销劳损造成的惯性故障。

（4）采用多片干式可调摩擦联结器，经工厂调整加封，一般情况下无须调整。

（5）缺点：道岔受阻多次扳动后，转辙机空转打滑时，摩擦连接器摩擦片发热，摩擦力下降工作不稳定。

2. S700K 型电动转辙机分类

S700K 型电动转辙机的 S 表示西门子，700 表示具有 6 860 N（700 kgf）的保持力，K 表示该转辙机带有滚珠丝杠。S700K 型电动转辙机不仅能满足道岔尖轨、可动心轨的单机牵引，而且也能满足双机、多机牵引的需要。根据安装方式不同，S700K 型电动转辙机分为左装、右装两种。左装（面对尖轨或心轨，转辙机安装在线路左侧）的转辙机型号用字母 A 加上奇数表示，如 A13、A15。右装（面对尖轨或心轨，转辙机安装在线路右侧）的转辙机型号用字母 A 加上偶数表示，如 A14、A16 等。不同种类的 S700K 型电动转辙机不能通用。

S700K 型电动转辙机概况如表 2.3.1 所示（详见《维规》）。

表 2.3.1 S700K 型电动转辙机概况

代号左/右装	型号	动作时间/s	动程/mm	检测行程/mm	额定转换力/N	适用的提速道岔
A13/A14	220/160	≤6.6	220	160	3 000	9 号尖轨第一牵引点 12 号尖轨第一牵引点 18 号尖轨第一牵引点

续表

代号左/右装	型号	动作时间/s	动程/mm	检测行程/mm	额定转换力/N	适用的提速道岔
A15/A16	150/75	≤6.6	150	75	4 500	9 号尖轨第二牵引点 12 号尖轨第二牵引点
A17/A18	220/120	≤6.6	220	120	3 000	18 号尖轨第二牵引点 30 号尖轨第一牵引点 12 号心轨第一牵引点
A19/A20	220/110	≤6.6	220	110	3 000	30 号尖轨第二牵引点
A21/A22	220/100	≤6.6	220	100	2 500	30 号尖轨第三牵引点 30 号心轨第一牵引点
A23/A24	150/85	≤6.6	150	85	4 500	30 号尖轨第四牵引点
A27/A28	220/75	≤6.6	220	75	3 000	30 号心轨第二牵引点
A31/A32	220/100	≤6.6	220	100	3 000	18 号心轨第一牵引点
A33/A34	150/65	≤6.6	150	65	4 500	18 号尖轨第三牵引点 12 号心轨第二牵引点
A35/A36	150/		150	无检测杆	6 000	18 号心轨第二牵引点

3.2.2 S700K 型电动转辙机结构

如图 2.3.1 所示，S700K 型电动转辙机主要由外壳、动力传动机构、检测和锁闭机构、安全装置、配线接口五大部分组成。其中动力传动机构主要由三相交流电机、齿轮组、摩

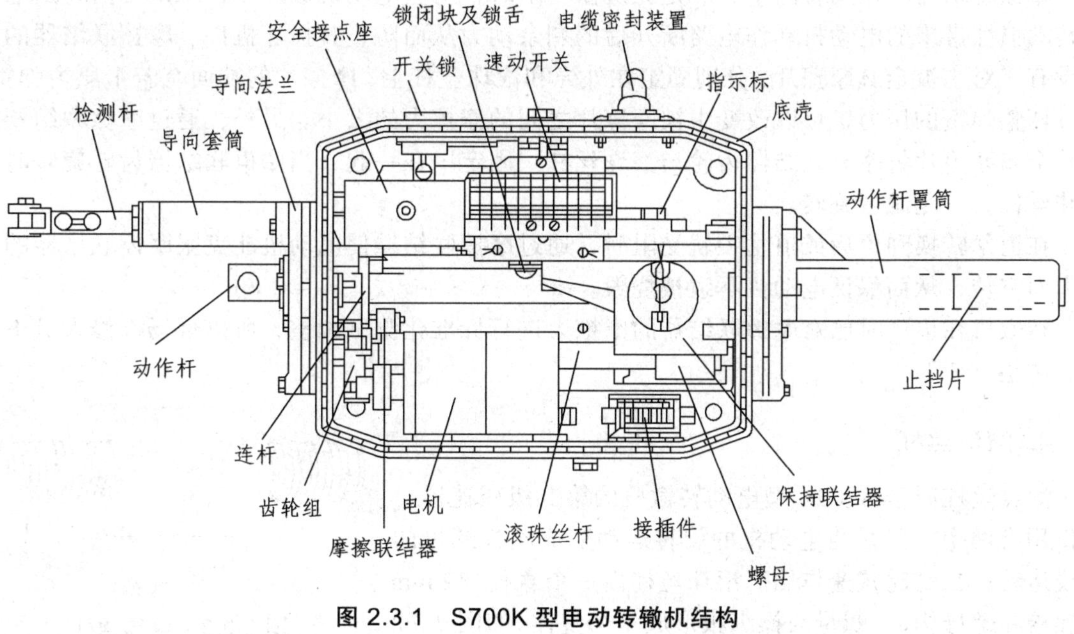

图 2.3.1 S700K 型电动转辙机结构

擦联结器、滚珠丝杠、保持联结器和动作杆六部分组成；检测和锁闭机构主要由检测杆、叉形接头（用于内、外表示杆连接）、速动开关组、锁闭块和锁舌、操纵板和指示标六部分组成；安全装置主要由开关锁、安全接点座（内含遮断开关）、连杆和摇把孔挡板四部分组成；配线接口主要由电缆密封装置和万可端子接线座（有的直接与电缆盒相连，不设置万可端子接线座）两部分组成。

1. 电动机

电动机采用三相交流电动机，额定电压 380 V，额定电流 2.0 A，主要由三个定子、笼式转子和外壳组成，它的作用是将电能转换为机械能，为转辙机提供动力。其中定子绕组采用星形连接方式，一般情况下，其星形连接点利用跨片在安全接点座第 61、71、81 端子上形成。由于道岔控制电路接线方式有所区别，其星形汇接点有的在接插件（万可端子）上。

为了保证道岔能由定位转换至反位，或由反位转换至定位，要求三相交流电动机既能向顺时针方向转换，又能向反时针方向转换。对于三相交流电动机，通过改变通向电动机三相交流电任意两相的相序就可以改变电动机的旋转方向。

2. 齿轮组

齿轮组由摇把齿轮、电机齿轮、中间齿轮和摩擦联结器齿轮组成。平时，摇把齿轮不与电机齿轮啮合，只有手摇转辙机向里推摇把时才能啮合。当给电动机通电时，电机齿轮旋转，带动中间齿轮旋转，进而带动摩擦联结器齿轮旋转，也就是说，将电机的旋转驱动力传递到摩擦联结器上，并将电动机的高速转速降速，以增大旋转驱动力，适应道岔转换的需要。齿轮组属于转辙机的第一级减速器。

3. 摩擦联结器

摩擦联结器的作用有两个：一是在道岔受阻时，防止电动机被烧毁；二是可消耗因电动机转动惯性带来的电动机动作电路断开后的剩余动力从而防止其损坏机件。摩擦联结器的内部设有三对主被金属摩擦片，分别固定在外壳和滚珠丝杠上，摩擦片的端面有若干压力弹簧，通过调整弹簧的压力，可以改变主被摩擦片之间的摩擦力的大小。另外，通过摩擦联结器的主被金属摩擦片将摩擦联结器齿轮与滚珠丝杠“固定”在一起，当摩擦联结器齿轮旋转时，滚珠丝杠会一起跟着旋转。

在道岔转换到位后或道岔尖轨受阻时，通过摩擦联结器使电动机能克服摩擦联结器的摩擦力而空转，从而保证电动机不致被烧毁。

转辙机在出厂时已对摩擦联结器的摩擦力进行标准化测试调整，所以现场维修人员不得随意调整。

4. 滚珠丝杠

滚珠丝杠属于 S700K 型电动转辙机的第二级减速器。其作用有两个：一是将电动机的旋转运动变成丝杠螺母的直线运动；二是起减速作用。滚珠丝杠由一个直径 32 mm 的螺栓和螺母构成，螺母与操纵板形成一个整体，如图 2.3.2

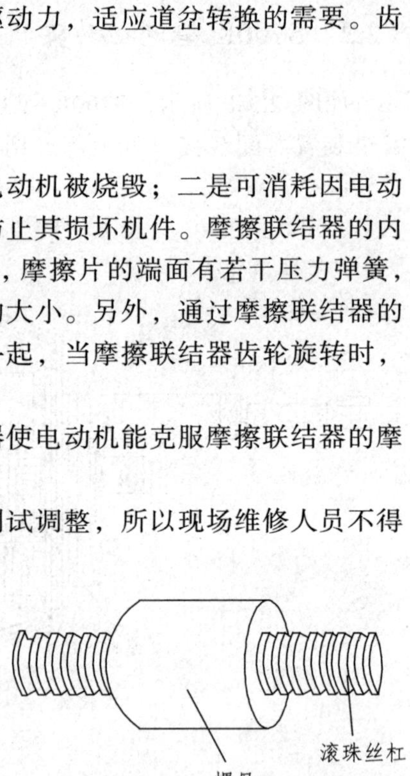

图 2.3.2 滚珠丝杠

所示。当滚珠丝杠旋转一周时，螺母就会移动一个螺距。

在转辙机正常动作时，首先是滚珠丝杠上的螺母空动，空动一定距离后，螺母会顶住保持联结器，使动作杆随保持联结器动作而作直线运动。螺母空动的目的一是使锁闭块及锁舌正常缩入，完成机内解锁即使速动开关的第 2 排或第 3 排接点断开，切断表示电路，接通向回转换的电路；二是先施加一个小负载，以克服交流电动机启动力矩不足的缺点。

5. 操纵板

操纵板和滚珠丝杠的螺母连接在一起，在转辙机刚启动螺母空动时，利用操纵板的动作将锁闭块顶入，通过锁闭块的缩入，将锁舌拉入，完成机内的机械解锁；另外随着锁闭块的缩入，切断原表示接点，接通向回转的电机电路。

6. 保持联结器

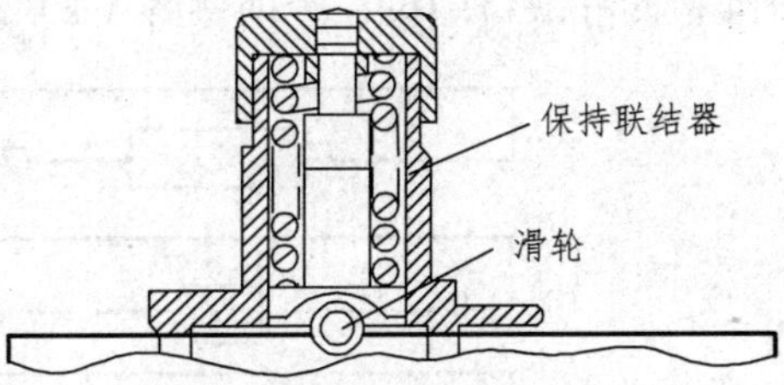

图 2.3.3 保持联结器

如图 2.3.3 所示，保持联结器属于转辙机的挤脱装置，它的一侧与滚珠丝杠上的螺母联结，底侧利用弹簧的压力通过槽口式结构将滚珠丝杠与动作杆联结在一起，当道岔的挤岔力超过弹簧压力时，动作杆与保持联结器就会脱离机械联系，起到保护整机不被损坏的作用。

保持联结器分为可挤型和不可挤型。可挤型是指保持联结器利用其内部弹簧的压力将滚珠丝杠和动作杆联结在一起。不可挤型是将保持联结器内部的弹簧取消，放一个止挡环，形成硬性连接结构。不可挤型的挤切力为 90 kN。

一般情况下，提速道岔第一牵引点处转辙机的保持联结器为不可挤型，其他牵引点为可挤型（高速铁路和客运专线除外）。

7. 动作杆

动作杆和保持联结器联结在一起，随保持联结器的动作而动作。它的一端通过连接铁和外锁闭装置连接在一起。另外，动作杆上设有圆弧缺口，设置该缺口的目的是道岔转换到规定位置时，保证锁闭块及锁舌的正常弹出。

8. 锁闭块和锁舌

当道岔转换到规定位置，检测杆指示缺口与指示标对准时，即锁闭块对准检测杆的缺口时，锁闭块及锁舌应能同时弹出。当锁闭块弹出时，使速动开关的启动接点断开，表示接点接通。当锁舌弹出时，阻挡了转辙机保持联结器的移动，实现转辙机的内部机械锁闭。锁舌的伸出量一般大于或等于 10 mm，但最小伸出量不得小于 9 mm。转辙机动作后，锁舌在锁闭块的带动作用下应能正常缩入。锁舌的缩入，实现了机内机械解锁；锁闭块的缩入，一方面切断了原表示接点，另一方面接通了向回转的启动电路。

9. 检测杆

S700K 型电动转辙机的检测杆有两根，分为上、下两层。上层检测杆用于监督拉入密贴的尖轨或心轨拉入时的工作状态，下层检测杆用于监督伸出密贴的尖轨或心轨伸出时的工作状态。

如图 2.3.4 所示，两根检测杆各有一个大小缺口，小缺口用于检查密贴尖轨状态，大缺口用于检查斥离尖轨状态。上、下层检测杆之间没有连接装置，相互间可以游动，其外部通过叉形接头连接对应的两根外表示杆，调整表示缺口时要分别进行。道岔转换时，尖轨或心轨动作，带动外表示杆动作，从而带动检测杆动作。当密贴尖轨或心轨密贴，斥离尖轨或心轨到达规定位置，上、下层检测杆的大小缺口对准转辙机的锁闭块时，锁闭块才能弹出。也就是说，密贴尖轨或心轨，斥离尖轨或心轨均到达规定位置时，才能给出有关表示。当用于提速道岔的尖轨、心轨第一牵引点的转辙机时，其检测杆缺口调整为指示标对准检测杆缺口中央，距两侧各（1.5 ± 0.5）mm；用于其余牵引点的转辙机时，其检测杆缺口调整为指示标对准检测杆缺口中央，距两侧各（2.0 ± 0.5）mm。

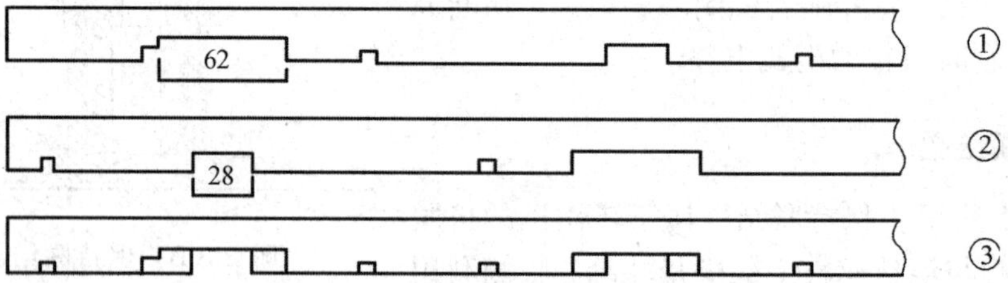

①—上层检测杆，检查拉入位置；②—下层检测杆，检查伸出位置；③—上下检测杆重叠示意图。

图 2.3.4　检测杆

10. 速动开关组

速动开关组实际上是采用了沙尔特堡接点组的自动开闭器。它随着尖轨或可动心轨的解锁、转换、锁闭过程中锁闭块的动作而自动开闭，以实现自动开闭电动机动作电路和道岔表示电路。

速动开关包括定位动作接点、反位动作接点、定位表示接点和反位表示接点。在尖轨或可动心轨解锁以后，断开原表示电路，定位表示接点、反位表示接点都断开，表示道岔处于不密贴状态。然后接通向回转用的电机电路，为随时回转做好准备。在尖轨或可动心轨锁闭后应及时断开电动机动作电路，接通表示电路。若尖轨或可动心轨不密贴，严禁表示接点闭合。道岔在四开位置，应可靠断开表示电路。

速动开关组类型目前有以下 3 种：

1）沙尔特堡接点组

如图 2.3.5 所示，沙尔特堡接点组是最原始的速动开关组。

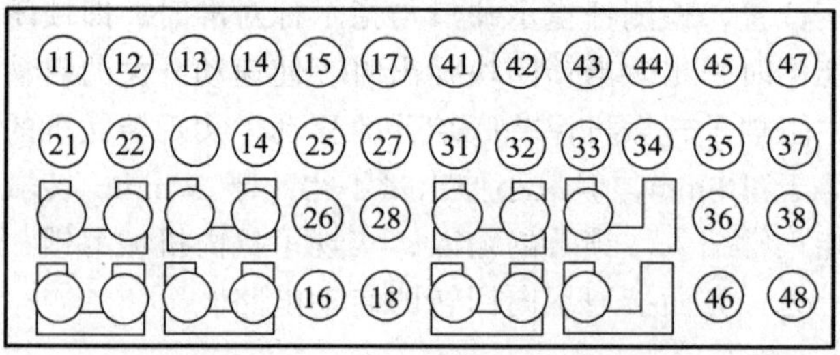

图 2.3.5　沙尔特堡速动开关组

该速动开关分上、下两层，站在速动开关一侧看，每层各分左右两排接点组，每排由左至右依次排列 6 组接点。每排的前 2 组接点分别由 2 组接点串联使用，如 11-12 由下排第 1、

2 组接点串联使用，实际上每排接点可有 4 组接点使用。其中，左侧下层 11-12、13-14、15-16、17-18 为第 1 排接点组，上层 21-22、23-24、25-26、27-28 为第 2 排接点组；右侧上层 31-32、33-34、35-36、37-38 为第 3 排接点组，下层 41-42、43-44、45-46、47-48 为第 4 排接点组。

第 1、4 排为动作接点，第 2、3 排为表示接点。锁闭时，哪一侧的锁闭块和锁舌弹出，则该侧所对应的上层接点接通，下层接点断开。解锁及转换时，两个锁闭块和锁舌均缩进，这时下层两排接点（第 1、4 排）接通，上层两排接点（第 2、3 排）断开。

道岔在定位时，自动开闭器的第 1、第 3 接点闭合的叫“1、3 闭合”，自动开闭器的第 2、第 4 接点闭合的叫“2、4 闭合”，这和 ZD6 型电动转辙机的提法相同。

2）TS-1 型接点系统

TS-1 型接点系统由开关盒、转换驱动机械、插接件等组成，如图 2.3.6（a）所示。

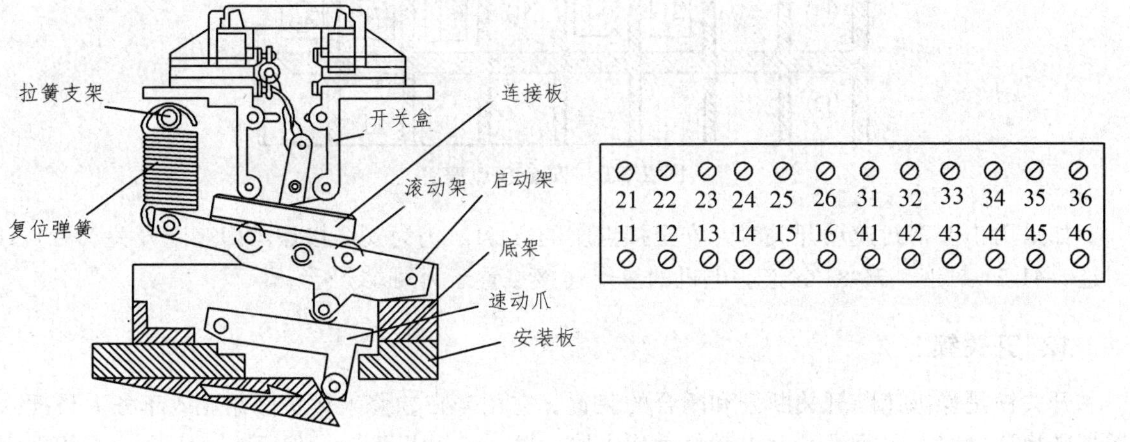

（a） （b）

图 2.3.6 TS-1 型接点系统

当给转辙机通电，滚珠丝杠下方的操纵板开始动作时，锁闭滑块由左向右推移，大滑块前端斜面驱动速动爪滚轮向上顶起，并推动起动架向上提升，起动架前部滚轮逐步将开关盒下部连板向上推动，开关盒中动接点也随之开始动作，中部接点拉簧随动接点拐臂由右向左摆动，并拉伸，动接点触头向上移动与左侧静接点摩擦后断开，从而断开原表示电路。当上下拐臂过中心点后，动接点由于拉簧作用，从左侧迅速转换与右侧静接点接触，接通反转电路。当转辙机转至终点，检测杆到位后，另一组接点下部的大滑块由右向左移动，在复位大弹簧的作用下，速动爪落下，起动架尾部抬起，左侧滚轮推动连接板上移，动接点由右迅速与左侧静接点接触，断开转辙机动作电路，接通新的表示电路。

该接点组将动、静接点由水平方向的上下接触改为垂直方向的左右接触，站在开关锁处看该接点组，排列方式如图 2.3.6（b）所示。

3）小型密封速动开关组

该接点组的组成形式基本同 TS-1 型，如图 2.3.7 所示。不同的是动、静接点为上下接触方式，分为两层，并且是

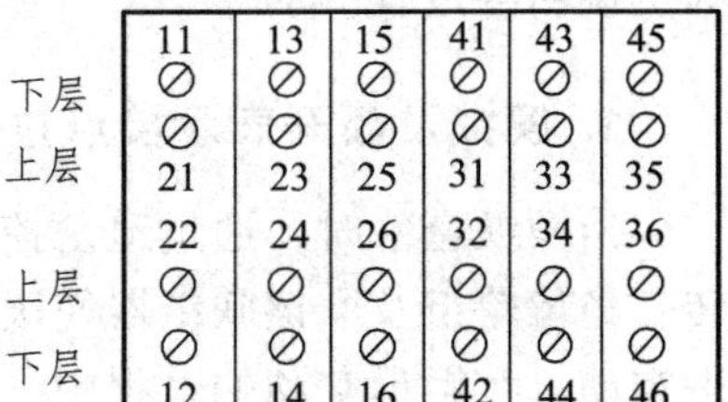

图 2.3.7 小型密封速动开关

密封的，维修时，只能在万可端子上进行测试，速动开关组故障时，只能整体更换，不能对接点进行直接测试检查，检查接点好坏，只能在万可端子上进行。

11. 安全接点座

安全接点座如图 2.3.8 所示，其 11-12 接点是转辙机的遮断开关，可在开关锁的控制下完成闭合和断开。人工摇动道岔时，打开摇把孔挡板，同时也断开遮断开关，防止在手摇道岔时室内扳动道岔造成危险。一般情况下，安全接点座的端子 31、41 为遮断开关 11-12、电动机引线 U、速动开关接点 25、26 的汇流排。端子 61、71、81 为三相交流电动机星形连接点的汇流排。

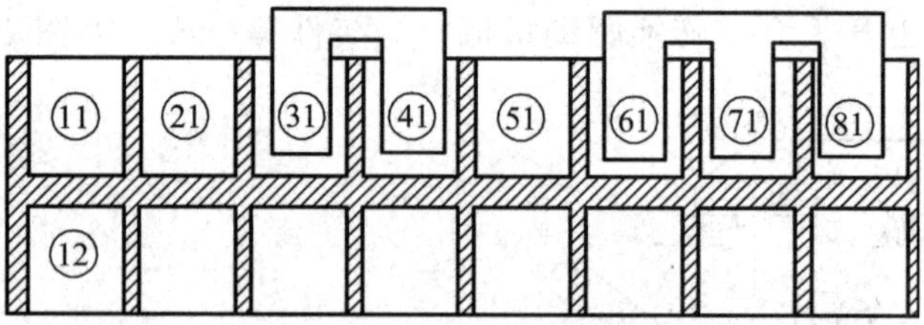

图 2.3.8　安全接点座

如采用小型密封速动开关时，安全接点座的 11-12 仍为安全接点（即遮断开关），21-31 封连，41-51 封连，71-81 封连。电机的星形连接点置于万可端子上。

12. 开关锁

开关锁是操纵遮断开关断开和闭合的装置。它用来在检修人员检修作业或车务人员插入摇把转换道岔时，可靠地断开电动机动作电路，防止电动机误动，保证人身安全。当钥匙立着插入并逆时针转动 90°时，遮断开关被可靠断开。恢复时须提起开关锁上的锁闭销，同时将插入的钥匙顺时针转动 90°，遮断开关被可靠接通。

遮断开关接通时，摇把挡板能有效阻挡摇把插入摇把齿轮。断开遮断开关时，摇把能顺利插入摇把齿轮，此时电动机的动作电源将被可靠地切断，不经人工操纵和确认，不能恢复接通。

3.2.3　S700K 型电动转辙机的传动原理

S700K 型电动转辙机的动作可分为三个过程：一为解锁过程，即断开表示接点的过程；二为转换过程；三为锁闭过程，即接通表示接点的过程。现以 220 mm 动程转辙机定位拉入为例说明各过程的动作。

1. 解锁及断开表示接点过程

当操纵道岔时，通过道岔控制电路将三相交流电加到电动机上，使电动机顺时针方向旋转，经齿轮组及摩擦联结器使滚珠丝杠向顺时针方向旋转，从而使丝杠上的螺母向左侧作水平空动。在螺母空动的过程中，由操纵板将锁闭块顶进，使表示接点断开，同时带动左锁舌向缩进方向运动，直至左锁舌完全缩进，实现了机内机械解锁。

2. 转换过程

在转辙机机内解锁后，由于三相电动机继续转动，所以滚珠丝杠上的螺母继续向左运动，带动保持联结器向左运动，由于保持联结器与动作杆固定为一体，使动作杆向左侧运动，带动道岔尖轨或可动心轨进行转换，当动作杆运动 220 mm 时，即完成了转换过程。

3. 锁闭及接通表示接点过程

当动作杆向左侧运动了 220 mm 时，检测杆在尖轨带动下运动了 160 mm 或在可动心轨带动下运动了 117 mm，这时右锁闭块弹出，断开启动接点，接通表示接点，同时锁舌也弹出，锁住保持联结器，使动作杆不得随意窜动。

3.2.4 S700K 型电动转辙机安装装置

1. 构件组成

1）转辙机托板

转辙机托板用来安装转辙机，它通过螺栓固定在轨枕端部，使转辙机及外锁闭装置与道岔连成一体。

2）动作连接杆

动作连接杆用来连接转辙机动作杆和锁闭杆，以便动作杆动作时带动外锁闭装置，使尖轨或心轨转换位置并实现锁闭。

3）短表示杆

短表示杆一端用来连接转辙机近侧的尖轨，另一端通过叉形接头与转辙机上层的检测杆相连。可通过尖轨侧的轴套和螺母调整短表示杆的长度。

4）长表示杆

长表示杆一端用来连接离转辙机远侧的尖轨，另一端通过叉形接头与转辙机下层的检测杆相连。可通过尖轨侧的轴套和螺母调整表示杆的长度。

2. 安装方法及技术要求

安装 S700K 型电动转辙机之前，工务部门除了按要求调整好道岔各牵引点轨距外，还需按要求整治轨枕位置，并将固定转辙机托板的岔枕铺设到位。

（1）在固定转辙机的岔枕端部安装转辙机托板。要求弯板与直股基本轨垂直，而垫板与弯板垂直。

（2）将转辙机固定在垫板上，通过增减调整片数量，调整转辙机高低，以使杆件动作平顺。

（3）在各牵引点由尖轨内侧向外穿出 M20 × 100 的螺栓，将尖轨与该牵引点的长、短表示杆连接。

（4）用动作连接杆将转辙机动作杆与锁闭杆相连，同时，将长、短表示杆及心轨表示杆与转辙机检测杆连接。要求动作杆、动作连接杆和锁闭杆处在同一直线上，表示杆与检测杆平行。

（5）各杆件连接平顺、无别卡现象。连接销置入或退出容易，不得用手锤强行敲击。

（6）调整道岔应按先尖轨、后心轨，由第一牵引点到第二、第三牵引点顺序进行，摇动转辙机调整时，需几个牵引点相互配合。

（7）调整时应先调整道岔开程和锁闭量，再调整密贴，最后调整表示缺口。

（8）调整密贴可通过增减锁闭铁与锁闭框间的调整片厚度类型和数量进行。

（9）调整锁闭量应测量定反位两侧的锁闭量大小，两侧锁闭量相差不得大于 2 mm，过大时，可通过旋转动作连接杆的接头和螺母，调整动作连接杆的长度进行。

（10）调整表示缺口应观测密贴时检测杆缺口标记是否处于检测缺口中心位置，应使两侧间隙相等，缺口两侧为（1.5 ± 0.5）mm。若没有对准时，则可通过旋动表示杆的轴套和螺母，调整表示杆的长度来进行。

3.3 知识拓展

3.3.1 S700K 电动转辙机的保养

保养措施包括对转辙机的部件涂抹油和润滑脂。应对下列部件涂抹油脂：

（1）动作杆涂润滑脂：对动作杆在转辙机外的部分，应在转辙机伸出状态下涂润滑脂。而在转辙机内部的部分应在伸出、拉入两种情况下涂润滑脂。

（2）滚珠丝杠涂润滑脂：在涂润滑脂前，应先用棉布清洁滚珠丝杠，然后在丝杠两个终端位置分别涂润滑脂多次，转辙机转换多次。

（3）齿轮涂润滑脂：在转辙机静止时对四个齿轮涂润滑脂。

（4）摇把齿轮润滑脂：分别在摇把齿轮安装的端部和根部涂润滑脂，并前后推动几次。

（5）检测杆涂润滑脂及注润滑油：检测杆的可及表面分别在两种状态下（伸出和拉入）涂润滑脂。此外，两个检测杆的贴合面通过上层检测杆的注油孔来注油；左装时在检测杆拉入状态注油，右装时在检测杆伸出状态注油。

（6）锁闭块注润滑油：通过小孔，在两种终位状态下给锁闭块注入润滑油，并使转辙机转换多次。

（7）操纵板注润滑油：操纵板的滑动面从上侧是可及的。注润滑油前应保持联结器处在远离摩擦联结器的一端。

3.3.2 S700K 电动转辙机常见故障分析

1. 转辙机不动作

应检查有无三相电输入或缺相、配线是否脱落、接插件是否脱落、电机是否有卡阻及电机绕组是否短路或断路。

2. 电机转动，摩擦联结器打滑，动作杆不能动作

应检查机内外有无卡阻现象。

3. 动作中停止转换

应检查机内外有无卡阻现象或滚珠丝杠是否松脱。

4. 转换到位后无表示

应检查机内检测杆检测位置是否正确、密贴检查器的检测杆检测位置是否正确、叉形接头与鼓形销是否磨损量过大、锁闭块是否卡阻、速动开关组是否卡阻等。

5. 转换正常但表示时有时无

应检查接点是否虚接、配线是否受损等。

3.4 相关规范、规程与标准

《铁路信号维护规则（技术标准）》3.5.1 ~ 3.5.9。

任务 4 ZYJ7 型电液转辙机

4.1 任 务

本项任务的目的是使学生掌握 ZYJ7 型电液转辙机及 SH6 型转换锁闭器的结构、各部件作用和动作原理；利用所学知识测试 ZYJ7 型电液转辙机动作压力和调整溢流压力，对液压转辙设备常见故障能有效处理。

4.2 相关知识

电动液压转辙机是采用交流或直流电机驱动，并采用液压传动方式来转换道岔的一种转辙装置，简称电液转辙机。目前，在提速区段上大量采用 ZYJ7 型电液转辙机，故重点介绍 ZYJ7 型电液转辙机。

4.2.1 ZYJ7 型电液转辙机概述

ZYJ7 型电液转辙机是采用电动机驱动、液压传动方式来转换道岔的一种转辙装置，用于多点牵引道岔上时，它与 SH6 型转换锁闭器配套使用（也可多机多点牵引）。

1. ZYJ7 型电液转辙机主要特点

（1）铝合金壳体，重量轻、安装简便、易于维护，不妨碍工务。

（2）双杆（动作杆、表示锁闭杆）锁闭尖轨在密贴位置。

（3）各牵引点间采用油管传输，减少机械磨耗。

（4）多点牵引时，SH6 与信号楼间不需另设电缆，室内不增加道岔组合。

（5）三相交流电机控制距离长，单线 54 Ω（约 2.3 km）。

（6）溢流压力稳定，易调整，拉力不受气候变化影响。

（7）易于获得较大的力或力矩。

（8）液压系统缺点：液压元件制造精度要求高，易泄漏，渗入空气会工作不稳定。

2. 电液转辙机型号表示方法

电液转辙机型号用 ZYJ7-XX+X/X+X 来表示，其中 Z 表示转辙机，Y 表示液压，J 表示交流，7 表示设计顺序号，第一个 X 表示派生顺序号，第二个 X 表示第一牵引点额定动程，第三个 X 表示第二牵引点额定动程，第四个 X 表示第一牵引点额定负载，第五个 X 表示第二牵引点额定负载。

3. ZYJ7 型电液转辙机型号、规格及主要技术指标（见表 2.4.1）

表 2.4.1　ZYJ7 型电液转辙机型号、规格及主要技术指标

型　　号	电源电压/V	额定转换力/N	动程/mm	工作电流不大于/A	动作时间不大于/s	单线电阻不大于/Ω
ZYJ7-240/140/1810+4070	380	1 810/4070	240/120	1.8	8.5	54
ZYJ7-A220+150/1810+4070	380	1 810/4070	220/150	1.8	8.5	54
ZYJ7-B220+140/1810+4070	380	1 810/4070	220/140	1.8	7.5	54
ZYJ7-B1 220+120/2500+4500	380	2 500/4500	220/120	1.8	9	54
ZYJ7-C220+125/1810+4070	380	1 810/4070	220/125	1.8	7.5	54
ZYJ7-D200+100/1810+4070	380	1 810/4070	200/100	1.8	7	54
ZYJ7-E180+120/1810+4070	380	1 810/4070	180/120	1.8	7	54
ZYJ7-F180/4000	380	4 000	180	1.8	5.8	54
ZYJ7-G220+170+100/1810+1810+4070	380	1 810/1 810/4 070	220/170/100	1.8	9.5	54
ZYJ7-H200+120/1810+4070	380	1 810/4 070	200/120	1.8	7.5	54
ZYJ7-J170/3920	380	3 920	170	1.8	5.5	54
ZYJ7-K130/3920	380	3 920	130	1.8	4.5	54
ZYJ7-L220/2940	380	2 940	220	1.8	7.5	54
ZYJ7-M150/4900	380	4 900	150	1.8	7.5	54

4. ZYJ7 型电液转辙机种类及使用（见表 2.4.2）

表 2.4.2 各种类型的 ZYJ7 型电液转辙机简况

型　号	额定转换力/N			动程/mm			适用道岔类型
	第一牵引点	第二牵引点	第三牵引点	第一牵引点	第二牵引点	第三牵引点	
ZYJ7-B220+140/1810+4070	1 810	4 070		220	140		双点分动外锁 9、12 号提速道岔尖轨，12、18 号提速道岔心轨
ZYJ7-E180+120/2000+4000	2 000	4 000		180	120		双点内锁
ZYJ7-F180/4000	4 000			180			单点内锁
ZYJ7-G220+170+100/1810+1810+4070	1 810	1 810	4 070	220	170	100	三点分动外锁 18 号提速道岔尖轨
ZYJ7-L220/2940	2 940			220			30 号提速道岔单点分动外锁
ZYJ7-M150/4900	4 900			150			30 号提速道岔单点分动外锁

对于 9 号、12 号提速道岔的尖轨，以及 12 号、18 号可动心轨，无论采用何种外锁闭装置，均可用一台 ZYJ7-B 型电液转辙机配合一台 SH6 型转换锁闭器进行牵引。对于 18 号提速道岔的尖轨，则用一台 ZYJ7-G 型转辙机和二台 SH6 型转换锁闭器进行牵引。对于 30 号提速道岔，其尖轨用 3 台 ZYJ7-L 型（第 1～3 牵引点）和 3 台 ZYJ7-M 型（第 4～6 牵引点）进行牵引，其可动心轨用 2 台 ZYJ7-L 型（第 1、2 牵引点）和 1 台 ZYJ7-M 型电液转辙机进行牵引。ZYJ7 型电液转辙机与 SH6 型转换锁闭器两者之间用胶管连接，传递动力。

4.2.2 ZYJ7 型电液转辙机结构

ZYJ7 型电液转辙机由主机 ZYJ7 型电液转辙机和副机 SH6 型转换锁闭器两部分组成。ZYJ7 型电液转辙机用于道岔尖轨（或可动心轨）的第一牵引点，SH6 型转换锁闭器用于道岔的尖轨（或可动心轨）其他牵引点（30 号及以上道岔除外）。ZYJ7 型电液转辙机的结构如图 2.4.1 所示，SH6 型转换锁闭器结构的图如图 2.4.2 所示。

ZYJ7 型电液转辙机主机主要由动力机构、转换锁闭机构、表示锁闭机构和手动安全机构组成。动力机构主要由电动机、惯性轮、联轴器、油泵、溢流阀、单向阀、滤清器、油箱、油管等组成；转换锁闭机构主要由启动油缸、油缸、活塞及活塞杆、调节阀、推板、定位锁块、反位锁块、销轴、动作杆、锁闭铁等组成；表示锁闭机构主要由动作板、速动爪、速动爪滚轮、速动片、接点调整架、接点系统、锁闭（表示）杆、锁闭（检查）柱、拐肘、拉簧等组成；手动安全机构主要由安全接点（遮断开关）构成。

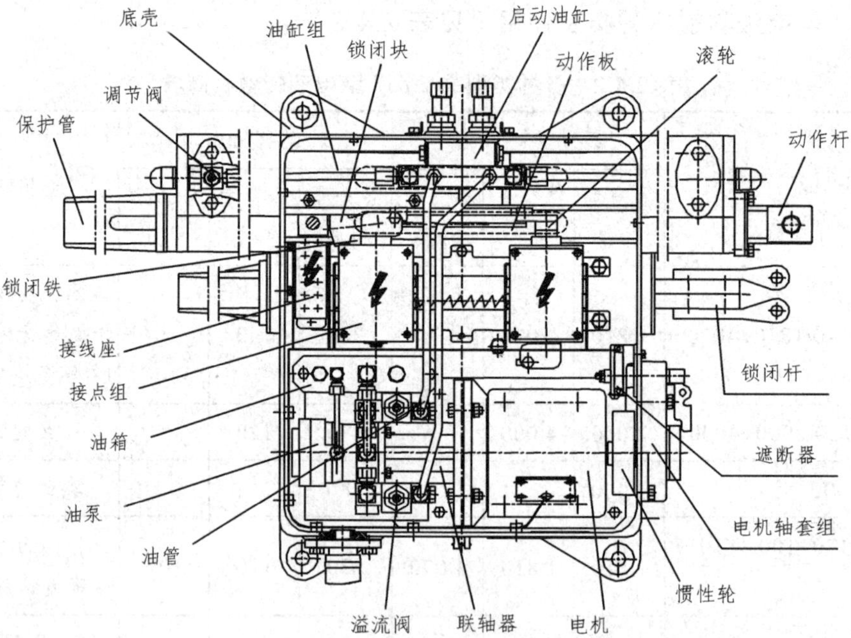

图 2.4.1　ZYJ7 型电液转辙机

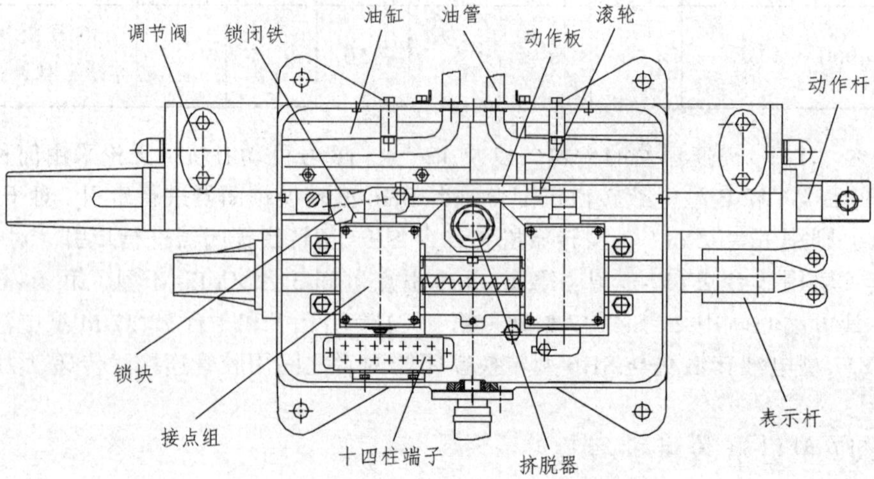

图 2.4.2　SH6 型转换锁闭器

SH6 型转换锁闭器（也称为副机）没有动力机构，主机与副机间靠油管连接。它主要由转换锁闭机构、表示机构和挤脱机构组成。其中转换锁闭机构和主机基本相同，只是尺寸、转换力矩不一样；表示机构类似于 ZD6 型电动转辙机的自动开闭器部分，主要由动作板、速动片、速动爪、速动爪滚轮、接点系统、拐肘、检查柱、检查块、表示杆等组成。

1. 电动机

ZYJ7 型电液转辙机的电动机采用交流三相电动机，额定电压 380 V，额定电流 2.2 A。在使用过程中，采取星形连接方式，星形连接点一般在电动机上。它的作用是将电能转化为机械能，为整机提供动力。它的原理与 S700K 型电动转辙机的电动机相同。

2. 惯性轮

电动机的轴上增加惯性轮（惰性轮），它与电机轴间设有摩擦片，弹簧加力，具有一定的摩擦力。惰性轮能防止电机停止时瞬间反转，用其惯性吸收电机反转力，防止接点组的接点反弹。别住联轴器，用手拨动惯性轮应能转动，锈蚀时应注几滴油。

3. 联轴器

联轴器是连接电机输出轴与油泵输入轴的装置，当电机转动时，通过它传动，带动油泵工作。

4. 油　泵

油泵的作用是将电机的旋转能转化为液压能。

ZYJ7 型电液转辙机采用斜盘柱塞泵，如图 2.4.3 所示。柱塞在轴的带动下，在密贴配油盘面上转动，在斜盘作用下，柱塞往复运动，顺时针转动时从左配油孔吸油压入右配油孔，即可泵出液压油；逆时针转时从右配油孔吸油压入左配油孔，即可泵出反方向液压油。

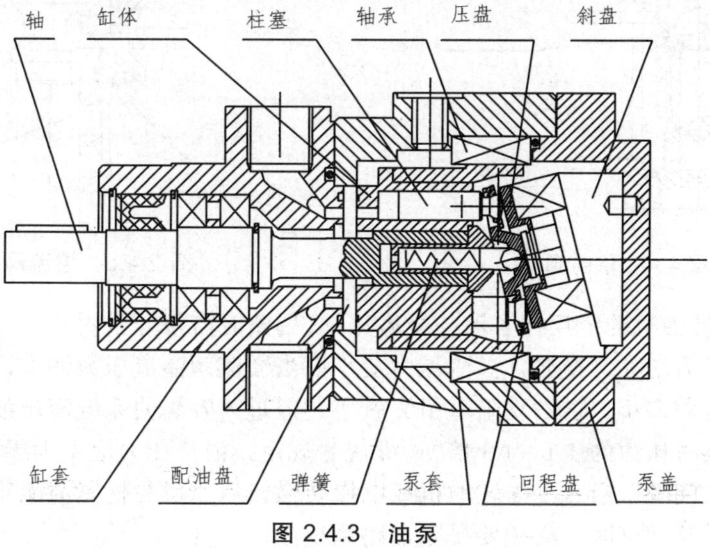

图 2.4.3　油泵

5. 油　管

油管有两根，某一端连接油泵，另一端连接启动油缸，使得液压油能顺利通向油缸、压力表接头和油管连接头。

6. 单向阀

单向阀有两个，由阀体、空心螺栓、钢球、O 型圈、挡圈等组成，如图 2.4.4 所示。单向阀可使液压油从空心螺栓底部掀起钢球顺利进入，此时另一端的单向阀被返回油流冲击而使钢球堵在空心螺栓的圆槽内，封住油口，这样就有效地保证了油流单方向通过。在道岔到位或道岔受阻时，液压油从油泵泵出，通过溢流阀流入油箱，再通过单向阀返回到油泵。

7. 溢流阀

溢流阀的作用相当于ZD6型电动转辙机的摩擦联结器，正常转换道岔时，油压不足以克服溢流阀的弹簧弹力，液压油进入油缸；在道岔受阻或转换到位而电动机还没断开电源时，油压逐渐升高，当油压大于溢流阀设定压力时，阀门开启，液压油进入油箱，并经过单向阀返回到油泵。溢流阀主要由阀体和阀芯等组成，如图2.4.5所示。

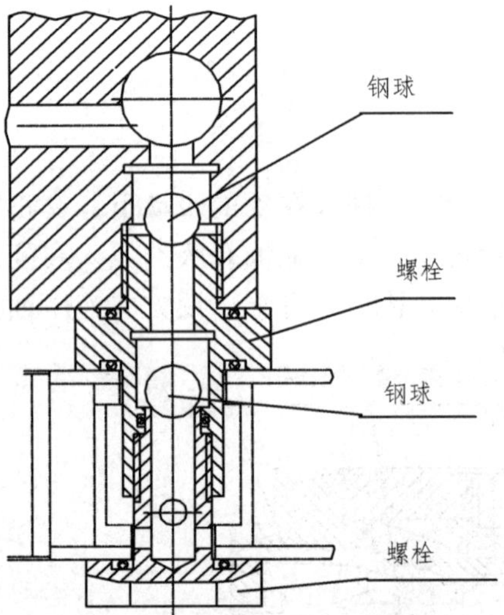

图 2.4.4　单向阀

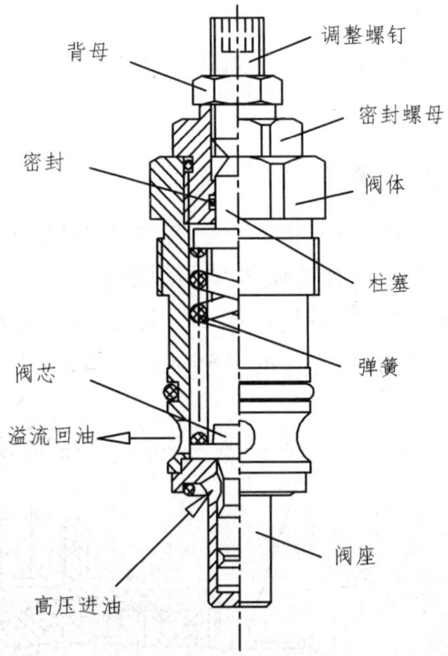

图 2.4.5　溢流阀

ZYJ7型电液转辙机的定反位各设一个溢流阀，调整时需松开紧固螺母；转动内六角螺栓，顺时针调整溢流压力增大，逆时针溢流压力变小。当溢流阀溢流压力调大，道岔受阻时的牵引力就大；溢流压力调小，道岔受阻牵引力就小，但过大容易使系统液压油渗漏。溢流压力应调整为额定转换时压力的1.1～1.3倍，《维规》规定，溢流压力应不大于12.5 MPa。

油路系统排气问题：通过手摇转辙机或电操转辙机后，反复松紧溢流阀即可排除油路系统空气，尤其刚安装调试时，必须要排除油路系统中的空气。

8. 油　箱

油箱为L型结构，溢流阀和单向阀固定在其底部箱上，油箱的上面设有注油孔，油箱需要专用油枪从注油孔注油，采用YH-10航空液压油。油箱设有油标尺，要经常观察油量，保持上限。油箱内有磁铁可吸附金属粉末。

9. 启动油缸

启动油缸的作用是在电机刚启动时先给一个小负载，待转速提高、力矩增大时再带动负载，以克服交流电机启动力矩的不足。

启动油缸如图2.4.6所示，由缸体、缸筒、柱塞、垫块、螺堵及O型圈组成。启动油缸用两个接头阀将油路板与缸体上的两个孔连接起来，使其在油路中与油缸并联。

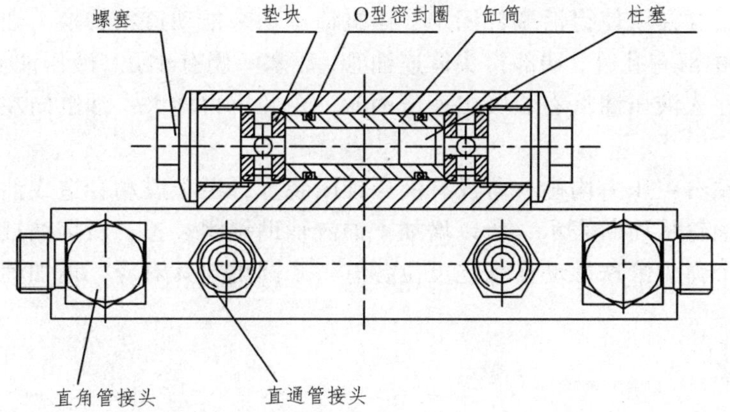

图 2.4.6 启动油缸

当电机刚启动时，若油泵右侧为高压油，则启动油缸右孔为高压，高压油先推动柱塞向左移动，由于柱塞力很小，使电机顺利启动。电动机启动后力矩增大，启动油缸也已被充满，液压油再充入油缸，推动油缸动作带动道岔转换。若油泵左侧为高压油，原理相同。

10. 调节阀

调节阀也叫节流阀。如图 2.4.7 所示，调节阀由调整杆、密封圈、挡圈等组成。调节阀设在主机和副机油缸活塞杆的两端，完成油管与活塞杆的油路连接。其作用是：调节进入主机油缸液压油的流速（量），即改变转辙机转换的速度。通过调节调整杆改变管道通径，从而改变流量，实现一、二动同步。顺时针拧进流量减少变慢，逆时针拧出流量增大速度变快。

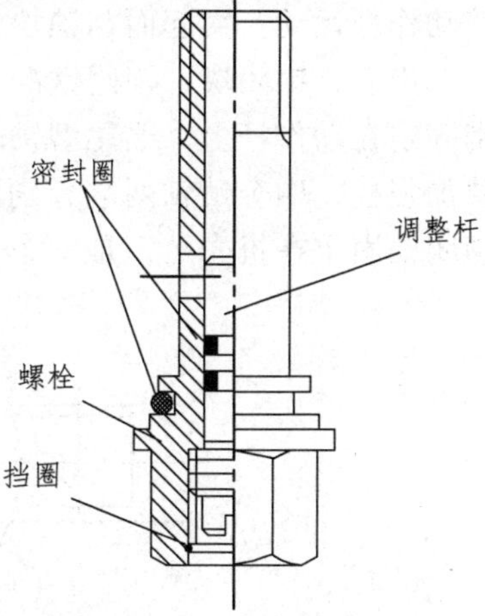

图 2.4.7 调节阀

11. 油　缸

油缸是将液压能转变为机械能的装置。

油缸由活塞杆、缸座、缸筒、缸套、接头体、连接螺栓和密封圈组成，如图 2.4.8 所示。活塞杆通过连接螺栓、杆架

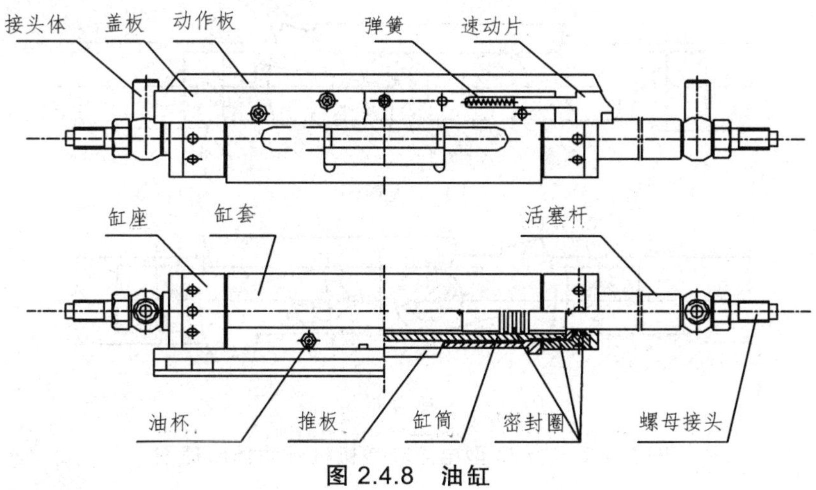

图 2.4.8 油缸

连在机体外壳上，这样就使得活塞杆固定，用缸筒运动来推动道岔转换（油缸上镶嵌推板和动作板）。活塞杆中部有孔管，端部接头体连油管，活塞一侧有小孔，液压油从孔进入油缸腔。油泵向油缸左腔注入液压油从右腔吸出液压油时，左腔压力增大，油缸向左移动；反之向右移动。

油缸到位后左右腔压力均衡，若没有液压锁闭装置，由于震动会造成油缸窜动，动作板斜面会顶起接点滚轮从而断表示，所以增加了油缸辅助锁闭装置。所谓油缸辅助锁闭装置，是在油缸上设一个弹力滚珠，动作杆定反位各有一个圆坑与其对应，增加辅助锁闭功能，其力可达到 100 kg。

12. 滤清器

滤清器用来防止杂物进入溢流阀及油缸，避免造成油路卡阻，以保证油路系统的可靠性。

13. 推　板

推板是镶嵌在油缸套上的矩形钢板，两端斜面凸起露在缸套外，凸起面动作时推动锁块使动作杆运动。突起面与锁块燕尾吻合。

推板、锁闭块、锁闭铁配合转换或锁闭动作杆，如图 2.4.9 所示。定、反位锁块通过轴销固定在动作杆上，燕尾型锁块以轴销为轴可以转动，为确保销轴的强度，在锁块上部设一块加强板，四个销轴两端分别固定在动作杆和加强板的孔中，锁块夹在动作杆和加强板间。锁闭铁固定在机壳上，是一个长矩形钢板，端部稍有斜面与锁闭块吻合。

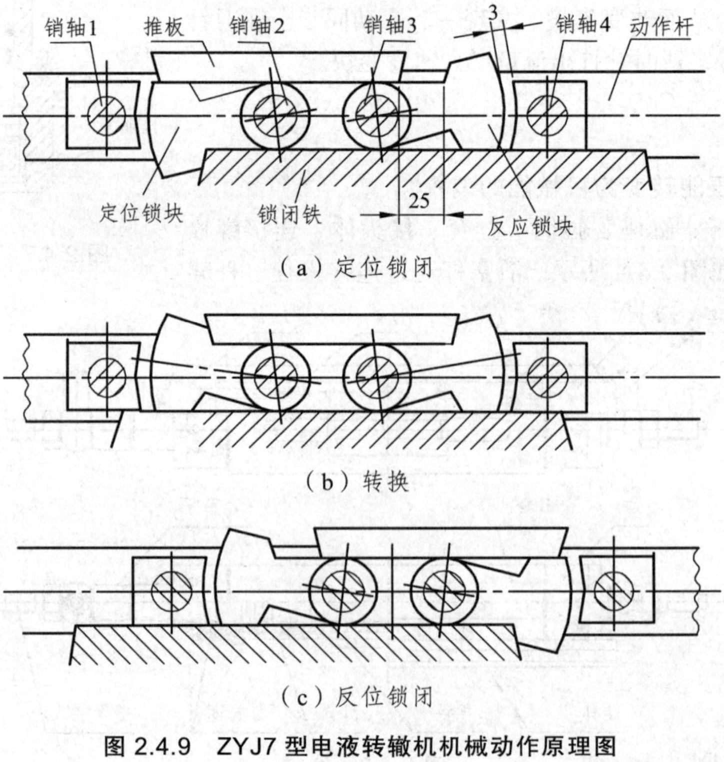

（a）定位锁闭

（b）转换

（c）反位锁闭

图 2.4.9　ZYJ7 型电液转辙机机械动作原理图

14. 动作板

动作板是固定缸套侧面上的钢板，有高低两个层面，高面两端有斜面，低面两端设两个可窜动（弹簧弹力）的速动片。动作板与接点座上的滚轮配合，完成转辙机动作解锁前断开表示电路、接通反向回转启动电路、转换完成时快速断开原启动电路接通新位置表示电路（作用相当于 ZD6 转辙机的启动片和速动片）等作用。

15. 动作杆

动作杆上装设两个可绕各自销轴转动的锁块，与油缸侧面的推板配合工作。动作杆机外侧有圆孔，用连接杆与外锁闭杆连接。转换道岔时，油缸带动推板，推板推动锁块，锁块通过轴销与动作杆相连。道岔转换至锁闭位置时，推板将动作杆上的锁块挤到锁闭铁斜面上。

16. 锁闭（表示）杆

如图 2.4.10 和图 2.4.11 所示，主机的伸出与拉入位置各设一根锁闭杆，外端通过外表示杆与尖轨相连；内部开有方槽，与接点组的锁闭柱相配合。当尖轨转换到规定位置并锁闭后，锁闭柱落入锁闭杆上的方槽内，使接点组的相关接点接通相应的表示电路。由于锁闭杆上方槽为矩形，锁闭柱下端也为矩形，所以对尖轨具有辅助锁闭作用。两锁闭杆通过外表示杆分别连接在两尖轨上：一根作为密贴尖轨辅助锁闭杆，另一根作为斥离尖轨的表示杆。锁闭柱与锁闭杆缺口两侧的间隙为（2 ± 0.5）mm。

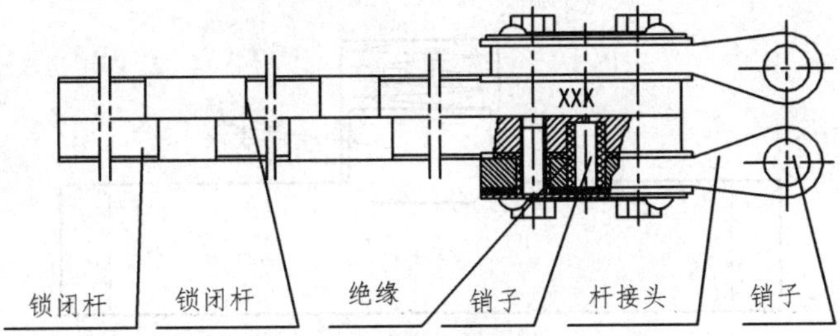

图 2.4.10 锁闭杆

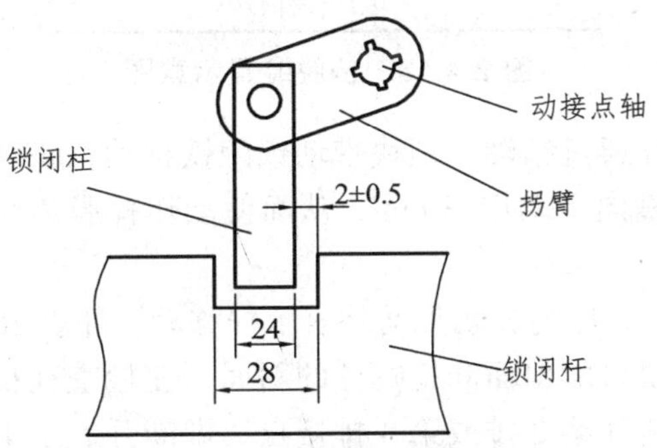

图 2.4.11 锁闭柱与锁闭杆关系示意图

17. 表示杆

如图 2.4.12 所示，副机的伸出与拉入位置各设一根表示杆，外端通过外表示杆与尖轨连接；内方开有斜槽，与接点组的检查柱下端斜角相配合，以检查道岔位置。当尖轨转换到规定位置并锁闭时，检查柱下端落入表示杆缺口，使接点组的接点接通，进而接通相应位置的表示电路。副机表示杆不起锁闭作用。挤岔时，和 ZD6 型电动转辙机基本相同，检查柱上提从而断开表示电路。检查柱与表示杆检查块缺口为（4 ± 1.5）mm。

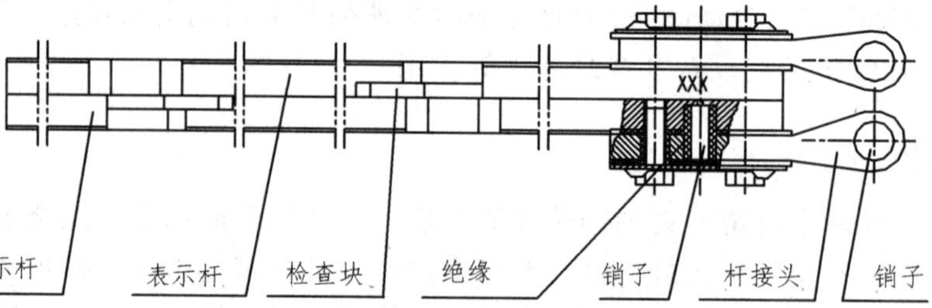

图 2.4.12　表示杆结构示意图

18. 挤脱器

挤脱器安装在 SH6 型转换锁闭器上，它与锁闭铁通过定力机构与机壳连在一起。当道岔被挤时，锁闭铁位移。同时表示杆移动，转换接点组断开表示电路，及时给出挤岔表示。

如图 2.4.13 所示，挤脱器由机壳上立柱形的固定桩、（叠簧）叠形弹簧、挤脱块等组成。叠簧紧固后将挤脱器的挤脱块与锁闭铁联结在一起，也就是说，锁闭铁是靠挤脱块“固定”不动的。挤脱器的挤脱力应调整为 27 ~ 30 kN，并铅封。

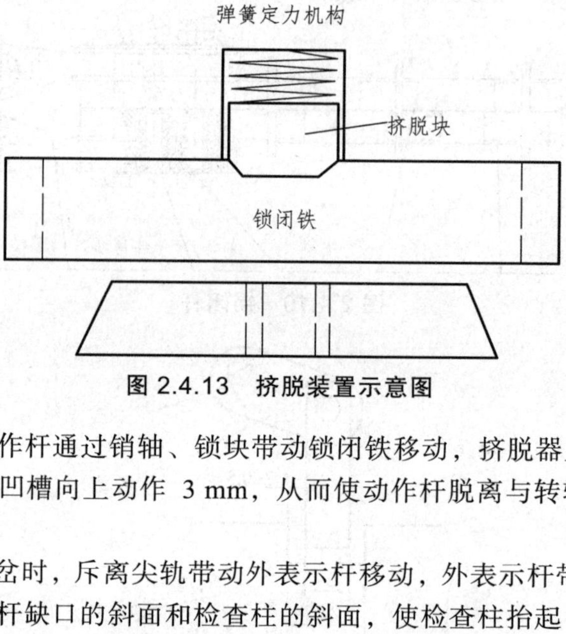

图 2.4.13　挤脱装置示意图

当道岔被挤时，动作杆通过销轴、锁块带动锁闭铁移动，挤脱器里的挤脱块就会克服叠簧的弹力脱离锁闭铁的凹槽向上动作 3 mm，从而使动作杆脱离与转辙机内的机械联系，达到挤岔保护的作用。

与此同时，道岔挤岔时，斥离尖轨带动外表示杆移动，外表示杆带动 SH6 转换锁闭器的表示杆移动，利用表示杆缺口的斜面和检查柱的斜面，使检查柱抬起，通过拐肘联动，最后使接点组的动接点动作，断开第 2 排或第 3 排接点，即断开表示电路。

挤脱的判断与恢复方法如下：

1）判断

（1）挤脱后 SH6 转换锁闭器应可靠切断表示电路。

（2）锁闭铁横向移动处于不对称状态，可加标记线，挤脱后便于判断。

（3）挤脱后，锁闭铁移动使挤脱块上移 3 mm。

2）恢复方法

（1）手摇转辙机至道岔四开位置，使动作杆不受力。

（2）打开铅封，松开挤脱器的调整螺母，注意不必拿下，只要使弹簧不受力即可。

（3）用小棍或螺丝刀拨动锁闭铁至原位，使挤脱块落下后，拧紧调整螺母到原位即可。

（4）挤脱恢复前，应对安装、外锁闭装置及转辙机检查确认后，方可投入正式使用，按规定提速道岔不允许挤岔，但目前还不可避免。

19. 遮断器

需要检修转辙机或需要使用手摇把转换道岔时，将遮断器打开，确保安全。与 ZD6 转辙机的遮断器基本一样，恢复时需用手提起内部支挡。遮断器的位置在电机侧，外部加锁。

20. 手摇把孔

在遮断器锁旁，正对电机轴，外有遮雨板，从下往上掀起，露出手摇把孔。只有打开遮断器后才能插入手摇把。站在电机、引线孔处看，逆时针摇则油缸向右移动，顺时针摇则油缸向左移动。

21. 接点组

电液转辙机的接点组可采用普通自动开闭器，也可采用沙尔特堡型速动开关。

普通自动开闭器与 ZD6 电动转辙机用的一致，只是每排静接点的编号方向有所不同，站在电机由近向远编号为 1～6，如图 2.4.14 所示。

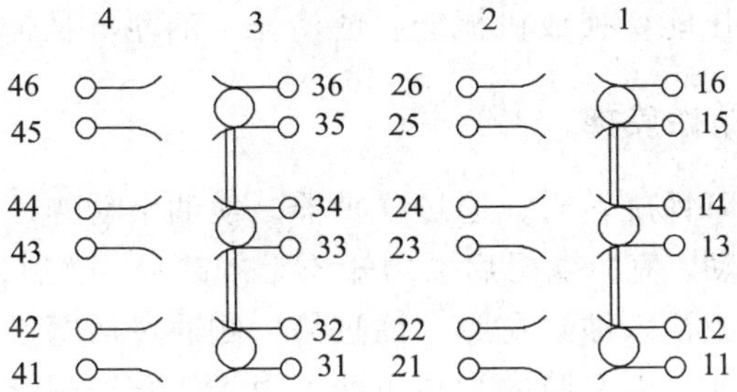

图 2.4.14　接点组

对于沙尔特堡型速动开关，接点编号方法是：站在电机、油泵一侧，两排接点左边的第一位数为 1，右边的为 2；由近至远是第二位数的 1、2、3、4、5，每组接点的左上为第三位数的 1，右上为 2，左下为 3，右下为 4。当动接点架转换 9° 时，将常闭的 23-1-2 接点断开，断开表示。转换终了，速动爪掉入速动片的圆弧内，开关迅速动作，依靠开关的弹力接通反位的 13、21、14-1-2 接点，接通新的表示电路。

4.2.3　ZYJ7 型电液转辙机传动原理

1. ZYJ7 型电液转辙机的油路系统的组成

如图 2.4.15 所示，电液转辙机，由油泵、流量调节阀、溢流阀、单向阀、滤清器及各部接头、油管等组成。电液转辙机的油路系统为闭路式系统，液压传动是借助于处于密封容器内液体的压力来传递能量和压力。

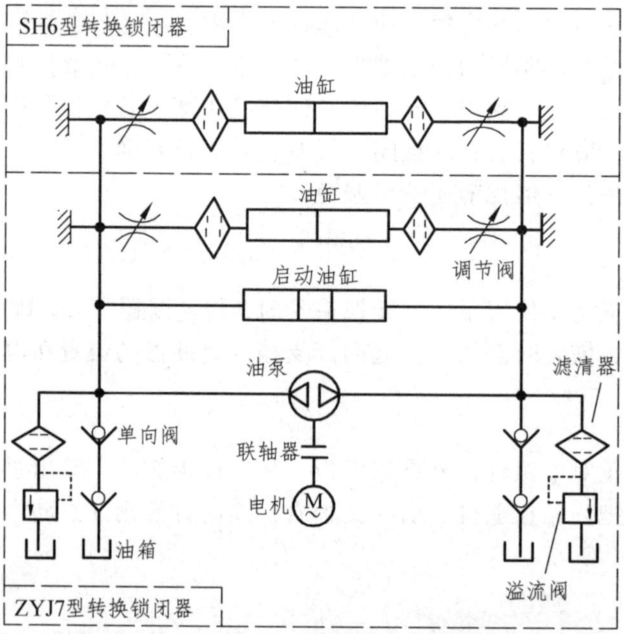

图 2.4.15　ZYJ7 型电液转辙机的油路系统

油泵是整个系统的动力源，用来将机械能变为液压能。流量调节阀、溢流阀、单向阀等组成操纵控制装置，用以调节控制液压油的流向、流量和压力，实现不同的工作循环。油缸是系统执行机构，它把液压能变换成机械能。滤清器、油池等是辅助装置。

2. 电液转辙机液压动作原理

给电机通电，电机顺时针旋转时，通过联轴器，使油泵动作，开始泵油，液压油首先使启动油缸里的柱塞向右运动，克服电机启动力矩不足的缺点，然后，液压油经左侧的调节阀、活塞杆中心圆孔、活塞空腔注入油缸左腔，油缸另一侧通过活塞空腔、活塞杆、调节阀、油泵，从油缸右侧腔内吸出油，即左腔内为高压油，由于活塞杆固定不动，所以高压油推动油缸向左移动。当油缸动作到终端停止移动时，油泵从右边的单向阀吸出油，泵出的液压油经左侧的滤清器和溢流阀回到油池，吸收电机惯性。

反之，当电机带动油泵逆时针旋转时，油泵从油缸左侧腔内吸出油，泵出的高压油通过活塞空腔进入油缸右侧，使油缸右腔为高压，此时油缸向右移动。

当道岔受阻油缸不能移动时，油泵继续转动，管路内油压升高，当油压高于溢流阀设定的压力时，溢流阀开启，液压油通过溢流阀回到油箱，实现道岔受阻但电机不停转从而保护电机的目的。

到此，通过电机将电能转化为机械能，通过油泵将电机输出的旋转机械能转化为液压能，通过油缸等将液压能转化为机械能，使油缸做直线运动，从而使动作杆做直线运动。另外，牵引力大小可以通过选择不同油缸截面积来实现；如果第 1、第 2 点转换时间不一致时，可以通过调整调节阀来实现 ZYJ7 与 SH6 的同步。

3. ZYJ7 型电液转辙机机械动作原理

ZYJ7 型电液转辙机的解锁、转换、锁闭作用原理图如图 2.4.9 所示。

当道岔转换至定位位置时（例如拉入），推板的拉入锁闭面与拉入锁块的锁闭面相吻合，使锁块不能移动，拉入锁块的斜锁闭面与锁闭铁拉入锁闭面相互吻合，使锁块和动作杆不能伸出，此时称为转辙机拉入锁闭状态，如图 2.4.9（a）所示。

当电机启动，油缸向伸出方向移动时，推板随油缸移动，移动 25 mm 时推板拉入锁闭面全部退出拉入锁块的锁闭面。此时，转辙机为解锁状态。

推板继续移动，即带动伸出锁块、销轴、动作杆移动，动作杆又带动拉入锁块离开锁闭铁拉入锁闭面，迫使拉入锁块移动，拉入锁块动作面跟随推板拉入动作面。此时转辙机进入了转换状态，如图 2.4.9（b）所示。

油缸和推板继续移动，至伸出锁块锁闭面将要与锁闭铁伸出锁闭面接触，则进入增力状态。这时伸出锁块由推板伸出动作面和锁闭铁伸出锁闭面接触。此后推板再向前移动 15.2 mm（动作杆相应动作 7.6 mm）即为增力阶段。推板继续移动 9.8 mm，伸出锁块斜锁闭面与锁闭铁伸出锁闭面完全吻合，转辙机为伸出锁闭状态，如图 2.4.9（c）所示。

4. ZYJ7 型电液转辙机的检查和表示

ZYJ7 型电液转辙机的检查和表示装置由固定座、接点组、拐臂、锁闭（检查）柱、轴承座、速动爪、速动爪滚轮、动作板、速动片、弹簧、锁闭（表示）杆和外表示杆等组成。

转辙机处于拉入位置时，锁闭（检查）柱与锁闭（表示）杆的主锁闭缺口对应。只有缺口对准，锁闭（检查）柱方可落入检查口。用此来检查道岔尖轨密贴，并通过拐臂带动接点组构成表示电路。

转辙机在伸出位置时，锁闭（检查）柱与另一锁闭（表示）杆锁闭缺口对应，即检查此时尖轨的密贴。

接点组与动作板、速动片、速动爪的动作关系如图 2.4.16 所示。

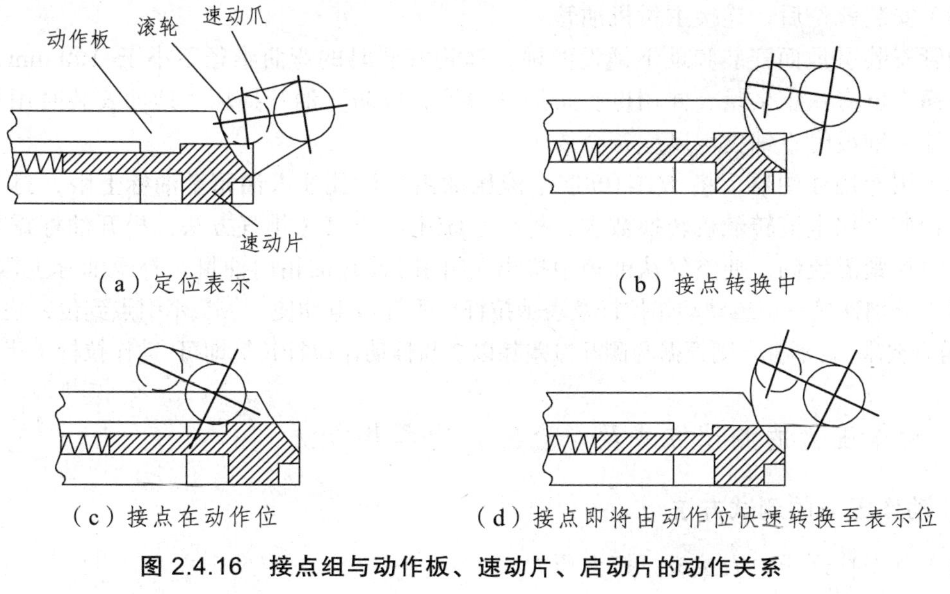

图 2.4.16 接点组与动作板、速动片、启动片的动作关系

当油缸侧面上的动作板向左移动 1.4 mm 时，动作板的斜面开始推动速动爪滚轮。油缸移动 17.4 mm 时，动接点组转换，断开原表示接点。油缸移动 25 mm 时，油缸侧面的推板刚接触反位锁块的锁闭面，推板将定位锁块解锁，油缸解锁动程结束。道岔尖轨开始转换，当尖轨与基本轨密贴时，油缸走完了转换动程，油缸侧面的推板动作面进入反位锁块的锁闭面，动作杆不再动作，油缸继续移动的锁闭动程为 17.4 mm。当锁闭动程为 23.6 mm 时，速动爪在弹簧的作用下，快速落入动作板上速动片圆弧内，即快速地断开电机电源，接通表示电路。

4.2.4 电动液压转辙机安装装置

安装好钩式外锁闭装置后进行安装装置与电动液压转辙机的安装。

（1）安装前检查。

符合道岔技术要求后方可进行外锁闭器及电动液压转辙机等电务设备的安装。

对道岔主要有以下要求：（一、二动尺寸相等）

① 两水泥枕中心距为 650 mm。

② 基本轨上外锁闭框连接孔中心距前一个水泥枕中心均为 350 mm。为保证安装位置，可在前、后增设拉板以确保使用中不产生大的变化。

③ 水泥枕头部预埋螺栓孔距钢轨内侧分别为 390 mm 和 570 mm。

（2）按标记分别安装第一、第二牵引点处基础脱板。

安装脱板时，要注意以下几点：

① 基础脱板与水泥枕上平面间应装 5 mm 厚橡胶板。

② 横连接板与弯板间应装橡胶垫，必要时还应加装调整垫，以调整转辙机的高低。

③ 安装连接板时，一定要注意转辙机安装孔的方向：一动单孔在前，二动近距两孔在前。

（3）分别安装一、二动表示拉杆。

需注意：有扣轴套永远位于尖轨下方。

（4）分别将转辙机和转换锁闭器安装就位。

（5）安装就位后，连接主付机油管。

油管安装有地面安装和地下铺设两种，油管安装时的弯曲半径不小于 100 mm，进出槽钢和地面应留有一定余量、并用橡胶防护管防护，以防止油管损坏。地面安装时用管卡紧固牢靠，地下铺设时，铺设深度应符合要求。

（6）用专用注油器，将 YH-10#航空液压油由注油孔注入油箱至油标上限，打开遮断器用手摇把使手摇电液转辙机转换数次，排掉系统中的空气（排气方法：松开油标螺栓，在手摇电机时松紧溢流阀，使空气从油箱中排出），同时检查油箱内油量，补至油标上限。

（7）分别连接一、二动动作拉杆及表示拉杆。手摇或电动使一、二牵引点到位，检查道岔开口,应符合要求。若不符合则根据两侧开口差除以 2 调整动作拉杆长短即可。动作拉杆上齿为 3 mm。

4.2.5 动作压力的测试方法及溢流压力的调整方法

1. 动作压力的测试方法

（1）首先拧开压力表接头，接上压力表。

（2）电操道岔，观察压力表上的读数即为动作压力。一般情况下，动作压力≤9.5 MPa。如果动作压力大，说明道岔相关部位或转辙机需要调整涂油。

2. 溢流压力的调整方法

（1）首先拧开压力表接头，接上压力表。

（2）将道岔的尖轨和基本轨间放置 4 mm 小锤。

（3）电操道岔，使电机空转，此时压力表上的数值即为溢流压力。

（4）如果溢流压力大，则逆时针拧溢流阀，同时观察压力表读数，调整到标准值即可。《维规》规定溢流压力≤12.5 MPa。如果溢流压力小，则顺时针拧溢流阀。

4.3 知识拓展

液压转辙设备常见故障处理方法

1. 油管被砸破或液压系统瘫痪

如遇到油管被砸破或液压系统处于瘫痪状态，无压力，道岔又处于四开位，或必须用另一个位置时，可做如下处理：

（1）首先松开溢流阀（最好卸下外部油管），然后用撬杠或其他工具分别撬动一、二动转辙机、转换锁闭器的油缸，使动作杆解锁。

（2）用撬杠撬动斥离轨，使一、二动外锁闭解锁并至另一个位置，再撬动另一尖轨至斥离位。

（3）再用小撬杠撬动一、二动油缸，使转辙机和转换锁闭器锁闭，接点落下，给出另一表示即可。

2. 主机与副机动作不同步

可将动作慢的牵引点相对应的调节阀调节螺栓逆时针方向调整，使两点动作同步；如仍不同步，则应对动作快的机器相应地、适当地调紧螺丝，减少该方向油量流速，以达到宏观同步要求。

3. 油缸到位，反弹断表示

（1）要确认油路系统是否有气，处理方法：松开油标尺螺栓，手摇或电操转辙机后，反复松紧溢流阀，排除空气，应进行多次定反位摇动、松紧。

（2）判定惯性轮是否失效的判断方法：使电机轴不转，转动惯性轮检查是否锈蚀，可从弹簧孔处适量滴润滑油防止生锈。

4. 油缸到位，接点不转接

（1）锁闭柱或检查柱落不到锁闭杆或表示杆缺口内，应调整缺口。

（2）锁闭柱或检查柱在固定座内动作不灵活，应调整注油。

5. 油缸动作而不到位

（1）油箱缺油，应注入 YH-10 航空液压油。

（2）如果尖轨已密贴，则可能是如下原因：

① 钩锁设备（或内部）机械卡阻，应去掉卡阻物；

② 外锁闭装置未调整好，应调整外锁闭装置。

（3）如果尖轨没有密贴，则可能是如下原因：

① 机械或外锁闭装置及道岔有卡阻物，应调整或去除卡阻物；

② 道岔转换阻力超标，应与工务进行整治道岔；

③ 电液转辙机溢流压力低，应调整至标准值。

4.4 相关规范、规程与标准

《铁路信号维护规则（技术标准）》3.4.1 ~ 3.4.16。

任务 5 ZD（J）9 型电动转辙机

5.1 任 务

本项任务的目的是使学生掌握 ZD（J）9 型电动转辙机的结构、各部件作用和动作原理；利用所学知识维护 ZD（J）9 型电动转辙机，保障行车安全畅通。

5.2 相关知识

ZD（J）9 型电动转辙机借鉴了国内外成熟的先进技术，并结合我国道岔的实际情况进行了优化设计。根据道岔的不同转换动程和转换力以及交流、直流不同供电方式开发出了一系列产品。ZD（J）9 型转辙机又分为 A、B、C、D、E、F 不同的派生型号，其中 A、B 为分动外锁闭道岔所用，分别用于第一、第二牵引点；C、D 为联动内锁道岔所用，分别用第一、第二牵引点；E 用于非提速区段第二牵引点；F 用于单机牵引的道岔。

ZD（J）9 型电动转辙机减速装置的结构及动作原理与 S700K 型电动转辙机相似；转换锁闭机构结构及动作原理与 ZYJ7 型电液转辙机基本相似。

5.2.1 ZD（J）9 系列电动转辙机概述

1. ZD（J）9 型电动转辙机的特点

ZD（J）9 型系列电动转辙机是一种能适应交、直流电源的新型转辙机。它有着安全可靠的机内锁闭功能，因此既可适用于联动内锁道岔，又可适用于分动外锁道岔；既适用于单点牵引，又适用于多点牵引；安装时，既能角钢安装，又能托板安装。ZD（J）9 型电动转辙机的各个机件具有如下特点：

（1）采用滚珠丝杠减速，效率较高。

（2）交流系列采用三相 380 V 交流电动机，故障少，电缆单芯控制距离长。根据需要可配置直流系列转辙机。

（3）接点系统采用铍青铜静接点组和铜钨合金动接点环。

（4）伸出杆件用镀铬防锈，伸出处用聚乙烯堵孔圈和油毛毡防尘圈支承和防尘。

（5）转动和滑动面用 SF-2 复合材料衬套和衬垫，维护工作量小。

（6）停电或维修需手动转换时，可转动手动开关轴，断开安全接点插入手摇把，予以手动转换转辙机。

2. ZD（J）9 型电动转辙机型号及表示意义

ZD（J）9 型电动转辙机型号用 ZD（J）9 – XX/X 来表示，其中，Z 表示转辙机，D 表示电动，（J）表示交流（直流不标），9 表示设计序列号，第一个 X 表示派生类型，第二个 X 表示动作杆动程，第三个 X 表示额定转换力。

3. ZD（J）9 型电动转辙机的主要技术特性

（1）ZD9 直流电动转辙机的主要技术特性，见表 2.5.1。

表 2.5.1　ZD9 直流电动转辙机的主要技术特性

型　号	电源电压 DC/V	动程 /mm	锁闭（表示）杆动程/mm	额定转换力/kN	工作电流不大于/A	动作时间不大于/s	挤脱力/kN	摩擦电流 /A	适用道岔类型
ZD9-170/4k	160	170±2	152±4	4	2	8	28±2	2.2～2.6	尖轨动程在 152 mm 以下的道岔，双杆内锁，可挤
ZD9-A220/2.5k ZD9-C220/2.5k	160	220±2	160±4	2.5	2	8	—	1.9～2.3	分动外锁双机牵引第一牵引点，不可挤，双杆锁闭
ZD9-B150/4.5k ZD9-D150/4.5k	160	150±2	75±4	4.5	2	8	28±2	2.2～2.6	分动外锁双机牵引第二牵引点，可挤，单杆内锁

注：其中 A、B 用于分动两点牵引道岔，C、D 用于联动两点牵引道岔，170 型用于单机牵引道岔。

（2）ZDJ9 交流电动转辙机的主要技术特性，见表 2.5.2。

表 2.5.2　ZDJ9 交流电动转辙机的主要技术特性

型　号	电源电压 DC/V	动程 /mm	锁闭（表示）杆动程/mm	额定转换力/kN	工作电流 /A	动作时间不大于/s	挤脱力 /kN	适用道岔类型
ZDJ9-170/4k	380	170±2	152±4	4	2	5.8	28±2	尖轨动程在 152 mm 以下的道岔，双杆内锁，可挤

续表

型 号	电源电压DC/V	动程/mm	锁闭(表示)杆动程/mm	额定转换力/kN	工作电流/A	动作时间不大于/s	挤脱力/kN	适用道岔类型
ZDJ9-A220/2.5k ZDJ9-C220/2.5k	380	220±2	160±4	2.5	2	5.8	—	分动外锁双机牵引第一牵引点，不可挤，双杆锁闭
ZDJ9-B150/4.5k ZDJ9-D150/4.5k	380	150±2	75±4	4.5	2	5.8	28±2	分动外锁双机牵引第二牵引点，可挤，单杆内锁

注：其中 A、B 用于分动道岔，C、D 用于联动道岔，170 型用于单机牵引道岔。

5.2.2 ZD（J）9 型电动转辙机的结构

目前使用的 ZD（J）9 型电动转辙机大都为交流转辙机，所以下面主要介绍 ZD（J）9 型交流转辙机。ZD（J）9 型电动转辙机的结构如图 2.5.1 所示。由底壳、盖、电动机、减速器、摩擦联结器、滚珠丝杠、推板套、动作板、锁块、锁闭铁、接点组、动作杆、锁闭（表示）杆、安全开关组、挤脱器（不可挤的不设）、接线端子等组成。结构采用模块化设计，便于维护和维修。

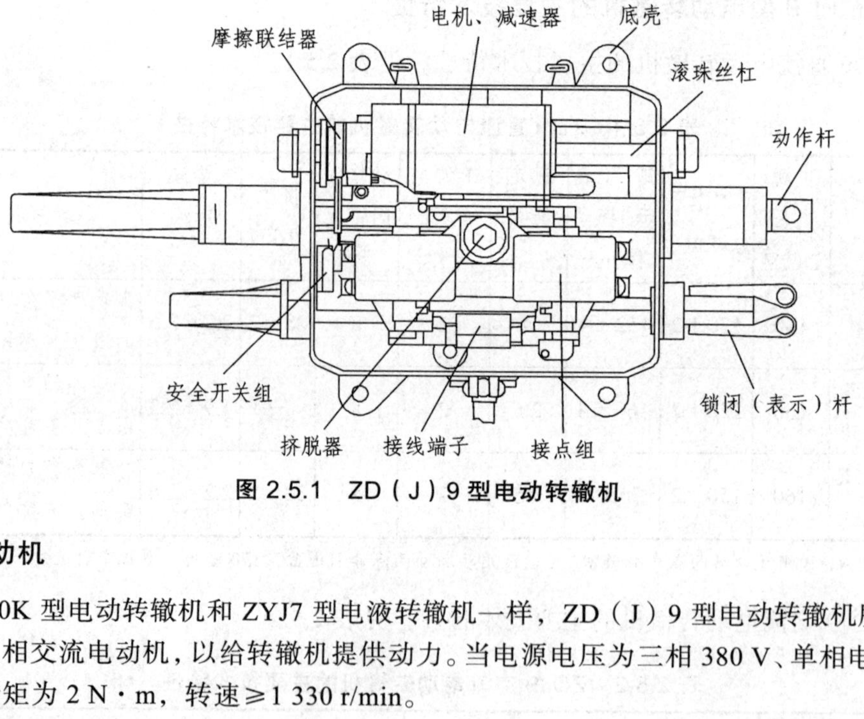

图 2.5.1 ZD（J）9 型电动转辙机

1. 电动机

同 S700K 型电动转辙机和 ZYJ7 型电液转辙机一样，ZD（J）9 型电动转辙机所使用的电动机也为三相交流电动机，以给转辙机提供动力。当电源电压为三相 380 V、单相电阻为 54 Ω 时，额定转矩为 2 N·m，转速≥1 330 r/min。

2. 减速器

减速器的作用是将电机的高速转速降下来，以提高转动力矩。减速器分为两级减速，第一级减速器为齿轮减速，它以齿轮箱的形式与电动机结合在一起，齿轮箱中有摇把齿轮、电机输出小齿轮、中间齿轮，中间齿轮啮合于摩擦联结器齿轮上，摇把齿轮用于手摇转辙机。

第二级减速由滚珠丝杠、螺母及推板套完成，它除了具有减速作用外，还将旋转运动变为推板套的水平动作，以便间接使动作杆作水平运动，原理同 S700K 型电动转辙机。ZDJ9-A 型电动转辙机的第一级速比为 38/26，第二级速比为 46/18，总速比为 3.74。ZDJ9-B 型电动转辙机的第一级速比为 44/20，第二级速比亦为 46/18，总速比为 5.63。

3. 摩擦联结器

摩擦联结器采用片式粉末冶金摩擦方式，主动片是 4 片外摩擦片，用钢带加工，被动片为 3 片内摩擦片，用 12 个弹簧加压，将摩擦联结器齿轮与滚珠丝杠“固定”在一起，在正常情况下，摩擦联结器可以保证转换力的稳定，通过摩擦联结器中的内外摩擦片的摩擦作用，将摩擦联结器齿轮的旋转运动传递到滚珠丝杠上，滚珠丝杠把传动齿轮的旋转运动转换成与丝杠联结的推板套的水平运动。当道岔受阻滚珠丝杠不能转动时，电动机将带动齿轮箱中的齿轮及摩擦联结器齿轮空转，起到保护电机的作用。

4. 滚珠丝杠和推板套

ZD（J）9 型电动转辙机的滚珠丝杠与 S700K 型电动转辙机的滚珠丝杠原理相同，直径为ϕ32 mm，导程为 10 mm。滚珠丝杠的一端与摩擦联结器“固定”在一起，当摩擦联结器转动时，滚珠丝杠随之转动，使丝杠上的推板套做水平运动。

5. 锁块、锁闭铁和动作杆

如图 2.5.2 所示，锁闭铁固定在机壳底部（如是可挤转辙机，锁闭铁通过挤脱器固定）；两个锁块通过销轴联结在动作杆上，锁块可围绕销轴转动。

当滚珠丝杠转动，推板套作水平运动。由于推动安装在动作杆上的锁块，在锁闭铁的辅助下使动作杆水平运动，完成解锁、转换、锁闭的功能。其机械动作原理同 ZYJ7 型电液转辙机的机械动作原理。

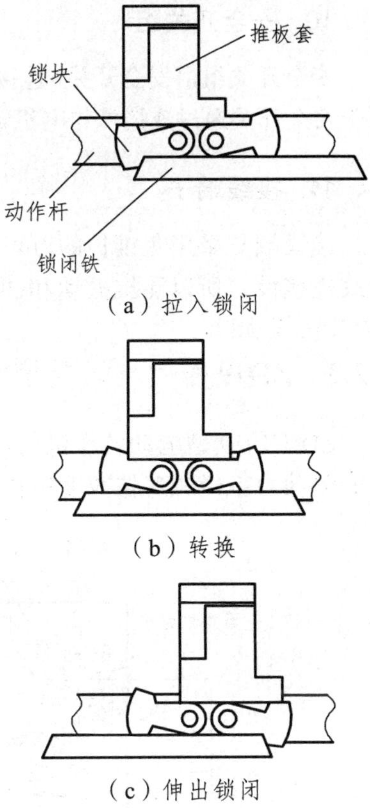

图 2.5.2　内锁闭及动作原理图

6. 动作板

动作板是固定推板套面上的钢板，有高低两个层面，高面两端有斜面，低面两端设两个可窜动（弹簧弹力）的速动片。推板套动作时，动作板随之动作，接点座上的滚轮会慢慢抬起，切断表示，同时接通下一转换方向的动作接点；当动作到位时候，滚轮从动作板滑动面落下，动作接点断开，同时表示接点接通，给出道岔表示。动作原理与 ZYJ7 型电液转辙机相同。

7. 锁闭（表示）杆和表示杆

锁闭（表示）杆和表示杆与 ZYJ7 型电液转辙机的基本相同，其表示缺口也同 ZYJ7 型电液转辙机。

8. 接点组

ZD（J）9 型电动转辙机的接点组与 ZD6 型电动转辙机相同，只是将动接点支架改进成为有两处压嵌连接的结构，因此，左右调整板设在同侧，缩小了接点组尺寸，减少了零件品种。另外，静接点片用铍青铜制造，动接点环用铜钨合金制造。

9. 挤脱器

挤脱器由调整螺母、调整垫、碟簧、挤脱柱等组成，正常情况下，靠碟簧的弹力，挤脱柱顶住锁闭铁，使锁闭铁“固定”不动。挤岔时，当挤脱器中的锁闭铁在动作杆上的锁块作用下，脱开挤脱柱，在锁闭铁上的凹槽推动水平顶杆，水平顶杆推动竖顶杆，竖顶杆推动动接点支架，从而切断表示。非经人工恢复锁闭铁，不可能再接通表示。

10. 安全开关组

安全开关组由安全开关、连接杆和电机轴端连板组成，安全开关采用沙尔特堡开关。手动时，由于安全开关通过连接杆与电机轴端的连板相连，因此必须打开安全开关手摇把才能插入。

11. 接线端子

接线端子采用免维护的万可端子，用于转辙机机内外连接。由于该接线端子的零件没有螺纹连接件，所以能抗振动和冲击，同时又不损及导线。

5.2.3 ZDJ9 系列电动转辙机的传动原理

ZD（J）9 型电动转辙机动作原理图如图 2.5.3 所示。给电动机通电，电动机旋转，电动机的驱动力矩经减速器减速后传到摩擦联结器。由摩擦联结器的内摩擦片通过花键传动到滚

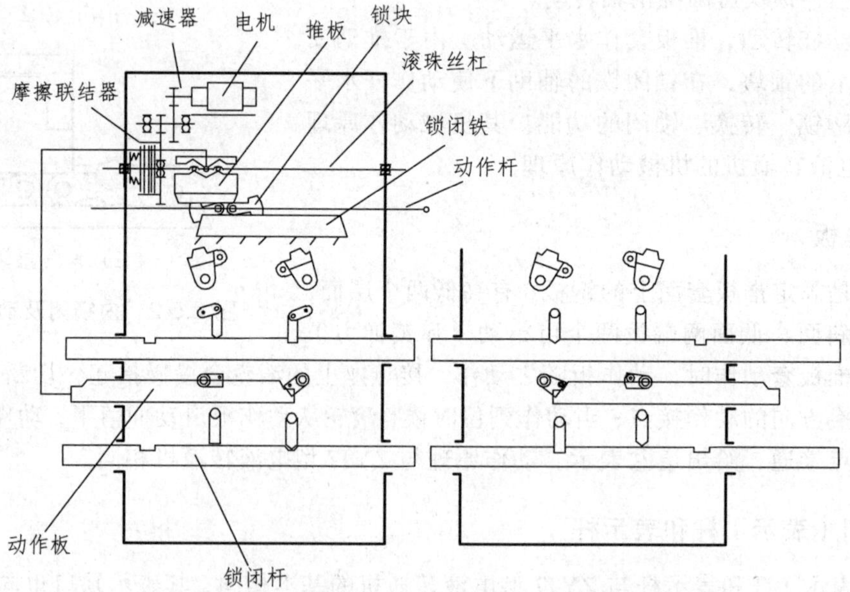

图 2.5.3 ZD（J）9 型转辙机动作原理图

珠丝杠，将旋转运动转换为螺母的平动。螺母外套有推板套，其上固定有动作板。推板套推动动作杆上的锁块，在锁闭铁作用下，形成了转辙机的解锁、转换、锁闭过程（机械原理和电液转辙机基本相同）。ZDJ9-A 型的锁闭铁直接固定在底壳上；ZDJ9-B 型的锁闭铁被挤脱器固定在底壳上，挤脱力为（28 ± 2）kN。

ZDJ9-A 型电动转辙机的左右锁闭杆分别与第一牵引点两根分动的尖轨相连，在动作杆上的锁块被推板套锁闭在锁闭铁上，与密贴尖轨相连的锁闭杆被锁闭柱锁在密贴位置，这样就形成了双杆锁闭。一根锁闭杆上锁闭用的直缺口和挤岔表示用的斜缺口的距离与尖轨动程有关，只能适用于（160 ± 6）mm。超过此动程范围需另配锁闭杆。

ZDJ9-B 型电动转辙机的左右表示杆与第二牵引点的两根分动的尖轨相连，表示杆内检查块的结构、密贴检查和挤岔断表示原理均与 ZD6 型相同。其仅在动作杆上有锁闭，故为单杆锁闭。挤岔时，通过斥离尖轨的动作，使表示杆的斜面推动检查柱断开表示接点，给出挤岔表示。

同时斥离尖轨推动外锁闭杆，进而推动动作杆，当动作杆上的挤岔力超过挤脱力时，锁闭铁就脱开挤脱柱，动作杆解锁。此时，锁闭铁移动 8 mm，锁闭铁上凹槽推动水平顶杆，再推动竖顶杆、动接点支架，从而断开表示。非经人工恢复锁闭铁，不能再接通表示。

为防止惯性反弹，在推板套与动作杆间加有阻尼机构。当推板套推动锁块进入锁闭位，动作杆停止不动，推板套继续前进，到动作板使电动机电源断开时，推板套因惯性继续前进，推板套与动作杆间有相对移动，推板套内的弹簧在动作杆槽的斜面上压缩，弹力使摩擦块在动作杆侧面上摩擦而吸收惯性，即防止了惯性反弹。

5.2.4 ZD（J）9 型电动转辙机安装

ZD（J）9 型电动转辙机有角钢安装方式和轨枕安装方式两种。ZD（J）9 型电动转辙机在工厂装配是右伸结构，是在道岔左侧的安装方式。如果要在道岔右侧安装时，需要将转辙机的动作杆和锁闭杆的保护管、锁闭杆、毛毡防尘圈等更换方向，由于动作杆左右侧均有连接孔，因此动作杆不需要更换方向。改装时，在底壳外的连接面为了防止进水，需要涂以密封胶。

5.3 知识拓展

挤脱器挤脱后的恢复

松开调整螺母，取出调整垫、调整垫圈，取出挤脱柱（连带碟簧一起取出），然后用手摇把把转辙机摇到解锁位置，轻敲锁闭铁一端，使其恢复到挤脱前的状态，装入挤脱柱，调整垫圈，并旋紧调整螺母，最后用摇把把转辙机恢复到终点位置。

注意：恢复的时候，如果挤脱发生在转辙机的拉入状态，轻敲锁闭铁不能使锁闭铁移动，则有可能是挤岔时的锁闭铁移动量过大，造成锁闭铁一端移动超过水平顶杆，使锁闭铁不能移动，此种情况，必须把接点座卸下以后才能恢复。

5.4 相关规范、规程与标准

《铁路信号维护规则（技术标准）》3.3.1 ~ 3.3.11。

任务6　钩式外锁闭装置

6.1　任　务

本项任务的目的是使学生掌握钩式外锁闭装置的结构和动作过程，利用所学知识学会钩式外锁闭装置的调整方法及提速道岔常见故障处理方法。

6.2　相关知识

钩式外锁闭装置的锁闭方式为垂直锁闭。锁闭力通过锁闭铁、锁闭框直接传给基本轨（翼轨）。每一牵引点都有对应的钩式外锁闭装置。随着钩式外锁闭装置的不断应用，也暴露出一些诸如机械卡阻等问题，对于这些问题，从结构上正在进行不断地优化。

6.2.1　分动尖轨用钩式外锁闭装置

1. 分动尖轨用钩式外锁闭装置的结构

如图 2.6.1 所示，分动尖轨用钩式外锁闭装置由锁钩、锁闭杆、锁闭框、锁闭铁、尖轨连接铁、销轴等组成。

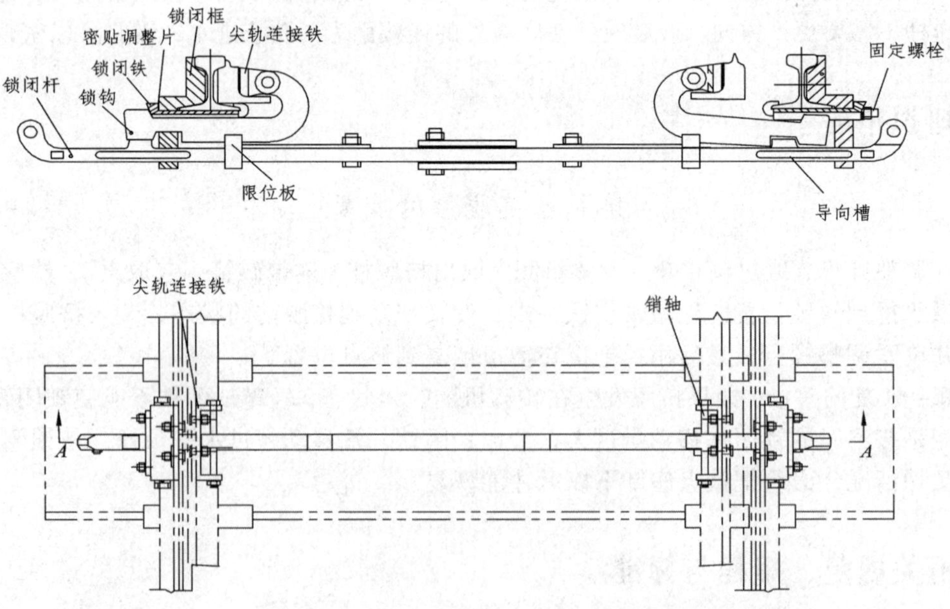

图 2.6.1　分动尖轨用钩式外锁闭装置

锁闭框固定在基本轨的外侧，锁闭铁固定在锁闭框上。锁钩通过销轴及尖轨连接铁与道岔尖轨固定，锁钩与锁闭杆上下排列并被限制在锁闭框内，锁闭杆侧面带有导向槽，锁闭杆上对应每一尖轨的下面有一块向上凸起的锁闭块，两尖轨连接的锁钩各有一个与锁闭杆向上凸起的锁闭块对应的向上凹陷的缺口，锁钩的尾端还有一带斜面向上的凸起部分和向下带小斜面的凸起部分，即锁钩的尾端类似于燕尾形。

2. 分动尖轨钩式外锁闭装置的动作过程

当操纵道岔时，转辙机的动作杆动作，通过连接杆带动外锁闭装置的锁闭杆动作，实现道岔解锁、转换和锁闭的过程，如图 2.6.2 所示。

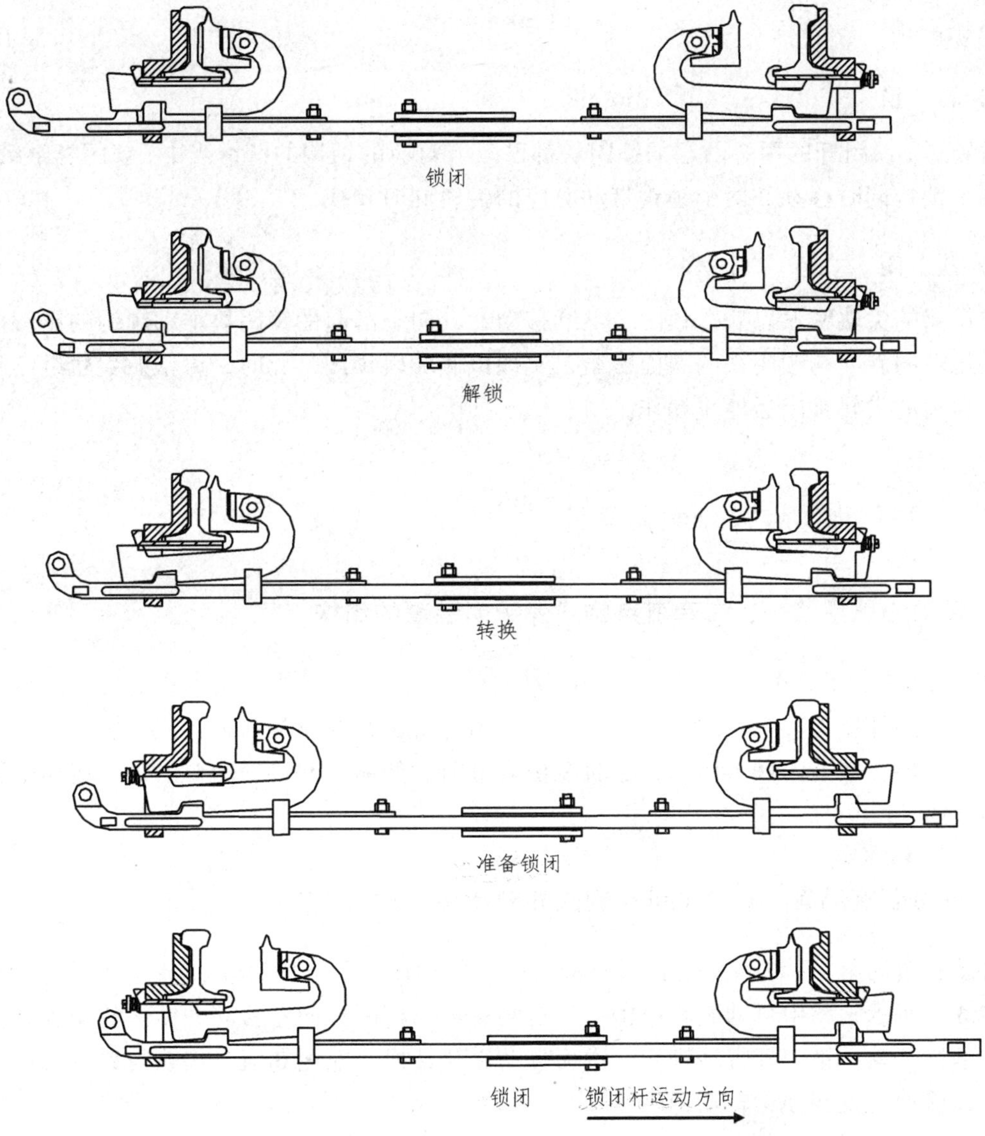

图 2.6.2 分动尖轨钩式外锁闭装置动作过程示意图

1）锁　闭

密贴侧的锁钩被锁闭杆凸起的锁闭块顶起，使锁钩尾端的斜面与锁闭铁的斜面贴紧，尖轨被牢牢地锁住。对于斥离侧，由于锁钩下落进入锁闭框内，使锁钩底侧的缺口与锁闭杆向上凸起的锁闭块交错重合，这样斥离侧的尖轨也不能移动，即锁闭了该尖轨。

2）解　锁

道岔转换时，电动转辙机转动，动作杆移动，使锁闭杆沿导槽移动，利用锁闭杆凸起的锁闭块推动斥离侧锁钩移动，使斥离侧的尖轨先开始动作。此时，密贴侧尖轨下面的锁闭杆先是空动的，使锁闭杆上凸起的锁闭块向锁闭框内移动，而后锁钩尾端整体下落到钢轨下方，锁钩底侧的缺口与锁闭杆向上凸起的锁闭块交错重合，这时，原来密贴的尖轨实现了机械解锁。

3）转　换

解锁后，锁闭杆的两个凸起的锁闭块都已落入对应的锁钩的凹槽当中，锁闭杆继续移动，带动两个锁钩同时移动，两个锁钩带动对应的尖轨同时转换。

4）锁　闭

原斥离的尖轨密贴以后，锁闭杆继续移动，其向上凸起的锁闭块推动锁钩的尾端上升，使锁钩尾端的斜面与锁闭铁的斜面贴紧，实现该侧尖轨锁闭。此时，原密贴尖轨继续移动，直至原斥离的尖轨锁闭后停止动作。

6.2.2　可动心轨用钩式外锁闭装置

1. 可动心轨用第一、二牵引点钩式外锁闭装置的结构

如图 2.6.3 所示，分动外锁闭装置由锁闭杆、钩锁、锁闭框、锁闭铁组成，但锁闭杆的尺寸、锁钩的外形与尖轨所用的完全不同。锁闭框安装在翼轨补强板上，直接与翼轨相连，心轨的凸缘插在锁钩的楔形槽内，心轨在槽内可前后伸缩，通过锁闭杆的横向运动牵引心轨转换并锁闭。

2. 可动心轨用第一、二牵引点钩式外锁闭装置的动作过程

可动心轨用第一、二牵引点钩式外锁闭装置的动作过程分为解锁、转换、锁闭三个阶段，如图 2.6.3 所示，图中可动心轨原密贴于右侧翼轨。锁闭杆向左移动，锁钩转动解锁；锁闭杆向左继续移动，锁闭杆带动锁钩，进而带动心轨转换至左侧翼轨；尖轨与翼轨密贴后，锁闭杆继续移动，直到锁钩转动锁闭。

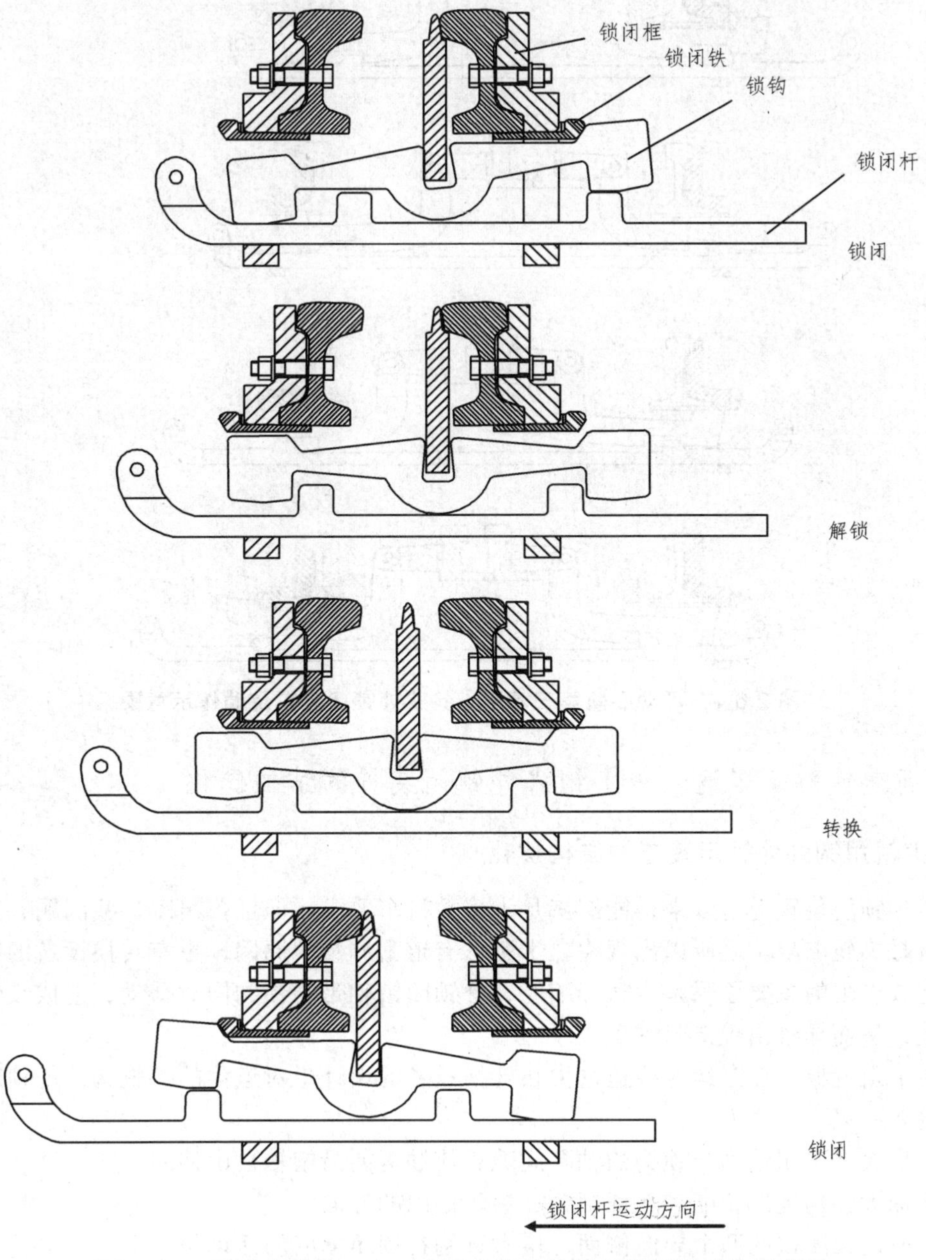

图 2.6.3　可动心轨第一、二牵引点钩式外锁闭装置及动作示意图

30 号及以上道岔岔心的第一、二牵引点及 18 号道岔岔心的两个牵引点的锁钩并未与钢轨相连，锁钩与锁闭杆一起被限制在锁闭框内。当道岔转换时，锁闭杆移动通过锁闭块带动锁钩移动，锁钩向上的缺口带动心轨移动，其锁闭解锁与尖轨类似。30 号及以上道岔的第三牵引点采用两个锁钩，结构和动作与岔尖基本相同，如图 2.6.4 所示。

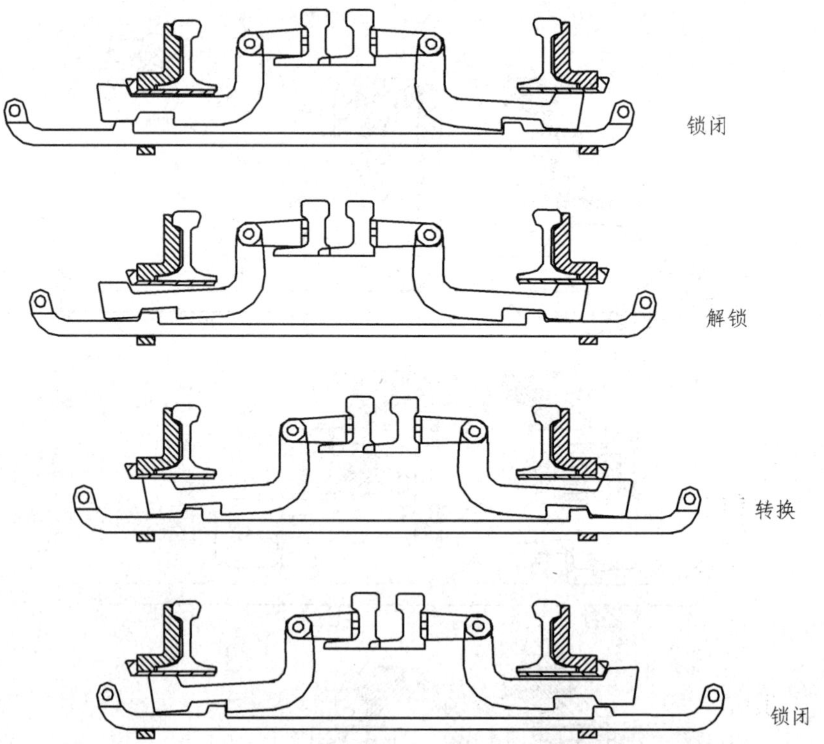

图 2.6.4　可动心轨第三牵引点钩式外锁闭装置及动作示意图

6.2.3　高速铁路（客运专线）钩式外锁闭装置的结构优化

1. 尖轨用钩式外锁闭装置的结构优化

钩式外锁闭装置上道以来，能够满足大多数行车要求，但也曾出现一些问题，其中最多的问题就是尖轨卡阻。之所以出现尖轨卡阻，有道岔调整的原因，也有转换设备的原因。转换设备造成卡阻的主要原因是尖轨伸缩时，外锁闭销轴带动锁钩同时移动，造成锁钩与锁闭杆不方正，从而导致出现卡阻现象。

针对卡阻现象，在客运专线道岔尖轨转换设备的设计中对道岔的尖轨钩式外锁闭进行了优化，主要有以下几个方面：

（1）加大外锁闭销轴与锁钩的轴孔间隙，使锁钩能沿销轴自由伸缩。

（2）加大锁钩尾部长度，保证锁钩在锁闭框内的导向。

（3）取消锁闭铁的两个导向侧面，增大锁钩在锁闭框内的活动量。

（4）减小锁钩的宽度尺寸，增大锁钩在锁闭框内的活动量。

（5）锁钩孔增设含油衬套，减小锁钩与销轴的摩擦阻力。

（6）通过使用限位夹板，保证锁钩的方正。

（7）为了减小锁闭框与锁闭杆的摩擦阻力，增设了挡板。挡板属于减摩、防腐材料，使锁闭杆在转换过程中底部不与锁闭框接触，而与挡板接触，减小摩擦阻力。同时取消原锁闭框上的限位销，挡板同时对锁闭杆起到限位、防跳的功能，将原来限位销的线接触限位变为面接触限位，使限位更可靠，受力状况更好。由于挡板与锁闭杆的摩擦系数小，当挡板限制锁闭杆上下运动时，两者之间的摩擦力比锁闭销限位时要小，有利于道岔转换，同时可减少现场设备维护工作量。

（8）锁闭杆上加设导向滚轮。尖轨转换时，卡阻容易出现在从斥离向密贴的转换过程中，在尖轨斥离时，斥离尖轨的锁钩容易受到尖轨伸缩的影响出现偏斜，如果此时转换，易出现锁钩偏斜造成的卡阻。当锁闭杆运动时，导向滚轮通过锁钩夹板首先校正锁钩位置，然后锁闭杆凸缘推动锁钩向尖轨密贴方向运动。

（9）采用滚轮滑床板。为了减小尖轨的转换阻力，消除尖轨的不足位移，客运专线道岔尖轨牵引点附近采用滚轮滑床板。尖轨在密贴状态时，底部与普通滑床板接触；尖轨从密贴向斥离转换时，尖轨底部沿着滚轮滑床板的滚轮作逐渐升高运动；到达斥离状态时，尖轨第一牵引点处标准抬升量为 3 mm，尖轨在第二、三牵引点处也作相应升高。

（10）优化锁闭杆凸台。为了满足尖轨抬升的需要，对锁闭杆凸台与锁钩的配合角度做相应调整与优化，以改善系统的受力状况。

2. 心轨用钩式外锁闭装置的结构优化

既有线路心轨用钩式外锁闭装置存在的主要问题是：心轨采用转换凸缘进行转换和锁闭，受力点比较低，造成心轨的扭曲，容易造成 4 mm 不锁闭检查指标不容易保持。

为确保转换和 4 mm 不锁闭指标的保持，对于道岔应加强心轨刚度并增加翼轨空间，提高心轨受力点位置。客运专线道岔工电联合设计中，决定在既有锻制的特种断面翼轨的基础上，采取适当切削翼轨轨底边的方式加工翼轨，心轨不再锻制心轨凸缘。改进后的钩式外锁闭装置很好地解决了心轨 4 mm 锁闭问题。

6.2.4 钩式分动外锁闭道岔调整方法

1. 调整顺序

原则上应从辙叉往岔尖方向逐点顺序调整；先调开程和锁闭量，再调密贴，最后调表示缺口。

2. 分动外锁闭道岔安装调整的基本方法

对道岔的安装几何尺寸会同工务部门进行测量，达标后开始安装外锁闭装置、转辙机等设备各杆类应与基本轨垂直。

以 18 号道岔为例，岔尖端部两基本轨内侧轨距为（1 435 ± 1）mm，在第三牵引点处两基本轨内侧轨距为（1 506 ± 1）mm，在岔尖端部到第三牵引点间，直、曲两基本轨均为直线段。分别撬动两根尖轨，其在静态下分别与基本轨密贴不反弹，尖轨无翻倍、弓腰、侧弯等现象。两根尖轨用方尺测量方正，基本轨上安装锁闭框两螺栓孔中心与安装托板水泥枕扣件立螺栓距离，岔前方向为 350 mm，岔后方向为 300 mm（或前一个孔距岔尖方向水泥枕扣件立螺栓距离为 290 mm，后一个孔距岔心方向水泥枕扣件立螺栓距离为 240 mm，基本轨上安装锁闭框两螺栓孔中心间距为 120 mm，安装托板水泥枕扣件立螺栓距离为 650 mm）。若工务道岔结合部存在问题应协调工务部门处理，达标后方可对电务设备进行安装调整。

调整方法如下：

1）开程和锁闭量

通过翻转动作杆的叉形接头来调整动作杆伸缩长度，使道岔定、反位开程、锁闭量均等。叉形接头每翻转 360°，动作杆的长度变化 3 mm，可由此推算出需调锁闭量相对应叉形接头的翻转角度。同时可通过减少密贴调整片，在尖轨连接铁和尖轨间增加调整垫来调整。

2）密　贴

通过增减密贴调整片的数量和厚度来调整道岔的密贴。道岔尖轨密贴良好、无反弹、各牵引点密贴力调整适度，宏观密贴搬动平顺。

3）表示缺口

通过改变外表示杆的长短来调整表示缺口，注意先调伸出，再调拉入。

3. 分动外锁闭道岔调整标准

1）道岔开程

既有线路道岔开程与客运专线道岔开程两侧有所不同，尖轨开程应符合设计要求，定、反位开程偏差≤2 mm。下面以客运专线 18 号道岔为例介绍道岔开程标准：

18 号道岔尖轨第一牵引点开程为（160 ± 5）mm，第二牵引点开程为（118 ± 5）mm，第三牵引点开程为（75 ± 5）mm。心轨第一牵引点开程为（119 ± 5）mm，第二牵点动程为 59 mm。

2）锁闭量

锁闭杆凸台与锁钩接触重合部位称作锁闭量。锁闭量的标准为：尖轨、心轨第一牵引点锁闭量≥30 mm、其余牵引点≥20 mm，斥离轨非虚开情况下与防跳铁留有 5 mm 间隙。

3）密　贴

道岔尖轨、心轨牵引点外锁闭中心处，密贴尖轨与基本轨，心轨与翼轨间有 4 mm 及其以上间水平隙时，不得锁闭道岔和接通道岔表示；牵引点之间的密贴检查器处有 5 mm 及其以上水平间隙时，不得接通道岔表示。尖轨第一牵引点前与基本轨、心轨第一牵引点前与翼轨的间隙 < 0.5 mm，其余部位间隙 < 1 mm。

4）表示缺口

检查机内表示缺口符合标准，机内外缺口标一致。

对于 S700K 型电动转辙机，检查检测杆缺口调整为指示标对准检测杆缺口中央，距两侧各（2.0 ± 0.5）mm；检查两片检测杆无张嘴、无错牙现象，两片检测杆端头尽量对齐，其错开距离≤8 mm。对于 ZYJ7 型电液转辙机，尖轨、心轨第一牵引点（2.0 ± 0.5）mm，其他各牵引点（4.0 ± 1.5）mm；机外移位标与机内缺口一致，两片表示杆端头尽量对齐，其错开距离≤8 mm。对于 ZD（J）9 型电动转辙机，第一牵引点（2 ± 0.5）mm，第二牵引点（4 ± 1.5）mm，移位标与机内缺口一致，两片表示杆端头尽量对齐，其错开距离≤8 mm。

6.3 知识拓展

6.3.1 提速道岔转辙设备机械惯性故障控制

1. 提速道岔钩式外锁装置分解检查

对锁闭铁、锁钩、锁闭杆和锁闭框内部污垢进行彻底清理，检查是否有裂纹、沟痕，如有应及时进行更换、打磨处理。并注上机械油进行保养。

2. 入冬前检查

入冬前要对外锁闭装置进行机械特性标调，主要是锁闭框、锁闭铁等外锁闭装置油垢清理干净注防冻机油，机内清扫干净密封良好。

3. 冬季道岔夹雪处理

冬季是提速道岔外锁闭装置夹雪处理关键时段，冬季提速道岔外锁闭装置夹雪故障大体上分为两种情况：一种是外锁闭装置不解锁，原因是密贴侧锁钩不落槽，夹雪点在锁闭杆顶面或锁钩下面，清除雪饼即可；另一种是外锁闭装置不锁闭，原因是原斥离侧锁钩出不来，夹雪点在锁钩顶面或锁闭铁下面导向槽内用小钩清除雪饼即可。处理时一定要分清哪一个牵引点夹雪，冬季道岔除雪一定要将雪清理干净后再对道岔进行搬动试验。

6.3.2 提速道岔转辙设备常见机械故障处理

提速道岔常见的机械故障分为钩式外锁闭装置故障和转辙机故障，且钩式外锁闭装置的故障居多。钩式外锁闭装置故障主要表现为转辙机空转和转辙机表示杆卡口等；转辙机故障多为转辙机不动作、转换力不足、卡阻等。

1. 钩式外锁闭装置不解锁，转辙机空转

扳动道岔，在道岔转换时用手锤敲击不解锁牵引点处的锁钩两侧平面，外锁闭即可解锁。然后检查道岔尖轨、基本轨是否爬行，掉板、滑床板是否开焊，密贴调整是否过紧，锁闭铁的锁闭斜面、锁钩锁闭斜面、锁闭杆的凸台及锁钩下平面是否夹异物、是否卡出沟痕。发现问题时应及时处理，必要时可更换锁闭铁及锁钩。

2. 钩式外锁闭装置不锁闭，转辙机空转

扳动道岔，检查道岔尖轨、基本轨间是否夹有异物，如果尖轨已密贴可能是斥离尖轨卡阻或道岔密贴过紧造成，现场用手锤敲击密贴尖轨或用撬棍拨斥离尖轨使道岔锁闭保证使用，然后重点检查道岔尖轨、基本轨是否爬行，掉板、滑床板是否开焊，杆件是否方正等情况。

3. 转辙机表示杆卡口，转辙机空转

转辙机表示杆卡口时，会造成转辙机锁闭块和锁舌不能正常弹出，电机空转的故障现象。应检查表示缺口是否符合标准，不标准时，应检查外表示杆是否与锁闭杆平行、叉形接头的销子是否旷动超标等，调整故障即可排除。

6.4 相关规范、规程与标准

《铁路信号维护规则（技术标准）》3.7.1 ~ 3.7.6。

任务 7　高速铁路道岔转辙设备

7.1 任　务

本项任务的目的是使学生掌握 HRS 型外锁闭装置的结构原理，了解尖轨辊轮、下拉装置、密贴调整器、道岔融雪设备的结构。灵活运用所学 HRS 型外锁闭装置、尖轨辊轮、下拉装置、密贴调整器、道岔融雪设备知识，对采用 HRS 型外锁闭装置、尖轨辊轮、下拉装置、密贴调整器进行调整，并严格按相关铁路规章制度进行作业。

7.2 相关知识

我国高速铁路（客运专线）道岔用的转辙机主要有 S700K 型电动转辙机、ZD（J）9 型电动转辙机和 ZYJ7 型电液转辙机；道岔的外锁闭装置主要采用钩式外锁闭装置和 BWG 的 HRS 型外锁闭装置；另外还设置了密贴检查器及道岔融雪设备。BWG 道岔用的 HRS 型外锁闭装置结构复杂，但其维护工作量比钩式外锁闭装置要少得多，在我国新建的高速铁路（客运专线）得到广泛应用。对于转辙机和钩式外锁闭装置前面已经介绍，故本任务主要介绍 HRS 型外锁闭装置、BWG 型辊轮、下拉装置、密贴检查器和道岔融雪设备。

7.2.1 HRS 型外锁闭装置

HRS 型外锁闭装置是 BWG 道岔的转辙设备。新铁德奥的 HRS 外锁闭装置应用于高速铁路和客运专线上，已在京沪高铁、哈大客专及盘营客专上广泛采用，它包括尖轨和可动心轨安装两种类型，是比较成熟的高速铁路道岔外锁闭装置。

1. 尖轨 HRS 型外锁闭装置

1）尖轨 HRS 型外锁闭装置结构

尖轨 HRS 型外锁闭装置结构如图 2.7.1 所示，它主要由锁闭件、锁紧夹、连接杆、锁闭辊轮、跟部支撑块、上部偏心螺栓、下部偏心螺栓、弹性辊轮、提升元件、BKL80 点承式伸缩支撑架等构成。为适应温度变化造成的尖轨伸缩，增设了 BKL80 点承式支撑架，能允许尖轨相对于基本轨向前和向后移动 ± 40 mm。该装置所有的运动都通过免维护的辊轮完成，其作用是固定尖轨和基本轨的相对位置，连接杆的特殊机械运动确保外锁闭装置的解锁、移动和锁紧。

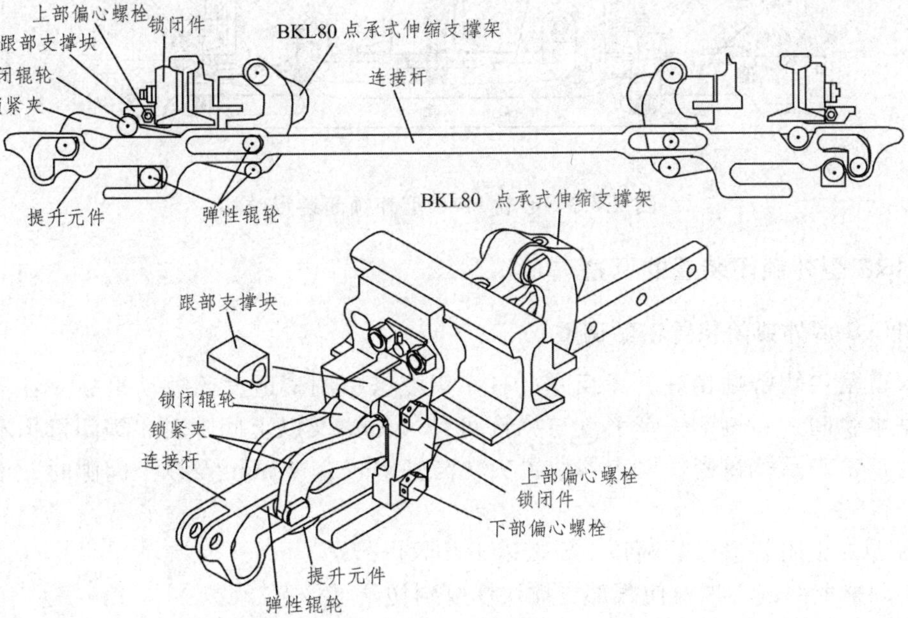

图 2.7.1　尖轨 HRS 型外锁闭装置结构

2）尖轨 HRS 型外锁闭装置原理

HRS 型外锁闭装置结构原理如图 2.7.2 所示，处于锁闭状态时，锁闭力（横向力与下拉力的合力）使尖轨及外锁闭装置受力状态良好，既可以确保尖轨与基本轨的密贴，又可以防止尖轨跳动。在道岔转换时，尖轨从滑床板上抬起，采用滚动摩擦，大大地减少了转换阻力。锁紧夹具能够从水平方向和垂直方向将尖轨紧固于基本轨。

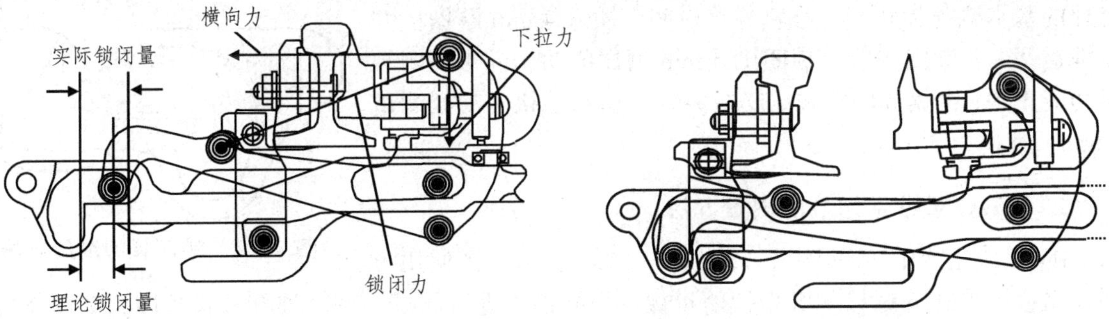

（a）锁闭状态　　（b）解锁状态

图 2.7.2　HRS 型外锁闭装置原理图

2. 可动心轨 HRS 型外锁闭装置

心轨 HRS 型外锁闭装置结构如图 2.7.3 所示，主要由锁闭件、锁紧夹、连接杆、锁闭辊轮、跟部支撑块、上部偏心螺栓、下部偏心螺栓、弹性辊轮、转换架等构成。所有运动都通过免维护的辊轮完成。HRS 型外锁闭装置的作用是固定可动心轨和翼轨的相对位置。

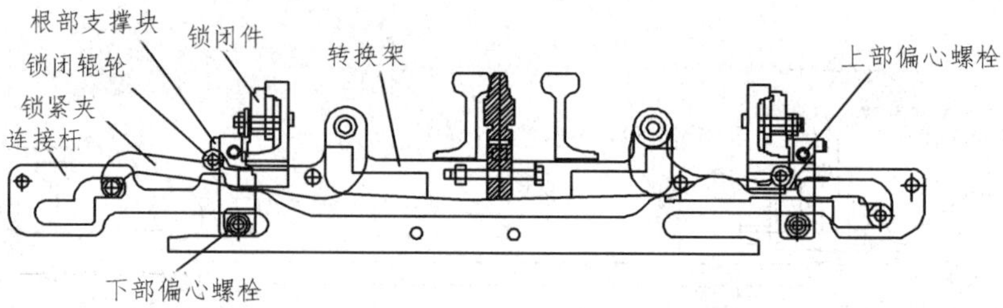

图 2.7.3　心轨 HRS 型外锁闭装置结构

3. HRS 型外锁闭装置的调整

1）HRS 型外锁闭装置密贴调整

要求道岔尖轨密贴良好、无反弹，各牵引点密贴调整适度，扳动平顺。各牵引点位置尖轨与基本轨间、心轨第一牵引点与翼轨间有 4 mm 及以上间隙时，锁闭机构不得锁闭道岔或接通道岔表示；在密贴检查器位置尖轨与基本轨有 5 mm 及以上间隙时，不得接通道岔表示。

HRS 型外锁闭装置密贴调整主要按以下步骤进行：

（1）调整上部偏心螺栓使跟部支撑块恢复到初始零位置。

（2）将连接杆推到末端位置。

（3）调整下部偏心螺栓来调整弹性辊轮，从而使跟部支撑块和辊轮间隙为 0.3 mm；通过安装紧固板和开口销固定下部偏心螺栓避免之转动。

（4）调整上部螺栓，使基本轨与尖轨（心轨与翼轨）间隙不大于 0.3 mm。

（5）用一个磁性表座将千分表固定到锁闭件上，把测量探头放到跟部支撑块上并设为零。调整上部偏心螺栓，通过千分表控制跟部支撑块往外移动 1.5 mm；然后通过安装紧固板和开口销固定偏心螺栓避免转动。

（6）锁闭装置调整完成后，应进行 4 mm 测试：在锁闭装置处的基本轨与尖轨间（心轨与翼轨间）插入 4 mm 厚铁板并电操道岔，若锁闭装置不锁闭则 4 mm 测试成功，说明锁闭装置功能正常；根据德国标准，仅在尖轨一动和心轨一动处测试 4 mm，其他为 5 mm。

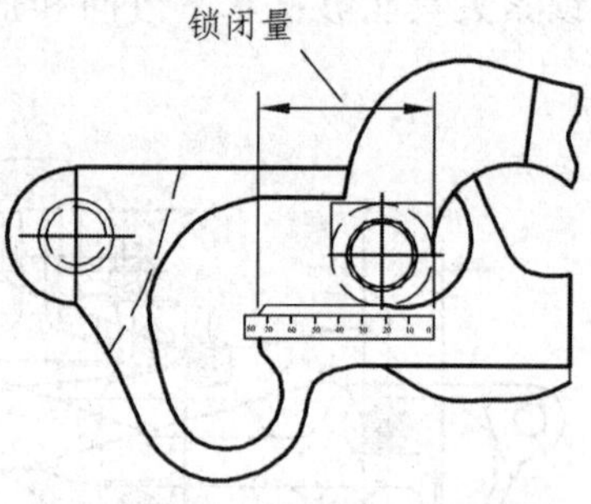

图 2.7.4　锁闭量的测量方法

2）BWG 道岔锁闭量的测量方法

BWG 道岔锁闭量的测量方法如图 2.7.4 所示，需使用 1 型锁闭量规（M16 螺母）/2 型锁闭量规（螺栓帽）进行测试，调整连接杆长短即调整动作杆长短使两侧锁闭量均匀，之差为 ± 2 mm。

3）缺口调整

通过改变外表示杆的长短即可对道岔的表示缺口进行调整。HRS 锁闭装置配套 S700K 型电动转辙机尖轨第一、第二牵引点检测杆的缺口标准应为指示标对准检测缺口标记，两侧各（2.0 ± 0.5）mm；尖轨第三牵引点、心轨第二牵引点及其后各牵引点检测杆的缺口标准应为指示标对准检测杆缺口标记，两侧各（3.5 ± 0.5）mm。

4. HRS 型外锁闭装置的检验

（1）外观检查以确认所有部件是否齐全。

（2）检验所有螺栓连接是否正确紧固。

（3）检验开口销是否正确安装。

（4）检查锁闭量的最大差不得超过 2 mm，对所有的锁闭装置，较大的锁闭量都必须在同一侧。

（5）检查尖轨的开程。

（6）如果外锁闭装置在 4 mm 测试时闭合，通过转动上部偏心螺栓来调整跟部支撑块。

（7）如果外锁闭装置不能与当前的跟部支撑块配套时，用较大的跟部支撑块来进行更换。

（8）如果驱动无法通过连接杆来拉动紧固外锁闭装置，用较小的跟部支撑块进行更换。

7.2.2 尖轨辊轮

尖轨辊轮是高铁道岔转换设备的重要部件，在道岔转换中起着很重要的作用。根据尖轨量移动量的不同，尖轨辊轮也有所不同。如图 2.7.5 所示，尖轨辊轮主要由基板、滑床台板、调高垫片、辊轮等组成。

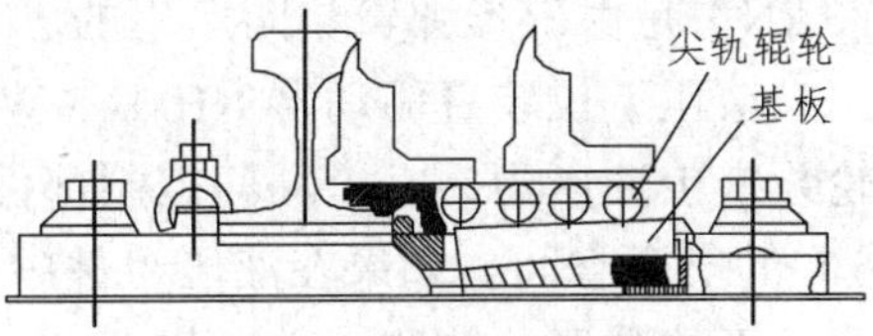

图 2.7.5 尖轨辊轮滑床台板

1. 尖轨辊轮的类型

1）CZr 1e-11-00（2 辊轮）

设置在尖轨的跟端、尖轨行程小于 60 mm 的区域。当道岔尖轨转换时，在此区域尖轨不被抬起，用带铝硅层的滑床板改进尖轨的活动性。

2）CZr 2e-11-00（3 辊轮）

设置在尖轨行程小于 105 mm 的区域。

3）CZr 3e-11-00（4 辊轮）

设置在尖轨行程 105 ~ 165 mm 的区域。

尖轨辊轮 CZr 2e-11-00（3 辊轮）和 CZr 3e-11-00（4 辊轮）用于位移 165 mm 以下的区域，在尖轨密贴时，尖轨只在一个辊轮上，而且其自重压缩了尖轨辊轮的弹性元件，在尖轨转换过程中，当第二个辊轮开始受力时，刚度开始增大，抬起尖轨，并且将其滑到张开位置。

在道岔转换过程中，尖轨被辊轮抬起而不是在滑床板上滑动。尖轨辊轮滑床板和铝硅涂层的滑床板不能进行润滑。

2. BWG 型辊轮调整步骤

（1）将两侧尖轨均摇到中间位置，用塞尺检查辊轮处尖轨轨底与滑床板之间应有大于 0.7 mm 的间隙；当尖轨密贴时，应与滑床板密贴。

（2）如果间隙小于 0.7 mm，在尖轨和辊轮之间临时插入调整片调整间隙，使其大于 0.7 mm。

（3）拆卸辊轮，将相应的调整片安装到辊轮上。

（4）重新安装好调整片的辊轮，注意辊轮的安装位置。

（5）检查辊轮是否正确到位，打开尖轨，检验基本轨侧的第一辊轮是否自由辊动。

（6）在完成尖轨辊轮的安装后，应拆除尖轨轨脚处的连接螺丝，只保留 2 个连接螺丝，以便日常维护。

7.2.3 下拉装置

高速铁路道岔的可动心轨辙叉的活动段比较长，在列车过岔时，心轨会出现向上的跳动现象，对列车运行安全极为不利。在高速铁路上，为了防止心轨跳动，采取了以下三种手段：一是在翼轨上设置了间隔铁，当心轨密贴时，心轨尖端会深入翼轨的间隔铁下，保证心轨尖端不跳动；二是在顶铁上设置有心轨防跳功能；三是对无砟道岔设置了液压下拉装置，其防跳效果较好。

在无砟道岔辙叉区域均设置一套液压下拉装置。当列车通过可动心轨时，翼轨或心轨会弹性地下沉。使用液压下拉夹具使翼轨和心轨能够平稳地下沉，以避免在这个区域的高动态荷载。该装置是与翼轨相连的，并用一根连接横梁把心轨压到垫板滑动面上。作用的压力（约 70 kN）是由碟形弹簧垫圈产生的。

液压下拉装置驱动器 NH 145-WS 是一个驱动功率为 1.1 kW 的电动液压系统，由一个齿轮泵产生液压力，一个阀门控制部件实现必要的液压功能。当水平放置时，它能够提供大约 6 L 的安全空间。如果在液压组件中有故障，剩下的 2 L 油可以安全地留在油箱内。

下拉装置功能测试方法如下：

（1）电操道岔，观察油缸能否正常顶起，心轨转换到位后，能正常拉下。

（2）断开下拉驱动器的电动开关，电操道岔，心轨应无法转换。

7.2.4 密贴检查器

密贴检查器是高速道岔的关键安全保障设备之一，通常设置在道岔牵引点之间，用于检测道岔的实际位置并监控道岔的工作状态。

随着列车速度的不断提升，对道岔密贴的要求会越来越高。对于高速铁路区段，经试验，夹异物超过 3 mm 已经不能保证行车安全，最大脱轨系数和横向振动加速度均超过提速道岔中的 5 mm 情况；从舒适度看，高速道岔夹异物不宜超过 3 mm。为了达到此项要求，道岔转辙设备中安装了 ELP319 密贴检查器、JM-A 型密贴检查器，以实现任意两牵引点间尖轨与基本轨间有 5 mm 以上缝隙时，可靠切断道岔表示。密贴检查器用在道岔两牵引点之间，其检测精度为（2.5 ± 0.5）mm。

1. ELP319 型密贴检查器

ELP319 型密贴检查器安装于线路的一侧，如图 2.7.6 所示，它主要由检测杆组和速动开关组组成。其中检测杆组主要由叉形接头、检测杆、止档螺丝等组成；速动开关组采用沙尔特堡接点，由两个接点架组成，分别是固定接点座和可动接点座。固定接点座安装在检测杆伸出侧。在进行安装调整时，应优先调整与固定接点座相对应的外表示杆件位置，即调节表示连接杆的调节接头，将固定接点架下端的检测杆凹口与滚轴的检测位置调整至距缺口两边斜面的距离均为 3 mm。固定接点座一方安装调整合适后，将道岔转换位置，根据表示缺口状况，可以相应地对可动接点座进行调整。

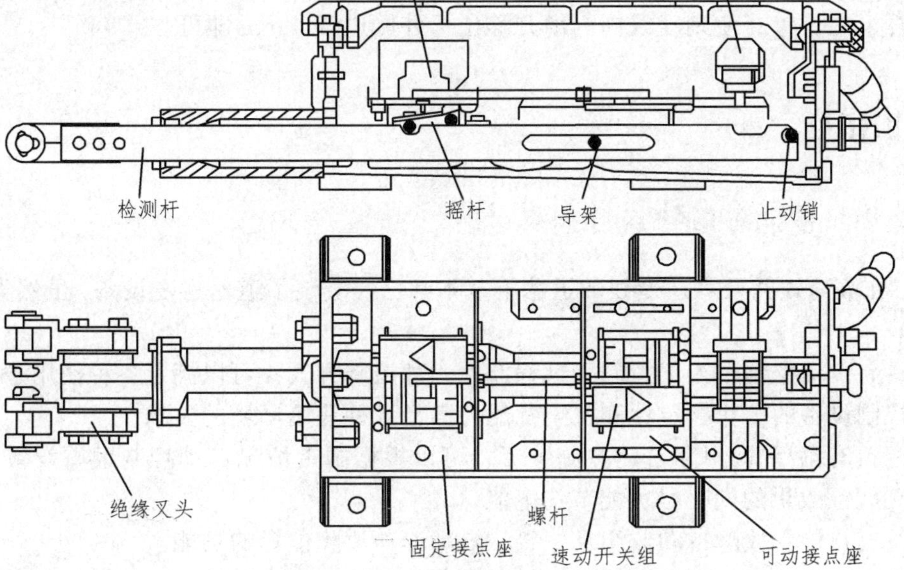

图 2.7.6　ELP319 型密贴检查器

2. JM-A 型密贴检查器

如图 2.7.7 所示，JM-A 型密贴检查器由表示杆、接点组、启动片、速动片等组成。每台密贴检查器设有两组表示接点和两组斥离接点。一台 JM-A 型密贴检查器只能检查一根尖轨的密贴状态和斥离状态，所以，每组道岔两根尖轨需要两台 JM-A 型密贴检查器，分别安装在线路两侧。

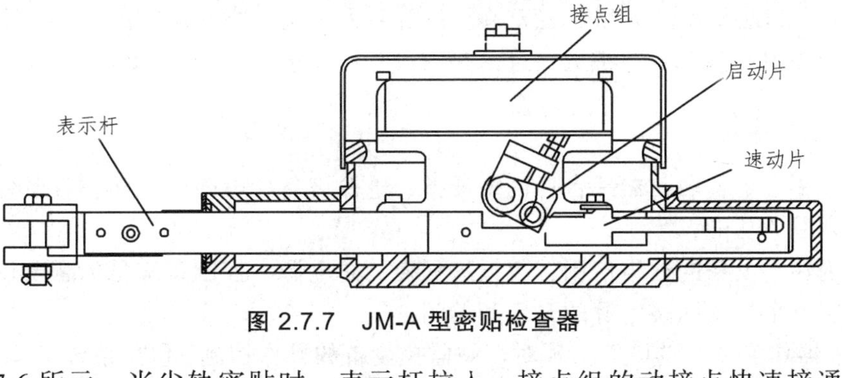

图 2.7.7　JM-A 型密贴检查器

如图 2.7.6 所示，当尖轨密贴时，表示杆拉入，接点组的动接点快速接通表示接点。操纵道岔后，在表示杆刚刚伸出时，启动片上的滚轮与表示杆上的第一斜面接触开始；接着表示杆水平移动 10 mm，启动片上的滚轮与表示杆上槽内平面接触，动接点转换，可靠地切断密贴表示接点，此时表示和斥离接点均离开。在表示杆拉出 63 mm 以上时，启动片上滚轮经过表示杆上第二斜面与表示杆平面接触，动接点组转换，接点组的斥离接点接通。

JM-A 型密贴检查器的表示杆动程为 65 ~ 140 mm；密贴检查缺口调整范围为 1.5 ~ 10 mm；安装于两牵引点间的密贴检查器，在密贴检查器位置处于尖轨与基本轨间的间隙≥5 mm 时，不应接通道岔表示。调整表示接点时，调节接头连杆组上的有扣和无扣螺母，以改变表示杆接头在螺杆上的位置，使刻度线向内离开移位标外侧边缘 4 mm 即可。

7.3 知识拓展

7.3.1 道岔融雪设备的特点

目前，在高速铁路及客运专线的道岔上基本都已经安装了道岔融雪设备，虽然类型不一，但基本具有以下特点：

（1）具有自动控制、人工控制和远程监控三种控制方式，可以满足各种使用条件。

（2）控制设备的工作稳定性和抗干扰能力满足各种使用环境的要求。

（3）配置有雨/雪检测和自动控制装置，可以根据雨雪情况自动控制融雪设备开启或关闭，在达到融雪效果的同时尽可能节约电能。

（4）具有自检、故障自动监测及报警、自动诊断故障位置的功能。

（5）具有过压、过流保护、漏电保护及电磁脉冲防护措施。

（6）加热融雪电路采用隔离变压器进行隔离，为避免干扰轨道电路的正常工作，组成一个加热回路的加热器件都在轨道的一侧。

（7）配置不同型号的电加热器件，可满足各种类型道岔融雪的需要。

7.3.2 道岔融雪设备组成

道岔融雪设备一般分为远程监控、车站集中监控和现场控制三级控制模式，主要由远程监控中心设备、车站监控设备和安装于道岔钢轨旁边的现场控制柜、隔离变压器、电热元件、轨温传感器、雨雪检测装置等组成。道岔融雪设备结构框图如图 2.7.8 所示。

1. 远程监控中心

远程监控中心配置服务器一台；网络设备、电源设备、电磁干扰防护设备各一套。该监控中心可实现以下功能：

（1）实现融雪设备的远程控制，包括远程控制总电源、控制各道岔的融雪设备开启和关闭、分别控制每个加热回路电源的开启和关闭。

（2）服务器作为主控端可以实现对车站监控设备的操作控制，包括系统工作参数的设定、工作模式的设定、各单元工作的优化等。

（3）可以远程监视现场融雪设备的工作状态。

（4）远程监视现场融雪设备的故障位置、类型以及报警信息。

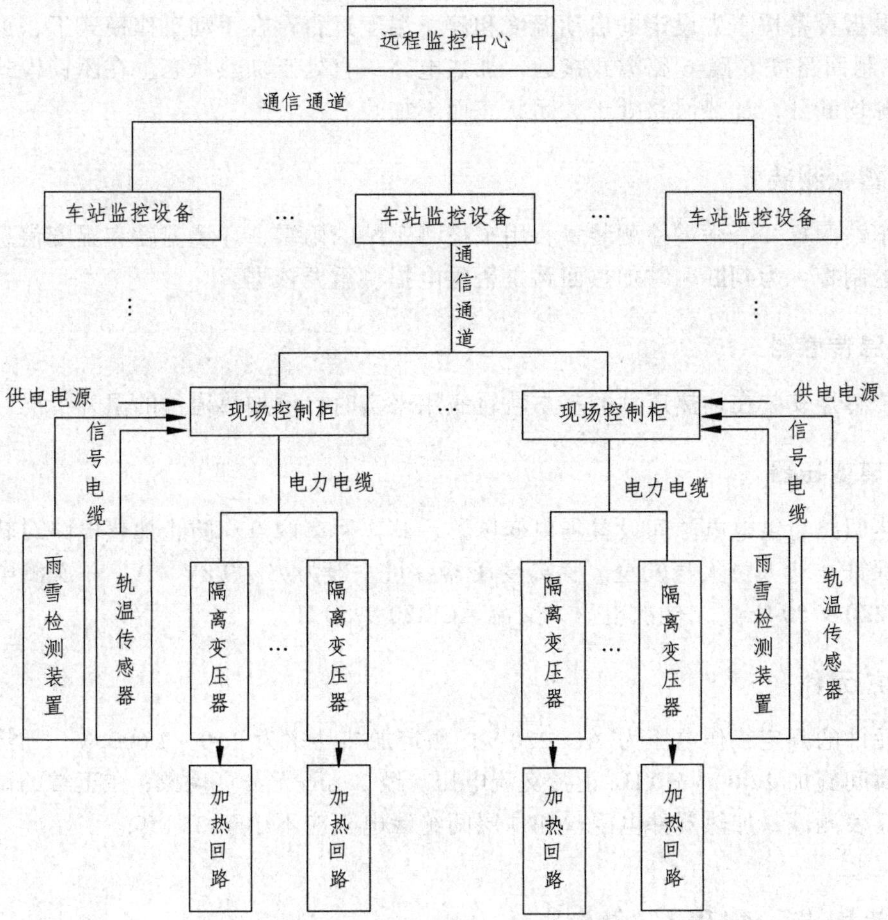

图 2.7.8　道岔融雪设备结构框图

2. 车站监控设备

车站监控设备配置工作站一台，网络设备、电源设备、电磁干扰防护设备各一套。该设备可以实现对车站内所有现场控制柜及各加热电路的实时监控，同时车站监控设备又是远程监控中心的一个节点。

3. 现场控制柜

（1）现场控制柜技术参数。

输入电源为一路三相交流电源 AC 380 V/50 Hz；输出回路为 12 路，每路输出方式为交流 AC 220 V/50 Hz，每路输出额定容量电压为 AC 220 V，最大电流 AC 45 A。

（2）现场控制柜安装于需融雪的道岔旁，用于控制现场道岔加热回路的开启和断开、信息采集及融雪设备运行状态监测和参数设置。控制柜通过信号电缆与车站监控设备进行通信。控制柜内部的每个回路由空气断路器、交流接触器和过流检测模块组成，用来实现短路、过载、漏电保护以及各控制回路的开断控制等功能。

（3）现场控制模式可实现自动、手动、闭锁（关机）三种工作模式的转换，工作模式的转换在现场控制柜的控制面板上由人工设定。在自动工作模式下，加热电路处于自动加热状态，道岔融雪设备按事先设定的启动温度和停止温度运行；在手动工作模式下，道岔融雪设备 12 个控制回路按 6 路-6 路方式接通，加热电路一直处于加热状态。在闭锁模式下，所有回路的电源均断开，加热回路处于关闭状态而不加热。

4. 雨雪检测装置

每个车站配置一个雨雪检测装置，用来检测车站的雨雪、环境温度和湿度信息，实时上传给现场控制柜，为判断融雪加热回路是否供电提供重要依据。

5. 轨温传感器

轨温传感器安装在加热道岔的基本轨轨底用来实时检测加热道岔的温升情况。

6. 隔离变压器

在加热回路与供电电源间设置隔离变压器，其作用有两点：防止加热电路对轨道电路产生干扰，保证作业人员人身安全。隔离变压器容量一般为 5 ~ 9 kV · A，一次测电压为交流 AC 380 V/220 V 50 Hz，二侧次电压为交流 AC 220 V/50 Hz。

7. 电热元件

电热元件的额定工作电压为 AC 220 V；额定加热功率为 150 ~ 2 600 W；加热电阻对外层导热金属间施加 2 400 V/50 Hz 正弦交流电压，经 1 min 无击穿现象；在正常的试验环境下用 500 V 摇表测试，加热器件电阻丝和外层间绝缘电阻应不小于 25 MΩ。

7.4 相关规范、规程与标准

《高速铁路信号维护规则（试行）》3.1.1 ~ 3.1.10、3.2.1 ~ 3.2.10、3.3.1 ~ 3.3.7。

项目小结

本项目的主要内容是介绍道岔转辙设备的构成、转辙机的作用、各类转辙机的结构及各部分作用、各种转辙机的动作原理以及维护标准、各种转辙机的安装调整及常见故障分析、提速道岔外锁闭装置的结构原理和故障处理方法等。简要概括如下：

（1）道岔转辙设备包括转辙机及其外部的转辙装置、转换锁闭器、道岔监督与监测设备等，常用的转辙机有 ZD6 型电动转辙机、S700K 型电动转辙机、ZD（J）9 型电动转辙机、ZYJ7 型电液转辙机等。外部转辙装置包括各类杆件、安装装置和外锁闭装置。转换锁闭器是电动液压转辙机配套设备。道岔监督与监测设备是保证列车及调车车列安全的附加设备。

（2）ZD6 型电动转辙机一般用来牵引普通道岔或 AT 道岔，它由直流电机、减速器、摩擦联结器、自动开闭器、主轴、锁闭齿轮、齿条块、挤切销、动作杆、表示杆（或锁闭杆）、移位接触器、安全接点、壳体等组成；当给电机通电时，电机旋转，带动道岔完成解锁、转换、锁闭三个过程。为了保证道岔的可靠运用，必须要对ZD6道岔进行合理的安装与维护，包括摩擦电流的调整、道岔密贴和表示缺口的调整等。

（3）S700K型、ZD（J）9型电动转辙机与ZYJ7型电液转辙机主要用来牵引提速道岔，应用在既有线路提速区段和高速铁路（客运专线）的正线上。它们的外部转辙装置主要采用钩式外锁闭装置。S700K型电动转辙机主要由动力传动机构、检测和锁闭机构、安全装置、配线接口等组成；当给电机通电时，能完成解锁及断开表示接点、转换、锁闭及接通表示接点三个过程。ZYJ7型电液转辙机一般配合SH6型转换锁闭器使用，ZYJ7型电液转辙机主要由动力机构、转换锁闭机构、表示锁闭机构和手动安全机构组成，SH6型转换锁闭器主要由转换锁闭机构、表示机构和挤脱机构组成；当给电机通电，电机旋转时，通过联轴器，使油泵动作，开始泵油，液压油调节阀、活塞杆中心圆孔、活塞空腔注入油缸，油缸另一侧通过活塞空腔、活塞杆、调节阀、油泵，从油缸吸出油，由于活塞杆固定不动，所以高压油推动油缸移动，即从哪侧注油，油缸就向哪侧移动。ZD（J）9型电动转辙机由底壳、盖、电动机、减速器、摩擦联结器、滚珠丝杠、推板套、动作板、锁块、锁闭铁、接点组、动作杆、锁闭（表示）杆、安全开关组、挤脱器（不可挤的不设）、接线端子等组成；给电动机通电，电动机旋转，电动机的驱动力矩经减速器减速后传到摩擦联结器，由摩擦联结器带动丝杠转动，通过丝杠将旋转运动转换为螺母的平动，即推板套的水平运动，此时，推动动作杆上的锁块，在锁闭铁作用下，形成了转辙机的解锁、转换、锁闭过程。

（4）外锁闭装置有钩式外锁闭装置和HRS外锁闭装置。其中，钩式外锁闭装置主要由锁钩、锁闭杆、锁闭框、锁闭铁、尖轨连接铁、销轴等组成，HRS型外锁闭装置主要由锁闭件、锁紧夹、连接杆、锁闭辊轮、跟部支撑块、上部偏心螺栓、下部偏心螺栓、弹性辊轮、提升元件、BKL80点承式伸缩支撑架等构成。当操纵道岔时，转辙机的动作杆动作，通过连接杆带动外锁闭装置的锁闭杆动作，实现道岔的解锁、转换和锁闭的过程。

复习思考题

在线题库资源

1. 转辙机有何作用？
2. 转辙机是如何分类的？
3. 说明转辙机的设置原则。
4. ZD6型电动转辙机主要由什么构成？
5. 说明ZD6-A型电动转辙机各主要部件的作用。
6. 说明ZD6-A型电动转辙机电机的电气参数。
7. ZD6-A型电动转辙机的第一、二级减速比分别为多少？总减速比为多少？
8. 说明ZD6型电动转辙机解锁、转换和锁闭的动作过程。
9. 画出自动开闭器接点图。
10. 说明ZD6型电动转辙机的整体动作过程。
11. ZD6-A、D、F型电动转辙机单机使用时的摩擦电流为多少？

12. 如何安装 ZD6 型电动转辙机？
13. 说明什么情况下为 1、3 闭合，什么情况下为 2、4 闭合？
14. 说明 ZD6 系列道岔转辙设备的维护标准。
15. 如何调整 ZD6 型电动转辙机所牵引道岔的密贴及表示缺口？
16. 如何调整摩擦电流？
17. ZD6 型电动转辙机所牵引的道岔不解锁空转的原因可能有哪些？
18. ZD6 型电动转辙机所牵引的道岔解锁空转的原因可能有哪些？
19. ZD6 型电动转辙机所牵引的道岔锁闭空转的原因可能有哪些？
20. 说明 ZD6 型电动转辙机所牵引的道岔转辙设备常见机械故障处理方法。
21. S700K 型电动转辙机由什么组成？
22. 说明 S700K 型电动转辙机的动作过程。
23. 说明 S700K 型电动转辙机的安装方法及技术要求。
24. 说明 S700K 型电动转辙机所牵引的道岔的维护标准。
25. ZYJ7 型电液转辙机油路系统由哪些器件组成？
26. 说明 ZYJ7 型电液转辙机油路系统的动作原理。
27. 说明 ZYJ7 型电液转辙机各主要部件的作用。
28. 说明 ZYJ7 型电液转辙机的机械动作原理。
29. SH6 型转换锁闭器由什么组成？
30. 如何向油箱注油？如何测试动作压力？如何调整溢流压力？
31. 如何排除油路系统中的空气？
32. 液压转辙设备的常见故障有哪些？
33. ZD（J）9 型电动转辙机由什么构成？
34. 说明 ZD（J）9 型电动转辙机各部件的作用。
35. 说明 ZD（J）9 型电动转辙机的动作原理。
36. 钩式外锁闭装置由什么组成？
37. 如何调整钩式外锁闭装置的开程、密贴及表示缺口？
38. 说明钩式锁闭装置的动作原理。
39. 高速铁路用的钩式外锁闭装置从哪几个方面进行了优化？
40. 说明 HRS 型外锁闭装置的结构原理。
41. 说明 HRS 型外锁闭装置的调整及检查方法。
42. 道岔密贴检查器有几种类型？说明其连接方式。
43. 道岔融雪设备由什么构成？

项目 3　铁路信号

PPT 资源

项目描述

为保证铁路运输安全，满足列车及调车作业的需要，必须设置各种铁路信号机和信号表示器，以指示列车及调车车列的运行条件。铁路信号工作人员必须了解铁路信号的相关知识，掌握各种信号机和信号表示器的作用、设置要求、显示意义及其结构组成、各器件的用途等。

图片资源

教学目标

1. 能力目标

（1）掌握各种信号机的设置、作用、显示意义及灯光配列要求。

（2）掌握信号机的检修作业程序及技术标准。

视频（课件）资源

2. 知识目标

（1）熟练掌握铁路信号机的结构及显示原理。

（2）掌握铁路信号机和信号表示器的作用、设置、灯光配列方式及显示意义。

微课资源

3. 素质目标

（1）能够按照《铁路信号维护规则（技术标准）》的要求和标准化作业程序进行信号机维护。

（2）树立“安全第一”的责任意识，培养遵章守纪的工作作风。

相关案例

××年××月××日，××车站 X_{I3} 信号机红灯不亮，开放调车信号白灯也不亮。处理故障过程中，在机械室发现电源屏信号隔离变压器有输入无输出，更换后故障消除。随后发现触摸变压器过热。疑室外有短路，将分线盘外线甩开。赶赴现场检查，发现 X_{I3} 信号机密封不良，雨水渗入信号机，造成点灯一体化变压器短路。更换信号点灯变压器，连接好外线后设备正常。

信号机是铁路信号控制系统中的重要基础设备之一，直接影响铁路运输作业安全和效率。铁路现场曾发生多起因信号机维护不良而引发的行车事故。如信号机点灯变压器损坏、信号机灯泡接触不良或灯泡断丝、信号机显示距离不足等情况的出现都将影响列车或车列的正常运行。只有熟练掌握信号机结构、显示方式和维护方法，快速准确地处理各种故障，才能提高铁路运输效率，保证运输安全。

任务1　铁路信号概要

1.1　任　务

本项任务的目的是使学生掌握铁路信号的含义、地面信号机及表示器的种类以及铁路信号的基本颜色、基本显示和基本设备；对铁路信号进行初步了解，建立铁路信号的基本概念。

1.2　相关知识

1. 铁路信号的含义

从简单的意义上理解，铁路信号是指在铁路行车和调车作业过程中，向行车有关人员发出的指示和命令。从深层意义上分析，铁路信号不仅仅是简单的红灯、绿灯等信号显示，其含义是指在铁路运输系统中保证铁路运输安全、提高运输作业效率的综合自动控制系统。铁路信号包括车站控制、区间控制、列车运行控制、行车指挥控制、列车解体编组控制等。

2. 铁路信号的分类

铁路信号的分类方式很多。以人识别信号的方式来分，铁路信号分为听觉信号和视觉信号。听觉信号是指以声音方式提供的指示信号，如号角、口笛、机车鸣笛、响墩等。视觉信号是指以不同颜色的灯光、旗帜、标牌等提供的指示信号，如信号机、信号灯、信号旗、信号牌、信号表示器等。

视觉信号又以设置的位置不同分为手信号、移动信号、固定信号。手信号是指车务人员手握的信号旗、手提的信号灯等；移动信号是指在地面上临时设置的可移动信号牌；固定信号是指设在地面或机车上固定不动的信号。

地面固定信号是指常设于固定地点的信号机、信号表示器等；机车信号是指设在机车驾驶室内的信号机或显示器等。

信号机按显示方式不同，分为色灯信号机和臂板信号机。随着铁路信号技术的发展，臂板信号机已基本淘汰。地面固定信号机按用途分为进站、出站、通过、进路、预告、接近、遮断、驼峰、驼峰辅助、复示、调车信号机共十一种；信号表示器分为进路、发车线路、发车、调车、道岔、脱轨及车挡表示器。各种信号装置根据显示距离的要求，其安装类型又有高柱和矮型之分，有时还采用信号托架或信号桥，如图 3.1.1 所示。

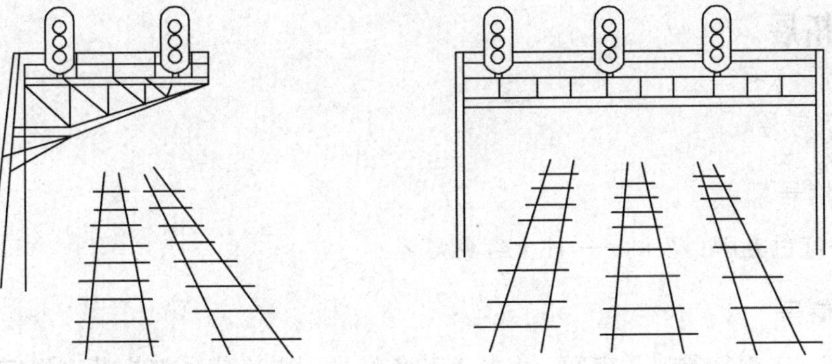

（a）信号托架　　　　（b）信号桥

图 3.1.1　信号托架和信号桥

3. 铁路信号的基本颜色、显示与设置

与其他交通系统的信号相似，铁路信号也是以红、黄、绿三种颜色为基本颜色，但是铁路信号的显示要比其他交通系统信号复杂得多，除三种基本灯光外，信号机上还有蓝灯和月白灯灯光，信号表示器还有紫色灯光、透明白灯等。

不同颜色的灯光用不同的符号和代号来表示，各种灯光的符号和代号如表 3.1.1 所示。

表 3.1.1　各种灯光的符号和代号

各种灯光	颜色				
	红灯	黄灯	绿灯	白灯	蓝灯
符号	●	⊘	○	◎	◉
代号	H	U	L	B	A

铁路信号灯光基本含义是：红色停车，黄色注意或减速运行，绿色按规定速度运行。但是为了提供更加明确具体的信号显示，铁路信号的显示意义不仅以灯光的颜色不同来区分，还以灯光的数目和不同组合来区分，有时还以稳定灯光和闪光显示方式不同来区分。

此外，铁路信号的显示意义还有不同的描述方式。如：要求停车的信号被称为禁止信号，要求注意或减速运行的信号及准许按规定速度运行的信号被称为进行信号；显示禁止灯光不允许越过的信号被称为绝对信号，而显示禁止灯光在特殊情况下允许越过的信号被称为非绝对信号（容许信号）。

我国铁路运输采用左侧行车制，因此铁路地面固定信号机一般设于线路左侧。特殊情况下，需将信号机设于线路右侧时，一般应由铁路局集团公司批准。各种信号机有着不同的防护作用，其设置的具体位置，根据用途不同有着不同的具体规定。

综上，铁路信号从广义上讲，是指在铁路运输系统中，保证行车安全、提高车站和区间的通过能力及编组能力的各种控制技术的总称；从狭义上讲，是指对行车有关人员指示运行条件而规定的物理特征符号，目前我国铁路信号主要采用色灯信号机。

1.3 知识拓展

1.3.1 移动信号

1. 停车信号

昼间——红色方牌；夜间——柱上红色灯光。

2. 减速信号

（1）昼间——黄色圆牌；夜间——柱上黄色灯光。减速信号牌为黄底黑字，应标明列车限制速度。

（2）施工及其限速区段，按不同速度等级列车（最高运行速度大于 120 km/h 的旅客列车、行邮列车及最高运行速度为 120 km/h 的货物列车、行包列车）的紧急制动距离，在原减速信号牌外方增设特殊减速信号牌，昼间与夜间均为黄底黑 T 字圆牌。

（3）减速防护地段终端信号

昼间——绿色圆牌；夜间——柱上绿色灯光。在单线区段，司机在昼间应看线路右侧减速信号牌背面的绿色圆牌，在夜间应看柱上的绿色灯光。

1.3.2 手信号

列车运行时，有关人员应遵守下列手信号的显示：

1. 停车信号

停车信号要求列车停车。

昼间——展开的红色信号旗；夜间——红色灯光。

昼间无红色信号旗时，两臂高举头上向两侧急剧摇动；夜间无红色灯光时，用白色灯光上下急剧摇动。

2. 减速信号

减速信号要求列车降低到要求的速度。

昼间——展开的黄色信号旗；夜间——黄色灯光。

昼间无黄色信号旗时，用绿色信号旗下压数次；夜间无黄色灯光时，用白色或绿色灯光下压数次。

3. 发车指示信号

发车指示信号要求运转车长显示发车信号。

昼间——高举展开的绿色信号旗靠列车方面上下缓动；夜间——高举绿色灯光上下缓动。

4. 发车信号

发车信号要求司机发车。

昼间——展开的绿色信号旗上弧线向列车方面作圆形转动；夜间——绿色灯光上弧线向列车方面做圆形转动。

5. 通过手信号

通过手信号准许列车由车站（场）通过。

昼间——展开的绿色信号旗；夜间——绿色灯光。

6. 引导手信号

引导手信号准许列车进入车场或车站。

昼间——展开的黄色信号旗高举头上左右摇动；夜间——黄色灯光高举头上左右摇动。

7. 特定引导手信号

特定引导手信号的显示方式为：昼间——展开绿色信号旗高举头上左右摇动；夜间——绿色灯光高举头上左右摇动。

1.4 相关规范、规程与标准

《铁路技术管理规程》（第 10 版）第 60 条、第 330 条、第 331 条。

任务 2 色灯信号机基本知识

2.1 任 务

本项任务的目的是使学生掌握色灯信号机的分类、机构组成和各部分作用、信号灯泡结构、灯丝转换装置构成；了解组合式色灯信号机和 LED 色灯信号机；掌握更换信号灯泡的方法和灯泡的选用原则。

2.2 相关知识

色灯信号机以其灯光的颜色、数目和亮灯状态来表示信号。目前，铁路应用的色灯信号机有透镜式色灯信号机、组合式色灯信号机和 LED 色灯信号机。被广泛采用的信号机是透镜式色灯信号机，在曲线地段一般采用组合式色灯信号机，高速铁路及客运专线上采用 LED 色灯信号机。

2.2.1 透镜式色灯信号机

1. 透镜式色灯信号机的结构

透镜式色灯信号机有高柱和矮型两种类型，其中高柱信号机的机构安装在信号机柱上，矮型信号机的机构安装在水泥基础或钢制基础上。

高柱透镜式色灯信号机如图 3.2.1 所示，由机柱、机构、托架、梯子等部分组成。机柱采用钢筋混凝土结构，用于安装机构和梯子。矮型透镜式色灯信号机如图 3.2.2 所示，它由机构、基础等组成。

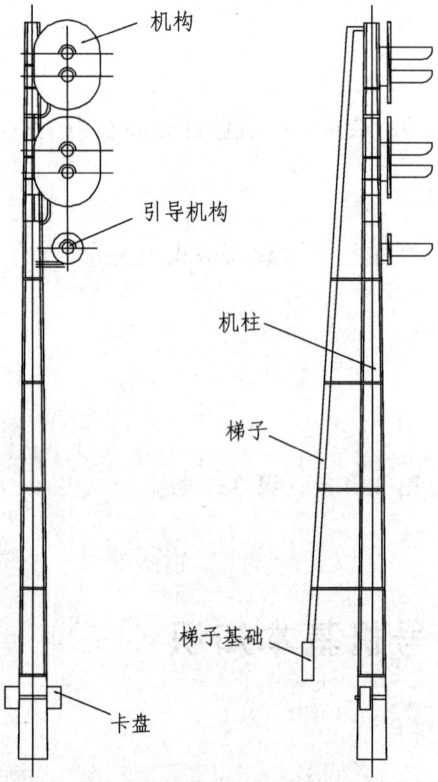

图 3.2.1　高柱透镜式色灯信号机

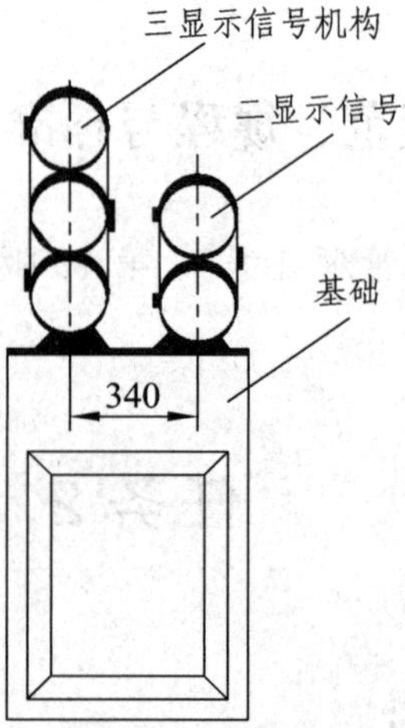

图 3.2.2　矮型透镜式色灯信号机

2. 透镜式色灯信号机的机构组成

透镜式色灯信号机机构如图 3.2.3 所示，每个灯位由灯泡、灯座、透镜组、遮檐、背板等组成。

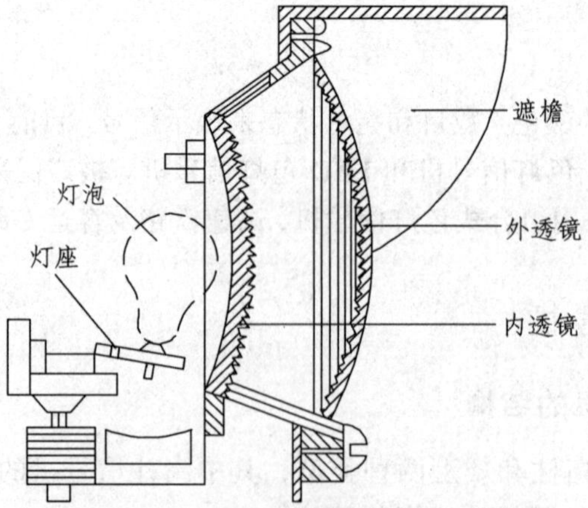

图 3.2.3　透镜式色灯信号机机构

灯泡是色灯信号机的光源。目前均采用直丝双丝灯泡，灯泡内有两个灯丝：一个主灯丝，一个副灯丝。正常情况下点亮下方的主灯丝，当主灯丝断丝时，自动改点上方的副灯丝，并发出报警，提醒值班人员及时更换灯泡。

灯座是用来安装灯泡的，现采用定焦盘式灯座，为保证获得最大的显示距离，灯泡应安装在透镜的焦点上，在调整好透镜组焦点后灯座固定不动，更换灯泡时无须调整灯座。

透镜组装在镜架框上，由两块带棱的凸透镜组成，外面是无色带内棱凸透镜，里面是有色的带外棱凸透镜（有红、黄、绿、蓝、月白、无色六种颜色）。

遮檐用来防止阳光等光线直射时产生错误的幻影显示。

为改善瞭望条件，高柱信号机安装背板，可衬托信号灯光亮度。一般信号机采用圆形背板，各种复示信号机、遮断信号机及其预告信号机、容许信号则采用方形背板，以示区别。

3. 透镜式色灯信号机构分类

透镜式色灯信号机构按结构分为单显示、二显示、三显示三种（高速铁路及客运专线有四显示机构）。

单显示机构用于复示信号机构、引导信号机构、容许信号机构、遮断信号及其预告信号机构。

二显示机构有两个灯室，三显示机构有三个灯室，每个灯室内有一组透镜、一副灯座、一个灯泡和遮檐。灯座间用隔板分开，以防止相互串光，保证信号显示的正确。每一机构设有一块背板，同机构各灯室共用。

各种信号机可根据信号显示的需要选用合适的机构，再按灯光显示和配列要求选择规格和颜色相符的有色内透镜，安装在机构内。此外，还有灯列式进站复示信号机构等。

4. 透镜式色灯信号机的透镜成像原理

透镜式色灯信号机所使用的是凸透镜，其中心厚，边缘薄。根据透镜成像原理，如果光源灯泡置于透镜组的焦点处，经透镜折射后，就会成为平行光，使灯泡发出的光呈平行射出，将光源发出的光线集中射向所需要的方向，如图 3.2.4 所示。

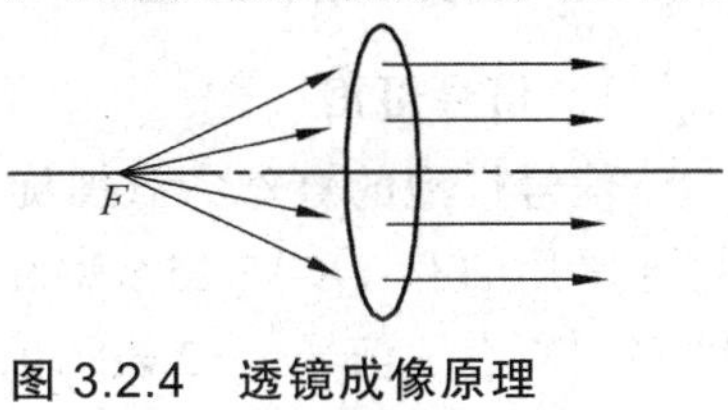

图 3.2.4　透镜成像原理

2.2.2　组合式色灯信号机

透镜式色灯信号机构的光系统射出的平行光线，两侧分别只有 2°散角，覆盖面很窄，在曲线线段上只能在局部范围内能看到，即使加了偏光镜也很难在整个曲线范围内得到连续显示。为保证曲线区段信号显示的连续，我国在 20 世纪 80 年代从德国引进了 V136 型信号机构，并据此研制了适合我国铁路需要的新型组合式信号机构，作为透镜式信号机构的换代产品。

组合式色灯信号机用于瞭望困难的线路，适用于曲线半径 300 ~ 2000 m 的各种曲线和直线上信号显示。在距信号机 5 ~ 1000 m 距离内能够得到连续的信号显示。该信号机光系统设计合理，光能利用率高，显示距离远，主光源显示距离可达到 1000 m，如不加偏光镜可达 1500 m。曲线折射性能强，偏散角度大，可见光分布均匀，能见度高，有利于司机瞭望。

组合式信号机构由光系统、机构壳体、遮檐等组成，光系统由反光镜、灯泡、色片、非球面镜、偏散镜及前表面玻璃组成，如图 3.2.5 所示。灯泡发出的光通过色片、非球面镜汇聚成带有规定颜色的平行光，在经过偏散镜将一部分光偏散到所需方向，使曲线上能连续准确地看到信号显示。色片有红、黄、绿、蓝、月白五种颜色。偏散镜将光系统产生的平行光较均匀地聚焦到所需要的可视范围内。可根据曲线特点选用相应种类的偏散镜，以保证连续显示。

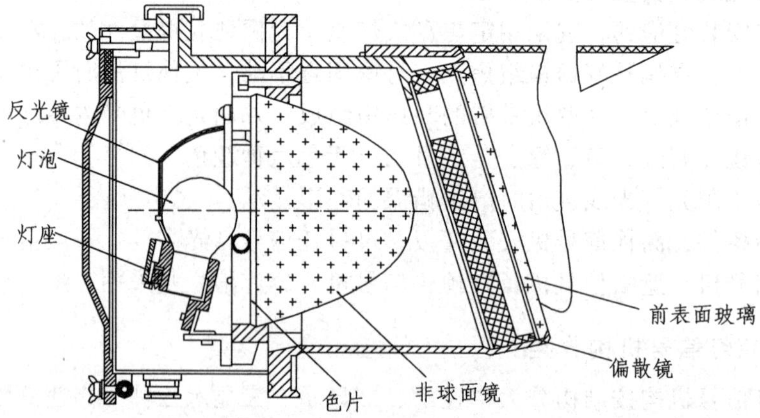

图 3.2.5　组合式色灯信号机机构

组合式信号机每个机构只有一个灯室，使用时根据信号显示要求分别组装成二显示、三显示或单显示，故称为组合式。灯室间不会串光。由于采用铝合金或玻璃钢材料，每个机构仅 7 kg，便于安装、维护和调整。

2.2.3　信号光源

色灯信号机采用铁路直丝信号灯泡，配有定焦盘式灯座以及点灯和灯丝转换装置。

1. 信号灯泡和灯座

1）信号灯泡

信号灯泡的灯丝为双螺旋直丝，如图 3.2.6 所示。信号灯泡常用的有 TX-12/25A 型和 TX-12/25B 型，其中 T 表示铁路，X 表示信号，12 表示该灯泡的额定电压为 12 V，25 表示功率为 25 W。

主灯丝和副灯丝呈直线状平行布置，主灯丝在下，副灯丝在上，灯头两端锡高度一致，并应饱满光洁。在主灯丝断丝时，灯丝落下不会碰到副灯丝而影响副灯丝正常工作，有利于安全使用。

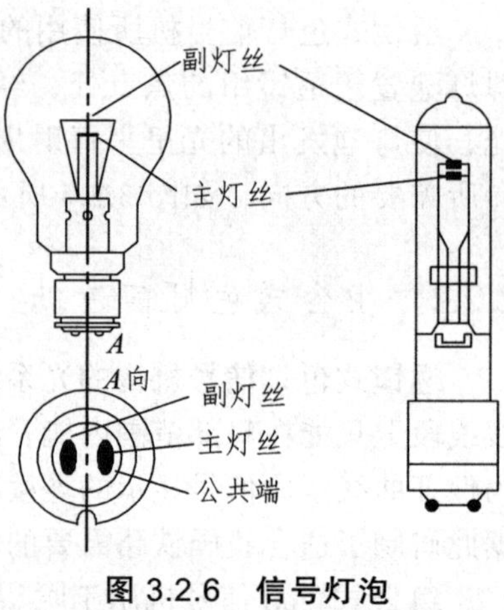

图 3.2.6　信号灯泡

2）定焦盘式铁路信号灯座

定焦盘式铁路信号灯座可调整光源位置，使主灯丝位于透镜组的焦点上，获得最佳显示效果。信号机构在安装前要进行灯光调整试验，只有满足显示要求时才能使用。

3）信号灯泡的选用

为保证信号灯泡的质量，在使用前，必须对信号灯泡进行检验和点灯试验。

检验信号灯泡就是查看灯泡外观，并用必要的量具和器具检查灯泡灯丝是否符合灯泡的技术标准。

点灯试验应在额定电压和额定功率的条件下进行。试验时间为主灯丝 2 h，副灯丝 1 h。（点灯试验时间是经过大量调查和试验后确定的。在 2 ~ 4 h 出现主灯丝断丝的概率很小，规定试验时间 2 h，既满足了质量检验的要求，又减少了能耗）。

在检验和点灯试验中若发现下列情况之一时则此灯泡不准使用：

（1）主副丝同时点亮，或其中一根灯丝断丝。

（2）灯泡漏气、冒白烟、内部变黑。

（3）灯口歪斜、活动或焊口假焊。

（4）灯泡储存期超过一年。

2. 灯丝转换装置

在信号机点灯电路的室外部分，除了有信号灯泡外，还有灯丝转换装置。灯丝转换装置由信号点灯变压器和灯丝转换继电器等构成。另外，随着信号设备的不断更新，目前在信号点灯电路中大都使用点灯单元和多功能智能点灯单元。

1）信号变压器及点灯原理

信号变压器设于信号机处的变压器箱内，用以将 220 V 交流电压降为信号灯泡所用的 12 V 电压。常见的有 BX-40、BX-30、BX_1-40、BX_1-34 以及 BYD-60 型远程点灯信号变压器。其中使用最多的是 BX_1-34 型，如图 3.2.7 所示。它的 I 次侧一般使用 I_1 和 I_3 端子，当在 I 次侧输入 220 V 交流电压时，在Ⅱ次侧能够输出 12 ~ 16 V 交流电压。

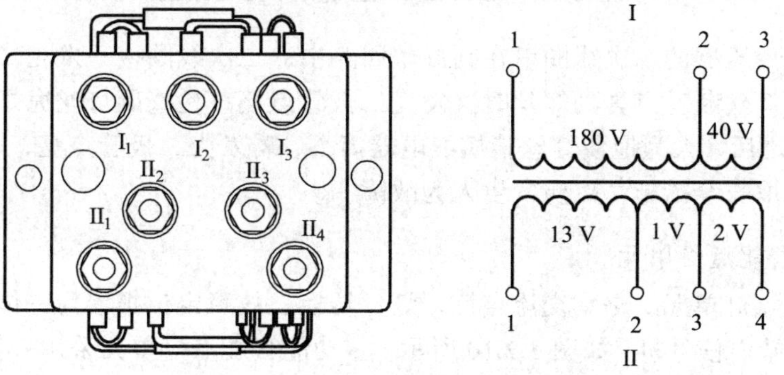

图 3.2.7　BX1-34 型信号变压器

信号机红灯点灯局部电路，如图 3.2.8 所示。正常情况下，信号灯泡的主灯丝点亮，此

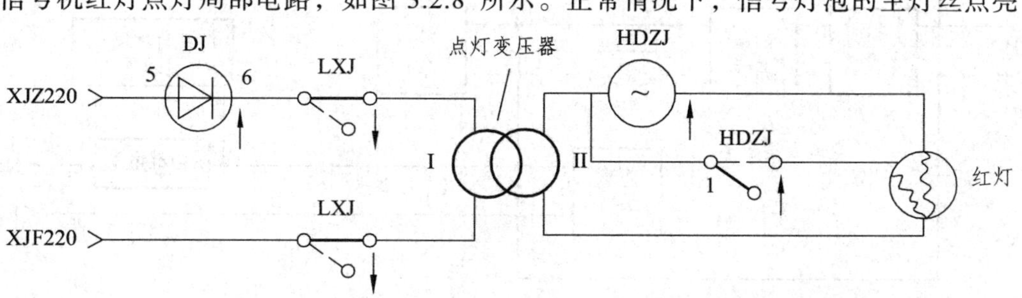

图 3.2.8　信号机红灯点灯局部电路

时，红灯灯丝转换继电器 HDZJ 处于吸起位置；当主灯丝断丝时，HDZJ 落下，利用第一组后接点接通副灯丝，使副灯丝点亮，同时，利用 HDZJ 的另外第二组接点接通报警电路。

2）DDXL-34 型点灯单元

如图 3.2.9 所示，DDXL-34 型点灯单元将点灯变压器与灯丝转换继电器结合在一起，另外，配置了一台检流变压器（TS126 型）和一个 LED 发光二极管。它的点灯变压器采用防雷装置，灯丝转换继电器采用 JZSJC 型。正常点灯情况下，主灯丝点亮，同时灯丝转换继电器 DZJ 吸起；当主灯丝断丝时，灯丝转换继电器 DZJ 断电落下，通过其后接点接通副灯丝回路，点亮副灯丝；同时利用另一组接点接通断丝报警电路。

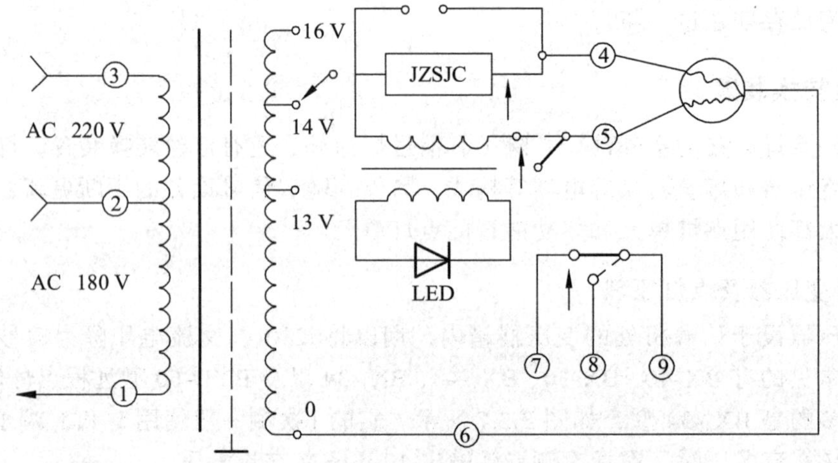

图 3.2.9 DDXL-34 型点灯单元电路图

另外，检流变压器的一次线圈串在副灯丝回路中，二次线圈接一发光二极管，用以检查副灯丝完好。主灯丝断丝点亮副灯丝时，发光二极管点亮。检查副灯丝完好的方法是，在联系、登记、要点之后，人为地使灯丝转换继电器落下，若发光二极管点亮，表示副灯丝完好。此时，一定要采取安全措施，以防发生人为故障。

3）多功能智能点灯单元

多功能智能点灯单元，是集交流点灯、灯丝转换、故障定位报警为一体的多功能智能点灯单元，适用于站内信号机，如图 3.2.10 所示。多功能智能点灯单元采用一体化的结构设计，

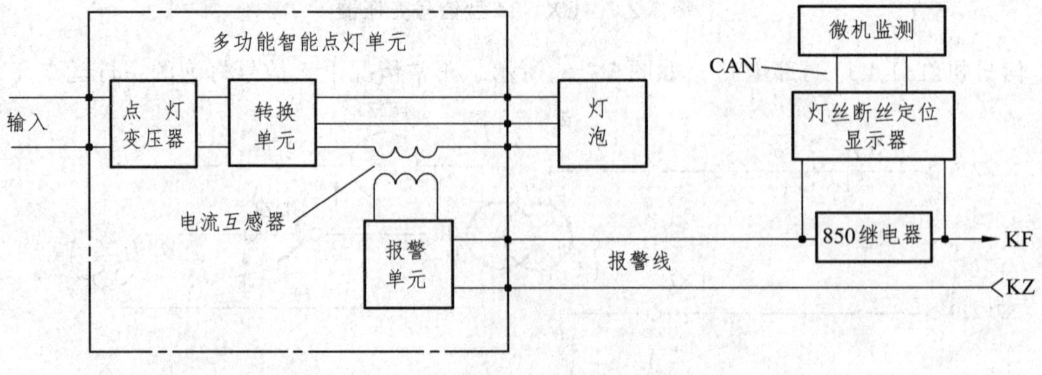

图 3.2.10 多功能智能点灯电源原理框图

安装、维修、更换非常方便。它具有灯丝断丝定位报警功能，在不增加不改动原有点灯及报警电路的前提下，利用原有两根报警线进行传输，在信号楼内进行解码，通过灯丝断丝定位显示器显示断丝灯位。

2.3 知识拓展

LED 信号机是目前高速铁路应用的一种新型信号机，其机构大小与透镜式色灯信号机相同，机构由铝合金材料构成，重量大大减少，便于进行施工安装，密封条件好，信号点灯单元由 LED 发光二极管构成，使用寿命长，可以做到免维护。

LED 铁路色灯信号机的显示距离超过 1.5 km 且清晰可辨，使用寿命可达 10^5 h，安全可靠。通过监测控制系统的电流，可监督信号显示系统的工作状态，预警异常情况有助于准确判断故障点，便于及时处理。用 LED 取代传统的双丝信号灯泡和透镜组，从而彻底消除灯泡断丝这一多发性的信号故障，可以做到免维护，结束了普通信号机定期更换信号灯泡的维修方式，减少维修工作量，节省维修费用。

2.3.1 LED 信号机的优点

用 LED 取代传统的双丝信号灯泡和透镜组，具有以下显著优点：

1. 可靠性高

发光盘是用上百只发光二极管和数十条支路并联工作的，在使用中即使个别发光二极管或支路发生故障也不会影响信号的正常显示，提高了信号显示的可靠性。

2. 寿命长

发光二极管的寿命是信号灯泡的 100 倍，改用发光盘后可免除经常更换灯泡的麻烦，且有利于实现免维修。

3. 节省能源

传统信号灯泡的功率为 25 W，而发光盘的耗电量还不到信号灯泡的 1/2。

4. 聚焦稳定

发光盘的聚焦状态在产品设计与生产中已经确定，现场不需调整，给安装与使用带来方便，并能始终保持良好的聚焦状态。

5. 光度性好

发光盘除有轴向主光束外，还有多条副光束，有利于增强主光束散角之外以及近光显示效果。

6. 无冲击电流

点灯时没有类似信号灯泡冷丝状态的冲击电流，有利于延长供电装置的使用寿命，并减少对环境的电磁污染。

2.3.2 LED 色灯信号机的组成和工作原理

现使用的 LED 色灯信号机构有 XSLE 型、XLL 型、XSZ（G、A）型、XLG（A、Y）型和 XSL 型等。

XSLE 型由发光盘、BXZ-40 点灯单元和 GTB 隔离调压报警单元组成。XLL 型由发光盘和 XLL 型 LED 信号机点灯单元组成。XSZ 型的发光盘可与现有信号点灯变压器配合使用。XLG 型由发光盘和减流报警单元组成。XSL 型由 PFL 型 LED 发光盘和 FDZ 发光盘专用点灯装置组成。各种型号的 LED 色灯信号机的部件是配套使用的。

现以 XSL 型 LED 色灯信号机为例进行介绍。

XSL 型 LED 色灯信号机由铝合金信号机构、PFL-I 型铁路 LED 发光盘和 FDZ 型发光盘专用点灯装置组成。

铝合金信号机构分为高柱机构和矮型机构。

1. 高柱机构

高柱信号机构由背板总成、箱体总成、遮檐和悬挂装置四部分组成。

背板总成带有背板，并用来安装箱体总成。背板总成分为二灯位背板总成（设有两个灯位安装孔）和三灯位背板总成（设有三个灯位安装孔）两种。两种背板总成的高度不同。

把每个灯位组装成一个整体称为高柱箱体总成。箱体总成也分为二灯位箱体总成（XSLG2 型）和三灯位箱体总成（XSLG3 型）两种。把种机构除背板总成不同外，其余均相同。用两个箱体总成分别固定在二灯位背板总成上，即构成二灯位高柱信号机构。把三个箱体总成分别固定在三灯位背板总成上，即构成三灯位高柱信号机构。箱体总成的玻璃卡圈换上透镜组用双丝信号灯泡点灯，也能作为色灯信号机用。

遮槽用螺钉装在机构箱体上的玻璃卡圈上。

悬挂装置将背板总成固定在信号机水泥机柱上。悬挂装置采用现有的上部托架、下部托架等设备，并经特殊的喷涂表面处理，以增强其抗锈蚀能力。

2. 矮型机构

矮型机构分为二灯位矮型机构（XSLA2 型）和三灯位矮型机构（XSLA3 型）两种，其安装方法与透镜式信号机构相同，即厂家已按二灯位（或三灯位）组装成一个整体。

2.4 相关规范、规程与标准

《铁路信号维护规则（技术标准）》2.2.1 ~ 2.2.9。

任务3　固定信号机

3.1 任　务

本项任务的目的是使学生掌握各种固定信号机的设置、作用及显示意义；了解高速铁路（客运专线）地面固定信号机的设置及显示特点；了解机车信号机的作用、种类及显示意义。培养观察问题能力和分析问题的能力，树立有令则行、有禁则止的工作作风。

3.2 相关知识

3.2.1 地面固定信号机

铁路信号中起主要防护作用的是地面固定信号机。由于臂板信号机在铁路现场所剩不多，这里就不再介绍。下面将分别对11种地面固定色灯信号机的作用、设置及显示意义进行介绍。

1. 进站信号机

在每一个车站接车线路的入口必须装设进站信号机。进站信号机应设在距进站最外方道岔尖轨尖端（顺向为警冲标）不小于50 m的地点，如因调车作业或制动距离的需要，可以向站外方向移设，但一般不得超过400 m，如图3.3.1所示。

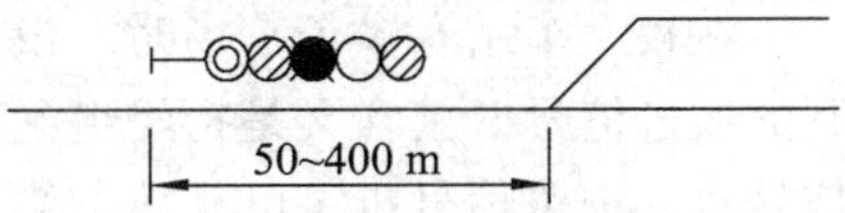

图3.3.1　进站信号机设置

设置进站信号机的作用就是为了防护车站。进站信号机是车站与区间的分界点，只有进站信号开放，才能允许列车进入站内。以进站信号机的不同显示，指示列车的运行条件。进站信号机其开放后，其他与之敌对的信号机不得开放，即与敌对信号机发生联锁关系。

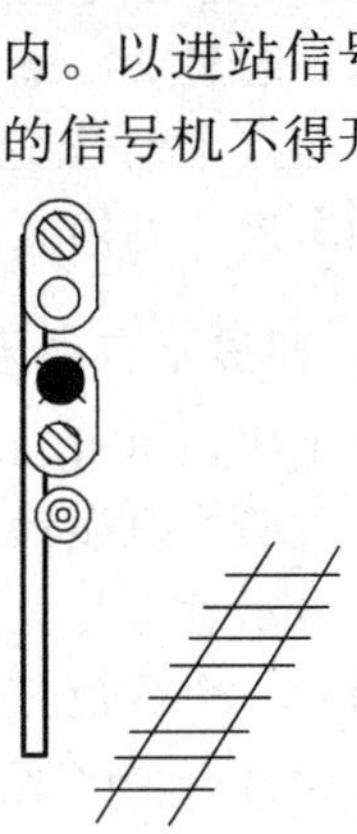

图3.3.2　进站信号机机构、灯光配列

铁路车站进站信号机的灯光配列基本相同，即从上至下的灯位排列为：黄、绿、红、黄、白，如图3.3.2所示。

《铁路技术管理规程》（第10版）（以后简称《技规》）中对各种灯光的显示意义有着明确的条文规定。

1）一般区段

除四显示自动闭塞区段外的一般区段，进站信号机的显示意义如下：

（1）一个绿色灯光——准许列车按规定速度经正线通过车站，表示出站及进路信号机在开放状态，进路上的道岔均开通直向位置。

即绿灯显示为正线通过信号，而正线通过的含义是指列车“直进直出”，无论接车进路还是发车进路都是经过道岔直向位置。对于经道岔侧向位置的通过作业，由于列车要限速运行，进站信号机不能显示绿灯。

（2）一个黄色灯光——准许列车经道岔直向位置，进入站内正线准备停车。

即一个黄灯显示为经道岔直向位置接车信号，“准备停车”是指列车进站后是否停车要看下一架列车信号机的显示，如果下一架列车信号机显示禁止信号，列车应停在该信号机前方；如果下一架列车信号机显示进行信号，则列车应根据信号显示继续运行。

（3）两个黄色灯光——准许列车经道岔侧向位置，进入站内准备停车。

即两个黄灯显示为侧线（弯进）接车信号，且本信号机或一架列车信号机防护的进路不符合“黄闪黄”信号显示的要求。

（4）一个黄色闪光和一个黄色灯光——准许列车经过 18 号及其以上道岔侧向位置，进入站内越过次一架已经开放的信号机，且该信号机的进路，经道岔的直向位置或 18 号及其以上道岔的侧向位置。

即“黄闪黄”信号显示是经大号（18 号及其以上）道岔侧向的通过信号，进站信号机防护的接车进路有 18 号以上道岔侧向位置，下一架列车信号机所防护的进路经由道岔直向位置或 18 号及其以上道岔侧向位置。这样既指示了列车由本站（场）通过，区别于两个黄灯，提高了列车运行速度；同时又区别于绿灯“直进直出” 的通过信号显示，限制了列车的运行速度。

（5）一个红色灯光——不准列车越过该信号机。

（6）一个绿色灯光和一个黄色灯光——准许列车经道岔直向位置，进入站内越过次一架已经开放的信号机准备停车。

在较大车站有多个车场时，设有进路信号机，一个绿色灯光和一个黄色灯光显示是有限制的通过信号，其含义是指经道岔直向位置的通过进路开通后，进站信号机后方第一架列车信号机（进路信号机）已开放，第二架列车信号机（进路信号机或出站信号机）没有开放。

（7）一个红色灯光及一个月白色灯光——引导接车信号，准许列车在该信号机前方不停车，以不超过 20 km/h 的速度进站或通过接车进路，并须准备随时停车。

引导接车信号显示是用灯光取代了过去的引导手信号，作为非正常情况下的信号显示，指示列车进入站内。

2）四显示自动闭塞区段

对于四显示自动闭塞区段的进站信号机，办理正线通过作业时，进站信号机的显示要受区间通过信号机显示的制约，因此，进站信号机的一个绿色灯光、一个绿色灯光和一个黄色灯光的显示意义与上述有所不同。

（1）一个绿色灯光——准许列车按规定速度经道岔直向位置进入或通过车站，表示运行前方至少有三个闭塞分区空闲。

即进站信号的绿灯显示与四显示通过信号机的绿灯显示意义相同。

（2）一个绿色灯光和一个黄色灯光——准许列车按规定速度越过该信号机，经道岔直向位置进入站内，表示次一架列车信号机开放一个黄灯。

即在四显示自动闭塞区段，除了尽头站或没有直进直出的车站外，各车站进站信号机均有一绿一黄信号显示，其显示意义与四显示通过信号机的绿黄灯显示意义相同，表示前方有两个“闭塞分区”空闲。

其他灯光的显示意义与上述完全相同，不再重复。

2. 出站信号机

在车站的正线和到发线上，应装设出站信号机。在电气集中车站，出站信号机都兼作调车信号机，因此称其为出站兼调车信号机。出站信号机的设置位置依据其内方道岔的方向确定，大多数出站信号机的内方为顺向道岔，在两线路中间距离两线路中心不小于 2 m 的位置设警冲标，出站信号机应设在每一发车线的警冲标内方，距警冲标 3.5 ~ 4 m 的位置，如图 3.3.3 所示。

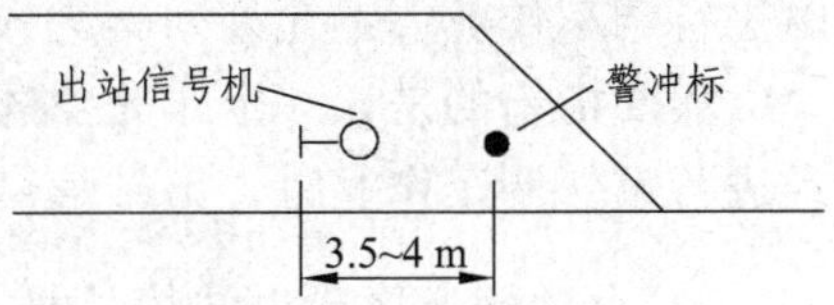

图 3.3.3　出站信号机的设置

有的股道出站信号机内方第一个道岔为对向道岔，则出站信号机设在对向道岔尖轨尖端外方对应的基本轨轨缝的位置。

出站信号机的作用就是防护发车进路和区间，同时也指示列车在站内的停车位置，即机车的最突出部分不准越过未开放的出站信号机。出站信号机的允许灯光显示作为列车占用区间的凭证，同时指示列车的运行条件。出站信号机开放后，其他与之敌对的信号机不得开放，即与敌对信号机发生联锁关系。

出站信号机的灯位配置、排列及显示，不仅与车站的联锁制式有关，还与区间的闭塞方式有关。下面分别介绍各种不同类型车站的出站信号机（包括出站兼调车信号机）的显示。

1）半自动闭塞区段出站信号机

结构最简单的出站信号机是半自动闭塞区段非集中联锁车站单一发车方向的出站信号机，只有一个红灯和一个绿灯，如图 3.3.4（a）所示；如果有两个发车去向，按照线路列车运行车流分为一个主要线路、一个次要线路，则再增加一个绿灯，如图 3.3.4（b）所示；如果是集中联锁的车站，则出站信号机下方均设置一个白灯，成为出站兼调车信号机，如图 3.3.4（c）、（d）所示。

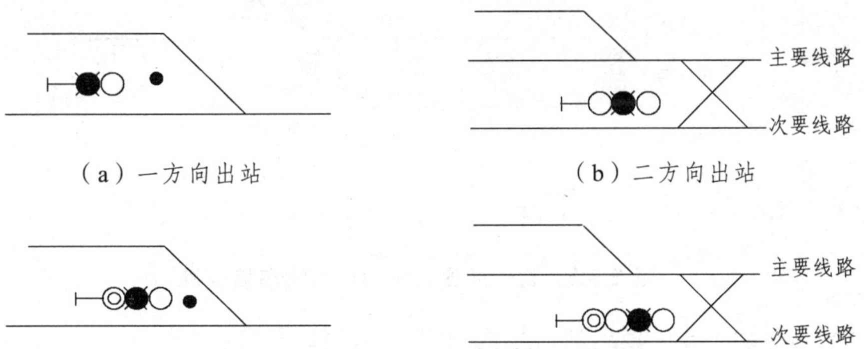

（a）一方向出站　（b）二方向出站

（c）一方向出站　（d）二方向出站

图 3.3.4　半自动区段出站信号机

半自动闭塞区段出站信号机的显示意义为：

（1）一个绿色灯光——准许列车由车站出发。

（2）一个红色灯光——不准列车越过该信号机。

（3）两个绿色灯光——准许列车由车站出发，开往次要线路。

（4）在兼作调车信号机时，一个月白色灯光——准许越过该信号机调车。

半自动闭塞区段出站信号机的允许灯光显示作为列车占用区间的凭证，即只有出站信号机显示绿灯或双绿灯时，列车才可以进入区间。显示调车信号时，只准许越过该信号机在站内进行调车作业，不允许列车进入区间。

需要指出的是，一个非完整的列车（即使一个单机）需要从一个车站运行到另一个车站或进行站外调车作业时，出站信号机必须显示列车信号才允许其进入区间。

2）自动闭塞区段出站信号机

自动闭塞区段的出站信号机不仅指示列车可以向区间出发，同时为了保证列车的运行安全，还要进一步明确列车运行前方区间闭塞分区的占用情况。因此，自动闭塞区段的出站信号机与半自动闭塞区段的出站信号机比较，要增加一个黄灯。我国铁路大部分自动闭塞区段为四显示双线双向自动闭塞，少数自动闭塞区段仍保留三显示方式。三显示与四显示自动闭塞区段出站信号机的灯位排列有所不同，以复线区段车站有一个半自动支线发车线路的出站兼调车信号机为例，出站兼调车信号机的灯位排列如图 3.3.5 所示。

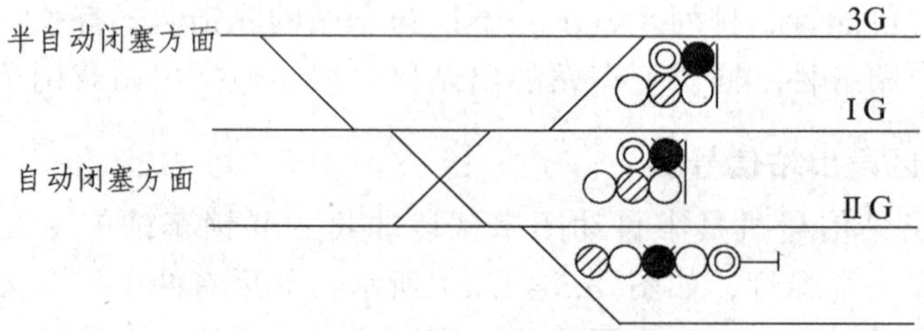

（a）三显示高柱、矮型

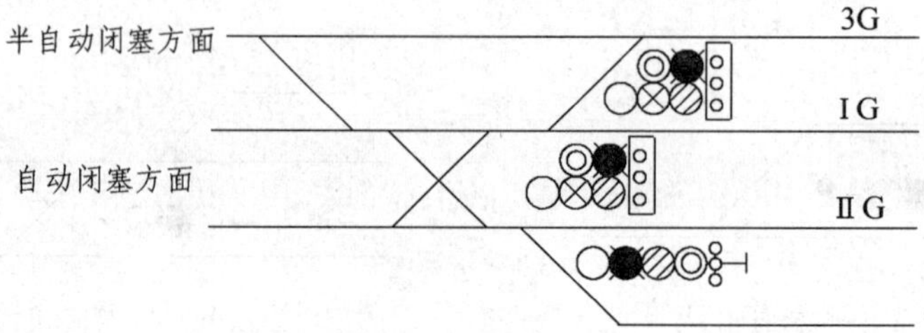

（b）四显示高柱、矮型

图 3.3.5　自动闭塞区段出站兼调车信号机

（1）三显示自动闭塞区段出站信号机的显示意义如下：

① 一个绿色灯光——准许列车由车站出发，表示运行前方至少有两个闭塞分区空闲；

② 一个黄色灯光——准许列车由车站出发，表示运行前方有一个闭塞分区空闲；

③ 两个绿色灯光——准许列车由车站出发，开往半自动闭塞区间；

④ 一个红色灯光、一个月白灯光的显示意义与半自动闭塞区段的出站信号机相同。

（2）四显示自动闭塞区段出站信号机的显示意义为：

① 一个绿色灯光——准许列车由车站出发，表示运行前方至少有三个闭塞分区空闲；

② 一个绿色灯光和一个黄色灯光——准许列车由车站出发，表示运行前方有两个闭塞分区空闲；

③ 一个黄色灯光、一个红色灯光、两个绿色灯光、一个月白色灯光的显示意义与上述三显示自动闭塞区段的出站信号机相同，不再重复。实际上，四显示自动闭塞区段车站的出站信号机灯位排列之所以与三显示区段不同，就是为了构成一个绿灯和一个黄灯同时点亮的信号显示。

自动闭塞区间有多个发车方向的出站信号机，有时为了明确指示发车方向，需在出站信号机下方增设发车进路表示器（小白灯），有关发车进路表示器的显示后面介绍。

3. 进路信号机

在规模较大的区段站或编组站，一个车站由多个车场组成，在有多个车场的车站，为使列车由一个车场开往另一个车场，应装设进路信号机。进路信号机的作用就是防护转场进路。如图 3.3.6 所示，在车场入口处设置的列车信号机与进站信号机相似（X_L），称为接车进路信号机，用其指示列车进入车场的运行条件；在车场股道端部设置的列车信号机与出站信号机相似（X_{I1} ~ X_{I3}），称为发车进路信号机，用其指示列车运行到下一列车信号机。

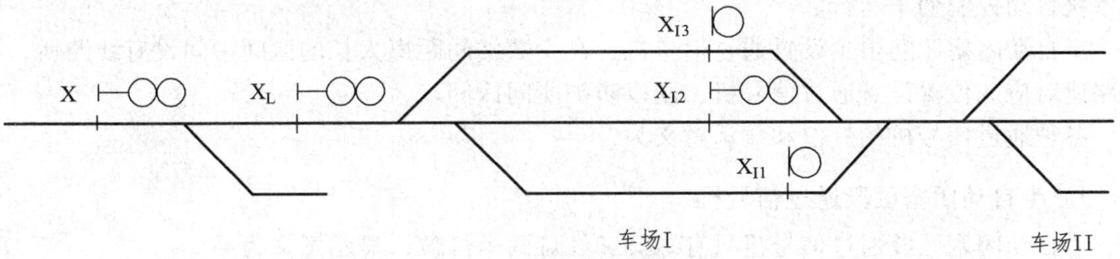

图 3.3.6 进路信号机的设置

当两个车场距离较近时，有时不设接车进路信号机，而用前一车场的发车进路信号机指示列车进入下一车场的运行条件，即一架进路信号机兼有接发车两种指示功能，因此，称该进路信号机为接发车进路信号机。

各种进路信号机的显示意义为：

1）接车进路信号机

接车进路信号机的显示与进站信号机相同。

2）四显示自动闭塞区段除外的发车进路信号机

（1）一个绿色灯光——准许列车由车站经正线出发，表示出站和进路信号机均在开放状态。

（2）一个黄色灯光——准许列车运行到次一架色灯信号机之前准备停车。

（3）一个绿色灯光和一个黄色灯光——准许列车按规定速度越过该信号机，表示该信号机列车运行前方至少有一架进路信号机在开放状态。

（4）一个红色灯光——不准列车越过该信号机。

3）四显示自动闭塞区段发车进路信号机

（1）一个绿色灯光——表示该信号机列车运行前方至少有两架信号机经道岔直向位置在开放状态。

（2）一个绿色灯光和一个黄色灯光——表示该信号机列车运行前方至少有一架信号机经道岔直向位置在开放状态。

一个黄色灯光、一个红色灯光的显示意义与上述相同。

可见，发车进路信号机的显示与出站信号机的显示意义也相近。

4）兼作调车信号机

接车或发车进路信号机兼作调车信号机时：一个月白色灯光——准许越过该信号机调车。

5）接发车进路信号机

同时具有接车和发车进路功能的接发车进路信号机的显示与接车、发车进路信号机相同。

4. 通过信号机

在自动闭塞区段，将区间划分成若干个小段，每一小段称为一个闭塞分区。在每一闭塞分区的入口设置一架通过信号机，用以防护闭塞分区。在高速铁路自动闭塞区间，由于列车运行速度高，人工辨认地面信号显示已非常困难，因此取消了区间地面通过信号机，而由列控系统自动控制列车运行。

半自动闭塞区间很少设置通过信号机，在少数站间距离太长的区间中间设有线路所，在线路所对应的位置设置通过信号机，用以防护所间区间。

各种通过信号机的灯位和显示意义为：

1）半自动闭塞区段通过信号机

半自动闭塞区段通过信号机只有绿灯和红灯两个灯位，显示意义为：

（1）一个绿色灯光——准许列车按规定速度运行。

（2）一个红色灯光——不准列车越过该信号机。

2）三显示自动闭塞区段通过信号机

三显示自动闭塞区段通过信号机自上而下的灯位排列为黄、绿、红，如图 3.3.7（a）所示，每一个灯光独立构成一种信号显示：

（1）一个绿色灯光——准许列车按规定速度运行，表示运行前方至少有两个闭塞分区空闲。

（2）一个黄色灯光——要求列车注意运行，表示运行前方有一个闭塞分区空闲。

（3）一个红色灯光——列车应在该信号机前停车。

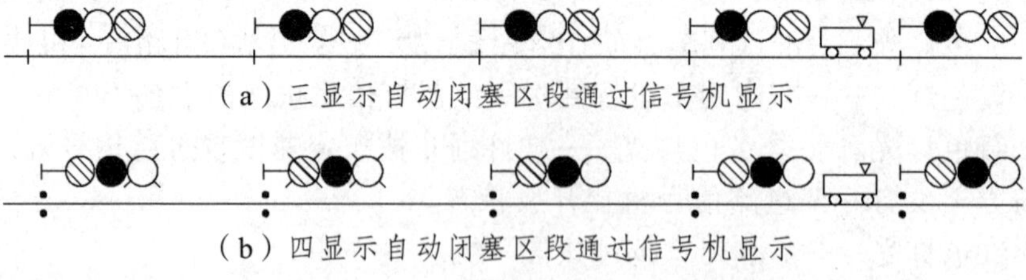

（a）三显示自动闭塞区段通过信号机显示

（b）四显示自动闭塞区段通过信号机显示

图 3.3.7　自动闭塞区段通过信号机显示

3）四显示自动闭塞区段通过信号机

与三显示自动闭塞区段通过信号机不同，四显示自动闭塞区段通过信号机在黄、绿、红三种信号显示的基础上增加了一个绿灯、一个黄灯的信号显示。为了提供绿黄信号显示，四显示通过信号机的自上而下的灯位排列为绿、红、黄，如图 3.3.7（b）所示。各种灯光的显示意义为：

（1）一个绿色灯光——准许列车按规定速度运行，表示运行前方至少有三个闭塞分区空闲。

（2）一个绿色灯光和一个黄色灯光——准许列车按规定速度运行，要求注意准备减速，表示运行前方有两个闭塞分区空闲。

（3）一个黄色灯光——要求列车减速运行，按规定限速要求越过该信号机，表示运行前方有一个闭塞分区空闲。

（4）一个红色灯光——列车应在该信号机前停车。

自动闭塞区段区间通过信号机的灯光显示随着列车的运行自动变换，三显示和四显示区间列车位置与通过信号机的关系分别如图 3.3.7（a）、（b）所示。

由上述可知，无论三显示还是四显示自动闭塞区段通过信号机，一个红色灯光的显示意义均表述为“列车应在该信号机前停车”而与前面其他信号机显示红灯“不准列车越过该信号机”的表述不同。这是因为当设备发生故障时，通过信号机因故变为红灯显示后，即使所防护的闭塞分区没有列车占用也不能升级为允许灯光显示。为了达到既保证列车运行安全，又尽量提高运输效率的要求，自动闭塞区间通过信号机显示红灯时，列车在信号机前方停车 2 min 后，允许列车以不超过 20 km/h 的速度运行到下一信号机，并随时准备停车。这样就避免了因设备故障，列车在区间的长时间滞留，影响后续列车运行。

在自动闭塞区间列车起动困难的地点，通过信号机显示红灯，列车在信号机前方停车，即造成“坡停”，列车将难以再起动，甚至有拉断车钩造成事故的危险。因此，在列车起动困难的上坡地点设置的通过信号机，红灯下方设置一个小蓝灯，称这个小蓝灯为容许信号。其显示意义为：

容许信号显示一个蓝色灯光——准许列车在通过色灯信号机显示红色灯光的情况下不停车，以不超过 20 km/h 的速度通过，运行到次一架通过色灯信号机，并随时准备停车。

在自动闭塞区段，如果区间有采石场等支线时，需在区间设有分歧道岔。

自动闭塞区段防护分歧道岔的线路所通过信号机，其机构外形和显示方式，应与进站信号机相同，引导灯光应予封闭。该信号机显示红色灯光时，不准列车越过该信号机。

设有分歧道岔的线路所，当列车经过分歧道岔侧向运行时，色灯信号机应显示两个黄色灯光；当分歧道岔为 18 号及以上道岔时，显示一个黄色闪光和一个黄色灯光。

5. 遮断信号机

为了防止有紧急情况突发时列车进入危险地点，在有人看守的铁路与公路平面交叉的道口应装设遮断信号机；在有人看守的桥隧建筑物及可能危及行车安全的坍方落石地点，根据需要装设遮断信号机。该信号机距防护地点不得小于 50 m。其显示意义为：

遮断色灯信号机显示一个红色灯光——不准列车越过该信号机；不着灯时，不起信号作用。

遮断信号机是由人工手动控制的，平时没有危险情况发生时，为了节省电能，遮断信号机不着灯；而当有紧急情况发生时，由值守人员临时操纵，使红灯点亮，保证列车的运行安全。

一般的信号机灭灯时按禁止信号处理，所以平时是不许灭灯的。而遮断信号机不着灯时，不起信号作用。为区别于其他信号机，遮断信号机在外形上与其他信号机不同，一是遮断信号机的机柱上涂有黑白相间的斜线，二是遮断信号机采用方形背板，如图 3.3.8 所示。这样司机发现遮断信号机灭灯，也不会采取制动措施。

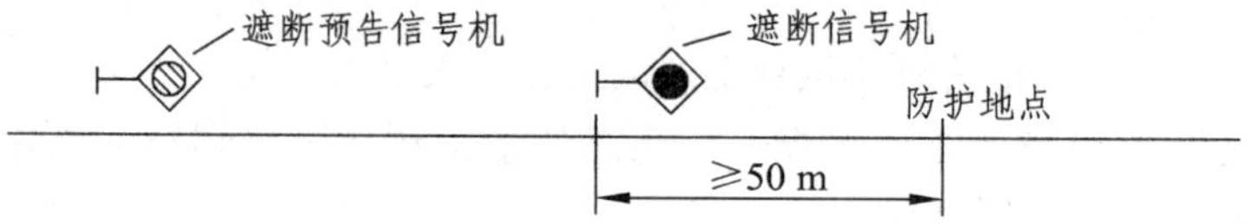

图 3.3.8 遮断及其预告信号机设置

6. 预告色灯信号机

预告信号机的作用就是预告主体信号机的显示。《技规》的条文中，对预告信号机的设置要求如下：

（1）半自动闭塞区段、自动站间闭塞区段，进站信号机为色灯信号机时，应设色灯预告信号机或接近信号机。

（2）遮断信号机和半自动闭塞区段、自动站间闭塞区段线路所通过信号机，应装设预告信号机。

（3）列车运行速度不超过 120 km/h 的区段，预告信号机与其主体信号机的安装距离不得小于 800 m，当预告信号机的显示距离不足 400 m 时，其安装距离不得小于 1 000 m。

进站预告信号机的设置如图 3.3.9 所示。

图 3.3.9 进站预告信号机

对应进站信号机及线路所通过信号机设置的预告信号机显示为：

（1）一个绿色灯光——表示主体信号机在开放状态。

（2）一个黄色灯光——表示主体信号机在关闭状态。

“主体信号机在开放状态”是指主体信号机显示允许灯光，包括绿灯、一绿一黄、黄灯、双黄及黄闪黄等信号显示。

主体信号机在关闭状态，实际上是指主体信号机在未开放状态，包括主体信号机显示红灯、引导信号，甚至有时主体信号机灭灯时，预告信号机也显示黄灯。

预告信号机作为配合主体信号机设置的信号机，它没有禁止灯光显示，平时显示黄灯。如果预告信号机黄灯因故灭灯，变为不着灯，也应视为“不起信号作用”，但它的外形并没有特殊标志。

在自动闭塞区段，由于区间设有通过信号机，进站信号机外方的第一架通过信号机可视为进站信号机的预告信号机，它的显示与其他通过信号机相同。为了区别于其他通过信号机，在三显示自动闭塞区段的进站信号机前方第一架通过信号机柱上，应涂三条黑斜线，四显示自动闭塞区段的进站信号机前方第一、第二架通过信号机的机柱上，应分别涂三条、一条黑斜线。

对应遮断信号机设置的预告信号机显示为：

一个黄色灯光——表示遮断信号机显示红色灯光；不着灯时，不起信号作用。

遮断信号机的预告信号机外形与遮断信号机相同，也是为了区别于其他信号机。

7. 接近信号机

接近信号机的作用与上面的进站预告信号机相同，即预告主体信号机的显示。对于半自动闭塞区段、自动站间闭塞区段进站信号机外方接近区段和接近信号机的设置，《技规》条文要求：列车运行速度超过 120 km/h 的区段，应设置两段接近区段，在第一接近区段和第二接近区段的分界处，设接近信号机，在第一接近区段入口 100 m 处，设置机车信号接通标。

接近信号机的设置如图 3.3.10 所示。

图 3.3.10 接近信号机

接近信号机显示信号为：

（1）一个绿色灯光——表示进站信号机开放一个绿色灯光。

（2）一个绿色灯光和一个黄色灯光——表示进站信号机开放一个黄色灯光或一个黄色灯闪光和一个黄色灯光。

（3）一个黄色灯光——表示进站信号机在关闭状态或显示两个黄色灯光。

由前面介绍的预告信号机和接近信号机可知，列车运行速度不超过 120 km/h 的区段设置预告信号机，列车运行速度超过 120 km/h 的区段设置接近信号机。对应灯光的接近信号机与预告信号机的显示意义不同，进站信号机显示一个黄灯或黄闪黄时，预告信号机显示绿灯，而接近信号机显示一绿一黄；进站信号机显示两个黄灯时，预告信号机显示绿灯，而接近信号机显示一个黄灯；可见，接近信号机的显示比预告信号机更能保证列车的运行安全。两者在外形上不同的是接近信号机采用三个灯位的机构（中间的灯位不用），而预告信号机采用两个灯位的机构。这主要是为了保证接近信号机能够提供一个绿灯、一个黄灯的信号显示。

8. 调车信号机

调车信号机的作用就是防护调车进路，指示调车作业。设置调车信号机的目的就是为了满足站内调车作业的需要。一般规模较小的中间站设置的调车信号机不多，而在规模较大的中间站、区段站、编组站调车信号机的数量很多。除各正线、到发线的出站信号机兼作调车信号机外，与车站集中区连接的岔线及咽喉区中间均设有调车信号机。下面以电气集中举例站场（见图 3.3.11）为例，介绍调车信号机的设置与种类。

1）调车信号机按照作用分类

（1）起始调车信号机：为了防护车站集中区，在牵出线、编组线、专用线、停车线、货物线等各种线路与车站集中区连接线路的入口均应设置调车信号机，以防止非集中区的列车未经车站允许而进入集中区。如：D_2、D_{18} 等。

（2）折返调车信号机：为了满足站内车列转线等折返调车作业的需要，在咽喉区适当地点应设置调车信号机。如举例站场：D_{13} 信号机是为了满足Ⅰ股道与Ⅱ股道或Ⅰ股道与Ⅲ股道之间转线作业需要而设置的，D_{11} 信号机是为了满足Ⅲ股道与 5 股道转线作业的需要设置的。这类车站咽喉区中调车信号机最多，不一一列举。

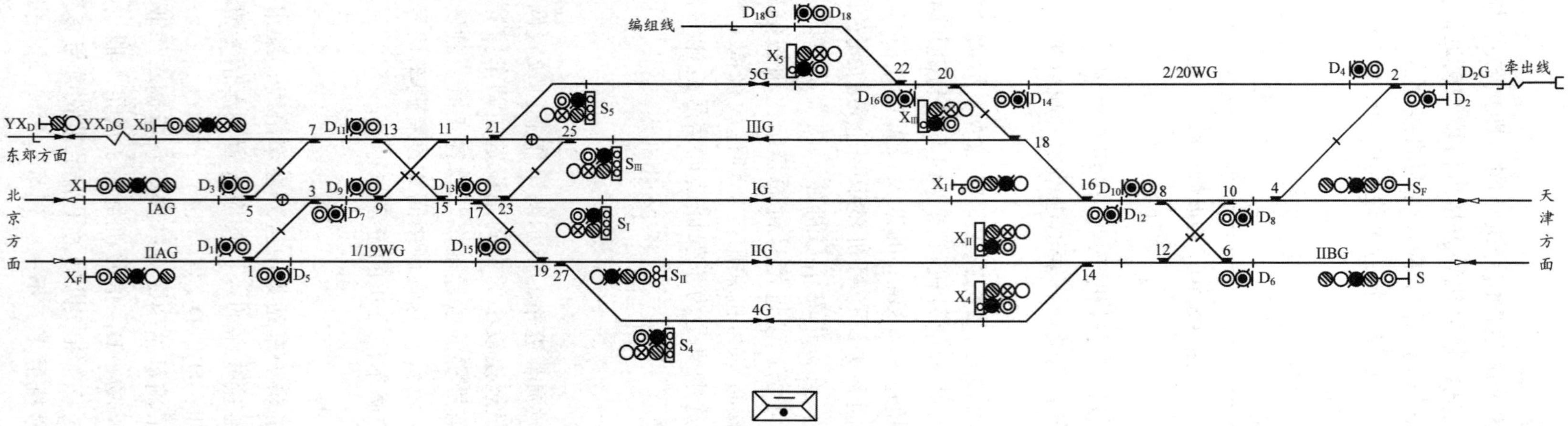

图 3.3.11　车站信号基础设备布置图

（3）阻拦调车信号机：为增加车站咽喉区的平行作业，提高咽喉区的作业效率，或者为了减少牵出调车车列的走行距离，在咽喉区适当地点设置起阻拦作用的调车信号机。如举例站场：D_7信号机就是在Ⅰ股道与Ⅱ股道转线作业时阻拦牵出的车列，以保证该调车作业时，可进行经 5/7 道岔反位的列车或调车作业，D_5信号机就是在Ⅱ股道与 4 股道转线作业时阻拦牵出的车列，以保证该调车作业时，可进行经 1/3 道岔反位的进路的列车或调车作业。在保证平行作业的同时，也减少了较短的牵出车列走行的距离。

在较大的车站咽喉区，调车信号机的设置很复杂，一般是先设置起始调车信号机，再设置折返调车信号机，最后设置阻拦调车信号机。除起始调车信号机外，其他信号机设置很灵活，一般要由电务部门与运输部门共同协商，既满足车站调车作业的需要，又不能造成不必要的设备投资，最后确定调车信号机的设置方案。

2）调车信号机按照设置位置的特点分类

实际上，调车信号机的作用并不是唯一的，同一架调车信号机有时起折返信号机用，有时又起阻拦作用。为了便于设计和学习，一般将调车信号机按照设置位置的特点分类如下：

（1）尽头调车信号机：是指设在尽头线或岔线入口的调车信号机，该信号机的前方没有本咽喉其他信号机或道岔，如：D_2、D_{18}等。

（2）单置调车信号机：是指设在咽喉区岔群中间单个设置的调车信号机，如：D_{11}、D_{13}、D_8、D_{16}等。

（3）并置调车信号机：是指在咽喉区岔群中间同一坐标线路两侧成对设置的两架方向相反的调车信号机，如：D_7与D_9、D_{10}与D_{12}等。

（4）差置调车信号机：是指在咽喉区中间一个无岔区段两端线路两侧不同坐标上成对设置的两架方向相反的调车信号机，即无岔区段夹在两差置调车信号机之间，如：D_5与D_{15}、D_4与D_{14}等。

需要指出的是，设在进站信号机内方与进站信号机只隔一个无岔区段的调车信号机，如：D_1、D_3、D_6等不属于尽头调车信号机，它是进站信号机的附属调车信号机，与进站信号机合在一起被称为列车兼调车信号机。

3）调车信号机显示信号

（1）一个月白色灯光——准许越过该信号机调车。

（2）一个月白色闪光灯光——装有平面溜放调车区集中联锁设备时，准许溜放调车。

（3）一个蓝色灯光——不准越过该信号机调车。

一般的车站，没有平面溜放作业，调车信号没有白灯闪光显示，只有白灯和蓝灯显示。

调车信号机的灯位配置很简单，大多数调车信号机采用一个白灯、一个蓝灯的矮型双灯机构。

不办理闭塞的站内岔线，在岔线入口处设置的调车信号机，可采用高柱信号机，并用红色灯光代替蓝色灯光。

在尽头式到发线上，设置的起阻挡列车运行作用的调车信号机，应采用矮型三显示机构，用红色灯光代替蓝色灯光。当该信号机的红色灯光熄灭、显示不明或显示不正确时，应视为列车的停车信号。

9. 驼峰信号机

在规模较大的编组站或区段站，为了提高列车解体和编组的效率，建有驼峰调车场，在驼峰的峰顶平台设有驼峰信号机。驼峰信号机的作用就是指示机车车辆推峰作业。

驼峰信号机、驼峰辅助信号机及驼峰复示信号机设置如图 3.3.12 所示。

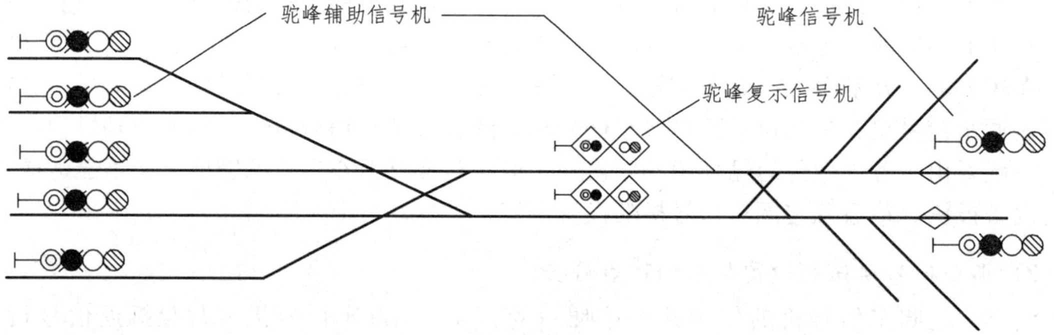

图 3.3.12 驼峰信号机、驼峰辅助信号机及驼峰复示信号机设置

驼峰信号机的灯位配置为黄、绿、红、白四个灯光，显示信号为：

（1）一个绿色灯光——准许机车车辆按规定速度向驼峰推进。

（2）一个绿色闪光灯光——指示机车车辆加速向驼峰推进。

（3）一个黄色闪光灯光——指示机车车辆减速向驼峰推进。

（4）一个红色灯光——不准机车车辆越过该信号机或指示机车车辆停止作业。

（5）一个红色闪光灯光——指示机车车辆自驼峰退回。

（6）一个月白色灯光——指示机车到峰下。

（7）一个月白色闪光灯光——指示机车车辆去禁溜线。

驼峰信号机的显示都是单灯点亮或闪光，没有灯光组合。红灯显示比较特殊，在机车车辆未越过信号机之前驼峰信号机显示红灯则“不准机车车辆越过该信号机”：在机车车辆未越过信号机之后驼峰信号机显示红灯则“指示机车车辆停止作业”。其他灯光的显示意义都很明确。

10. 驼峰辅助信号机

在进行较长车列推峰作业时，为便于推峰机车司机瞭望信号，在纵列式编组站峰前到达场，其每一条到发线靠近驼峰调车场的一端适当地点设置驼峰辅助信号机。其作用就是配合驼峰信号机指示推峰机车车辆进行推峰作业。

此外，驼峰辅助信号机相当于到达场的出站信号机，可兼作到达列车的停车指示信号和非推峰作业的调车信号机使用。

在区间为三显示自动闭塞区段，驼峰辅助信号机的灯位配列为：黄、绿、红、白；在区间为四显示自动闭塞区段，驼峰辅助信号机的灯位配列为：绿、红、黄、白，这样的灯位配列是为了保证作为出站信号机使用时能够提供一绿一黄的信号显示。

在推峰作业时驼峰辅助信号机显示意义为：

一个黄色灯光——指示机车车辆向驼峰预先推送。

当办理驼峰推送进路后，其灯光显示与驼峰色灯信号机显示相同。

到达场的驼峰辅助信号机平时显示红色灯光，对到达列车起停车信号作用。

11. 复示信号机

复示信号机的作用就是复示主体信号机的显示。各种信号机必须达到规定的显示距离才能满足作业需要，但是由于受到地形和地物影响，有的情况下信号显示距离达不到要求，因此有时需要在主体信号机前方适当地点设置复示信号机。

复示信号机平时均无显示，表示主体信号机在关闭状态。为与其他信号机区别，复示信号机均采用方形背板。

各种复示信号机的设置条件和显示如下：

1）进站复示信号机

进站信号机因受弯道或建筑物遮挡，不能满足连续显示要求时，在进站与预告信号机之间适当地点设置进站复示信号机。进站复示信号机的设置如图 3.3.13 所示。

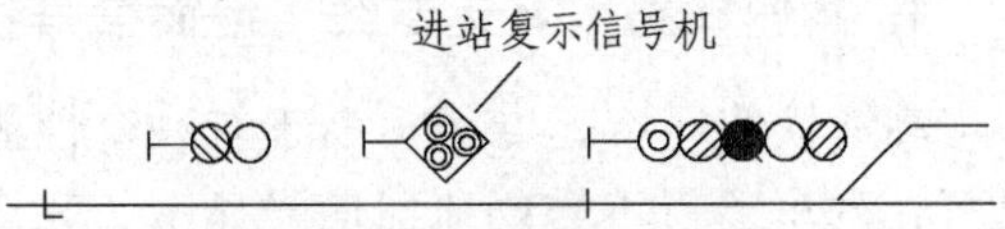

图 3.3.13　进站复示信号机

进站色灯复示信号机采用灯列式机构，三个白灯呈等边三角形排列，显示信号为：

（1）两个月白色灯光与水平线构成 60°角显示——表示进站信号机显示列车经道岔直向位置向正线接车信号。

即进站信号机显示一个绿灯或一个黄灯或一绿一黄信号时，进站复示信号机斜着点亮两个月白灯。

（2）两个月白色灯光水平位置显示——表示进站信号机显示列车经道岔侧向位置接车信号。

即进站信号机显示两个黄灯或“黄闪黄”信号时，进站复示信号机水平点亮两个月白灯。

（3）无显示——表示进站信号机在关闭状态。

区间有岔线的线路所设置的通过信号机如需设置复示信号机与进站复示信号机相似。

2）出站及进路色灯复示信号机

出站或进路信号机因受站台雨搭及旅客影响，不能满足显示距离要求，应设置单灯结构的复示信号机，其显示信号为：

（1）一个绿色灯光——表示出站或进路信号机在开放状态。

（2）无显示——表示出站或进路信号机在关闭状态。

3）调车色灯复示信号机

与车站集中区连接的专用线等岔线入口处一般设置高柱调车信号机，当其显示距离不能满足要求时，设置单灯结构的调车复示信号机，其显示信号为：

（1）一个月白色灯光——表示调车信号机在开放状态。

（2）无显示——表示调车信号机在关闭状态。

4）驼峰复示信号机

驼峰复示信号机的设置分两种情况：一是当驼峰信号机与驼峰辅助信号机距离较远或受弯道影响使驼峰信号机显示距离不能满足要求时，在驼峰信号机前方适当地点设置驼峰复示信号机，即以驼峰信号机为主体的驼峰复示信号机；二是当驼峰辅助信号机因受建筑物影响，不能满足显示距离要求时，在每一股道驼峰辅助信号机前方适当地点设置驼峰复示信号机，即以驼峰辅助信号机为主体的驼峰复示信号机。

驼峰复示信号机采用透镜式两个双机构的高柱色灯信号机，其灯位排列为第一类与驼峰信号机相同，第二类与驼峰辅助信号机相同。其显示为：

当办理驼峰推送进路后，其显示方式与驼峰信号机或驼峰色灯辅助信号机相同，当办理驼峰预先推送进路后，其显示方式与驼峰辅助信号机相同。

驼峰复示信号机虽然设有红灯，但平时并不点亮，只有当办理驼峰推送进路或预先推送进路后，与驼峰信号机或驼峰辅助信号机同步显示。

3.2.2 高速铁路（客运专线）地面信号机

1. 高速铁路（客运专线）地面信号机的设置

高速铁路（客运专线）由于有一套性能可靠、安全程度高的列车运行控制系统，正常情况下，列车运行不需要地面信号显示，完全靠车载信号监视，列控车载设备自动控制列车运行。因此，大部分线路取消了区间地面通过信号机（个别线路仍设置），只在站内的正方向、反方向接车口分别设置进站信号机，在每一到发线两端设置出站信号机。由于各中间站很少有调车作业，所以，大部分车站站内也不需设置调车信号机，少数车站设有大型养路机械作业车停车线或有检修基地连接线路时，需要设置少量的调车信号机。

2. 高速铁路（客运专线）地面信号机的灯位配置和显示特点

为了不影响高速铁路旅客列车的运行安全，所有地面信号机都采用矮型机构，不用高柱信号机。

在列车运行控制系统正常使用时，各地面信号机均处于灭灯状态，只有列车运行控制系统不能正常使用，需要靠地面信号指示列车运行时，才开启地面信号机，点亮相应的灯光。

进站信号机采用矮型机构以后，其灯位设置如图 3.3.14 所示。

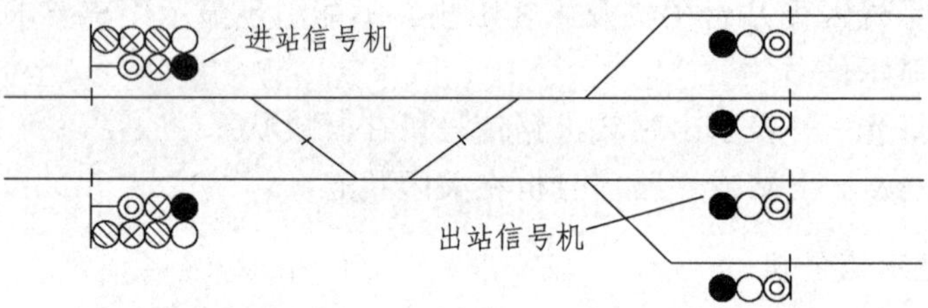

图 3.3.14 高速铁路进站、出站信号机

进站信号机各种灯光的显示意义与既有线路进站信号机基本相同，不再重复。在灯位设置时之所以有两个空灯位，就是为了保证由两个灯光构成组合信号显示（如一绿一黄、两个黄灯、“黄闪黄”、一红一白等）时，中间至少隔一个灯位。

出站信号机只有红、绿、白三个灯位，也不需设置发车进路表示器的小白灯。

绿灯点亮表示允许向区间发车，由于只是在非正常情况下采使用地面信号机，因此也不需要区分正方向或反方向发车，也不需要明确指示区间有几个分区空闲。

红灯点亮指示列车停车，不许越过信号机。

红灯与白灯同时点亮，表示引导发车。即允许列车出发进入区间，速度不允许超过

20 km/h，随时准备停车。这是既有线出站信号机所没有的显示。

出站信号机一般不需要兼作调车信号机，所以白灯不单独点亮。有调车作业的车站，个别线路需要出站信号机兼作调车信号机时，可以用白灯点亮作为允许调车的指示信号。

3.2.3 机车信号机

机车信号机的作用就是为司机在驾驶室内提供列车运行前方地面信号的显示或线路占用情况。传统的信号显示制度是“以地面信号显示为主，机车信号显示为辅”。随着机车信号可靠性的提高和列车运行速度的不断提高，逐渐向着“主体化机车信号”方向发展。

《技规》条文要求：最高运行速度不超过 160 km/h 的区段，机车信号设备与列车运行监控记录装置结合使用，或采用列车超速防护系统。最高运行速度超过 160 km/h 的区段，应采用列车超速防护系统。

在高速铁路区段，已全部采用列车超速防护系统，区间已取消地面信号机，站内地面信号机平时灭灯，只有特殊情况下才可启用。

机车信号分为连续式和接近连续式。自动闭塞区段应装设连续式机车信号，半自动闭塞和自动站间闭塞区段应装设接近连续式机车信号。所谓连续式机车信号就是在列车运行的区段内，机车能够不间断接收地面的控制信息，使机车信号能够连续显示；接近连续式是指列车进入进站信号机的接近区段后开始接收地面的控制信息，机车信号能够连续跟踪车站信号的显示，列车在区间其他区段运行时，地面控制信息中断，列车为“无码”状态，应按地面信号显示运行。

机车信号机设在司机的驾驶室内，既有灯光显示，也可提供数字显示。机车信号的显示，应与线路上列车接近的地面信号机的显示含义相符。机车停车位置，应以地面信号机或有关停车标志为依据。

采用超速防护的系统，机车上靠显示器提供列车运行的限制速度和实际运行的速度曲线。

机车信号机显示信号为：

1. 三显示自动闭塞区段的连续式机车信号机

（1）一个绿色灯光——准许列车按规定速度运行，表示列车接近的地面信号机显示绿色灯光。

（2）一个半绿半黄色灯光——准许列车按规定速度注意运行，表示列车接近的地面信号机显示一个绿色灯光和一个黄色灯光。

（3）一个黄色灯光——要求列车注意运行，表示列车接近的地面信号机显示一个黄色灯光，或相应的其他显示。

（4）一个带“2”字的黄色闪光——要求列车注意运行，表示接近的地面信号机显示一个黄色灯光，预告次一架地面信号机开放经 18 号及以上道岔侧向位置进路，显示一个黄色闪光和一个黄色灯光。

（5）一个带“2”字的黄色灯光——要求列车注意运行，表示接近的地面信号机显示一个黄色灯光，预告次一架地面信号机开放经道岔侧向位置的信号显示。

（6）一个双半黄色闪光——要求列车限速运行，表示列车接近的地面信号机开放经 18 号及以上道岔侧向位置进路，且次一架信号机开放经道岔直向或 18 号及以上道岔侧向位置进路，或表示列车接近设有分歧道岔线路所的地面信号机开放经 18 号及以上道岔侧向位置进路，显示一个黄色闪光和一个黄色灯光，或其他相应显示。

（7）一个双半黄色灯光——要求列车限速运行，表示列车接近的地面信号机开放经道岔侧向位置的进路，显示两个黄色灯光，或其他相应显示。

（8）一个半红半黄色闪光——表示列车接近的进站或接车进路信号机开放引导信号或通过信号机显示容许信号。

（9）一个半红半黄色灯光——要求及时采取停车措施，表示列车接近的地面信号机显示红色灯光。

（10）一个红色灯光——表示列车已越过地面上显示红色灯光的信号机。

（11）一个白色灯光——不复示地面上的信号显示，机车乘务人员应按地面信号机的显示运行。

无显示时，表示机车信号机在停止工作状态。

2. 四显示自动闭塞区段连续式机车信号机

（1）一个黄色灯光——要求列车减速到规定的速度等级越过接近的显示一个黄色灯光的地面信号机，或其他相应显示。

（2）一个带“2”字的黄色闪光——要求列车减速到规定的速度等级越过接近的显示一个黄色灯光的地面信号机，并预告次一架地面信号机显示一个黄色闪光和一个黄色灯光。

（3）一个带“2”字的黄色灯光——要求列车减速到规定的速度等级越过接近的显示一个黄色灯光的地面信号机，并预告次一架地面信号机开放经道岔侧向位置的信号显示。

其他八种灯光的显示和无显示的表示意义与连续式机车信号机相同。

有关机车信号的显示意义这里不做详细解释。

3.3 知识拓展

道口信号机，安装在有人或无人看守的铁路与公路平交道口上，是指示行人和公路车辆运行、保证道口安全的重要设备。它由红灯机构、月白灯机构、交叉板、告知板、喇叭、机柱管接头、道口信号机专用梯子及水泥机柱（钢管机柱）组成。

1. 显示方式

（1）列车进入道口接近区段时，道口信号机两个红灯交替闪光，或显示一个或两个稳定红色灯光。表示列车接近道口，禁止行人车辆通过道口。红灯闪光频率为 50 ~ 70 次/分。

在红灯交替闪光的同时，喇叭发出音响频率为 90 ~ 120 次/分的模拟钟声音响。告知行人车辆列车接近，注意安全。

列车尾部出清道口后，红色闪光及钟声音响停止。

（2）平时无列车接近时，道口信号机点亮一个稳定的月白色灯光。表示道口信号设备正常，无列车接近道口，道口开放，行人车辆应注意瞭望，迅速通过道口。

（3）交叉板醒目显示“小心火车”字样。告知板上的“红灯停车”表示信号机显示红色灯光时，禁止通过道口；“灭灯停用”表示无任何灯光显示时为道口信号停用。在有人看守道口，行人车辆应听从值班人员指挥通过道口；在无人看守道口，应自行瞭望，注意安全，通过道口。

2. 显示距离及调整方法

红灯显示距离不小于 100 m；月白灯显示距离不小于 50 m；偏散角不小于 40°。灯泡采用 TX-12/25 W 或 TX-12/15 W 双灯丝信号灯泡。通过调整灯座块上的两个扁螺母，就可调整灯丝焦距，以灯机构满光时为佳。

3.4 相关规范、规程与标准

《铁路技术管理规则》（第 10 版）第 337 ~ 357 条。

任务 4 信号表示器

4.1 任 务

本项任务的目的是使学生掌握各种信号表示器设置要求、作用及其表示意义；能够熟练辨认检查各种信号表示器；掌握信号表示器和信号机的关系；培养发现问题和分析问题的能力。

4.2 相关知识

除各种信号机之外，为了进一步明确信号的显示意义或进路的开通方向，有的情况下还需要设置信号表示器。信号表示器按照用途可分为进路表示器、发车线路表示器、发车表示器、调车表示器、道岔表示器、脱轨表示器、车挡表示器等。

4.2.1 进路表示器

为了区别发车进路开通方向和双线区段反方向发车，在出站信号机下方设有指示发车方向的小白灯，称这些小白灯为发车进路表示器，简称进路表示器。

有的车站一个咽喉与多条区间线路连接，一架出站信号机可以防护多条发车进路，即一架出站信号机开放可以指示多个发车方向。出站信号机有两个及其以上的运行方向，而信号显示不能分别表示进路方向时，应在信号机上装设进路表示器。

发车进路兼出站信号机，根据需要可装设进路表示器，区分进路方向。另外，双线自动闭塞区段，有反方向运行条件时，出站信号机应装设进路表示器。

一个咽喉发车方向数量不同，进路表示器小白灯的设置数量也不同，只有一个发车方向的不需要设置，双线区段有反方向发车的出站信号机设置一个小白灯。最复杂的情况设置四个小白灯，最多可以区分五个发车方向。各种情况的进路表示器显示为：

1. 两个发车方向

出站信号机下方设置左右两个进路表示器小白灯。

当信号机在开放的条件下，分别按左、右两个白色灯光，区别进路开通方向。

2. 三个发车方向

出站信号机下方设置左、中、右三个进路表示器小白灯。其显示方式为：

（1）信号机在开放状态及机柱左方显示一个白色灯光——表示进路开通，准许列车向左侧线路发车。

（2）信号机在开放状态及机柱中间显示一个白色灯光——表示进路开通，准许列车向中间线路发车。

（3）信号机在开放状态及机柱右方显示一个白色灯光——表示进路开通，准许列车向右侧线路发车。

3. 四个及其以上发车方向

出站信号机下方设置四个小白灯，分两行排列，第一行按左、中、右设置三个小白灯，第二行对应第一行中间设置一个小白灯。

1）四个发车方向（A、B、C、D 方向）显示方式

（1）信号机在开放状态及表示器左方横向显示二个白色灯光——表示进路开通，准许列车向左侧 A 方向线路发车。

（2）信号机在开放状态及表示器左方斜向显示二个白色灯光——表示进路开通，准许列车向左侧 B 方向线路发车。

（3）信号机在开放状态及表示器右方斜向显示二个白色灯光——表示进路开通，准许列车向右侧 C 方向线路发车。

（4）信号机在开放状态及表示器右方横向显示二个白色灯光——表示进路开通，准许列车向右侧 D 方向线路发车。

即进路表示器两个灯光组合显示，水平点亮表示左（A）或右（D）方向，斜向点亮为表示次左（B）或次右（C）方向。

2）五个发车方向（A、B、C、D、E 方向）显示方式

（1）同四个发车方向的第（1）项——表示进路开通，准许列车向左侧 A 方向线路发车。

（2）同四个发车方向的第（2）项——表示进路开通，准许列车向左侧 B 方向线路发车。

（3）信号机在开放状态及表示器中间竖向显示二个白色灯光——表示进路开通，准许列车向中间 C 方向线路发车。

（4）同四个发车方向的第（3）项——表示进路开通，准许列车向右侧 D 方向线路发车。
（5）同四个发车方向的第（4）项——表示进路开通，准许列车向右侧 E 方向线路发车。

4. 双线区段有反方向发车

双线双向自动闭塞区段有反方向发车的出站信号机，如果没有其他支线发车方向，出站信号机下方只需要设置一个小白灯（如：举例站场的下行出站信号机），仅用于区分反方向发车，其显示方式为：

（1）信号机在开放状态且表示器不着灯——准许列车正方向发车。
（2）信号机在开放状态且表示器显示一个白色灯光——准许列车反方向发车。

如果还有其他的支线发车方向，有的车站对应正方向发车也设置一个小白灯（如：举例站场的上行出站信号机设置三个小白灯）。正方向发车时，出站信号机在开放状态，对应左边的小白灯点亮。但是，如果小白灯因故不能点亮，不影响出站信号机的开放和正方向发车。出站信号机在开放状态，中间或右边的小白灯点亮分别表示向区间反方向发车或向支线（X_D）方向发车。此时，如果小白灯灭灯，则出站信号机不允许开放。

需要特别指出的是：进路表示器仅在其主体信号机开放后，才能着灯，用于区别进路开通方向或双线区段反方向发车，不能独立构成信号显示。

4.2.2 发车线路表示器

在一些区段站或编组站，编组线上的列车编组完毕后可直接发车，称这样的编组线为编发线。但是，并不是每一条编发线端部都设置出站信号机，而是几条编发线共用一架出站信号机，称此出站信号机为线群出站信号机。设有线群出站信号机时，应在线群每一条发车线路的警冲标内方适当地点，装设发车线路表示器，如图 3.4.1 所示。

发车线路表示器的显示意义为：

（1）在线群出站信号机开放后显示一个白色灯光——准许该线路上的列车发车。
（2）不许发车的线路，所属该线路的发车线路表示器不能着灯。
（3）发车线路表示器可用于驼峰调车场，作为调车线路表示器，显示一个白色灯光——准许调车。

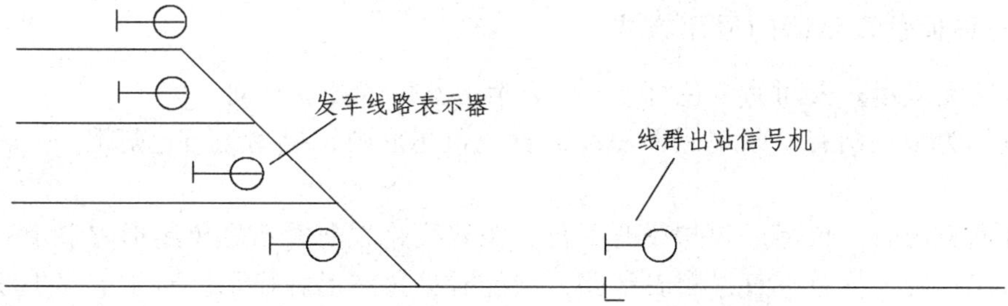

图 3.4.1 线群出站信号机与发车线路表示器

4.2.3 发车表示器

正常情况下，司机看到出站信号机开放后，并不能立即开车，要等到值班员给出准许发车的手信号。对于旅客列车还设有运转车长，出站信号开放后先是值班员向运转车长发出手信号，运转车长再向司机发出允许发车的手信号，司机才能开车。有的车站，由于发车股道有弯道或由于站台雨搭等建筑物遮挡，司机看不到值班员或运转车长的手信号。在发车指示信号或发车信号辨认困难，而中转信号又会延长站停时间的车站，应在便于司机瞭望的地点装设发车表示器。由值班员及运转车长手动操纵一个按钮柱，控制发车表示器的白灯点亮。

发车表示器经常不着灯；显示一个白色灯光——表示运转车长准许发车。

由于实行车机联控后，车站值班员、运转车长及司机间一般都可以用无线对讲机直接通话，所以，发车表示器已很少使用。

4.2.4 调车表示器

调车作业时，调车司机既要看地面调车信号，不能越过没有开放的调车信号机，又要看调车员的手信号，在适当地点停车。在作业繁忙的调车场上，因受地形、地物影响，调车机车司机看不清调车指挥人的手信号时，应设调车表示器。调车表示器的显示方式为：

（1）向调车区方向显示一个白色灯光——准许机车车辆自调车区向牵出线运行。

（2）向牵出线方向显示一个白色灯光——准许机车车辆自牵出线向调车区运行。

（3）向牵出线方向显示两个白色灯光——准许机车车辆自牵出线向调车区溜放。

4.2.5 道岔表示器

在非集中联锁车站或集中联锁车站的个别非集中操纵的道岔，道岔由人工扳动，为了使有关行车人员确认道岔开通位置，非集中操纵的接发车进路上的道岔上应装设道岔表示器。这种道岔表示器为一块画有一条鱼尾形黑线的黄色鱼尾形牌，上方带有表示灯。

在调车区为集中联锁时，进行连续溜放作业的分歧道岔一般也装设道岔表示器。这种道岔表示器只有表示灯，不带鱼尾形牌。

集中操纵的道岔、调车场及峰下咽喉的道岔，不装设道岔表示器；其他道岔根据需要装设道岔表示器。

1. 第一种道岔表示器的显示方式

（1）昼间无显示；夜间为紫色灯光——表示道岔位置开通直向。

（2）昼间为中央画有一条鱼尾形黑线的黄色鱼尾形牌；夜间为黄色灯光——表示道岔位置开通侧向。

道岔开通直向时，鱼尾形牌与线路平行，顺着线路方向看不见鱼尾形牌显示；道岔开通侧向时，鱼尾形牌与线路垂直，顺着线路方向能看见鱼尾形牌显示。对于非集中联锁车站，为了节省电能，道岔表示器白天没有灯光显示。

2. 第二种道岔表示器的显示方式

第二种道岔表示器平时无显示，当进行溜放作业时，其显示方式如下：

（1）紫色灯光——表示道岔开通直向。

（2）黄色灯光——表示道岔开通侧向。

4.2.6 脱轨表示器

对于有长大下坡道的线路或与集中区连接的专用线，为了防止车列未经允许进入车站联锁区，对站内作业造成危险，需要设置脱轨器，也可设置安全线或避难线作为隔开设备。对应集中联锁以外的脱轨器及引向安全线或避难线的道岔（一般称脱轨道岔），应装设脱轨表示器，以使有关行车人员确认脱轨器或脱轨道岔的位置。

脱轨表示器的显示方式为：

（1）昼间为带白边的红色长方牌；夜间为红色灯光——表示线路在遮断状态。

（2）昼间为带白边的绿色圆牌；夜间为月白色灯光——表示线路在开通状态。

带白边红色长方牌和带白边绿色圆牌垂直交叉，线路在遮断状态时，红色长方牌与线路垂直，表示不许车列进入集中区；线路在开通状态时，绿色圆牌与线路垂直，表示准许车列进入集中区。

4.2.7 车挡表示器

车挡表示器设置在线路终端的车挡上，昼间为一个红色方牌；夜间显示一个红色灯光。提醒有关作业人员，线路已到尽头，应及时停车。

安全线及避难线可不设置车挡表示器。

4.3 知识拓展

信号标志

各种信号标志，均设在列车运行方向左侧（警冲标除外）。

（1）警冲标：设在两会合线路线间距离为 4 m 的中间。线间距离不足 4 m 时，设在两线路中心线最大间距的起点处。在线路曲线部分所设道岔附近的警冲标与线路中心线间的距离，应按限界的加宽增加。

（2）站界标：设在双线区间列车运行方向左侧最外方顺向道岔（对向出站道岔的警冲标）外不少于 50 m 处，或邻线进站信号机相对处。

（3）预告标：设在进站信号机外方 900 m、1 000 m 及 1 100 m 处，但在设有预告信号机及自动闭塞的区段，均不设预告标。

在双线区间，退行的列车看不见邻线的预告标时，在距站界外 1 100 m 处特设一个预告标。

（4）引导员接车地点标：列车在距站界 200 m 以外，不能看见引导人员在进站信号机或站界标处显示的手信号时，须在列车距站界 200 m 外能清晰地看见引导人员手信号的地点设置。

（5）司机鸣笛标：设在道口、大桥、隧道及视线不良地点的前方 500 ~ 1 000 m 处。司机见此标志，须长声鸣笛。

（6）在电气化区段分相绝缘器前方，分别设断电标、禁止双弓标。对于最高运行速度大于 120 km/h 的旅客列车、行邮列车及最高运行速度为 120 km/h 的货物列车、行包列车运行的线路，在断电标的前方增设特殊断电标。在分相绝缘器后方设合电标。在双线电气化区段，在“合”“断”电标背面，可分别加装“断”“合”字标，作为反方向行车的“断”“合”电标使用。

（7）接触网终点标，设在站内接触网边界。

（8）在电气化线路接触网故障降弓地段前方，分别设准备降下受电弓标、降下受电弓标；对于最高运行速度大于 120 km/h 的旅客列车、行邮列车及最高运行速度为 120 km/h 的货物列车、行包列车运行的线路，在降下受电弓标的前方增设特殊降弓标。在降弓地段后方，设升起受电弓标。

（9）作业标：设在施工线路及其邻线距施工地点两端 500 ~ 1 000 m 处。司机见此标志须提高警惕，长声鸣笛。

（10）减速地点标：设在需要减速地点的两端各 20 m 处。正面表示列车应按规定限速通过地段的始点，背面表示列车应按规定限速通过地段的终点。

（11）桥梁减速信号牌为黄底、黑色图案、黑字，上部标明客车限制速度、下部标明货车限制速度。当客车或货车不需要限速时，标明客车或货车的允许速度。

（12）补机终止推进标、机车停车位置标。

（13）四显示机车信号接通标（机车信号接通标）：涂有白底色、黑竖线、黑框的反光菱形版及黑白相间的立柱标志。

（14）四显示机车信号断开标：涂有白底色、中间断开的黑横线、黑框的反光菱形版及黑白相间的立柱标志。

（15）轨道电路调谐区标志：

Ⅰ型为反方向区间停车位置标，涂有白底色、黑框、黑“停”字、斜红道，写有 26 m（或 29 m、35 m 等）字样的反光菱形版标志。

Ⅱ型为反方向行车困难区段的容许信号标，涂有黄底色、黑框、黑“停”字、斜红道，写有 26 m（或 29 m、35 m 等）字样的反光菱形版标志。

Ⅲ型用于反方向运行合并轨道区段之间的调谐区或因轨道电路超过允许长度而设立分隔点调谐区标志，涂有蓝底色、白“停”字、斜红道、下写有 26 m（或 29 m、35 m 等）字样的反光菱形版标志。

以上三种调谐区标志均使用黑白相间的立柱。

（16）点式设备标志：涂有黄底色、黑框的反光直角三角形版及黑白相间的立柱标志，三角形底角指向线路点式设备中心。

4.4 相关规范、规程与标准

《铁路技术管理规则》（第 10 版）第 60 ~ 78 条、第 368 ~ 374 条。

任务5　铁路信号的有关要求

5.1　任　务

本项任务的目的是使学生掌握信号机的命名原则、建筑限界、设置要求、显示距离要求和特殊情况下的显示要求；掌握信号机的高矮柱选择、定位要求和对非正常信号显示的规定；严格按《技规》要求，掌握关于对铁路信号的相关要求。

5.2　相关配套知识

5.2.1　信号机的名称

为便于设计、施工和维护，各个地面固定信号机都应具有唯一的名称或编号。

1. 进站信号机

进站信号机以所指示的列车运行方向的汉语拼音字头命名。如：上行进站信号机用 S 表示，下行进站信号机用 X 表示。当车站的一端有多个接车线路口，设有多架进站信号机时，则在 S 或 X 的下方另加下标予以区分，如：举例站场下行咽喉设有三架进站信号机，除 X 表示下行进站信号机外，东郊方向的进站信号机用 X_D 表示，下行反方向进站信号机用 X_F 表示。

2. 出站信号机

出站信号机以列车的运行方向命名，以所在的股道编号为下标，如：$S_{Ⅱ}$、X_4 等。线群出站信号机应以所属的股道号为下标，如：$X_{1\sim4}$。有多个车场的出站信号机下标为车场和股道的组合号，如：$S_{Ⅱ4}$。

3. 进路信号机

接车进路信号机以运行方向为名称，以 L 为下标，如：S_L、X_L。

发车进路信号机的名称与多个车场的出站信号机相似，如：Ⅰ场的上行 3 股道发车进路信号机为 $S_{Ⅰ3}$。

4. 调车信号机

调车信号机用 D 表示，在其右下角缀以顺序号。从列车到达方向顺序编号，上行用双号，下行用单号。如：下行咽喉 D_1、D_3 等；上行咽喉 D_2、D_4 等。有若干个车场时，以百位数表示车场，如：Ⅰ场的 D_{101}、D_{103}。若同一个咽喉调车信号机超过 50 架时，则超出部分的调车信号机编号为 D_{1101}、D_{2100}，其中千位表示车场号。

5. 预告信号机和接近信号机

预告信号机第一个字母为 Y，接近信号机第一个字母为 J，后面均缀以主体信号机的名称，如：YX_D、JX。

6. 复示信号机

复示信号机的第一个字母为 F，如：进站复示信号机为 FX，出站复示信号机为 FX_4，调车复示信号机为 FD_{102} 等。

7. 驼峰信号机和驼峰辅助信号机

驼峰信号机用 T 表示，在右下角缀以推送线的顺序号，如：T_1、T_2。驼峰辅助信号机以 TF 表示，并在其右下角缀以到达场股道号，如：TF_1。

8. 通过信号机

自动闭塞区段的通过信号机的名称以该信号机所在地点的坐标公里数和百米数来表示，下行为奇数，上行为偶数，如：在 100 km + 350 m 处并置通过信号机，下行方向的编号为 1003，上行为 1004。

半自动闭塞区间的通过信号机及区间正线有分歧道岔的通过信号机，以 T 命名，以运行方向为下标，如：T_S、T_X。

5.2.2 信号机建筑限界

任何信号机不得侵入铁路建筑接近限界。《铁路技术管理规程》（第 10 版）规定：对于正线信号机和通行超限货物列车的站线信号机，限界所属轨道中心至信号机突出边缘的距离为 2 440 mm，站线信号机为 2 150 mm。在曲线线路上，应按有关规定进行加宽。

各种高柱信号机，其机柱、梯子、机构的安装，均不得侵入建筑接近限界。在非电力牵引区段直线线路高柱信号机的建筑接近限界为机柱中心至所属线路中心的距离，限界 2 440 mm 时对应为 2 630 mm，限界 2 150 mm 时对应为 2 340 mm。矮型信号机机构中心距所属线路中心，三显示、四显示（含带进路表示器）、五显示出站或进路信号机，调车信号机为 2 029 mm，带进路表示器的三显示出站或进路信号机为 2 163 mm，复示信号机为 2 095 mm。在电力牵引区段直线线路高柱信号机，机柱中心至所属线路中心距离为 2 900 mm（线间距为 5 300 mm 时），高柱出站信号机与邻近线路中心的距离，限界 2 440 mm 时为 2 630 mm，限界 2 150 mm 时为 2 400 mm。

5.2.3 信号机的设置要求

正常情况下，各种地面固定信号机和表示器，均设在线路左侧。如果两线路之间距离很小，无法满足设置信号机的限界要求时，可采用采用信号托架或信号桥将信号机设于线路中心线上方。在特殊情况下，如线路左侧没有装设信号机的条件或因曲线、隧道、桥梁等影响，经铁路局批准，也可设于右侧。

双线自动闭塞区段的反方向进站信号机一般设在右侧，以区别于正方向的进站信号机。

为了满足列车制动距离的要求，对于列车信号机应保证两列车信号机之间的距离不小于 800 m。当主体信号机显示距离不足时，预告信号机距主体信号机不小于 1 000 m。

信号机设置地点，由电务部门会同运输、机务及工务等有关部门共同研究确定。

在确定信号机的地点时，除满足信号显示距离的要求外，还应考虑到该信号机不致被误认为邻线的信号机。

交流电力牵引区段的进站、预告、通过信号机与接触网支柱同侧设置时，信号显示距离不应受接触网设备影响。如影响显示时，信号机安装方式可做适当调整。在站内相邻两到发线（只有一条线路通行超限货物列车）的线间，设置高柱出站信号机时，两线间距离不得小于 5 300 mm。在相邻两条线路（均通行超限货物列车）的线间，设置高柱信号机时，两线间距离不得小于 5 530 mm。信号机的金属体外缘部分（主要是背板）与接触网带电部分的距离不得小于 2 m；与回流线距离在 1 m 以内时，应加绝缘防护，但不得小于 0.7 m。设在曲线部分的高柱色灯信号机，可加装防护网或机构背板缩小 100 mm 来解决安全距离问题。

5.2.4 信号机的型号要求

色灯信号机均应采用高柱信号机，在下列处所可采用矮型信号机：

（1）不办理通过列车的到发线上的出站、发车进路信号机。

（2）道岔区内的调车信号机及驼峰调车场内的线束调车信号机。

（3）自动闭塞区段，隧道内的通过信号机。

特殊情况需设矮型信号机时，须经铁路集团公司批准。

采用高柱信号机能够增加信号的显示距离，便于有关人员辨认信号显示。不办理通过列车的到发线上的出站、发车进路及调车信号机因为列车速度较低，对信号显示距离要求不高，为了节省投资可采用矮型信号机。

道岔区内的调车信号机及驼峰调车场内的线束调车信号机如果都采用高柱信号机，有时会影响其他信号机的显示，所以一般都采用矮型信号机。对于不办理闭塞的站内岔线，在岔线入口处设置的调车信号机，有时为了增加信号显示距离也可采用高柱信号机。

隧道内的通过信号机因条件限制无法采用高柱信号机，而只能采用矮型信号机。

5.2.5 信号机的机构和灯光配列要求

色灯信号机的机构有单显示、二显示和三显示三种。各种信号机根据显示的需要，可采用单个机构，也可采用两个或三个不同或相同机构组合的方式。在机构组合和灯光配列时，应满足以下要求：

（1）当实际应用不需要某一灯光点亮时，该灯位应以空位停用方式处理。

如举例站场，X_D 进站信号机不需要绿灯显示，因此绿灯空位。这样可以保证进站信号机的外形不变，以防止司机误认。

（2）两个基本灯光构成一种信号显示时，应在一条垂线上且中间至少隔一个灯位。

这样要求的目的是防止造成误认信号显示。同在一条垂线上，是防止被误认为两个信号机；间隔一个灯位是防止将两个灯光混淆为一个灯光。许多信号机灯位的排列顺序和空缺灯位就是为了满足这项要求。

应该指出的是，进站复示信号机采用的是灯列式显示，不是在同一垂线上。

（3）由多个机构组成的矮型信号机，应将最大限制信号设在靠近线路的机构上。

这是防止和避免司机将本线路信号机误认为相邻线路的信号机。

5.2.6 信号显示距离要求

各种信号机及表示器，在正常情况下的显示距离：

（1）进站、通过、接近、遮断信号机，不得小于 1 000 m。

（2）高柱出站、高柱进路信号机不得小于 800 m。

（3）预告、驼峰、驼峰辅助信号机，不得小于 400 m。

（4）调车、矮型出站、矮型进路、复示信号机、容许、引导信号及各种表示器，不得小于 200 m。

在地形、地物影响视线的地方，进站、通过、接近、预告、遮断信号机的显示距离，在最坏的条件下，不得小于 200 m。

对进站、通过、遮断信号机的显示距离要求最远（1 000 m），是为了保证在特殊情况下，列车紧急制动需要的距离为 800 m，再加上司机从确认信号到采取制动的距离为 200 m。以保证司机看到红灯后能在信号机前方停车。

对于出站、进路信号机，即使在正线通过作业时，其前方也有进站或进路信号机提供预告信号显示，所以显示距离不小于 800 m 即可。

预告信号机没有停车信号显示，驼峰信号机和驼峰辅助信号机用来指示推峰机车作业，显示距离只要不小于 400 m，就能够满足作业需要。

其他信号机或信号表示器允许通过的速度较低或作为附属信号显示，显示距离不小于 200 m，就可满足正常作业需要。

在地形、地物影响视线的地方，遇有雨雪、大雾等恶劣天气影响信号显示的最不利条件下，对于进站、通过、接近、预告、遮断信号机的显示距离要求不小于 200 m，这是为了保证减速行驶的列车，在看到禁止灯光后，采取紧急制动措施能够停在信号机前方。

5.2.7 特殊情况下信号显示要求

特殊地段因条件限制，同方向相邻两架指示列车运行的信号机（预告、遮断、复示信号机除外）间的距离小于制动距离时，按下列方式处理：

（1）在列车运行速度不超过 120 km/h 的区段，当两架信号机间的距离小于 400 m 时，前架信号机的显示，必须完全重复后架信号机的显示；当两架信号机间的距离在 400 m 及其以上，但小于 800 m 时，后架信号在关闭状态时，则前架信号机不准开放。

（2）在列车运行速度超过 120 km/h 的区段，两架有联系的信号机间的距离小于列车规定速度级差的制动距离时，应采取必要的降级或重复显示措施。

提出上述显示的要求，是因为两架列车信号机之间的距离小于列车的制动距离。在允许信号显示的情况下，如果信号突然变为红灯显示，为了防止列车采取紧急制动措施不能在信号机前方停车而发生危险，两列车信号机的显示应关联。

5.2.8 信号机的定位要求

信号机的定位是指平时没有列车运行也未办理任何作业时信号机经常保持的状态。信号机定位状态的确定，应考虑保证行车车列运行安全、提高运输效率、便于实现自动控制等因素。

各种信号机的定位状态要求如下：

（1）站内的进站、进路、出站及线路所的通过信号机，均以显示停车信号为定位。

即上述信号机均以显示红灯为定位。

（2）自动闭塞区段的通过信号机，以显示进行信号为定位。

自动闭塞区间的通过信号机都是列车运行前方信号机的预告信号机。对于进站信号机前方的第一架通过信号机以显示黄灯为定位，第二架通过信号机以显示一绿一黄为定位（四显示自动闭塞），其他通过信号机均以显示绿灯为定位。

（3）在自动闭塞区段内的车站（线路所），如将进站、正线出站信号机及其直向进路内的进路信号机转为自动动作时，以显示进行信号为定位。

这是指中间站改为自动通过方式时，站内正线的列车信号机相当于自动闭塞区间通过信号机，信号显示随列车运行而自动变换。

（4）接近、预告信号机（遮断预告信号机除外），以显示注意信号为定位。

附属接近、预告信号机的主体信号机以显示停车信号为定位，接近、预告信号机必须显示注意信号——黄灯为定位。

（5）驼峰信号机和驼峰辅助信号机以显示禁止信号——红灯为定位。

平时未办理推峰作业时，驼峰信号机和驼峰辅助信号机不许显示进行信号。

（6）调车信号机一般以显示禁止信号——蓝灯为定位。

许多调车信号机设在咽喉区，只能用蓝灯作为禁止信号，不能用红灯作为禁止信号。因为红灯作为禁止信号，无论列车或调车都不能越过，在经过调车信号机排列列车进路时，调车信号机不允许开放，则列车将无法运行。因此，除没有列车进路经过的牵出线、专用线等线路设置的调车信号机可以采用红灯作为禁止灯光外，其他有列车进路经过的调车信号机必须用蓝灯作为禁止灯光。蓝灯对于列车不起信号作用，不影响列车运行。

（7）遮断信号机及其预告信号机、各种复示信号机均以无显示为定位。

遮断信号机及其预告信号机只有遇到紧急危险情况时才使用，为了节省能源，平时灭灯。

附属各种复示信号机的主体信号机以显示停车信号为定位，复示信号机没有注意信号显示，以无显示为定位，不起信号作用。

5.2.9 对非正常信号显示的规定

有的情况下，由于设备发生故障或施工影响，使信号机不能显示正常的灯光，对于非正常的信号显示规定如下：

（1）进站、出站、进路和通过信号机的灯光熄灭、显示不明或显示不正确时，均视为停车信号。接近信号机的灯光熄灭、显示不明或显示不正确时，均视为进站信号机为关闭状态。

这是防止将非正常信号显示作为进行信号，使列车继续运行，发生危险。

（2）无效信号。

新设尚未使用及应撤除尚未撤除的信号机，均应装设信号机无效标，并应熄灭灯光。无效标为：白色的十字交叉板，装在色灯信号机柱上。在新建铁路上，新设尚未使用的信号机，可将色灯信号机机构向线路外侧扭转 90°，并熄灭灯光，作为无效。

5.3　知识拓展

对信号机的关闭时机的要求如下：

（1）集中联锁车站的进站、进路、出站信号机、线路所通过信号机及自动闭塞区段的通过信号机，当机车或车辆的第一轮对越过该信号机后自动关闭。

（2）调车信号机在调车车列全部越过调车信号机后自动关闭；当调车信号机外方不设或虽设轨道电路而占用时，应在调车车列全部出清调车信号机内方第一轨道区段后自动关闭，根据需要也可在调车车列第一轮对进入调车信号机内方第一轨道区段后自动关闭。

这是考虑在推送调车作业时，机车在后，车辆在前，为了防止司机看到禁止灯光后停止推送，调车信号延迟关闭，实行白灯保留。

（3）引导信号应在列车头部越过信号机后及时关闭。

（4）非集中联锁车站的进站信号机及线路所通过信号机，在列车进入接车线轨道电路后自动关闭，出站信号机应在列车进入出站方面轨道电路后自动关闭。

5.4　相关规范、规程与标准

《铁路技术管理规则》（第 10 版）第 61 条、第 333～336 条。

项目小结

本项目的主要内容是介绍铁路信号的含义、固定信号机的分类、色灯信号机的结构、信号机及表示器的设置、作用及显示意义。简要概括如下：

（1）铁路信号分为听觉信号和视觉信号。听觉信号是指以声音方式提供的指示信号。视觉信号以设置的位置不同分为手信号、移动信号、固定信号。手信号是指车务人员手握的信号旗、手提的信号灯等；移动信号是指在地面上临时设置的可移动的信号牌；固定信号是指设在地面或机车上固定不动的信号。

地面固定信号是指常设于固定地点的信号机、信号表示器等；机车信号是指设在机车驾驶室内的信号机或显示器等。

信号机按显示方式不同分为色灯信号机和臂板信号机。地面固定信号机按用途分为进站、出站、通过、进路、预告、接近、遮断、驼峰、驼峰辅助、复示、调车信号机共11种；信号表示器分为进路、发车线路、发车、调车、道岔、脱轨及车挡表示器。

（2）色灯信号机有透镜式色灯信号机、组合式色灯信号机和LED色灯信号机。透镜式色灯信号机有高柱和矮型两种类型，高柱信号机由机柱、机构、托架、梯子等部分组成；矮型信号机由机构、基础等组成。组合式色灯信号机用于瞭望困难的线路，由光系统、机构壳体、遮檐等组成。LED信号机机构由铝合金材料构成，信号点灯单元由LED发光二极管构成，使用寿命长，可以做到免维护。色灯信号机采用铁路直丝信号灯泡，配有定焦盘式灯座以及点灯和灯丝转换装置。

（3）地面固定信号机有11种，它们的作用、设置及显示意义各有不同。高速铁路（客运专线）地面信号机为了不影响高速铁路旅客列车的运行安全，所有地面信号机都采用矮型机构，在列车运行控制系统正常使用时，各地面信号机均处于灭灯状态，只有列车运行控制系统不能正常使用，才点亮相应的灯光。

（4）信号表示器按照用途可分为进路表示器、发车线路表示器、发车表示器、调车表示器、道岔表示器、脱轨表示器、车挡表示器等，它们也都有着各自不同的作用和显示方式。

（5）信号机都有对应的名称，对建筑限界、设置、显示距离和特殊情况下的显示有着相应的要求。

复习思考题

在线题库资源

1. 铁路地面固定信号机按用途分，有哪些种类？信号表示器有哪几种？

2. 进站信号机的作用、设置位置及各种灯光的显示意义是什么？

3. 出站信号机（包括出站兼调车信号机）在各种不同类型的车站中如何配置灯光？显示意义为何？

4. 什么情况下需要设置进路信号机？进路信号机如何显示？

5. 自动闭塞区间通过信号机的红灯显示与其他信号机的红灯显示有何不同？三显示通过信号机与四显示通过信号机灯光排列有何不同？显示意义为何？

6. 什么叫容许信号？

7. 什么情况下设置遮断信号机？遮断信号机的外形有何特点？为什么与其他信号机不同？

8. 进站预告信号机与接近信号机分别在什么情况下设置？二者灯光配列和显示有何不同？

9. 什么情况下需设置调车信号机？调车信号机按设置位置分为哪几类？为什么大多数调车信号机采用矮型且用蓝灯作禁止信号？什么情况下调车信号机用高柱信号机且用红灯作禁止信号？

10. 哪些信号机什么情况下需要设置复示信号机？如何显示？

11. 驼峰、驼峰辅助、驼峰复示信号机各有什么作用？如何显示？

12. 各种信号表示器的作用、设置与显示意义。
13. 各种信号机及信号表示器的显示距离有何要求?
14. 各种信号机的定位状态如何?
15. 各种信号机的关闭时机如何?
16. 各种信号机及表示器如何命名?
17. 怎样对信号灯泡进行点灯试验?

项目 4　轨道电路

PPT 资源

项目描述

轨道电路是轨道交通必不可少的基础设备，它性能的好坏直接影响行车安全和运输效率。学者通过本项目的学习和训练，应熟练掌握各类轨道电路的结构组成、工作原理和常见故障处理方法，以达到车站信号设备维修信号工的岗位要求。

图片资源

教学目标

1. 能力目标

（1）能识别轨道电路原理图，掌握常用轨道电路的主要技术标准。
（2）具备常用轨道电路的日常检修作业及调整能力。
（3）具备常用轨道电路故障处理能力。

视频（课件）资源

2. 知识目标

（1）熟练掌握轨道电路的基本组成、工作原理、工作状态。
（2）熟练掌握轨道电路的划分与绝缘布置、极性交叉和命名。
（3）熟练掌握工频交流连续式轨道电路的组成、各部件作用及工作原理。
（4）熟练掌握 25 Hz 相敏轨道电路的组成、各部件作用及工作原理。
（5）熟练掌握电化区段对轨道电路的特殊要求。

微课资源

3. 素质目标

（1）按照故障处理程序能够迅速准确地处理轨道电路的各种常见故障。
（2）进一步提高学习理论联系实际和应急处理问题的能力。

相关案例

××月××日，××车间××站 6DG 红光带。接到通知后，室内值班人员测试轨道线圈电压为 0 V，甩开分线盘测试室外送回电压 1～2 V。室外人员测试轨道电路送端轨面电压 0.2～0.29 V 波动，受端轨面电压测试 0～0.4 V 波动。检查分解通道绝缘等项目无异常。测送端至扼流变 4、5 号端子电缆电压正常、测受端扼流变 4、5 端子至受箱电缆无混线，4、5 号端子无电压。轨道测试仪测试受端轨面有感应电流，更换受端扼流变压器后恢复正常，故障延时 178 min。

从故障处理过程看，信号人员对轨道电路设备不熟，对故障的分析能力较差，从而造成故障延时 178 min 的后果。所以，针对轨道电路而言，一定要明白其结构原理、各部件作用，对设备的布置要熟悉，对轨道电路的常见故障分析要准确，只有这样，才能快速准确地判断处理故障，确保列车安全运行。

任务 1　轨道电路认知

1.1 任　务

掌握轨道电路的基本组成、工作原理、工作状态、绝缘节设置、极性交叉知识，了解轨道电路的基本参数及命名原则，对轨道电路有一个初步认知。

1.2 相关知识

1. 轨道电路的基本原理

轨道电路是以铁路线路的两根钢轨作为导体，两端加以机械绝缘（或电气绝缘），接上送电和受电设备构成的电路。

最简单的轨道电路如图 4.1.1 所示，轨道电路的送电设备设在送电端，由轨道电源和限流电阻 R_x 组成。轨道电路的受电设备设在受电端，一般采用继电器，称为轨道继电器。送、受电设备一般放置在轨道旁的变压器箱或电缆盒内，轨道继电器设在信号楼内。送、受电设备由引接线（钢丝绳）直接接向钢轨或通过电缆过轨后由引接线接向钢轨。钢轨是轨道电路的导体，为减小钢轨接头的接触电阻，增设了轨端接续线。钢轨绝缘是为分隔相邻轨道电路而装设的绝缘装置。

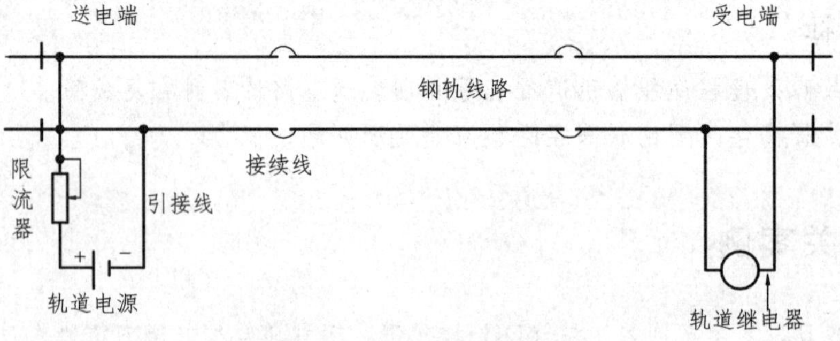

图 4.1.1　轨道电路原理图

当轨道电路内钢轨完整，且没有列车占用时，电源正常，轨道继电器吸起，反映轨道电路空闲。列车占用轨道电路时，轮对跨压钢轨，相当于一根短路线，对轨道继电器造成分路，流经轨道继电器的电流大大减小，轨道继电器落下，反映轨道电路占用。

2. 轨道电路的作用

（1）监督列车的占用，反映线路的空闲状况。利用轨道电路监督列车在区间或列车和调车车列在站内的占用，由轨道电路反映该段线路是否空闲，为开放信号、建立进路或构成闭塞提供依据。

（2）传递行车信息，利用轨道电路传递不同的频率信息来反映前行列车的位置、运行前方信号机状态和线路条件等有关信息，为列车运行提供行车命令。

3. 轨道电路的分类

轨道电路分类方法较多，下面介绍主要的几种分类。

1）按供电电源分类，可分为直流轨道电路和交流轨道电路

采用直流供电的轨道电路电源，称为直流轨道电路，由于该轨道电路电源设备安装较困难、检修不方便等原因，现已很少采用。

采用交流供电的轨道电路，称为交流轨道电路，它是常用的轨道电路。交流轨道电路的种类很多，现在主要应用的有一般交流轨道电路专指工频 50 Hz 的轨道电路，25 Hz 相敏轨道电路，ZPW2000、UM2000、UM71 等移频轨道电路，JWXC-2.3 型轨道电路。各种交流轨道电路最主要的区别是轨道电源的信号频率范围不同。

2）按工作方式分类，可分为开路式轨道电路和闭路式轨道电路

开路式轨道电路平时呈开路状态，由于轨道继电器经常落下，不能监督轨道电路的完整，遇有断轨或引接线、接续线折断等故障，不能立即发现。即不能实现故障-安全原则，因此极少采用。

闭路式轨道电路平时构成闭合回路，如图 4.1.1 所示，其发送设备（电源）和接收设备（轨道继电器）分别装设在轨道电路的两端。轨道电路上没有车占用时，轨道继电器吸起。有车占用时，因车辆分路，轨道继电器落下。当发生断轨、断线等故障时，轨道继电器落下，能保证安全。因此，几乎所有轨道电路都采用闭路式。

3）按分割方式分类，可分为有绝缘轨道电路和无绝缘轨道电路

有绝缘轨道电路用钢轨绝缘（机械绝缘节）将轨道电路分成不同的轨道电路区段，如 25 Hz 相敏轨道电路，480 交流连续轨道电路都属于有绝缘轨道电路，铁路车站站内一般采用机械绝缘节来区分不同的轨道电路区段。

无绝缘轨道电路在其分界处不设钢轨绝缘，通常采用电气绝缘节。电气绝缘节利用谐振槽路，采用不同的信号频率，谐振回路对不同频率呈现不同阻抗，来实现相邻轨道电路间的电气隔离。如 UM71、UM2000、ZPW2000 轨道电路都属于无绝缘轨道电路。

4）按轨道电路内有无道岔分类，可分为无岔区段轨道电路和道岔区段轨道电路

无岔区段轨道电路内钢轨线路无分支，结构简单，一般用于股道、尽头调车信号机前方接近区段、进站信号机内方、两差置调车信号机之间。无岔区段轨道电路只有一个受电端。

道岔区段轨道电路，钢轨线路有分支，道岔处钢轨和杆件要增加绝缘，还要增加道岔连接线和跳线，结构复杂。当分支超过一定长度时，必须设多个受电端。

5）按所传送的电流特性分类，轨道电路主要分为连续式、移频式以及数字编码式

连续式轨道电路，指的是在钢轨中传送的是连续的交流或直流电流。典型的连续式轨道电路有：车站范围内使用的工频交流连续式轨道电路和 25 Hz 相敏轨道电路。

移频轨道电路，指的是在钢轨中传送的是移频电流。典型的移频轨道电路有 ZPW-2000、UM-2000、UM-71 轨道电路。

数字编码式轨道电路，指的是根据速度码、线路坡度码、闭塞分区长度码、路网码、纠错码等编码去调制载频，形成一个若干比特的一群调制频率。

4. 轨道电路的划分与绝缘布置

1）轨道电路的划分

轨道电路的划分就是确定轨道电路的范围，利用轨道绝缘节（包括机械绝缘和电气绝缘）将轨道电路划分为互不干扰的独立电路单元。根据轨道电路应用的处所不同，轨道电路的划分原则也不同。

区间轨道电路的划分原则主要是：在轨道电路极限长度的允许下，应保证列车停车时要有足够的停车制动距离。

站内轨道电路区段的划分首先要保证轨道电路的可靠工作，并应满足排列平行进路和不影响作业效率，以此为原则，下面详细介绍站内轨道电路区段划分原则及绝缘设置问题。

电气集中车站，凡有信号机防护的进路中道岔区段与股道，以及信号机的接近区段，均应装设轨道电路，用以反映进路和接近区段内是否空闲和车辆所在的位置，并满足提高站内作业效率的要求，站内轨道电路的具体划分原则有以下几点：

（1）信号机前后应划分成不同的区段，凡有信号机的地方均设有轨道绝缘，其前后为两个不同的轨道电路区段。

（2）凡能平行运行的进路，其间应设轨道绝缘隔开，渡线上的绝缘，及能构成平行进路的前后道岔，中间都应装设轨道绝缘。

（3）每一个道岔区段的轨道电路内所包括的道岔数不得超过三组，交分道岔不得超过两组。这是因为道岔太多了，轨道电路分支漏阻影响大，不易调整。

（4）在站内，有时为了提高咽喉通过能力，要将轨道电路区段划短。这样才能保证列车通过道岔后及时使道岔解锁。

（5）集中联锁车站的牵出线、机待线、出库线、专用线或其他用途的尽头线入口处的调车信号机前方，应设轨道电路，其长度不得小于 25 m。

2）钢轨绝缘的设置

（1）在道岔区段，设于警冲标内方的钢轨绝缘，除双动道岔渡线上的绝缘外，其安装位置与警冲标的距离不得小于 3.5 m，否则称为侵限绝缘，如图 4.1.2 所示（在联锁表中进行条件检查）。

我国的各种车辆中，第一轮对（或第四轮对）中心至本侧车厢尾端的距离最大为 3.290 m。在最末车轮刚刚进入钢轨绝缘时，其尾端仍能越出绝缘 3.290 m，如果钢轨绝缘小于 3.5 m，车辆的车钩以及车体极有可能侵入邻线限界。所以为了保证车辆走行安全，一般情况下，实际设置距离应为 3.5 ~ 4 m。

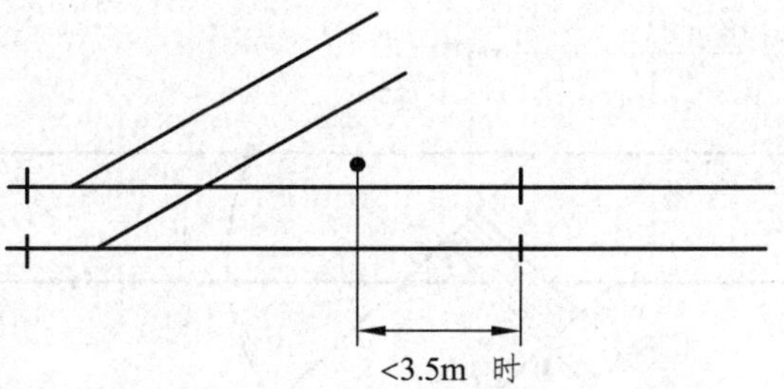

图 4.1.2 侵限绝缘

（2）一对绝缘的两组坐标应尽量对齐，若对不齐则两绝缘中间的部分有车占用时不能反映，故称之为死区段。死区段的长度不得大于 2.5 m，如图 4.1.3 所示，对旧结构道岔，道岔内的死区段不大于 5 m。

在“死区段”中，由于两条钢轨所接的电源极性相同（或频率相同），或是两条钢轨的电源（或电路）不能构成有效的闭合电路（比如两个不同的轨道区段），列车占用时不能明确反映轨道占用情况。我国车辆中，两轴守车的轴间距最小是 2.743 m，“死区段”如果大于 2.5 m，达到或超过 2.743 m 时，两轴守车正好占用此“死区段”时，轨道电路不会分路。

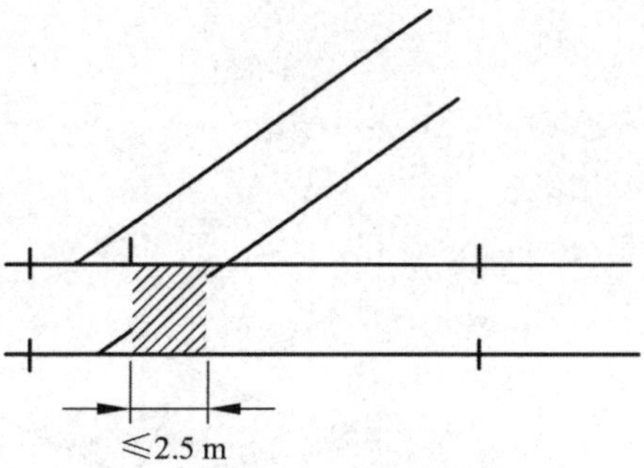

图 4.1.3 死区段示意图

（3）为防止车辆跨压，轨道区段的长度，两相邻死区段的间隔及死区段与相邻区段的距离不得小于 18 m。当死区段小于 2.1 m 时，其与相邻死区段间的间隔或与相邻轨道电路的间隔允许 15 ~ 18 m，如图 4.1.4 所示。

死区段间隔或与相邻轨道电路的间隔，必须大于车辆两轴间的最大距离。车辆中以 SRZ 型客车内轴距最大，为 15.2 m，留有一定余量，所以规定为 18 m。两个转向架之间轴距大的车辆跨入两相邻死区段内或一个转向架车轴在相邻轨道电路区段内，而另一个转向架车轴跨入死区段内，会出现有车占用不能分路的严重情况。

（4）设于信号机处的绝缘节原则上与信号机并齐，当不能设于同一坐标处时，应符合下列要求。

① 进站、接车进路信号机、调车信号机(设于到发线处的除外)和自动闭塞区间并置的通过信号机处，绝缘可设在信号机前方或后方 1 m 的范围内。

因车钩至机车车辆最外方车轴有一段距离，因此信号机与钢轨绝缘间的距离必须小于车钩至机车车辆最外方车轴的距离，否则，车停住时，车钩要越出信号机。根据我国机车车辆的结构特点，车钩至机车车辆最外方车轴距离最短为 KD3 型蒸汽机车煤水箱侧最外车轴与车钩外侧距离是 1 050 mm。所以规定信号机处的钢轨绝缘可在信号机前方或后方 lm 范围内安装。若钢轨绝缘设在信号机前方大于 1 m，但轮对已分路相邻轨道电路，这样的话，信号机不能开放。

②出站或发车进路信号机、自动闭塞区间单置的通过信号机、设于到发线的调车信号机处，绝缘可设在信号机前方 1 m 或后方 6.5 m 的范围内，如图 4.1.5 所示。

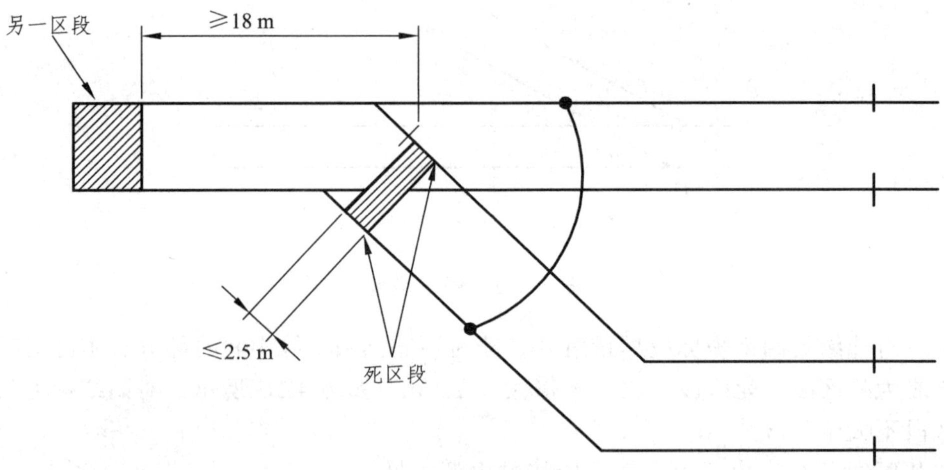

（a）

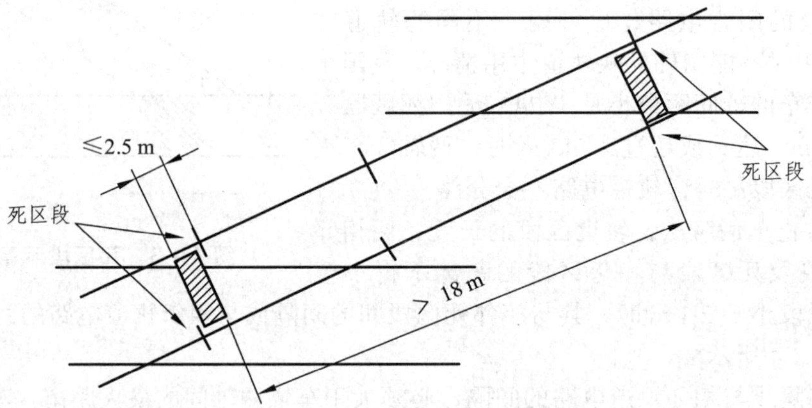

（b）

图 4.1.4　死区段间隔

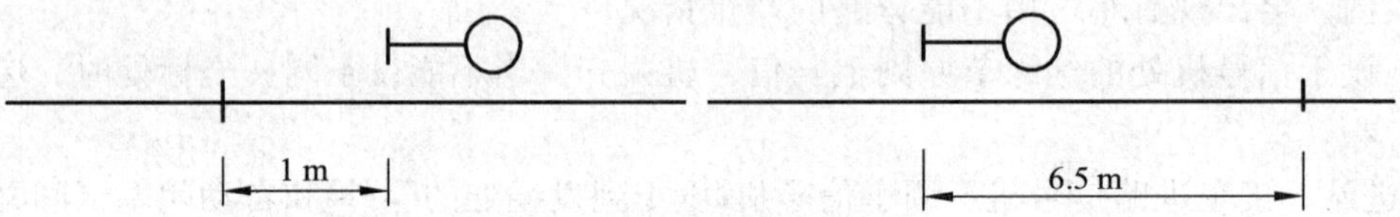

图 4.1.5　绝缘设置位置

设在信号机前方 1 m 原因同进站信号机；设于后方 6.5 m 范围内为了避免串轨、换轨以及尽量少影响站内到发线有效长，根据短轨不少于一根钢轨 12.5 m 的一半而定。

（5）列车运行速度不超过 120 km/h 时，非自动闭塞区段的集中联锁车站，进站预告信号机处的绝缘节设在信号机前方 100 m 处，保证在预告信号机的死角区内提前构成接近锁闭。

（6）异型钢轨接头不能设置绝缘节。

（7）在平交道口处的钢轨绝缘，应安装在公路路面两侧外不小于 2 m 处。桥梁（隧道）护轮轨上应安装钢轨绝缘。

（8）在轨道电路内的轨距杆、道岔连接杆、道岔连接垫板、尖端杆、各种转辙设备的安装装置和其他具有导电性能的连接钢轨的配件均应装设轨道绝缘。

5. 轨道电路的基本工作状态

轨道电路的基本工作状态可以分为调整状态、分路状态和断轨状态。轨道电路在不同工作状态下工作，要受到各种外界因素的影响，其中受道床电阻、钢轨阻抗和电源电压三个可变参数的影响最大。但这三个参数的变化，对上述的各种工作状态造成的影响又各不相同。因此，如何保证轨道电路在各种可变参数变化时，均能稳定而可靠地工作，是研究轨道电路的重要任务之一。

1）道床电阻

轨道电路电能在传输过程中，因两条钢轨间有电位差存在，造成电流由一根钢轨经过枕木和道砟或整体道床向另一根钢轨漏泄，这样便在两根钢轨间形成许多并联着的泄漏通路，这些通路的电阻称为道床电阻。

道床电阻是一个分布参数，通常以每千米钢轨线路所具有的漏阻值表示，称为单位道床电阻，简称道床电阻。道床电阻的大小，一方面取决于道床的材料、道砟层的厚度、轨枕的材料和数量；另一方面取决于温度、湿度的变化，以及道床土壤的电导率等因素。

道床电阻越小、泄漏电流也越大，轨道电路工作也越不稳定。因此，要提高轨道电路工作质量，应该尽可能地提高最小道床电阻，例如提高道床的排水能力，定期清筛道砟和更换陈腐的轨枕等。

我国铁路线路大部分是碎石道砟，在区间道砟表面清洁时，单位道床电阻都高于 1 Ω。目前，我国现行单位道床电阻规定标准见表 4.1.1。

表 4.1.1　单位道床电阻

单位道床电阻/（Ω·km）		
道床种类	交流（50 Hz）	直流
区间碎石	1.0	1.2
站内碎石	0.6	0.7
混合道床	0.4	0.5

2）钢轨阻抗

每千米两根钢轨（回路）的阻抗，称为单位钢轨阻抗，简称钢轨阻抗。钢轨阻抗包括钢轨条本身阻抗和两节钢轨连接处的各种阻抗。

在钢轨阻抗构成的各个元素中，各连接处的接触电阻随着接触面的大小、清洁程度、接触压力等因素的变化而变化。它在整个钢轨阻抗中占主要成分。

3）轨道电路的基本工作状态

轨道电路应能速地反映出轨道的占用状况，并对电路本身各个部件的工作状况进行监督。为此，在设计和调整轨道电路时，要求针对轨道电路的各种使用条件，分成不同的工作状态来考虑。

（1）调整状态。

轨道电路的调整状态，就是轨道电路完整和空闲，接收设备（如轨道继电器）正常工作时的状态。在调整状态，对轨道继电器来说，它从钢轨上接收到的电流越大，其工作就越可靠。但这个电流值将随着道床电阻、钢轨阻抗、发送电压的变化而变化。

因此，要保证轨道继电器正常、稳定地工作，在选择适当的电源电压和限流器阻值时，必须考虑道床电阻最小、钢轨阻抗模值最大、电源电压最低这三个不利因素。在最不利工作条件下，仍要求轨道接收设备上的电压高于其工作电压。

（2）分路状态。

轨道电路的分路状态，就是轨道电路被列车占用的状态。在分路状态，要求在任何情况下分路时(即在任何地点、任何参数条件以及任意车轴数分路时)，应使轨道电路的接收设备处于不工作状态(对于连续供电式轨道电路来讲，其轨道继电器应处于可靠地落下状态，即轨道继电器中的电压或电流值，应小于或等于可靠落下值——60%落下值)。

当钢轨阻抗模值最小、道床电阻最大(一般令其为无穷大)，电源电压最高时，轨道电路的受电端会出现最大值，这对分路状态来讲是最不利工作条件。在分路状态最不利工作条件下，轨道继电器应可靠地落下。

（3）断轨状态。

轨道电路的断轨状态，是指轨道电路的钢轨在某处折断时的情况。此时，虽然钢轨已经断开，但轨道电路仍旧可以通过大地而构成回路，轨道电路的接收设备中还会有一定量的电流流过。为了确保安全，当钢轨折断时，其接收设备应停止工作。

对于断轨状态来讲，其最不利的工作条件是：断轨时轨道电路的参数变化使得轨道接收设备中获得最大电流值。这种条件是除了钢轨阻抗模值最小、电源电压最大两个因素外，还由于断轨后轨道的电气回路并没有被截断，而是通过道砟、大地绕过了钢轨折断的地点，构成了断轨时的回路造成的。因此，断轨地点与道床电阻的大小对断轨状态也有一定的影响，即有一个使轨道接收设备中电流值变得最大的最不利的数值，这两个数值一般称为：临界断轨地点和临界道床电阻。

实际上断轨状态有两种情况：一种是列车在钢轨上行驶时，由于冲击力的作用，使钢轨断裂，这时，轨道电路的接收设备在钢轨折断前已被分路而处于停止工作状态，因此，只要求列车出清轨道电路以后，轨道接收设备不再工作，就可以保证行车安全，通常所讲的断轨状态就是指这种情况。另一种是当轨道电路空闲(无车占用)时，移去一段钢轨，这时，轨道接收设备也必须停止工作，这种情况称为移轨状态。轨道电路要实现移轨保障比实现断轨保障更困难，对一般连续供电式电路来讲，移轨状态的要求是较难实现的。

6. 轨道电路分路灵敏度

1）列车分路电阻

列车占用轨道电路时，列车轮对跨接在轨道电路的两根钢轨上构成轨道分路，这个分路的轮轴电阻就是列车分路电阻，它是由车轮和轮轴本身的电阻和轮缘与钢轨头部表面的接触电阻组成。由于轮缘与钢轨头部表面的接触电阻很小，因此车轮和车轴形成的电阻比接触电阻小很多，可以忽略不计。实际上列车分路电阻就是轮缘与钢轨头部的接触电阻，它是纯电阻。

列车分路电阻与钢轨上分路的车轴数、车辆的载重情况、列车的行驶速度、轮缘装配质量、钢轨表面的洁净程度、是否生锈、有无撒砂及其他油质化学绝缘层等因素均有关系，它的变化范围很大，可以从千分之几Ω变化到 0.06 Ω，对于轻型车辆或轨道车来说变化范围还要更大。

2）分路效应

由于有列车分路而使轨道电路接收设备中电流减少，并处于不工作状态的现象，称为分路效应。在分路状态最不利工作条件下，有列车分路时，对于连续式轨道电路，要保证轨道继电器的端电压小于或等于它的可靠落下值；对于脉冲式轨道电路，要保证轨道继电器的端电压小于或等于它的可靠不吸起值。分路效应在很大程度上确定了轨道电路的质量，是轨道电路的重要技术运营特性。

3）分路灵敏度

分路灵敏度是一个用电阻值（Ω）来表明的数据。它指的是在轨道电路的钢轨上，用一电阻在某一点对轨道电路进行分路，此时恰好能够使轨道继电器线圈中的电流减少到落下值(脉冲式轨道电路为不吸起值)，则这个分路电阻值就叫作轨道电路在该点的分路灵敏度。

轨道上各点的分路灵敏度是不一样的，这就是说：在轨道上不同的地点分路时，为保证轨道继电器恰好落下或不吸起，所需的分路电阻阻值是不相等的。譬如，在轨道电路上 a 点的分路灵敏度为 0.10 Ω，而 b 点的分路灵敏度为 0.06 Ω，则可以看出，在同样条件下，在 b 点分路将比在 a 点分路更难使轨道继电器落下，也就是说，b 点的分路灵敏度要低于 a 点的分路灵敏度。

4）极限分路灵敏度

在轨道电路上各点的分路灵敏度不同，对于某一具体轨道电路来说，它的分路灵敏度应该以最小的分路灵敏度为准，称为极限分路灵敏度。

5）标准分路灵敏度

标准分路灵敏度是衡量轨道电路分路效应优劣的标准。任何轨道电路在分路状态最不利的条件下，用标准电阻线在任何地点分路时，轨道电路的接收设备必须停止工作，该轨道电路的分路效应才符合标准。

由于轨道电路的种类及长度不同，其标准分路灵敏度也不同。我国现行规定：480 交流连续式轨道电路和 25 Hz 轨道电路的标准分路灵敏度为 0.06 Ω；UM71、UM2000、ZPW2000 轨道电路的标准分路灵敏度为 0.15 Ω；驼峰轨道电路的分路灵敏度为 0.5 Ω；

驼峰高灵敏轨道电路的分路灵敏度为 3 Ω。

7. 轨道电路的极性交叉

目前，我国所采用的轨道电路，大部分都是以轨道绝缘分割的。绝缘两侧，要求轨面电压具有不同的极性（直流）或相反的相位（交流），即轨道电路要“极性交叉”。

交流或直流供电的轨道电路，在轨道绝缘的两侧，都要按极性交叉的原则进行配置。闭路式轨道电路在发生故障时，按照“故障-安全”原则的要求，接收设备输出安全信息，即轨道继电器应当可靠地处于落下状态。

1）极性交叉的作用

若不实现极性交叉，当发生绝缘破损（分割绝缘双破损）时，本区段有车占用，靠相邻区段送电可使本区段 GJ 不落。

实现极性交叉，发生绝缘破损（分割绝缘双破损）时，由两个轨道区段提供的电源向轨道继电器输送的电流相反，只要调整得当，两区段的继电器也都会落下，以实现“故障-安全”原则。对于交流计数电码轨道电路和移频轨道电路，不能用极性交叉来防护绝缘破损。这类轨道电路的防护措施是：在相邻轨道电路发送不同周期的电码信息，用不同的频率来加以区分。

2）站内轨道电路极性交叉的配置

（1）根据站场平面图划分轨道区段后，假定道岔绝缘位置。

（2）划分网孔回路（闭合的回路）。

（3）判定，如图 4.1.6 所示。

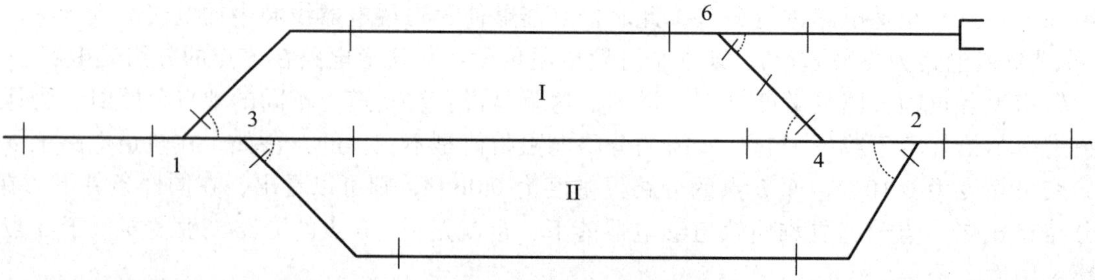

图 4.1.6　极性交叉配置方法

① 道岔绝缘设在锐角时，不改变钢轨电流极性，交叉渡线的中间绝缘也未改变相邻钢轨的极性，因此，不计算在内。

② 计算闭合网孔内绝缘节的数目（包括道岔绝缘上述两绝缘除外），如果绝缘数为偶数，即实现了极性交叉；如果绝缘数为奇数就未实现极性交叉，应移设道岔绝缘（由直股移到弯股或由弯股移到直股）。使道岔绝缘与分割绝缘之和为偶数。

③ 无法移动道岔绝缘时，可另设一对绝缘进行人工交叉。

3）极性交叉实际运用效果的分析

由于各个轨道电路的送、受电端，不能按照理想的要求排列，再加上轨道电路的长短不一，使得在绝缘两侧的两个轨面电压不能完全相等，所以绝缘破损后，轨道继电器不一定会可靠地落下。因此，轨道电路在实际工作条件下，即使按“极性交叉”的原则配置，也未必能做到绝缘破损时轨道继电器都会可靠地落下。

4）极性交叉的检查方法

检查轨道电路是否实现极性交叉的测试方法有如下几种（以交流轨道电路为例）：

（1）两个受电端邻接时，可利用两根短路线，按图 4.1.7（a）所示进行检查。

将两根短路线跨接在两组钢轨绝缘上，此时轨道继电器衔铁落下，即实现极性交叉；反之，则极性没有做到交叉（两轨面电压差值不能太大）。

（2）送电端和受电端邻接时，则可利用短路线和交流电压表进行检查，如图 4.1.7（b）所示。

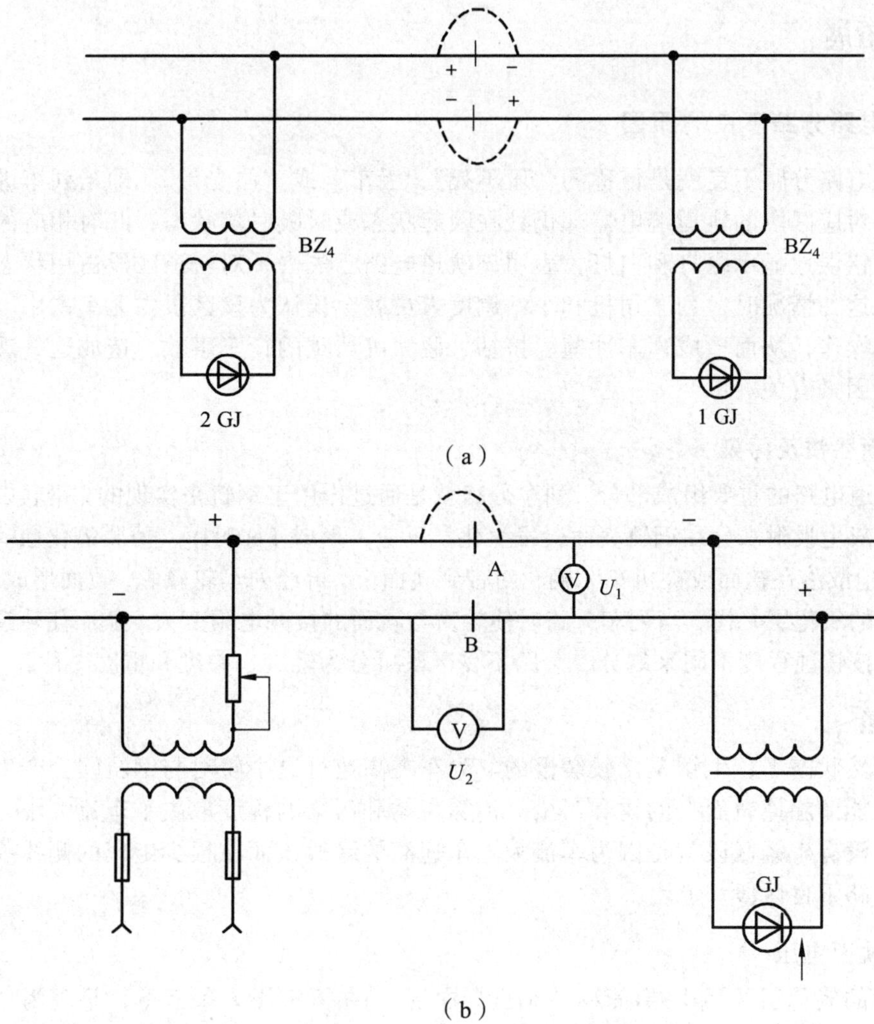

图 4.1.7 检查极性交叉方法

首先用电压表测出受电端钢轨面电压 U_1，然后将短路线跨接在一组钢轨绝缘上，用电压表测得另一组钢轨绝缘两端的电压 U_2，如果电压值 U_1 小于 U_2，则实现极性交叉；反之，则极性没有交叉（此时同样应注意两轨面电压的差值，差值大亦有可能误判）。当两个送电端邻接时亦可利用此法进行。

（3）在轨端绝缘处交叉测量得到两电压，若此两电压低于轨面电压，说明极性交叉正常。

8. 轨道电路的命名

道岔区段以道岔号码缀上“DG”来命名。只有一组道岔的区段为“×DG”，如“1DG”“5DG”等。一个轨道区段有多组道岔时，以最小号至最大号连缀来命名，如“17-23DG”、“19-27DG”。

无岔区段的命名方式有多种情况：差置信号机之间的无岔区段为相邻道岔形成的分数后加“WG”，如“1/19WG”“2/20WG”等。进站信号机内方的无岔区段的命名是以其对准的股道号后面加“AG”(下行咽喉)或“BG”(上行咽喉)，如“ⅠAG”“ⅡBG”等。调车信号机前方无岔区段的名称是用信号机的名称后面加“G”来表示，如“D_2G”“D_{18}G”等。

1.3 知识拓展

1. 轨道电路分路不良的原因

所谓轨道电路分路不良就是俗称的“压不死”“丢车”或“白光带”，即当列车进入某一轨道区段时，对应区段的轨道继电器却仍处在吸起状态或时吸时落状态，此时相应的信号灯和控制台上会错误地显示绿灯和白灯，表明该轨道电路已失去了对轨道区段占用状态检查的功能。当发生这种情况时，列车司机和车站调度人员就会误认为该区段内无车占用，进行行车和办理进路操作，从而造成列车冲撞、挤拈、脱轨等严重的行车事故。造成这一现象的原因主要与以下因素有关。

1）钢轨面生锈及污染

钢轨是轨道电路的重要组成部分，列车分路就是通过作用于钢轨来实现的。钢轨在露天状态下，其表面灰尘吸附水分在钢轨表面会发生化学反应，形成 $Fe(OH)_3$，薄膜氧化层。在一些货场，装卸粉尘散落在轨面或被机车车辆轮对带到轨面上，再经列车轮碾轧，轨面形成绝缘层，其效果同生锈的氧化层一样，当列车分路时使轮对与轨面的接触电阻变大，从而使轨道电路出现分路不良。按锈蚀程度不同来划分，分路不良区段可分为轻度、中度和重度 3 种。

2）车流量

钢轨在自然状态下，生锈是比较缓慢的。列车在高速行进中轮对与钢轨间会产生摩擦，摩擦过程中就能清除掉轨面上的锈和污染。消除生锈和污染的程度取决于车流大小、车速高低。正线几乎没有生锈区段就是因为车流大、车速高的缘故，而在很少走车的侧线或斜股便会产生大量分路不良区段。

3）钢轨轨面电压

钢轨轨面的氧化层及污染层(简称“小良导电层”)在恒定压力条件下，呈现为“类放电管”击穿效应，即当轨面电压升高到一定程度，便会击穿不良导电层，使轨道电路得以分路，从而达到解决轨道电路分路不良的目的。经过大量试验及现场测试，吸取国外经验，结合当前轨道电路现状，划定了站内轨道电路最小轨面电压等级为 3 V、20 V 和 80 V 3 个档级。

4）分路电流

钢轨表面的不良导电层在电压击穿前表现为很高的阻抗，数欧姆、数百欧姆甚至上千欧姆。电压达到击穿值后，电流瞬间增加，分路电阻降低，电流越大，电阻越小。当分路电阻小于标准分路电阻，轨道电路能可靠分路；分路电阻大于标准分路电阻，就会分路不良。此时就必须增大分路电流，继续烧结分路电阻，使其小于标准分路电阻，从而达到分路的目的。

2. 解决轨道电路分路不良的具体措施

轨道电路分路不良是一个世界性的问题，各国根据自己的国情都采用了不同的方法，主要分“轨道电路方式”和“非轨道电路方式”2 种。非轨道电路方式主要包括有计轴式、堆焊及喷涂等；轨道电路方式包括脉冲式、3 V 化等。

针对我国站内电气化区段以 25 Hz 相敏轨道电路为主，非电气化区段以 480 轨道电路为主的情况，主要介绍采用基于轨道电路解决分路不良的具体方法。

（1）提高送、受电端的阻抗。通过在送、受电端增加谐振电路，提高送、受电端的阻抗，最终达到提高轨面电压的目的，即利用高电压击穿钢轨的不良导电层。

（2）提高轨道电路系统的功率。在提高轨面电压的同时，必须保证分路电阻上的电流满足设计要求，这样才能保证接触电阻小于标准分路电阻。

（3）采用高返还系统的电子接收器。进一步降低整个轨道电路系统的功率，实现对室外防护盒电容漏电、内部断线、外部连接线断线、钢轨接续线接触不良、钢丝绳引接线接触不良等所有导致轨面电压降低后，不能击穿不良导电层故障的防护。

（4）采用脉冲式轨道电路。通过周期性的触发储能电容放电，形成周期不对称脉冲信号，占空比约 100：1，钢轨上瞬间功率最大能够达到近万瓦（100 V、100 A），利用其瞬间功率达到击穿不良导电层的目的，从而解决轨道电路分路不良。

1.4 相关规范、规程与标准

《铁路信号维护规则（技术标准）》第 4.1.8 条。

任务 2 工频交流连续式轨道电路

2.1 任 务

掌握工频交流连续式轨道电路的结构组成、各部件作用和钢轨绝缘破损的检查方法。利用所学知识维护工频交流连续式轨道电路；当轨道电路发生故障时，能及时进行处理，保障行车安全畅通。

2.2 相关知识

工频交流连续式轨道电路又称 480 型交流连续式轨道电路，采用工频 50 Hz 交流电源供电，以 JZXC-480 型整流继电器作为主要的接收元件，即轨道继电器。这种轨道电路结构简单，适合非电化区段使用。

1. 组成与工作原理

1）轨道电路的组成

工频交流连续式轨道电路由送电端、受电端、钢轨、钢轨绝缘以及钢轨连接线组成。如图 4.2.1 所示。

送电端主要是电源设备，包括轨道变压器 BG_1-50、限流电阻 R_x，它们安装在变压器箱内，电源由室内电源屏提供，为 AC220 V/50 Hz，由信号楼分线盘处连接电缆送至送电端。

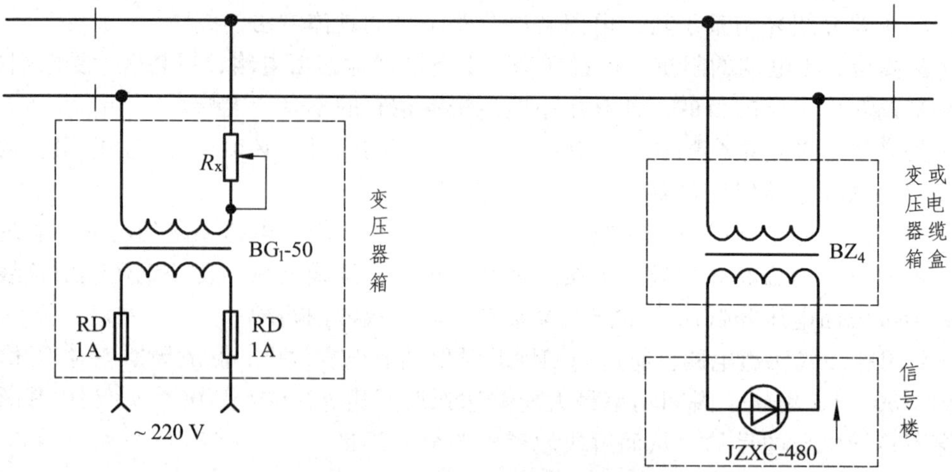

图 4.2.1　一送一受轨道电路图

受电端主要是接收设备，包括中继变压器 BZ_4 和 JZXC-480 型轨道继电器。BZ_4 安装在变压器箱或电缆盒中，JZXC-480 轨道继电器安装在信号机械室继电器组合架上。

轨道电路连接线主要有钢轨引接线和钢轨接续线。钢轨引接线将变压器箱或电缆盒接向钢轨，使送电端和受电端与钢轨构成电气连接。钢轨接续线用来连接相邻钢轨，以减小钢轨接头处的接触电阻。

2）轨道电路的工作原理

轨道电路在调整状态时，220 V/50 Hz 的交流电源由室内通过电缆送到室外轨道电路的送电端处的变压器箱内，经 BG_1-50 轨道变压器降压、限流电阻 R_x、钢轨引接线接至钢轨上，经钢轨传输至受电端 BZ_4 的初级线圈，经 BZ_4 升压，再经电缆接到室内的轨道继电器 JZXC-480 上，使轨道继电器吸起，表示本轨道电路区段完整且空闲。当有车占用轨道电路时，由于轮对的分路作用，使轨道继电器落下，表示本轨道电路被占用。当轨道电路发生断线故障时，轨道继电器由于得不到电源供电，也将落下，实现“故障-安全”。

2. 轨道电路组成部件及功能

1）轨道变压器

BG 型轨道变压器主要用于轨道电路供电，目前应用最多的是 BG_1-50 型，其外形及变压器线圈如图 4.2.2 所示。

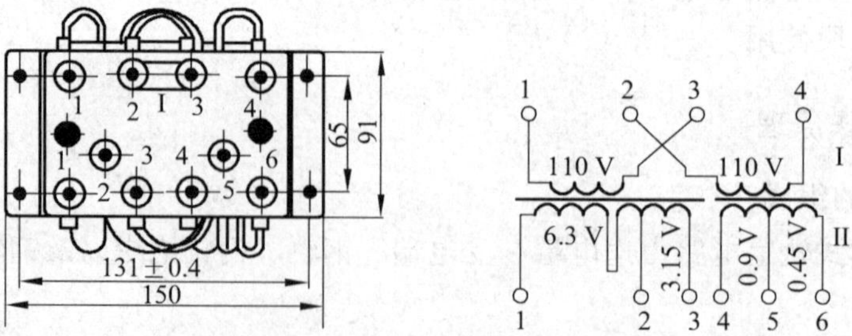

图 4.2.2　BG_1-50 型轨道变压器

BG 型轨道变压器的电气特性如表 4.2.1 所示。可通过改变 II 次侧端子的连接方式来获得不同的输出电压值，如表 4.2.2 所示。

表 4.2.1　BG 型轨道变压器的电气特性

类型	额定容量	额定电压/V		额定电流/A		空载电流/A	质量/kg
		一次	二次	一次	二次		
BG_1	300	220	0.4 ~ 17.6	1.86	18	0.28	8.5
BG_2	300	220	5.5 ~ 247.5	1.86	1.21	0.28	8.5
BG_1-50	50	220	0.45 ~ 10.8	0.25	4.5	≤0.015	3.35

表 4.2.2　BG_1-50 变压器端子使用

电压/V	使用端子	连接端子	电压/V	使用端子	连接端子
10.80	1-6	3-4	5.40	1-4	2-5
10.35	1-5	3-4	4.95	1-4	2-6
9.90	1-6	3-5	4.50	2-6	3-4
9.45	1-3	—	4.05	2-5	3-4
9.00	1-5	3-6	3.60	2-6	3-5
8.55	1-4	3-5	3.15	2-3	—
8.10	1-4	3-6	2.70	2-5	3-6
7.65	1-6	2-4	2.25	2-4	3-5
7.20	1-5	2-4	1.80	2-4	3-6
6.75	1-6	2-5	1.35	4-6	—
6.30	1-2	—	0.90	4-5	—
5.85	1-5	2-6	0.45	5-6	—

2）中继变压器

中继变压器用于轨道电路受电端，可使钢轨阻抗与轨道继电器阻抗相匹配。BZ_4 型中继变压器和 BZ_4-A 型变压器的电气特性如表 4.2.3 所列。

表 4.2.3　BZ 型变压器电气特性

型号	额定容量/VA	额定电压/V		Ⅰ次额定电流/A	Ⅰ次空载电流/A	备注
		Ⅰ次	Ⅱ次不小于			
BZ_4	1	0.5	9	2.5	0.2 ~ 0.3	50 Hz
BZ_4-A	2	0.5	9.4 ~ 11	3.5	0.25 ~ 0.27	50 Hz
	20	不小于 8	220			650 Hz

3）限流电阻

限流电阻采用 R-2.2/220 型滑线变阻器，阻值为 2.2 Ω，功率为 220 W，容许电流为 10 A，容许温升为 105 °C。限流电阻的主要作用是防止轨道电路分路或因故短路时流过电源电流过大。

4）钢轨绝缘

钢轨绝缘安装在轨道电路分界处，以保证相邻轨道电路之间可靠的电气绝缘，使它们互不影响。除了钢轨绝缘外，轨道电路区段的轨距保持杆、道岔连接杆、道岔连接垫板、尖端杆、转辙机的安装装置以及其他有导电性能的连接两钢轨的配件，均应装设绝缘并应保持绝缘良好。否则，任一连接杆件绝缘不良，都会破坏轨道电路的正常工作。

钢轨绝缘应采用机械强度高的、具有可靠电气绝缘性能的绝缘材料，以保证绝缘性能和使用寿命。制作钢轨绝缘的材料很多，主要有钢纸板、玻璃布板、尼龙塑料板等。

钢轨绝缘的结构，应能保证在钢轨爬行的情况下，以及在列车运行中产生的压力、冲击力和气温变化时产生的膨胀力的作用下，不致被损坏。

钢轨绝缘由轨端绝缘、槽形绝缘、绝缘管、绝缘垫圈等组成，槽形绝缘按分段形式，可分为一段（整体）、二段、三段三种，按轨型分为 P-43 kg、P-50 kg 和 P-60 kg 三种。

整体槽型钢轨绝缘：整体槽型钢轨绝缘安装总图如图 4.2.3 所示：一段式槽型绝缘 2 块，轨端绝缘 1 ~ 2 片，绝缘垫圈 12 个，绝缘管 12 个，以及相应垫圈、螺栓、螺母和弹簧垫圈。

钢轨绝缘应做到钢轨、槽形绝缘、钢轨连接夹板（鱼尾板）相吻合，轨端绝缘安装应与钢轨接头保持平直。装有钢轨绝缘处的轨缝应保持在 6 ~ 10 mm，两钢轨头部应在同一平面，高低相差不大于 2 mm；在钢轨绝缘处的轨枕应保持坚固，道床捣固良好。

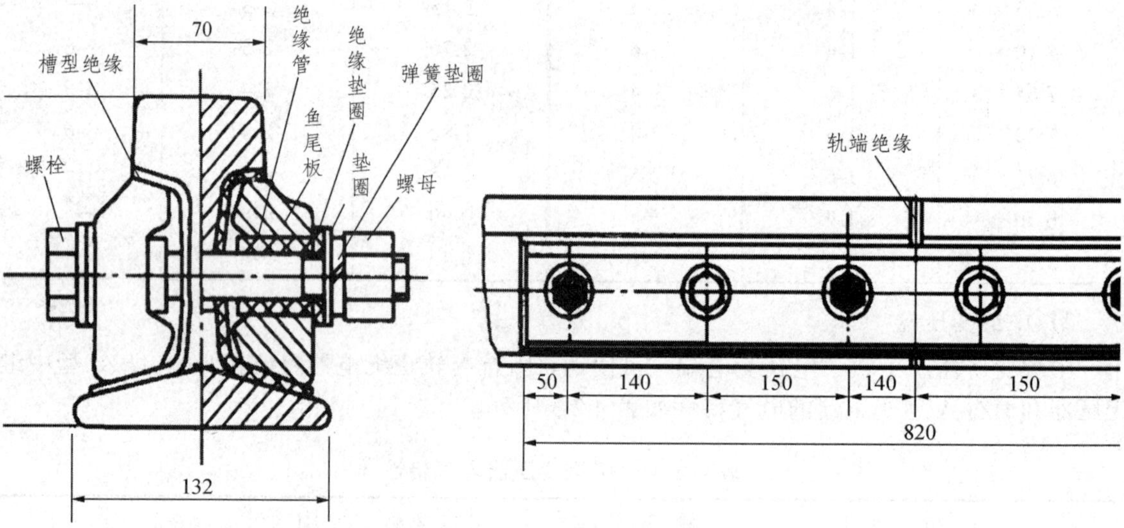

图 4.2.3　整体槽型钢轨绝缘

5）轨道电路连接线

轨道电路连接线包括引接线、钢轨接续线（以及道岔跳线）。

（1）钢轨引接线。

YG 型钢轨引接线（简称引接线）是连接轨道电路送受端变压器箱或电缆盒与钢轨的连线。一般用涂有防腐油的多股钢丝绳（低碳素钢镀锌绞线）制成。它的一端焊在塞钉上，固定在钢轨上的塞钉孔内；另一端焊接在螺柱上，固定在变压器箱或电缆盒上。

引接线按长度分为 1 200 mm、1 600 mm、2 700 mm、3600 mm 四种，最大电阻值分别为

0.016 Ω、0.021 Ω、0.035 Ω、0.045 Ω。引接线电阻的大小，影响着轨道电路多种状态的工作。电阻值过大，会使轨道电路工作不稳定；电阻值过小，会降低轨道电路分路灵敏度。

引接线与周围金属应保持适当间隙，以免短路。运用中的引接线应不生锈，断根不超过1/5，以免增加电阻值。为保证引接线的可靠性，现场使用单位多采用双引接线。

（2）钢轨接续线。

钢轨接续线用于轨道电路接缝处的连接，以减小接触电阻。钢轨接续线分塞钉式和焊接式两种。

塞钉式钢轨接续线由两根直径 5 mm 的镀锌钢线与两端的圆锥形塞钉焊接而成，铁线两端绕成螺旋形。钢轨接续线一般装在钢轨外侧，并与鱼尾板密贴，高度不得超过轨头底部。安装时，塞钉孔内不得有锈。安装后，塞钉与塞钉孔缘应涂漆封闭。为减小塞钉与钢轨之间的接触电阻，塞钉打入塞钉孔应保持最大的接触面，以打紧后露出钢轨 2 ~ 3 mm 为宜。

焊接式钢轨接续线采用多股镀锌钢绞线，截面面积不小于 25 mm^2，长 200 mm，接头间的距离为 110 mm，用铝热剂法或电弧焊钎焊、冷挤压焊接、爆压速焊技术等，将其焊在钢轨两端，两焊头中间距离应在 70 ~ 150 mm 范围内，焊头应低于钢轨面 11 mm，如图 4.2.4 所示。导线无损伤，无漏焊、假焊，焊接后焊接线应涂防锈涂料，油润无锈，断根不超过 1/5。为保证钢轨接续线的可靠性，现场使用中多采用双塞钉式钢轨接续线或一塞一焊接续线。

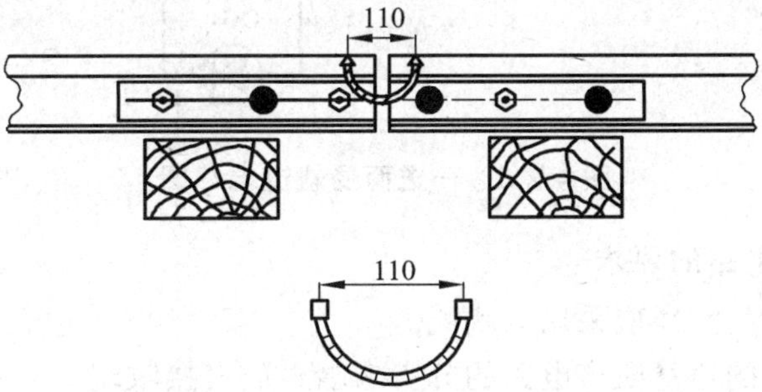

图 4.2.4　焊接式钢轨接续线

3. 道岔区段轨道电路

道岔区段轨道电路与无岔区段轨道电路不同之处在于钢轨线路被分开产生分支，为此需增加道岔绝缘和道岔跳线，还有一送多受的问题。

1）道岔绝缘和道岔跳线

（1）道岔绝缘。

为防止辙叉将轨道电路短路，道岔区段除各种杆件、转辙机安装装置等处加装绝缘外，还要在道岔直股或侧股钢轨上加装切割绝缘，称为道岔绝缘。

（2）道岔跳线。

为了保证信号电流的畅通，道岔区段除轨端接续线外，还需装设道岔跳线。道岔跳线由塞钉和镀锌低碳钢纹线组成，两端焊在圆锥形塞钉上。

2）并联式道岔区段轨道电路

一送多受轨道电路设有一个送电端，在每个分支轨道电路的另一端各设一个受电端，加装道岔绝缘和道岔跳线，受电端形成并联关系。如图 4.2.5 所示为一送两受轨道电路。当分支轨道电路有车占用或跳线折断时，DG_{J_1} 落下，DGJ 也落下，用 DGJ 的状态来反映轨道电路的状态。受电端的 R_S 是调整轨道电路受电端电压基本平衡用的，以提高轨道电路的分路灵敏度。

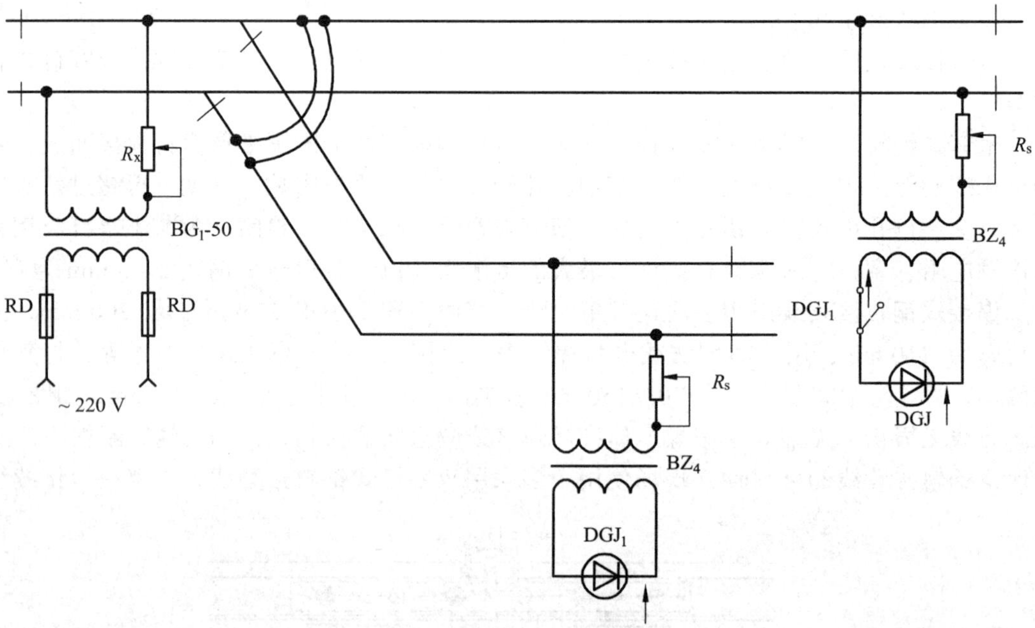

图 4.2.5　一送两受轨道电路图

3）道岔区段轨道电路的要求

（1）轨道电路的道岔跳线应采用双跳线。

（2）与到发线衔接的道岔轨道电路的分支末端，应设接收端。

（3）所有列车进路上的道岔区段，其分支长度超过 65 m 时，在分支末端应设接收端。

（4）个别分支长度小于 65 m、分路不良、危及行车安全的分支线末端，应增设接收端。

（5）一送多受轨道电路，同一道岔区段最多不应超过 3 个接收端，单动道岔不超过 3 组，复式交分道岔不超过 2 组。

4. 主要技术标准

（1）轨道电路在调整状态时，轨道继电器交流端电压应不小于 10.5 V，道岔区段一般不大于 16 V。

（2）送电端限流电阻（包括引接线电阻）在道岔区段不小于 2 Ω；在道床不良的到发线上，不小于 1 Ω。

（3）在轨道电路任意处所的轨面上，用 0.06 Ω 标准分路电阻线分路时，轨道继电器的交流端电压均不得大于 2.7 V，轨道继电器应可靠地落下。

5. 测试项目及方法

（1）电源电压测试。

用万用表交流电压挡（或电源屏上的交流电压表）测量电源屏轨道电路电源电压。

（2）送电端变压器Ⅰ、Ⅱ次电压测试。

用万用表交流电压挡，并接在变压器Ⅰ、Ⅱ次线圈的端子上测试。万用表交流电压挡的量程应为实际使用电压的1.5～2倍，内阻一般应大于200 Ω。

（3）限流器压降。

用万用表交流电电压2.5 V挡位测量，将表并接在变阻器（R）的两端，即可进行测试，约为1.5 V。限流器电阻为估算值，送端电阻股道及接近区段≥1 Ω，其他区段≥2 Ω。

（4）送、受电端轨面电压测试。

用万用表交流电压挡测量，将表跨接在钢轨轨面上即可测得轨面电压。注意：必须接触良好，如有铁锈需要打磨好才能测量。

（5）受电端变压器Ⅰ、Ⅱ次电压测试。

用万用表交流电压挡并接在变压器Ⅰ、Ⅱ次线圈的端子上，即可进行测试。

（6）继电器交、直流电压测试。

用轨道电路测试盘测试，轨道电路调整状态时的测试标准，股道区段：10.5～18 V；接近区段：10.5～22 V；道岔区段：10.5～16 V。继电器电压变化超过2 V时，一送多受轨道区段各分支轨道继电器电压偏差超过0.5 V时，分析引起变化的原因。

（7）分路效应的检查。

以标准的分路灵敏度线（0.06 Ω）短路两根钢轨时，观察轨道电路的动作情况，并测试轨道继电器端子上的残压，应不大于2.7 V。对于非分支轨道电路区段，将标准分路灵敏度线在受电端轨面上进行分路即可。

对于分支轨道电路区段，首先将标准分路灵敏度线在未设轨道继电器的一侧尽头处的轨面上进行分路，然后在设有轨道继电器一侧处进行分路即可。

在进行测试前，先将轨面处理干净，然后用事先准备好的标准分路灵敏度线在轨面上进行分路。分路后，轨道继电器落下，残压符合规定，表示该区段分路灵敏度符合要求。

（8）入口电流测试。

轨道电路入口电流是指在正线上使机车信号感应线圈所能感应的电流。若入口电流小，会造成机车信号掉码。入口电流的测试方法：先办理一条正线接车进路，用0.06 Ω标准分路线按列车运行方向依次封起，用钳流表在送端钢丝绳上测得。

（9）极性交叉的检查。

极性交叉的检查方法可参考任务一中的内容，这里不再介绍。

6. 轨道电路的调整

1）调整轨道电路的要求

调整轨道电路的总体要求是：在选择好限流电阻阻值和电源电压后，无论道床及其他参数如何变化，轨道电路在任何状态下都能可靠工作，不需要经常去调整。

道床电阻是影响轨道电路工作的主要因素，依据轨道的转移阻抗公式，求得不同道床电阻值时的终端电流值，再根据终端电流值和轨道继电器的端电压的特征，用计算机编制出轨道电路调整表和调整曲线。《铁路信号维修规则（技术标准）》列出了各种轨道电路的调整表和调速曲线，作为现场日常维修的依据。

2）调整方法

轨道电路调整，是在固定送电端限流电阻和受电端的情况下，按照调整表或调整曲线，调整送电端轨道变压器端子的不同连接，即可得到不同的输出电压，以满足轨道电路对调整状态和分路状态的要求。

当道砟电阻变化大时，常用的调整方法：在天气干燥和结冰时，道砟电阻较大，这时继电器端子上的电压，应调整为高于工作值。因为即使由于下雨，漏泄增加，电压也不致降低到工作值以下；在阴雨天气时，道砟电阻降低，继电器端子上的电压应调整为额定电压，因为漏泄不会再增加，继电器电压也不会再降低。

（1）送电端电压。

轨道变压器Ⅰ次电压应保持在交流 210 ~ 220 V。轨道电路在调整状态，轨道区段的开路电阻在 100 Ω 以上时，轨道变压器Ⅱ次电压：道岔区段送交流电压为 2.5 V 左右，一送多受或站内股道区段应视具体情况适当调高电压。如开路电阻较高，轨道变压器Ⅱ次电压可调到下限，以提高分路灵敏度。如轨道区段的开路电阻在 10 Ω 以下，只能提高送电电压，以保持轨道继电器正常动作。

（2）送电端限流电阻。

送电端限流电阻包括引接线电阻，在道岔区段不小于 2 Ω；在道床不良的到发线上不小于 1 Ω。轨道电路在调整状态时，送电端限流电阻压降随着轨道变压器Ⅱ次电压变化。限流电阻压降一般为 1.5 V 左右。

（3）送受电端轨面电压。

限流器压降与送电端轨面电压之和应约小于轨道变压器Ⅱ次电压，如果大于轨道变压器Ⅱ次电压，说明本区段混入了相邻区段的轨面电压。受电端轨面电压受轨道区段长短、受电端多少、轨道传输中压降大小等条件的限制，受电端轨面电压一般保持在交流 0.8 ~ 0.9 V。

（4）轨道继电器交流端电压、残压。

轨道电路调整状态下，轨道继电器交流端电压应保持为 10.5 ~ 16 V，超出本范围时，调整送电端轨道变压器Ⅱ次电压。轨道电路用 0.06 Ω标准分路线分路时，轨道继电器交流端电压即残压不得大于 2.7 V，轨道继电器接点应可靠落下。

7. 钢轨绝缘破损的检查方法

1）轨端绝缘的检查

基本轨与接头夹板之间设有槽型绝缘，六根螺栓与接头夹板间设有绝缘管、垫，故基本轨、接头夹板与螺栓之间互不构成电气连接。

（1）轨端绝缘被挤死。

要求工务部门解决钢轨爬行问题，之后更换新轨端绝缘片即可。在坡道较大线路区段要求工务部门增设必要的防爬器，另外电务部门也应改用高强度轨道绝缘。

（2）用电压表测试。

方法一：如图 4.2.6 所示，首先将电压表跨接在受电端钢轨上，从电压表上可读得一个数值，然后利用短路线 a 跨接在其中一组绝缘节 A 两端的钢轨上。如果轨道继电器衔铁落下或电压表数值减小，甚至指针反方向动作时，则说明相对应的那组绝缘 B 有破损现象。同理可测得相对绝缘 A 的性能情况。

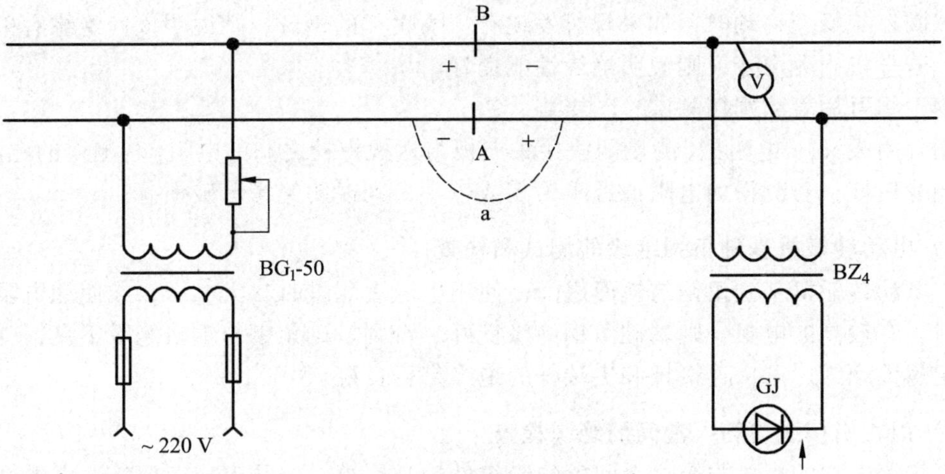

图 4.2.6　轨道绝缘仪表测试图

方法二：如图 4.2.7 所示，首先将电压表跨接在 2GJ 受电端的钢轨面上，此时，由电压表上可读得一个数值，然后利用短路线 a 跨接在相邻轨道电路异侧钢轨上。

此时，可能发生以下三种情况：

① 若轨道继电器 1GJ 失磁落下，则说明绝缘 A 已破损。

② 若轨道继电器 2GJ 失磁落下或电压表读数减小，则说明绝缘 B 有破损现象。

③ 若轨道继电器 1GJ 和 2GJ 全部失磁落下，电压表读数减小，甚至为零或反向动作时，则说明绝缘 A 和 B 都有破损现象存在。

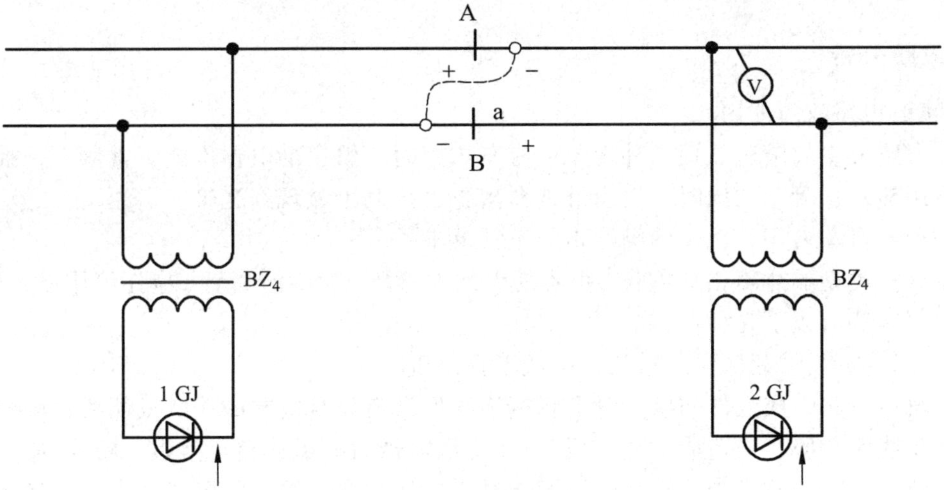

图 4.2.7　轨道绝缘仪表测试图

（3）感应测试法。

感应测试法是利用电磁感应的原理进行的。由于交变磁场对线圈的影响，在线圈内产生一个感应电势，该电势通过电表或蜂鸣器反映出轨道绝缘是否良好。因此，它只能适用于交流或脉冲（电码）式轨道电路区段，其他类型的轨道电路不宜使用。

用耳机（高阻型）和带铁芯的感应线圈各一个，感应线圈沿带有交流电的钢轨移动时，在耳机内即可听到“嗡嗡”声。若在不通过交流电的钢轨上移动时，则在耳机内无声。因此，将该线圈在绝缘上移动时，如果耳机发现有“噗噗”的声音，则说明该处绝缘有破损现象。反之，若耳机内无声音，则说明绝缘性能良好。

（4）用万用表欧姆挡测试。

用万用表 ×10 电阻挡，测量两块接头夹板与六根螺栓之间的电阻。若测得的电阻值较高，说明绝缘良好；若测得的电阻值近乎为零或较小，则说明绝缘已破损。

2）电动转辙机基础角钢绝缘的测试和检查

在电动转辙机基础角钢与轨面之间，使用电压表测量时，无电压；或使用电阻表示方法测量时，有较高的电阻，则基础角钢绝缘良好。否则基础角钢与钢轨绝缘不良，就应检查所有固定螺栓绝缘、第一连接杆和尖端杆的绝缘是否良好。

3）钢轨引接线与箱、盒间的绝缘检查

引接线末端的螺栓与箱、盒间的绝缘组件较为简单，安装到变压器箱或电缆盒上之后，一般用目测的方法也能检查其破损与否。

4）轨距保持杆检查

轨距保持杆的四个铁爪与轨底连接坚固，而轨距保持杆及其紧固螺帽与铁爪之间设置绝缘管、垫，使其与钢轨之间完全绝缘。

用电压表测量轨距保持杆与轨面之间应无电压，用电阻表测量时应有较高电阻。另一种轨距保持杆的绝缘设置在杆中间位置（既有铁路线路中较多），一般用目测、手扳动、锤轻击的方法均可检查其正常与否。用电压表或电阻表的方法测量轨面与中间铁夹板之间有无电连接，亦可检查出有无破损现象。

8. 故障分析

1）轨道电路故障原因

轨道电路发生故障时显现两种现象：有车占用时，轨道继电器不能正常落下，控制台无红光带占用显示；无车占用时，轨道继电器落下，控制台显现红光带。

第一种：有车占用，轨道继电器不能正常落下。

发生这一类型的故障相当危险，很容易引发大事故。发生故障后，应先停用设备后处理。其主要原因一般有以下几种：

（1）设计原因：“死区段”过长，一般不会出现。

（2）轨道电路组成元件问题：设有轨端绝缘但没有设受电端的渡线或侧线，因轨端接续线或岔后跳线断、脱，而造成“死区段”；轨道继电器有剩磁或接点卡阻、粘连等。

（3）轨道电路调整不当：轨面电压调整过高或送端变阻器调整阻值过小；一送多受的轨道区段因各受电端相距较远，轨面电压调整不平衡，有个别受电端轨面电压过高等。

（4）车辆轮对分路不良：由于轨面生锈、车辆自重过轻及轮对电阻过大等导致轨道电路分路不良，这种分路不良区段普遍存在。

（5）其他电源混入：如移频电压干扰等。

第二种：无车占用轨道继电器落下。

轨道区段无车占用，轨道继电器落下，控制台出现红光带。这种故障现场比较常见，原因也较复杂。从电路故障性质来看，主要是轨道电路断路故障和短路故障。几个区段同时出现红光带的主要原因是电源熔断器熔断或是电源电缆断线。两个区段同时出现红光带，一般是相邻处的轨端绝缘破损。断路故障主要表现在轨端接续线、道岔跳线和变压器箱连接线及室内连接线断线、熔断器熔断、变压器故障。造成短路故障的主要原因如下：

（1）绝缘破损：道岔绝缘破损；道岔安装装置角钢绝缘双破损；轨距保持杆绝缘和道岔第二、第三连接杆绝缘破损；轨端绝缘双破损（有些相邻区段轨端绝缘双破损只有一个区段亮红光带）。

（2）连线接触轨底或混连：变压器箱连接线接触轨底或混连；岔后跳线接触轨底；其他钢管、钢丝过道接触轨底。

（3）交分道岔垫板杆件擦角钢。

（4）异物短路，诸如铁丝、车辆上的部件等。

2）断路故障分析

第一，送电端断路故障分析。

对照轨道电路实际设备，可按以下步骤分析送电端断路故障：

（1）在 XB_1 型轨道变压器箱 1、3 端子（以单送为例）上测量：若有交流 220 V 电压，说明室内已将 GJZ、GJF 送至本区段；若无交流 220 V 电压，说明室内未将电源送至本区段。

（2）在 XB_1 型轨道变压器箱 2、4 端子上测量：若有交流 220 V 电压，说明熔断器正常；若无交流 220 V 电压，说明至少有一个熔断器熔断，可以分别来判断。

（3）在 BG_1-50 型变压器Ⅰ次侧测量：若有交流 220 V 电压，说明端子 2、4 至$Ⅰ_1$、$Ⅰ_4$之间配线良好；若无交流 220 V 电压，说明端子 2、4 至$Ⅰ_1$、$Ⅰ_4$之间配线断线，可分别判断。

（4）在 BG_1-50 型变压器Ⅱ次侧测量：若有电压，说明变压器正常；若无电压，Ⅱ次侧两组线圈均使用，首先测量封线是否正常：封线两端有电压，说明封线断线；封线两端无电压，说明封线良好（仅限于同一区段，仅存在一处断路；若同一轨道区段同时存在两处断路，即使封线断，在封线的两端也测不到电压）。若封线正常，说明变压器故障。

（5）变压器的故障与判断：设 BG_1-50 型变压器Ⅱ次侧封连$Ⅱ_3$、$Ⅱ_4$，使用$Ⅱ_2$、$Ⅱ_5$；封连Ⅰ次侧$Ⅰ_2$、$Ⅰ_3$，使用$Ⅰ_1$与$Ⅰ_4$。

①Ⅰ次侧的判断：若$Ⅰ_1$—$Ⅰ_2$、$Ⅰ_3$—$Ⅰ_4$之间均为 110 V 电压，则Ⅰ次侧正常；若$Ⅰ_1$—$Ⅰ_2$有 220 V 电压，说明$Ⅰ_1$—$Ⅰ_3$断线；若$Ⅰ_3$—$Ⅰ_4$有 220 V 电压，说明$Ⅰ_4$—$Ⅰ_2$断线；若$Ⅰ_1$—$Ⅰ_2$、$Ⅰ_3$—$Ⅰ_4$均无电压，说明封线断。

②Ⅱ次侧的判断：甩开Ⅱ次侧的封线和端子的引出线，分线圈测量，即可判断出是哪个线圈或引出线断线。

（6）在送电端轨面及限流电阻上测量：

① 若限流电阻电压为 0 V，轨面电压为 0 V，则说明从轨面到变压器Ⅱ次侧发生了断线故障。

② 若限流电阻电压为 0 V（或接近 0 V），轨面电压接近Ⅱ次电压，则说明从送电端到受电端（共用部分）发生了断路故障。

第二，线路部分断路故障分析。

（1）若在送电端，电压已经送上轨面，但在受电端测不到电压，则说明线路部分发生了断路，则应该用万用表在线路上进行查找，电压从有到无之间为故障点。

注意：在线路上测量，应特别注意岔后跳线是否正常，同时，应该防止轨面生锈而造成表笔接触不良测不到电压，从而造成误判。

（2）若相邻两轨道区段同时出现红光带，则应注意检查极性交叉。

第三，受电端断线故障分析。

以一送二受轨道电路故障为例：

送电端限流电阻电压略有降低，而轨面电压略有升高，则 DGJ（直股部分）侧发生断线，DGJ_1（弯股部分）侧正常。原因是 DGJ↓，DGJ_1 正常，则轨道电路仍有一个负载。

送电端限流电阻电压有降低，而轨面电压有较大升高，则 DGJ_1（弯股部分）侧发生断线，DGJ（直股部分）侧正常。原因是 DGJ_1↓，则 DGJ_1↓→DGJ↓，将轨道电路的两个负载均断开，从而减小了限流电阻上的压降。

断路故障应注意查“三线”，即轨端接续线、道岔跳线和变压器箱连接线。若从送电端至受电端顺序查找，则电压突然下降之处即为故障点；若从受电端至送电端顺序查找，则电压突然升高之处即为故障点。

3）短路故障分析

轨道电路短路故障常用钳流表分析判断。用钳流表查短路故障时，若在同一线路上，电流从某一点突然变小时，则此点为短路点的其中之一，再从另一线路上查找另一点即可。

轨道部分容易造成短路的点较多，应注意检查道岔安装装置、尖端杆、第一连接杆、轨距保持杆、岔后绝缘等处，正常时均不应有电流；若有电流，则说明发生了短路故障。

注意：平时应注意多观察、分析轨道部分电流正常时的分布情况。

两个受电端，若任一侧的电流明显增加，而另一侧明显减小时，则电流增加的一侧存在短路现象。例如：限流电阻电压接近Ⅱ次输出电压，轨面电压接近 0 V。如果送电端变压器箱至钢轨的引接线上有较大电流，说明短路点在轨道部分或受电端；有较小电流（较正常值减小），说明短路点在轨道箱内或箱壁上。

2.3 知识拓展

交流 480 轨道电路的检修作业

1. 任务描述

掌握交流 480 轨道电路的检修作业流程、工作内容及标准、作业方法，达到铁路现场信号工岗位能力要求。

2. 所需设备与工具

交流 480 轨道电路、通信工具、钥匙、万科端子螺丝刀、套筒扳手、活口扳手、克丝钳、螺丝刀，万用表、移频表、抹布、油盒、毛刷、0.06 Ω 标准分路线、定压测试仪。

3. 操作步骤

1）确定检修重点

利用微机监测重点对轨道电压曲线进行分析。结合季节性变化确定巡检作业重点。

2）仪表料具准备

出场前进行通话试验、仪表校核、料具检查。

3）轨道测试、调整

（1）按照测试记录表逐项进行测试，更换器材时应及时标调轨道电压。

（2）适当调整受电端限流电阻，直至符合标准。

4）内部检查、清扫

（1）器材无破损、不松动、无异状；紧固可调电阻滑片顶丝。

（2）配线端子不磨卡、不松动，螺母、垫片齐全，作用良好；检查配线与变压器端子及箱壁不磨卡，紧固各部螺丝。

（3）防雷元件劣化指示清晰，无变色；更换变色劣化防雷元件。

（4）断路器、熔丝安装牢固，并联熔丝作用良好；断路器通断试验 3 次，并联 1 A 熔丝完好，不应出现红光带。

（5）箱盒内部清洁，无异物，密封整治；更换不良密封胶条，整治不良电缆引入孔密封。

（6）填写检修卡。

注意事项：特殊轨道区段调整，漏泄区段工作值贴近上限、分路不良区段工作值贴近下限、既是分路不良又是漏泄区段工作值贴近下限；接近区段电阻不准不小于 1 Ω（含电缆线路和引接线），电压调整不大于 25 V，道床不良可以调整在 30 V 以下。

5. 作业后复查

（1）确认设备无异状，加锁良好；

（2）料具按照登记清点无遗漏，作业人员全部下道，室内防护员人员销记；

（3）作业全部结束，人员返回室内或撤除网外，室内防护员离台。

2.4 相关规范、规程与标准

《铁路信号维护规则（技术标准）》4.2.1 ~ 4.2.4。

任务 3 25 Hz 相敏轨道电路维护

3.1 任 务

掌握 25 Hz 相敏轨道电路的结构组成、各部件作用和电化区段对轨道电路的基本要求。利用所学知识调整、维护 25 Hz 相敏轨道电路，当轨道电路发生故障时，能及时进行处理，保障行车安全畅通。

3.2 相关配套知识

25 Hz 相敏轨道电路采用交流 25 Hz 电源连续供电，其受电端采用二元二位轨道继电器或微电子接收器。由于受电端具有可靠的频率选择性和相位选择性，故该轨道电路不仅适用于交流电气化区段，而且可用于非电气化区段。

3.2.1 电气化区段对轨道电路的基本要求

我国铁路电气化区段均采用工频 50 Hz 交流供电，两根钢轨既是牵引电流的回流通道，又是轨道电路信号电流的传输通道。轨道电路既要保证牵引回流的畅通，又要保证在受到钢轨中不平衡牵引电流回流、瞬间脉冲电流及谐波电流的干扰时能可靠工作。

1. 必须采用非工频轨道电路

采用非工频轨道电路（25 Hz 相敏轨道电路；移频轨道电路；25 Hz 或 75 Hz 交流计数电码轨道电路；不对称脉冲轨道电路），与 50 Hz 的牵引电流区分，轨道电路就能防护牵引电流的基波、谐波干扰，以保证轨道电路设备安全可靠地工作。

2. 各轨道电路采用双扼流双轨条轨道电路

双轨条轨道电路用扼流变压器沟通牵引电流成双轨条回流，轨道电路处于平衡状态，便于实现站内电码化，适用于站内正线和区间。

3. 交叉渡线（含复式交分道岔）上两根直股都通过牵引电流时，应加设钢轨绝缘

如图 4.3.1 所示，两个道岔区段，非电化区段，不用加装 a 和 b 绝缘节。但是，电化区段当电力机车行驶在交叉渡线上时，由于钢轨绝缘设置不严密而导致不平衡电流加大，容易造成熔丝烧断，继电器落下。此外，由于 1 轨条（粗线）通过道岔跳线与 4 轨条（粗线）直接相连，而 2 轨条与 3 轨条通过扼流变压器的半边线圈及横向连接线串流后形成并联的迂回通路（如图中虚线所示），从而使上下两个道岔区段之间，存在分路时互相影响、工作不稳定的问题。

为了确保交叉渡线上轨道电路和机车信号设备能正常工作，当交叉渡线上两根轨道都通过牵引电流时，该交叉渡线上应增加绝缘节（图 4.3.1 中的 a 和 b），这样即可切断 1 轨条和 4 轨条之间的电气连接，将上下两个道岔区段完全隔开。由于交叉渡线道岔型号及铺设处所线路间距的不同，在辙叉处增设绝缘节的方式也不尽相同。

由于绝缘节的增设，出现了死区段，死区段长度均超过规定的标准数值 2.5 m。为了保证安全，规定单机不准在交叉渡线上停留。

4. 道岔跳线、钢轨引接线和接续线截面加大，引接线等阻

为了减小钢轨阻抗，牵引电流连接线及道岔跳线的截面面积不小于 42 mm 的多股镀锌铁绞线，牵引电流连接线两端焊接牢固，以减小钢轨阻抗。穿越钢轨时，应进行防护，距轨底不少于 30 mm。

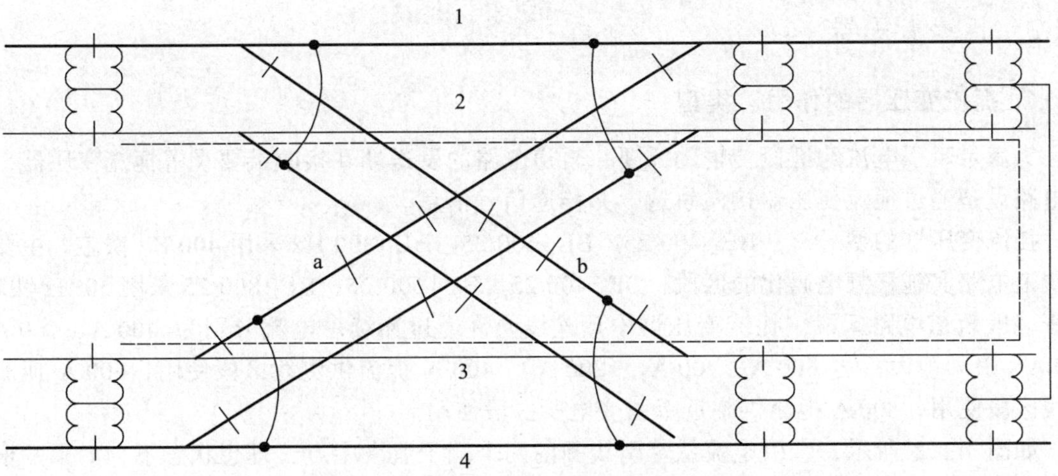

图 4.3.1　交叉渡线加设绝缘节示意图

电气化区段的钢轨接续线，除应保证通过一定电流外，还要尽量减小钢轨接头的接触电阻，钢轨接续线应采用双焊接式接续线（其截面面积应符合设计规定），或一塞一焊式接续线，要求采用铜焊接线或冷挤压式焊接线。

为了减小两根钢轨引接线因长度不同、阻抗不等对轨道电路不平衡度的影响，钢轨引接线宜采用等阻连接线。

5. 相关地线连接规定

接触网的杆塔地线、桥梁等建筑物的地线，不得直接与设有轨道电路的钢轨相连接，也不应接至扼流变压器中心点，严禁经火花间隙与钢轨连接。

6. 吸上线及回流线与钢轨连接时的技术要求

（1）吸上线、回流线（包括开闭所、分区亭的接地网与钢轨的连接线）应接在扼流变压器的中性点上。为防止迂回电路影响行车安全和保证轨道电路可靠工作，一般情况下，不另装设扼流变压器，而与轨道电路共用（即接在轨道电路送电端或受电端扼流变压器的中性点上）。相邻吸上线的安装间距不得小于两个闭塞分区，吸上线接往扼流变压器中性连接板时，应采用软连接。

（2）对于取自接触网供电作为车站电源的 25 kV 变压器的回流线，在就近轨道上无扼流变压器的情况下，可在轨道电路上增设一台扼流变压器（一般均在站中心的股道上），并将该端子接在扼流变压器中心端子板上。

（3）在特殊情况下，如路外通信设备拆迁工作量过大，或对通信干扰严重，吸上线或 PW 保护线设置地点距轨道电路的接收、发送端的距离大于 500 m 时，允许在轨道电路上加设一台扼流变压器，吸上线或 PW 保护线安装在扼流变压器中心端子板上。但相邻轨道电路不得连续加设，该轨道电路的两端不允许再接其他的吸上线。

（4）采用 ZPW-2000（UM）系列轨道电路时，吸上线或 PW 保护线应接在电感线圈中点，轨道电路中间必须加设扼流变压器时，吸上线或 PW 保护线安装在扼流变压器中心端子板上。

3.2.2 扼流变压器

1. 扼流变压器的作用、类型

为满足牵引电流跨区段传输的需要，轨道电路的发送端和接收端要设置扼流变压器，轨道电路设备通过扼流变压器接向轨道，并传递信号信息。

扼流变压器的型号有：BE_1-400/25、BE_1-600/25、BE_1-800 Hz 采用 400 Hz 铁芯，主要用于轨道电路实施移频电码化的区段；BE_2-400/25、BE_2-600/25、BE_2-800/25 采用 50 Hz 铁芯，用于一般轨道电路区段。扼流变压器中点连线允许通过连续总电流分别为 400 A、600 A、800 A（瞬间最大可达 600 A、900 A、1200 A），400 A 扼流供侧线区段使用，600 A 扼流供正线区段使用，800 A 扼流供临近牵引变电所区段使用。

如图 4.3.2 所示，牵引电流从牵引线圈的两个端子流入中点，理想状态下，如果两根钢轨上的牵引电流平衡，则产生的磁通相互抵消，牵引电流不会感应到信号线圈。对于 50 Hz 牵引电流来说，扼流变压器就相当于将钢轨绝缘节全部短路。信号电流因极性交叉，在两扼流变压器中点处电位相等，不会越过绝缘节流向另一轨道电路区段，而流回本区段，在次级感应出信号电流。如果牵引电流不平衡，扼流变压器铁芯中总磁通不为零，在次级线圈中将产生干扰，影响轨道电路的正常工作，需增设防护设备。

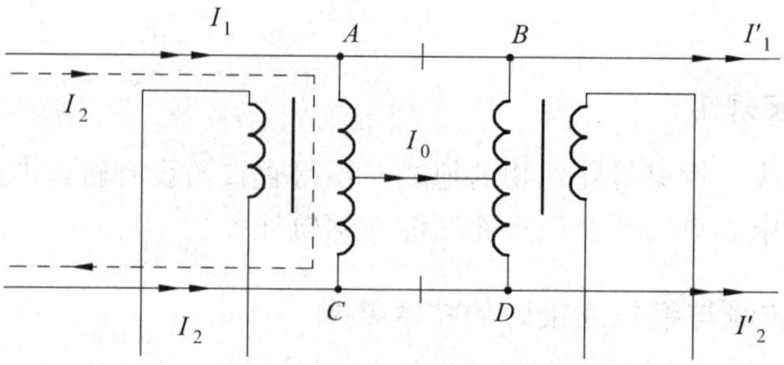

图 4.3.2 扼流变压器工作原理示意图

在电气化牵引区段，不平衡牵引电流脉冲干扰，会造成轨道电路闪红光带。为了解决这个问题，对现有扼流变压器加以改进，加大扼流变压器气隙，适配器（ESP）与信号线圈并联使用，形成 BES 型扼流适配变压器，主要在正线叠加电码化区段使用。

2. 轨道电路扼流变压器中心线拆除

在电化区段，为了使回归牵引电流畅通无阻地流回变电所，相邻轨道电路扼流变的中点需相连。如果全部采用双扼流轨道电路，中点相连后易构成迂回电路，有可能造成在轨道电路不完整或有车占用情况失去检查，使轨道继电器吸起。图 4.3.3 中虚线为迂回电路的径路，IG 区段轨道继电器在有车占用或断轨的情况下，可能经迂回电路而错误吸起。

为减少迂回电路对轨道电路的影响，在确保回归牵引电流畅通的条件下，即正线（包括正线上的道岔区段和无岔区段）装设的扼流变中点必须相连，应将个别扼流变的中点连线拆除，以断开迂回电路。

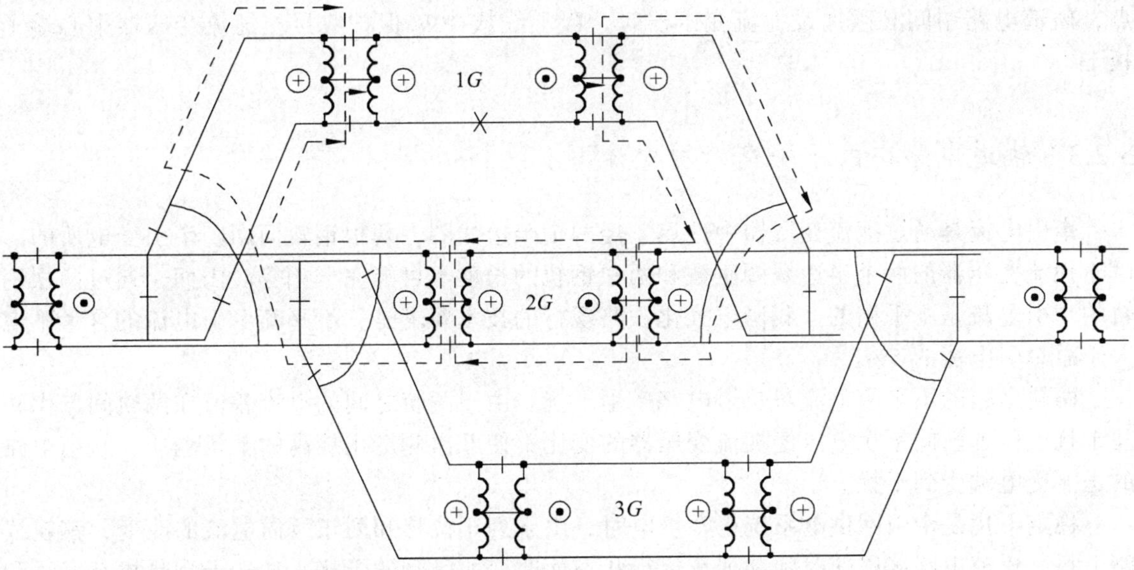

图 4.3.3 扼流变压器中点连接形成的迂回电路

3. 空扼流变压器的设置

一送一受轨道电路，可以设长度不大于 65 m 的三个或三个以上的无受电分支。为了沟通牵引电流的回流通路，可以在其中一个分支上设置一个空扼流变。对于不连接轨道继电器的空扼流变压器，其信号线圈经 BG_1-130/25 型轨道变压器与补偿器相连，如图 4.3.4 所示。补偿器对轨道电路的信号传输和机车信号的信息有补偿作用。

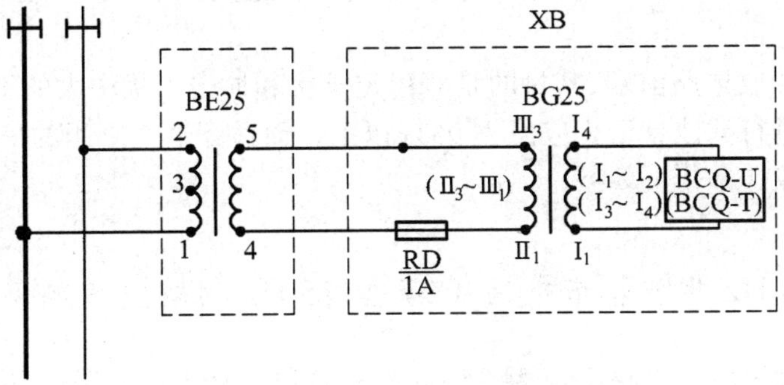

图 4.3.4 空扼流变压器设置电路图

4. 扼流变压器的加设

在以下两种情况下要加设扼流变压器。加设扼流变压器的轨道区段，应保证轨道电路可靠工作。

第一，特殊情况下，吸流变压器的吸上线或 PW 保护线设置地点距轨道电路的接收、发送端的距离大于 500 m 时，允许在轨道电路上加设一台扼流变压器，吸上线或 PW 保护线安装在扼流变压器中心端子板上。相邻轨道电路不得连续加设，且该轨道电路两端不得再接其他吸上线。

第二，采用 UM-71（ZPW-2000）轨道电路时，吸上线或 PW 保护线应接在电感线圈中点，轨道电路中间必须加设扼流变压器时，吸上线或 PW 保护线接至扼流变压器中心端子板上。

3.2.3 轨道电路中的不平衡牵引电流

牵引电流是通过扼流变压器中性点，经两个半边线圈，两根钢轨而回归牵引变电所的。由于扼流变压器的两个半边线圈匝数和两根钢轨的长度不可能完全相等。因而，通过两根钢轨的牵引电流是不平衡的。我国电气化铁路现行的技术要求是：不平衡牵引电流的含量不应大于总牵引电流的 5%。

两轨之间的不平衡电流对轨道电路产生干扰。由于两轨之间的电流差值在两轨间产生轨间干扰电压，轨间干扰电压经扼流变压器的变比，使Ⅱ次侧产生更高的干扰电压，轨道电路的送、受电端受到干扰。

稳定干扰是牵引网供电系统正常供电时，由于列车位移和列车所需电流的改变，钢轨线路上每一轨道电路区段随时间和列车运行状态而改变所受到的干扰。冲击干扰是机车升弓和牵引网短路时所受到的干扰。

改善两根钢轨的纵向电导不平衡以及规范铁路沿线各项建筑物的地线与钢轨连接的方法：钢轨网的纵向电导，不仅取决于钢轨本身，而且取决于钢轨接头互相连接的质量。钢轨接头电阻可能很小，也可能很大；接头状态将决定大地中的电流数值。现在电气化区段普遍采用双套轨端连接线的办法：一套塞钉连接线，一套轨端焊接线，两线并用。

采用长钢轨和无缝线路，大大减少了接头电阻对钢轨网总的纵向电导的影响，从而减少了对牵引电流漏泄的影响。应按年限定期对线路实施大（中）修，清筛道砟，提高线路质量。

加设适配器于接收电路前端，其目的是对稳定干扰和冲击干扰中大的不平衡牵引电流（主要是 50 Hz 成分）进行滤波，至少应滤去 95% 以上；而适配器对有用的信号电流衰耗极小，不影响轨道电路正常工作。

3.2.4 继电式 25 Hz 相敏轨道电路（97 型 25 Hz 相敏轨道电路）

继电式 25 Hz 相敏轨道电路（97 型 25 Hz 相敏轨道电路）接收端的主要设备为交流二元二位感应继电器。下面详细介绍这种轨道电路的组成和工作原理。

1. 97 型 25 Hz 相敏轨道电路的组成

继电式 25 Hz 相敏轨道电路的送电端由 BG_{25} 轨道变压器、R_X 电阻器、RD 断路器、BE_{25} 扼流变压器（非电化区段不设）等组成；受电端由扼流变压器（非电化区段不设）、BG_{25} 轨道变压器、RD 断路器、HFC 防护盒、FB 防雷补偿器、JRJC 型交流二元二位继电器、电阻器 R_S 等组成；轨道电路的两端加上钢轨绝缘。一送一受 97 型 25 Hz 相敏轨道电路如图 4.3.5 所示。

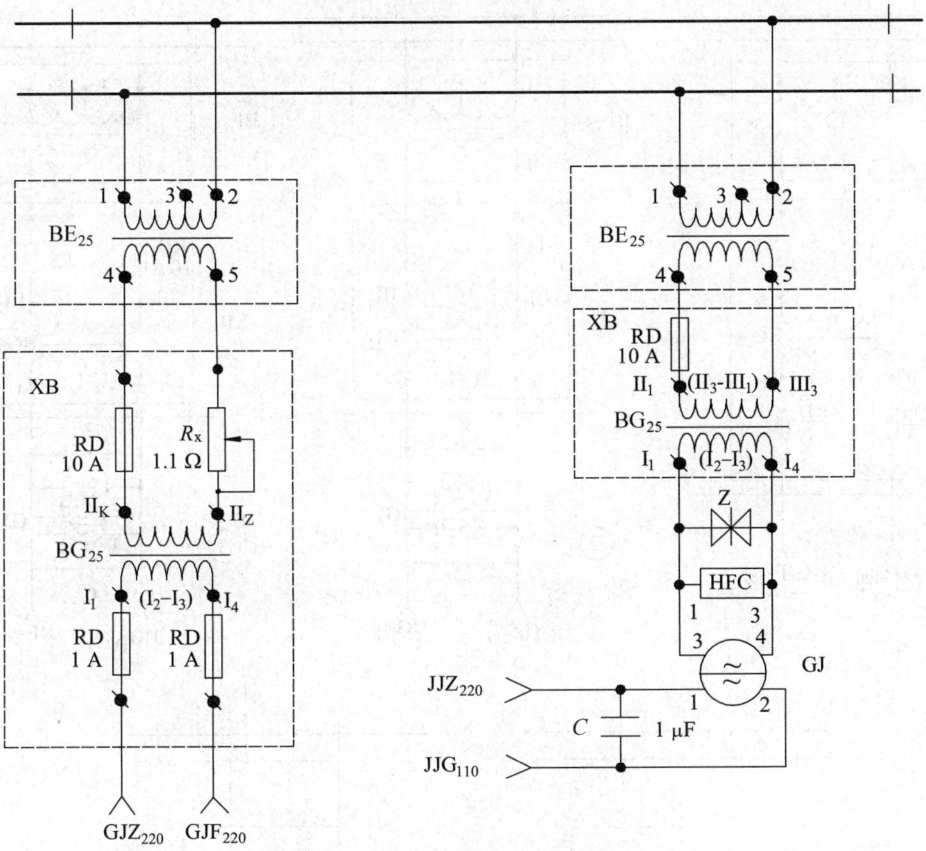

图 4.3.5　97 型 25 Hz 相敏轨道电路

2. 97 型 25 Hz 相敏轨道电路的工作原理

97 型 25 Hz 相敏轨道电路采用交流 25 Hz 电源连续供电，25 Hz 电源屏分别供出 25 Hz 220 V 轨道电源和 25 Hz 110 V 局部电源；当局部电源超前轨道电源理想相位角 90°时，轨道继电器才能吸起。

轨道电路在调整状态时，由电源屏提供的轨道电源通过电缆送至室外送电端变压器箱中的 BG25 的 I 次线圈上，经 BG25 轨道变压器降压、电阻器 R_X、BE25 扼流变压器，接到钢轨上，经钢轨传输到受电端的 BE25 扼流变压器上，再经 BG25 轨道变压器升压，通过电缆接到室内 JRJC 型交流二元继电器 GJ 的轨道线圈（3-4 线圈）上；与此同时，由电源屏提供的局部电源加到室内 JRJC 型交流二元继电器的局部线圈（1-2 线圈）上。当局部线圈电源电压的相位超前于轨道线圈电源电压相位 90°时，即满足规定的相位和频率要求时，GJ 吸起，表示轨道电路空闲。当列车占用轨道电路时，轨道电路被分路，GJ 落下。若频率、相位不符合要求时，GJ 也落下。这样，25 Hz 相敏轨道电路就具有频率选择性和相位鉴别能力，抗干扰性能较高。

25 Hz 相敏轨道电路单元图如图 4.3.6 所示，图中 E/①、E/②、E/③、E/④、E/⑤分别为 25 Hz 轨道的五种单元类型，E 代表设扼流变压器，/①为送电端，/②为受电端，/③为一送多受的分支受电端；/④、/⑤分别为不设扼流变压器的送电端、受电端。XB 为变压器箱。

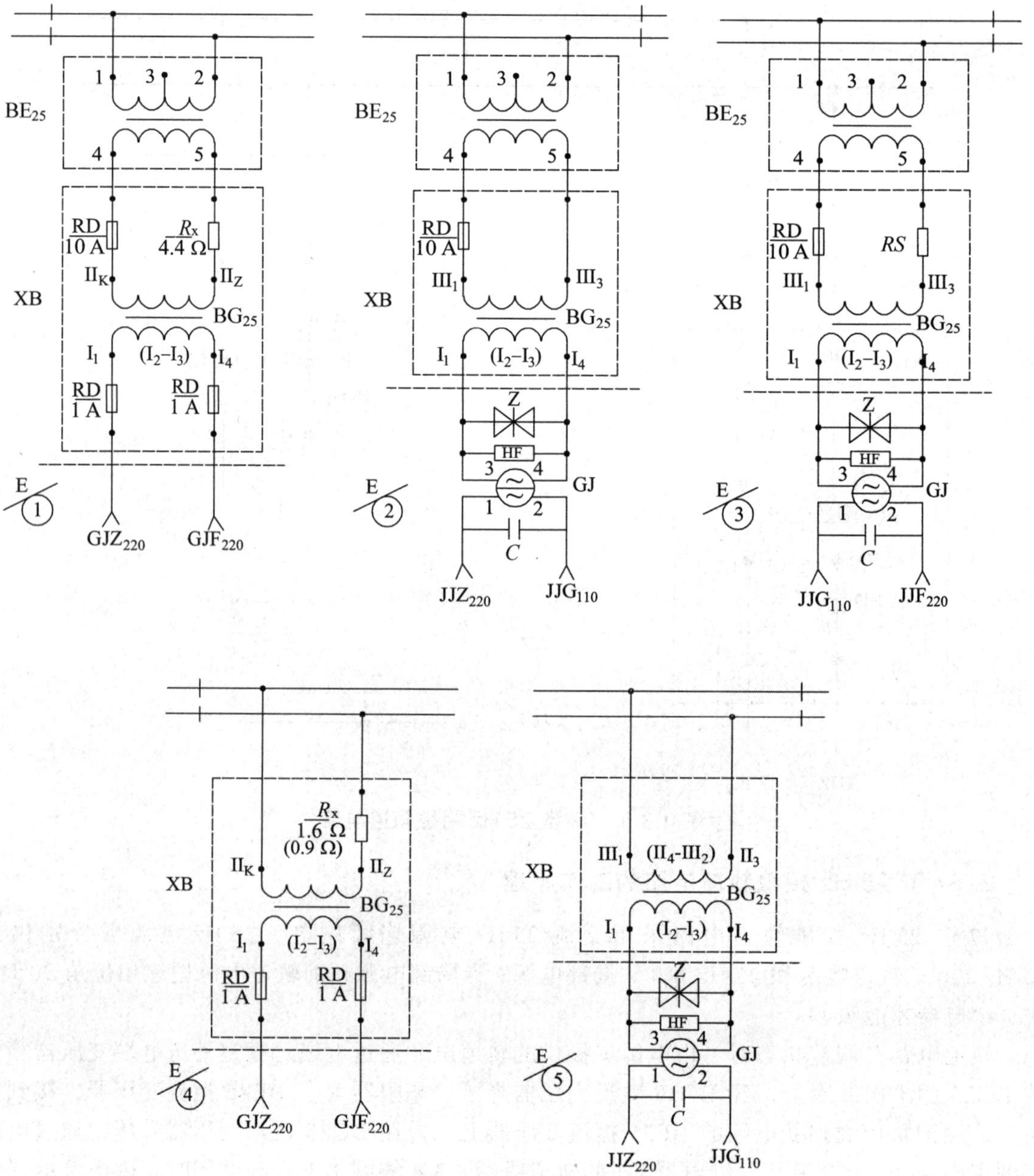

图 4.3.6　25 Hz 相敏轨道电路单元图

在邻接到发线的道岔区段一般采用一送两受或一送三受轨道电路。根据有无扼流变压器及有无站内电码化的实际情况，轨道电路的连接情况有所不同。参看《铁路信号维护规则（技术标准）》。

3.2.5　轨道电路各主要附件

1. 轨道继电器（JRJC 型交流二元继电器）

JRJC 型交流二元继电器的二元指有两个互相独立又互相作用的交变电磁系统，分为

JRJC-66/345 和 $JRJC_1$-70/240 两种型号。现在普遍使用性能有所提高的新型 $JRJC_1$-70/240 继电器。

JRJC 型交流二元继电器的特性如下：

① 相位选择性：当局部线圈电压相位超前于轨道线圈电压相位 90°时，该继电器就可以吸起。如果仅在任何一线圈通电，或两线圈接入同一电源，继电器不会吸起。现场一般按要求调整出接近理想的相位角为 90° ± 8°。

② 频率选择性：当牵引电流不平衡时，将有 50 Hz 电压加在轨道线圈上，这时它与固定的 25 Hz 局部电流相作用，不能使继电器误动，其他频率也同样不起作用。

2. 25 Hz 轨道变压器（BG25）

25 Hz 轨道变压器作为供电电源兼有阻抗匹配作用，送电端和受电端采用同一型号。用作送电端供电变压器时，可能根据需要供出不同的电压；用作受电端时，使轨道继电器的高阻抗与扼流变压器的低阻抗相匹配。

如图 4.3.7 所示为 BG_1-72/25 和 BG_2-130/25 型变压器各线圈电压。现在较为广泛使用的为：BG_2-130/25 采用 CD 型 400 Hz 铁芯，主要用于移频电码化区段，BG_3-130/25 采用 CD 型 50 Hz 铁芯，主要用于非电码化区段。

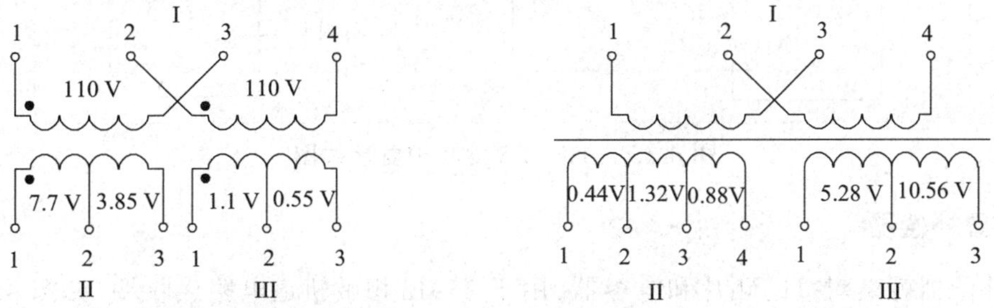

图 4.3.7 BG_1-72/25 和 BG_2-130/25 型变压器各线圈电压

防护盒并接在轨道继电器的轨道线圈上，其主要作用是：减少轨道继电器上 50 Hz 牵引电流的干扰电压；对 25 Hz 信号频率的无功分量进行补偿；减少 25 Hz 信号在传输中的衰耗和相移，使轨道线圈电压和局部线圈电压产生较好的相位差，保证轨道继电器正常工作。

防护盒常用的有四种：HF_1-25、HF_2-25、HF_3-25 和 HF_4-25 型。HF_1-25、HF_2-25 型防护盒应用早期轨道电路，不能调整。HF_3-25 型应用在非电化区段，HF_4-25 型应用在 JXW-25（B）型轨道电路。如表 4.3.1 和表 4.3.2 所示，分别为 HF_3-25 型和 HF_4-25 型防护盒接线使用情况。图 4.3.8 为 HF_4-25 型防护盒接线图。

表 4.3.1 HF_3-25 型防护盒接线表

使用端子	连接端子	参考使用范围
1-3	2-6　7-8	同 HF_2-25
1-3	4-7-8	可调相位 15°～20°
1-3	5-8	可调相位 30°～40°

表 4.3.2　HF_4-25 型防护盒接线表

使用端子	连接端子	参考使用范围
1-3	11-3　12-4	上调相位 10°～20°
1-3	11-1	可调相位 20°～40°
1-3	11-5　12-6	同 HF_2-25
1-3	11-7　12-8	下调相位 10°～20°
1-3	11-9　12-8　2-4	下调相位 20°～40°

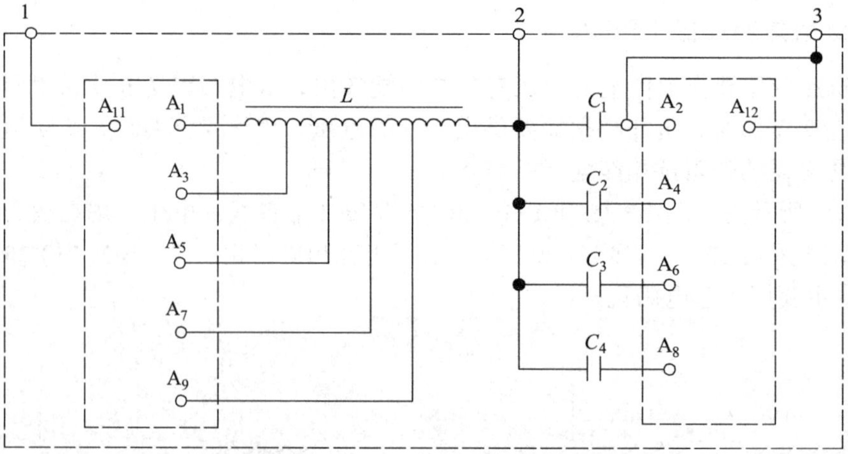

图 4.3.8　HF_4-25 型防护盒接线图

4. 防雷补偿器

防雷补偿器就是对接的硒片和电容器，用于 25 Hz 相敏轨道电路接收端，如图 4.3.9 所示。硒片用来防雷及防止大电流侵入；电容器用来提高局部线圈的功率因数，减少变频器输出电流。防雷补偿器有两种型号，FB_1 和 FB_2，FB_1 型内含两套防雷补偿单元，FB_2 型内含一套防雷补偿单元（由硒堆 Z 和电容 C 组成）。

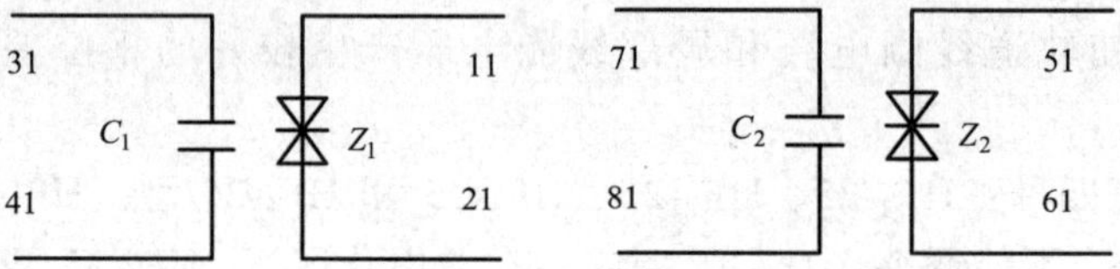

图 4.3.9　FB-1 型和 FB-2 防雷补偿器原理图

5. 固定抽头式电阻器

25 Hz 相敏轨道电路中采用固定抽头式电阻器，这种电阻器具有随温度变化小、长期使用效果良好等优点。

第一种：R_1-2.2/220 型，阻值及抽头为 0.2 Ω + 0.4 Ω + 0.5 Ω + 1.1 Ω，允许通过电流 10 A。

第二种：R_1-4.4/440 型，阻值及抽头为 0.2 Ω + 0.4 Ω + 0.5 Ω + 1.1 Ω + 2.2 Ω，允许通过电流 10 A。

第三种：R_1-4.4/630 型，阻值及抽头为 0.2 Ω + 0.4 Ω + 0.5 Ω + 1.1 Ω + 2.2 Ω，允许通过电流 12 A。

3.2.5 JXW25 型微电子相敏轨道电路

JXW25 型微电子相敏轨道电路保留了原相敏轨道电路的优点，用电子接收器取代原交流二元继电器，彻底解决了原继电器接点卡阻、抗电气化干扰能力不强、返还系数低等问题，与原继电器的接收阻抗、接收灵敏度相同，提高了安全性和可靠性。

JXW25 型微电子相敏轨道电路接收器以微处理机为基础，采用数字处理技术对轨道电路信息进行分析、检出有用信息，除去干扰，完成电化区段 25 Hz 相敏轨道电路接收功能。

1. JXW25 型微电子相敏轨道电路接收器分类及使用

微电子相敏轨道电路接收器根据使用需要分为单套设备（JXW-25A 型）和双套化设备（JXW-25B 型）。设备安装在安全型继电器罩内，采用继电器插座。使用 JXW-25B 型微电子接收器时，需要配备接收变压器盒、报警盒。接收器的型号及名称总结如表 4.3.3 所示。

表 4.3.3 接收器的型号及名称

型 号	名 称	备 注
JXW-25A	单套微电子相敏接收器	安全型继电器结构
JXW-25B	双套微电子相敏接收器	安全型继电器结构
HBJ	接收变压器盒	安全型继电器结构，用于双套
HB	报警盒	安全型继电器结构，用于双套

1）JXW-25A 单套微电子相敏接收器

JXW-25A 单套微电子相敏接收器端子使用如图 4.3.10 所示。采用 JXW-25A 型接收器的轨道电路原理如图 4.3.11 所示，当接收器接收到符合规定的 25 Hz 轨道电压，且局部电压超前轨道电压一定范围的角度时，微电子接收器使执行继电器吸起。当收到的信号不能完全满足以上条件时，执行继电器落下。

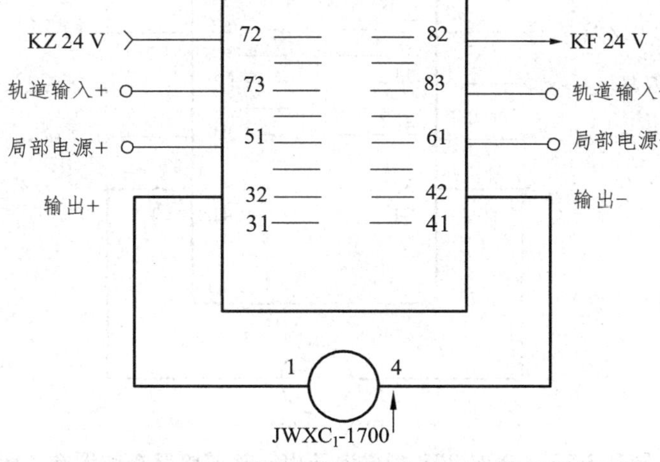

图 4.3.10 JXW-25A 型微电子相敏轨道电路接收器端子图

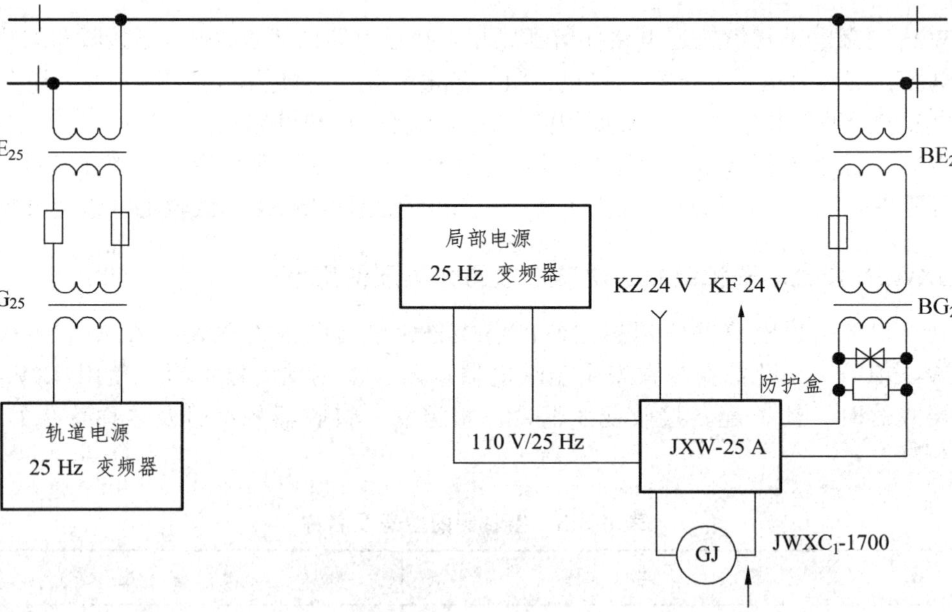

图 4.3.11　25 Hz 微电子相敏轨道电路（JXW-25A 型）

2）JXW-25B 双套微电子相敏接收器

JXW-25B 型微电子相敏轨道电路接收器是 JXW-25A 型的双套化产品，其两套设备中只要有一套能正常工作，就能保障系统正常运行，进一步提高了系统的可靠性；如果其中一套发生故障，能及时报警，通知维修人员进行维修，而且对其中单套维修时，不影响系统使用，大大方便了现场维修。

JXW-25B 型微电子相敏轨道电路的接收变压器盒和微电子接收器盒，都安装在安全型继电器罩内，JXW-25B 型微电子接收器盒端子配线图如图 4.3.12 所示，每个接收变压器盒安装 2 个轨道接收变压器，其端子配线图如图 4.3.13 所示。

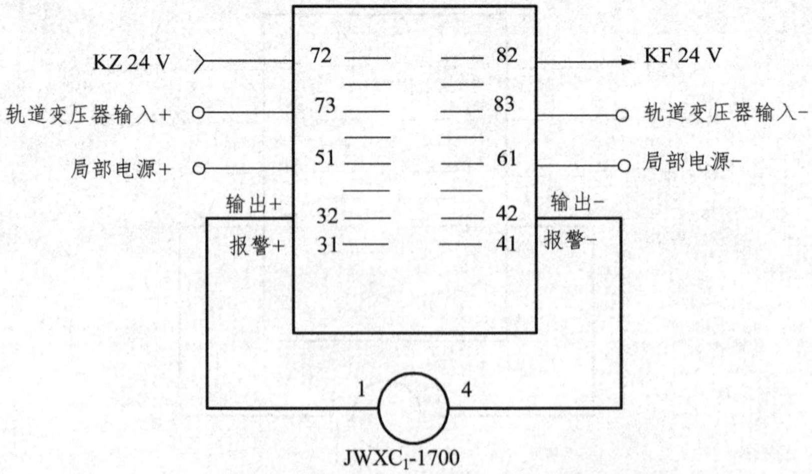

图 4.3.12　JXW-25B 型微电子相敏轨道电路接收器端子图

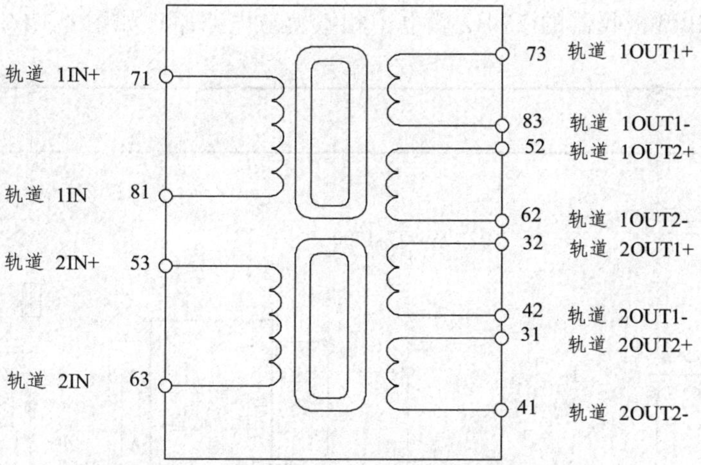

图 4.3.13　JXW-25B 型接收变压器端子图

JXW-25B 型微电子相敏轨道电路接收器电子接收器与防护盒安装在不同的组合中，在设计时，两个电子接收器组合配合一个防护盒组合如图 4.3.14 所示，构成 8 套轨道电路接收器，每个电子接收器组合设一个报警单元，报警单元上有报警表示灯，能明确显示哪个设备发生故障，并驱动报警继电器（BJJ）。JXW-25B 型报警器端子如图 4.3.15 所示。

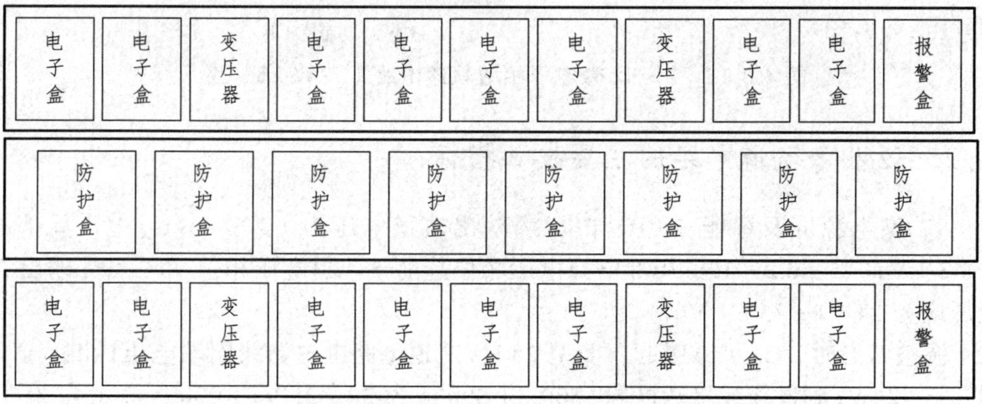

图 4.3.14　JXW-25B 型微电子相敏轨道电路接收器组合图

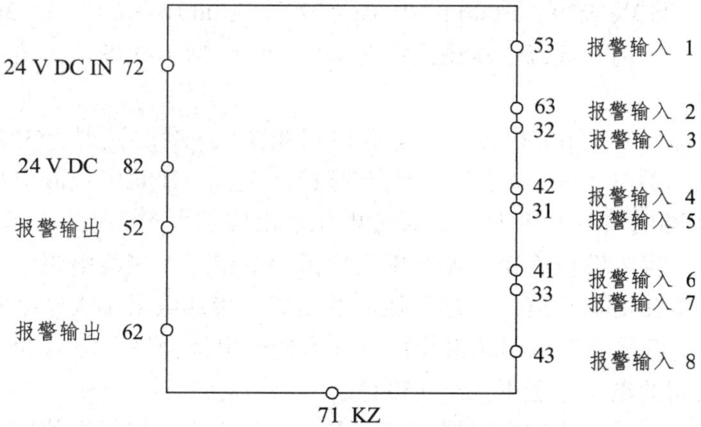

图 4.3.15　JXW-25B 型报警器端子图

采用 JXW-25B 型接收器的 25 Hz 微电子相敏轨道电路原理如图 4.3.16 所示。

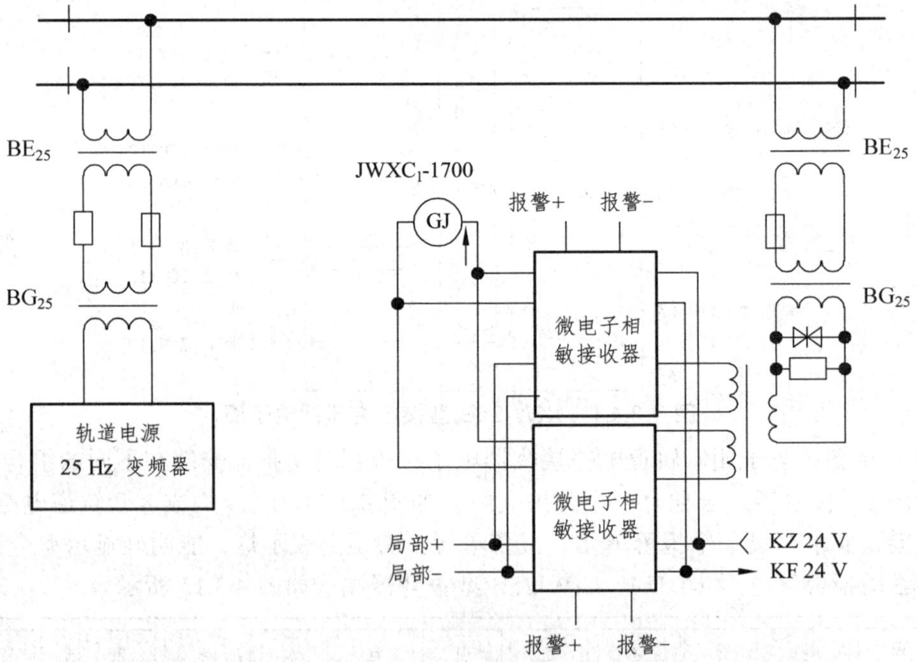

图 4.3.16　25 Hz 微电子相敏轨道电路（JXW-25B 型）

3.2.6　25 Hz 相敏轨道电路的主要技术指标

（1）97 型电源屏及智能 25 Hz 电源屏输出轨道电压为（220 ± 6.6）V，局部电压为（110 ± 3.3）V，（25 ± 0.25）Hz；局部电源电压相位超前于轨道电压相位 90° ± 1°；输出 JXW25 直流电压应为 24（1 ± 15%）V。

（2）调整状态时，GJ 可靠吸起。旧型 25 Hz 轨道电路继电器线圈端电压标准：道岔和无岔区段：20 ~ 24 V；到发线或接近区段：800 ~ 1 000 m 为 20 ~ 25 V，1 000 m 以上为 25 ~ 30 V。97 型 25 Hz 轨道电路继电器线圈电压标准：道岔和无岔区段：18 ~ 22 V；到发线或接近区段：800 ~ 900 m 为 18 ~ 25 V，900 ~ 1 000 m 为 19 ~ 27 V，1 000 m 以上 25 ~ 30 V。JXW25 接收器接收端电压不小于 16 V，直流电压输出应为 20 ~ 30 V；轨道线圈电压滞后局部电压相位角应在 90° ± 30°以内。

有车占用或故障时，或用 0.06 Ω标准分路电阻线在任一处分路时，GJ 应可靠落下。旧型轨道电路，GJ 轨道线圈电压应不大于 7.0 V；97 型轨道电路 GJ 轨道线圈电压应不大于 7.4 V；JXW25 接收器接收端电压不大于 10 V，直流电压输出应不大于 2 V。

（3）轨道电路送受电端扼流变压器至钢轨应采用等阻线，接线电阻不大于 0.1 Ω。

（4）轨道电路送受电端轨道变压器至扼流变压器的接线电阻不大于 0.3 Ω。

（5）轨道电路电源屏至送电端轨道变压器一次侧的电缆允许压降为 30 V，轨道继电器至受电端轨道变压器间的电缆电阻不大于 150 Ω。

（6）轨道电路送、受电端的电阻器阻值应参考调整表中给出的数值固定，不得调小。

（7）对于电码化区段，在机车信号入口端用 0.06 Ω 标准分路电阻线分路时，应满足动作机车信号最小短路电流的要求（对于 ZPW-2000 A 型用 0.15 Ω 标准分路电阻线分路时，频率为 1 700 Hz、2 000 Hz、2 300 Hz 的短路电流不小于 500 mA，频率为 2 600 Hz 的短路电流不小于 450 mA）。

（8）相邻轨道区段应满足极性交叉的要求。

（9）适用于钢轨内连续牵引总电流不大于 800 A，钢轨内不平衡电流不大于 60 A 的交流电气化牵引区段的站内及预告区段的轨道电路。

3.2.7 25 Hz 相敏轨道电路的测试调整

1. 25 Hz 相敏轨道电路的测试

1）送、受端变压器Ⅰ、Ⅱ次电压测试

轨道电路在调整状态，用选频电压表在变压器Ⅰ、Ⅱ次端子上测得。

2）限流器电压测试

轨道电路在调整状态，用选频电压表在限流器两端测得。

3）送、受端轨面电压测试

轨道电路在调整状态，用选频电压表在送、受端轨面测得。

4）轨道继电器

轨道继电器电压、相位及 JXW-25 输出电压在 25 Hz 轨道电路测试盘上直读测得。

5）分路残压测试

室外用 0.06 Ω 标准分路线在轨道送端、受端、无受电分支处轨面分路时，室内在 25 Hz 轨道电路测试盘上直读测得。

6）送受端 BE 不平衡电流检查测试

用 CD96-3 型表的电流钳在两条钢丝绳上测试电流，其差为不平衡电流。

7）扼流变压器 B E Ⅰ、Ⅱ次线圈间绝缘检查

断电时，用兆欧表的两个表棒分别接 BEⅠ、Ⅱ次端子摇绝缘。

8）极性交叉检查测试

用选频电压表在轨端绝缘处轨面测得（见图 4.3.17）。在电化有扼流变压器区段，两轨端绝缘处电压 V_1+V_4 之和约等于两轨面电压 V_2+V_3 之和，或轨端绝缘处电压 V_1、V_4 大于交叉电压 V_5、V_6 时，有相位交叉。或用 CT268A 型轨道电路极性交叉检查仪测量直读邻接区段是否极性交叉。

9）入口电流测试

顺着列车运行方向，在列车最先进入区段的一端，用标准分路线短路轨面，分路线卡在 CD96-3 型表的电流钳内，所显示电流值即为入口电流。应选在“天窗”时间内进行，以防止不平衡电流干扰。站内电码化需在发码条件下测试，不同的发码设备要选用相应的频段。

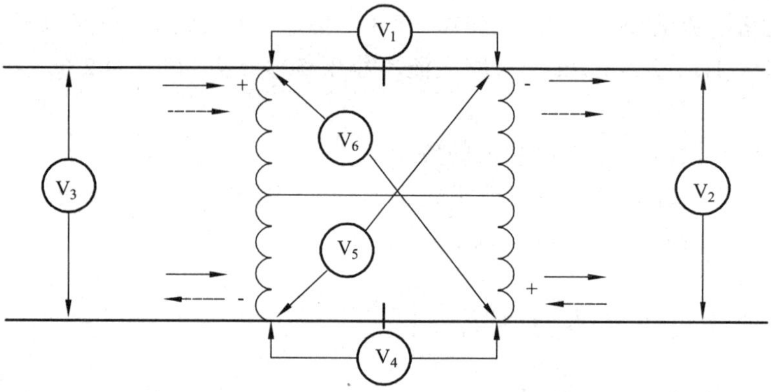

图 4.3.17　极性交叉检查测试

2. 25 Hz **相敏轨道电路的调整步骤**

1）首先测试、调整 25 Hz 轨道电源屏

在电源屏输出电压、电流满足 25 Hz 相敏轨道电路技术条件下，方可进行轨道电路的标调工作。

2）选定送、受电端变压器 BG_{25} 的变比

电码化区段 BG_{25} 变压器变比应固定，通过调整室内 BMT-25 变压器的输出来改变送电端供电电压。非电码化区段，由室外调整送电端 BG_{25} 变压器，其二次侧电压按参考调整表调整，如表 4.3.4 所示。受电端变压器 BG_2-130/25 二次侧有扼流变时使用 $Ⅲ_1$-$Ⅲ_3$ 15.84 V 挡，无扼流变使用 $Ⅲ_1$-$Ⅱ_3$ 4.4 V 挡。

调整各类变压器时应注意不要将同名端接错。如果器材同名端有误，应及时更换，不许采取人工极性交叉方式解决；否则将破坏全站的相位交叉。

表 4.3.4　BMT-25 Hz 室内调整变压器电压调整表

输出/V	连接端子	输出/V	连接端子	输出/V	连接端子
10	0-4　5-10	70	0-5　6-7　8-10	130	0-4　6-8　9-10
20	0-5　6-10	80	0-4　6-7　8-10	140	0-7　5-9　4-10
30	0-7　6-8　5-10	90	0-8　5-9　4-10	150	0-7　9-10
40	0-7　5-8　4-10	100	0-8　9-10	160	0-4　5-7　9-10
50	0-7　8-10	110	0-4　5-8　9-10	170	0-5　6-7　9-10
60	0-4　5-7　8-10	120	0-5　6-8　9-10	180	0-4　6-7　9-10
粗调	按此表进行接线，即可得到表中 10 V 一挡的粗调的电压				
细调	如果需要进行细调电压，打开 0 号至其他端子的连线，串入 1、2 增加 2.5 V，串入 2、3 增加 5 V，串入 1、3 增加 7.5 V。如需要得到 12.5 V，打开 0—4 连线，连接 0—1、2—4 即可				

3）选定送、受电端的限流电阻

按参考调整表 4.3.5 中的数值选定，不得随意调整，否则会破坏轨道电路的整体特性，尤其是分路特性。

表 4.3.5　限流电阻参考调整表

区段类型	区段长度/m	有扼流变压器			无扼流变压器		
		送电端/Ω	受电端/Ω	二次侧电压/V	送电端/Ω	受电端/Ω	二次侧电压/V
无岔区段	100～400	4.4	0	3.2～4.2	0.9	0	1.4～1.9
无岔区段	500～1 000	4.4	0	4.9～7.8	4.4	0	4.6～7.2
无岔区段	1 100～1 500	4.4	0	8.6～12.8	4.4	0	7.9～11.7
一送一受	100～400	4.4	0	3.3～4.4	1.6	0	2.0～2.9
一送二受	≤200	4.4	2.2	4.4～6.4	1.6	0	2.9～4.3
一送三受	≤200	4.4	2.2	5.9～8.9	1.6	0	4.0～5.0

4）调整轨道电路供电变压器的电压

同时测量轨道继电器电压和相位角，使轨道继电器电压满足技术指标：调整状态时≥15 V，经验值为 20～26 V；分路状态时≤7.4 V，一般要达到 2.6 V 以下。对于电码化区段，调整方法为改变室内 BMT-25 的输出端子；对于非电码化区段，按调整参考表数值，改变送电端变压器 BG_{25} 二次侧电压。

5）相位角调整

调整防护盒的接线端子，使轨道继电器的相位角满足技术指标。相位角偏差大时，可调整防护盒的使用端子和连接端子的接线。

6）反复精确调整和一次调整

在轨道继电器吸起后，应再检查调整相位角，然后重新调整轨道继电器电压，反复数次后使之达标。轨道电路首次调整开通后，还需加强检测，并进行一次调整。一般应经历一次雨季和冬季晴天最不利条件测试。冬季晴天检查能确保分路，雨季时检查轨道继电器能可靠吸起。

7）入口电流的调整

对于正线接车进路电码化，无岔区段、道岔区段同样是由正线股道的发码设备来发送移频信号的，而无岔区段、道岔区段的长度要远远小于正线股道的长度，即通过钢轨的衰耗要小得多，因而无岔区段、道岔区段的入口电流要大于正线股道的入口电流。

① 入口电流调整的下限。《铁路信号维护规则》规定：“装有机车信号的轨道电路，在最不利的条件下，用标准分路电阻在入口端轨面分路时，为机车信号提供的最小短路电流值，应大于该机车信号制式接收灵敏度，并有一定的安全系数，以适应各种变化的因素，使机车信号设备可靠地工作”。

考虑到雨天道床漏泄、电源电压波动等因素，如果入口电流调整得太小，就有可能造成机车信号掉码、甚至无法正常接收信号。因此，建议入口电流调整的下限在“钢轨最小短路电流”的 2 倍较为合适。

② 入口电流调整的上限。电气化区段的入口端最小钢轨短路电流要比非电气化区段的大 3 倍。如果车载机车信号设备按照电气化区段设定，机车在非电气化区段运行时，机车信号就不能正常工作；如果车载机车信号设备按照非电气化区段设定，机车在电气化区段运行时，机车信号就会容易受邻线和电气化牵引电流干扰。

如果入口电流调整得太大，当车载机车信号主机接收到的邻线干扰等感应电压超过“机车灵敏度”时，就会产生窜码。因此，轨道电路区段的入口电流调整不宜过大，建议入口电流调整的上限在“钢轨最小短路电流”的 3 倍较为合适。

③ 入口电流的调整范围。建议轨道电路区段的移频入口电流一般调整为钢轨最小短路电流的 2 ~ 3 倍，为满足主体化机车信号和列车超速防护的需要，在非电化区段，入口电流也按电化区段统一标准，即 1 700 Hz、2 000 Hz、2 300 Hz 为不小于 500 mA，2 600 Hz 为不小于 450 mA。

8）调整 25 Hz 相敏轨道电路时应注意的事项

① 严格按调整表所要求的轨道线圈的端电压的范围进行调整，留出电源电压波动的适当富余量。一般应采取改变送电变压器二次抽头及连接跨线的方法，调整送电电压，二次侧采用正串、反串增减输出电压，使之符合道床的自然状况。在调整时，凡是能造成扼流变压器二次开路时，都要做好防护。

② 在最不利情况下（晴天、道床最好时），用标准分路线（0.06 Ω）进行送分、受分和岔分时，轨道继电器线圈残压应小于 7 V，轨道继电器前接点应可靠断开（一送多受，只要一个轨道继电器线圈残压符合上述要求即合格）。

③ 调整轨道电路时，不允许将各端限流电阻调到低于技术要求的数值，不允许改变各端匹配变压器的变比。因此，轨道电路调整前必须事先检查各部电阻阻值的变化与定型图是否相符，然后再进行电压调整。

④ 根据分路灵敏度和断轨灵敏度的要求，轨道电路受电端的输入阻抗应当在 0.2 ~ 0.5 Ω 范围内。否则，如果此阻抗小于 0.2 Ω，分路灵敏度就低于标准值，如大于 0.6 Ω，就不能检查断轨。

⑤ 对长轨道电路，在道床电阻小的时候（雨季），不能把轨道继电器线圈电压调得过高。

3.2.8 更换轨道电路设备时的施工安全防护

在施工过程中，为满足牵引电流畅通的需要，采用两横一纵连接方法。连接线用截面不少于 70 mm 的铜线做成。在具体的作业中，有时两横一纵连接线不一定全部用到，根据实际情况不同有时钢轨和轨道电路的连线也可起到某条两横一纵连接线的作用。

1. 使用两横一纵连接线的原则

保证牵引回流畅通；保证流经两扼流变压器牵引线圈的电流平衡，不烧室内设备；更换设备本着先连后断的原则；保证先连接横向再连接纵向的原则。

2. 使用两横一纵连接线的注意事项

连接轨底前应先除锈再紧密连接，并用扳手紧固，保证连接线接触良好，连接线要在设备更换完毕确认牵引电流畅通后方可拆除。

在作业时必须使用绝缘板，戴绝缘手套，穿绝缘鞋。

3. 更换钢轨绝缘

在电气化区段配合工务更换钢轨绝缘时，首先要由工务与行车人员联系要点，并做拆断线路的防护。更换时要特别注意不准损坏牵引电流的回流设备，如钢轨上的钢丝绳、引接线等，严禁断开接向扼流变压器连接线中任何一侧或两个扼流变压器中性点的连线。在更换道岔区段中的极性绝缘时，严禁封连绝缘两侧钢轨。换后要认真检查各级断路器、器材有无因

过流烧损现象、送受端设备工作是否正常。全部检查完毕后才能通知工务部门销点。

4. 更换扼流变压器

日常维修或施工时，在运行的电气化区段更换扼流变压器时，应采取以下防护措施，以保证牵引电流(回流)不中断。

（1）首先检查被换扼流变压器和待换扼流变压器的各部性能，连接部分是否良好，部件是否齐全。

（2）在向行车人员联系要点停止该区段（包括相邻区段）使用的情况下，首先连接好两区间的回流连接线，如图 4.3.18（a）所示；或直接使用两个横向回流连接线、一条纵向连接线（俗称两横一纵）连好，如图 4.3.18（b）所示。

（3）确认牵引电流被沟通好后，拆下被换扼流变压器，换上新扼流变压器，各部连接好后，再撤下回流连接线或两横一纵连接线，最后进行复查测试和试验。

5. 更换扼流变压器箱连接线

更换扼流变压器箱连接线时应特别注意不能中断牵引回流。所以必须在给点更换前，先将回流连通，即用“两横一纵”回流线连接好，跨过绝缘节，然后再换上同型号的连接线，待新换线接好后，再撤除“两横一纵”回流线。如图 4.3.19 所示。

6. 更换两相邻扼流变压器中性连接板

更换两相邻扼流变压器中性连接板时，也要先将回流连通，也就是用“两横一纵”回流线连接好，跨过绝缘节，如图 4.3.20 所示。待换好的中性连接板全部连好后，再撤除“两横一纵”回流线，使设备恢复正常。

更换两相邻扼流变压器带吸上线(或回流线)两相邻扼流变压器的中性连接板时，也需在更换前做好“两横一纵”临时回流连接线的连接。并将吸上线或回流线临时沟通至钢轨，连接好后再由供电人员配合撤下吸上线(或回流线)，装好新中性连接板后，再连接好吸上线(或回流线)，全部连接好再撤除“两横一纵”临时回流线。

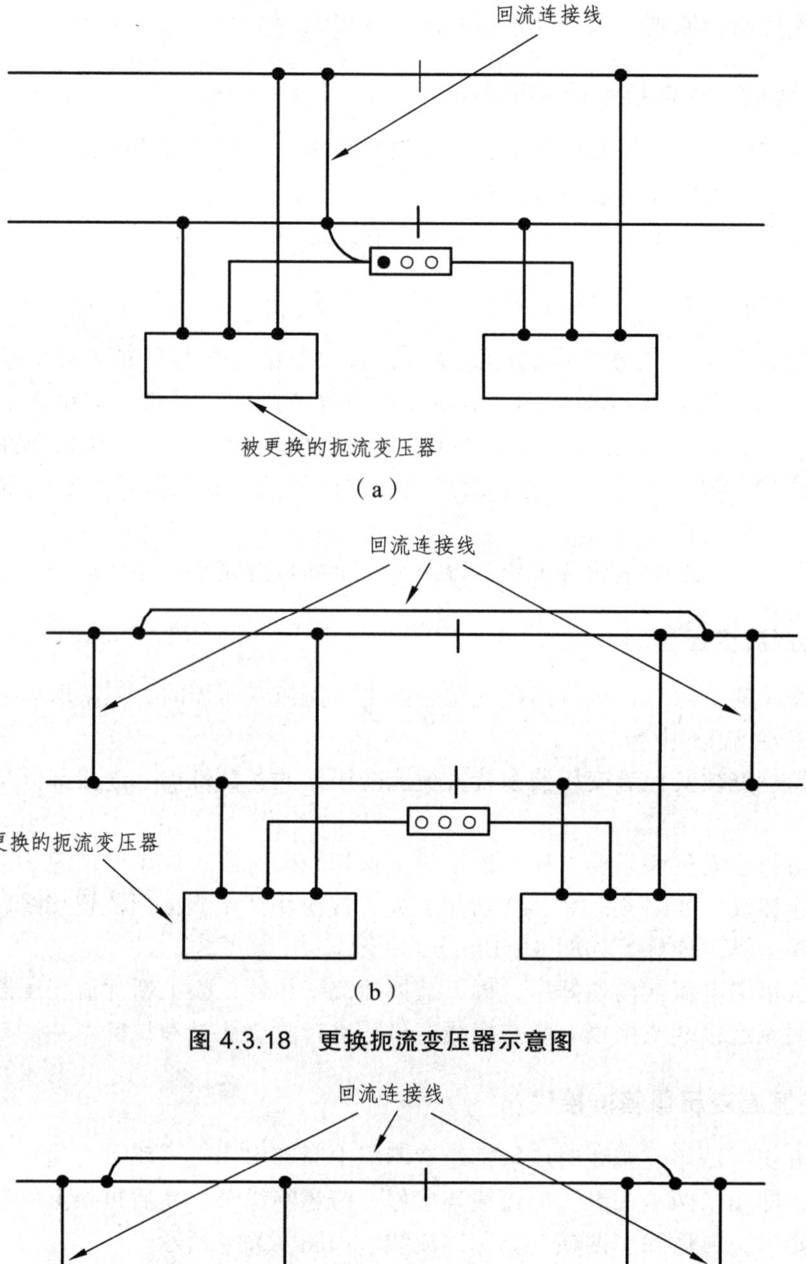

图 4.3.18　更换扼流变压器示意图

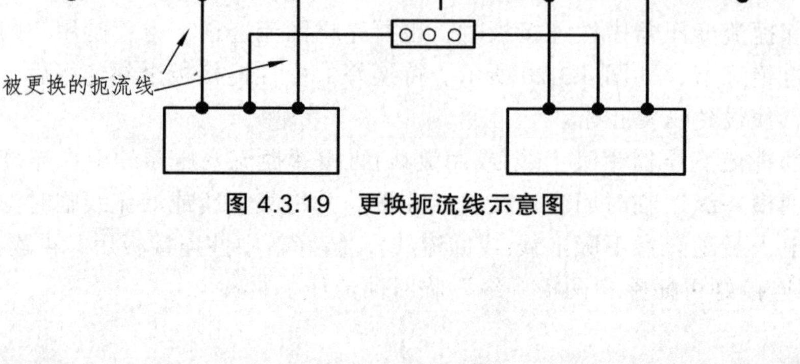

图 4.3.19　更换扼流线示意图

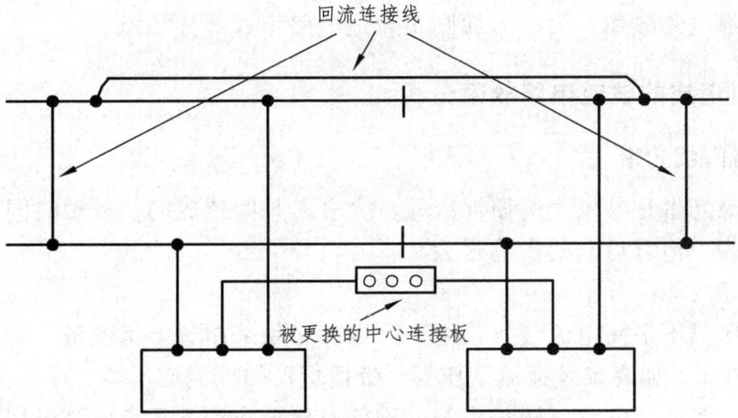

图 4.3.20　更换中心连接板示意图

当发现扼流变压器箱连接线、扼流变压器箱中性连接板以及连接的吸上线、回流线、横向连接线中断时，电务维修人员绝对不能擅自处理，应首先通知车务人员请求不准电力机车进入有关区段运行，再与供电部门联系协同一处理。首先做好安全防护，即用“两横一纵”回流线跨过故障处所，连通回流，然后方可进行更换处理。待处理连接好后，再撤除“两横一纵”回流线。

7. 配合工务更换钢轨

配合工务更换钢轨一般分为两种情况：一种是普通轨道电路区段内的钢轨；另一种是轨道区段终、始端带钢轨绝缘的钢轨。

第一种情况，更换钢轨时只要将轨端接续线的塞钉孔钻好(有旧孔时需用砂布打磨除锈，如若旧孔过大，塞钉打入时有可能造成接触不良，所以也要重新钻孔)，再用回流连接线(“一纵”即可)跨过待换的钢轨沟通回流，然后才能打下钢轨接续线，拆旧轨换新轨。新轨换好后，打好接续线，才能撤下“一纵”回流线。

第二种情况更换带绝缘的钢轨，除技要求准备钢轨钻孔外，还需用“两横一纵”回流线跨过绝缘节和被换钢轨连接。如图 4.3.21 所示。

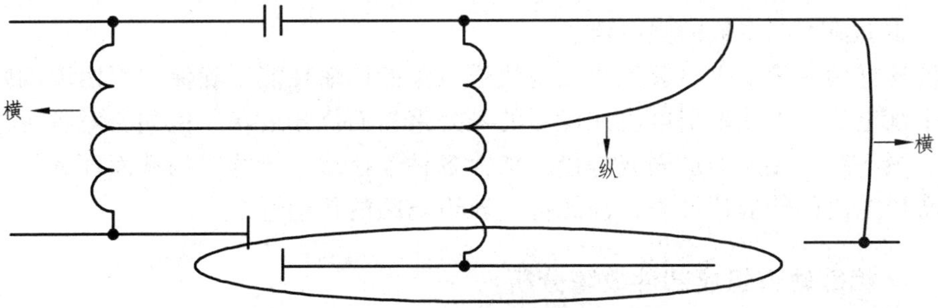

图 4.3.21　更换带绝缘的钢轨示意图

3.2.9　25 Hz 相敏轨道电路的故障分析

25 Hz 相敏轨道电路发生故障的原因，总体来说可以归纳为两个方面：一方面是由于电力牵引造成的轨道电路故障，另一方面则是轨道电路组成部分故障。

1. 电力牵引造成的轨道电路故障分析

1）轨道电路闪红光带

轨道电路闪红光带是易发生的惯性故障，大多是瞬间造成的，较短时间后便自动恢复。虽然只是瞬间一闪，但对运输的影响很大。

造成此种故障的原因分析如下：

（1）电气化区段不平衡电流侵扰是主要原因。必须采用抗干扰设备，防止不平衡电流出现后损坏设备、器材。如高容量扼流变压器、带适配器的扼流变压器、开气隙的扼流变压器、防雷轨道变压器、铅心保安管、防护盒等，都能有效地防护不平衡电流的侵扰。

（2）机车升弓电流引起的闪红光带。机车升弓电流是即将启动时的瞬间牵引电流，该电流值一般很大，它的瞬间冲击对 25 Hz 相敏轨道电路继电器的正常工作影响较大。

例如，某股道停列车，机车升弓即将启动，其瞬间电流的影响就可使相邻或不相邻区段的轨道继电器瞬间误动（还有可能使其区段继电器的前接点颤动），这就造成了某区段闪红光带，使开放的信号关闭。为了避免这个影响，现采用加装复示继电器的方法来防止误动，只把复示继电器接点用于联锁电路中。另外还可以采用加装适配器的方法，来消除升弓电流的影响。

2）强电流侵入烧毁设备

强电流侵入烧毁设备，因为过大的不平衡电流侵入设备后会直接使其发热烧损。而回流不畅时，造成牵引电流直接侵入设备某处，数百安的电流直接烧毁设备，形成较大的故障范围和损失。虽然发生的机会较少，但影响面大，发生后恢复时间长，损失大，对运输影响也就更大。强电流产生原因分析如下：

（1）电气化区段中若出现接触网短路，不平衡电流会达到数百安培，此情况极少出现。

（2）牵引电网的瞬间闪络，这种闪络由于持续时间极短（变电所并不跳闸），其瞬间电流脉冲经接触网支柱火花间隙导通后入单侧轨，使单侧轨中产生一个瞬间的极大不平衡电流。

（3）接触网支柱的火花间隙损坏（短路）或接地线错误连接而出现的稳态较大的不平衡电流。

（4）严重回流不畅造成的强电流。

要防范这样的故障发生，首先要提高轨道电路的传输性能，确保牵引回流的畅通，减小或消除不平衡电流。不使牵引电流在设备的某处聚集而烧毁设备。例如，对各种连接线、中性连接板、吸上线连接点的加固或焊接，加大各种连接线、接续线的截面面积，采用等阻连接线调整轨道电路的传输特性等，都能提高轨道电路的传输性能。

2. 25 Hz 相敏轨道组成部件故障分析

1）断路故障分析

首先确定故障在室内还是在室外。在分线盘上甩开回楼电缆（两根甩净），用交流 100 V 挡测回楼电压，电压大于 50 V 说明故障在室内，电压没有变化说明故障在室外。

室内断线处：继电器线圈断线，继电器插接不良，防护盒内部断线，分线盘螺丝松，侧面端子焊点开焊，正线电码化区段内 FMJ 未复原，电容断线等。

室外断线处：送、受电端熔断器断开，变压器线圈断线，电缆断线，钢轨折断，导接线断线等。此时，只要测量送端限流电阻电压和送端轨面电压就可以确定。若电压比正常值低即为断线故障，且断点在轨面或受电端处。

2）**混线故障分析**

首先断开回楼电缆，用交流 100 V 挡测量回楼电缆电压，大于 50 V 说明故障在室内；若电压很低，一般在 10 V 以下，说明故障在室外。

室内混线处：硒片击穿短路，防护盒内部混线，继电器线圈混线，分线盘和侧面端子有异物。室外混线处：绝缘破损，轨缝绝缘内有铁屑，电缆对地绝缘严重不良（电缆盒进水），扼流变压器钢丝绳搭连，钢轨肥边封鱼尾板等。

3）**故障处理流程**

图 4.3.22 为 25 Hz 轨道电路故障处理流程。

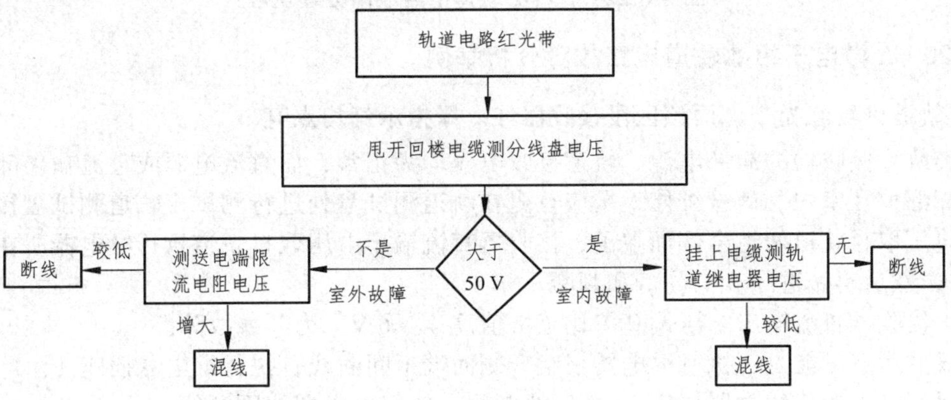

（a）

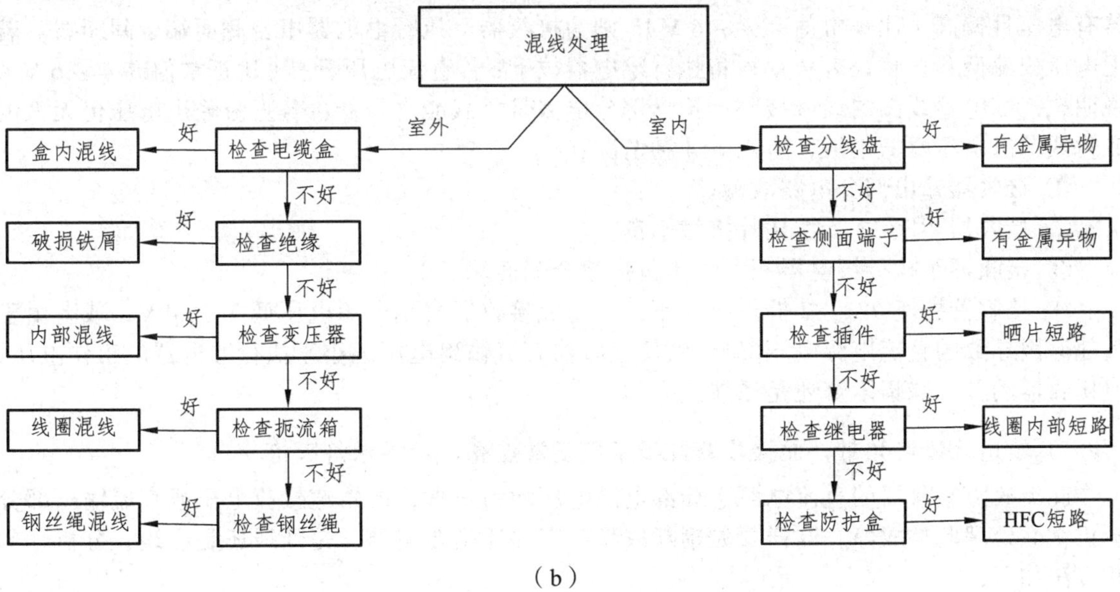

（b）

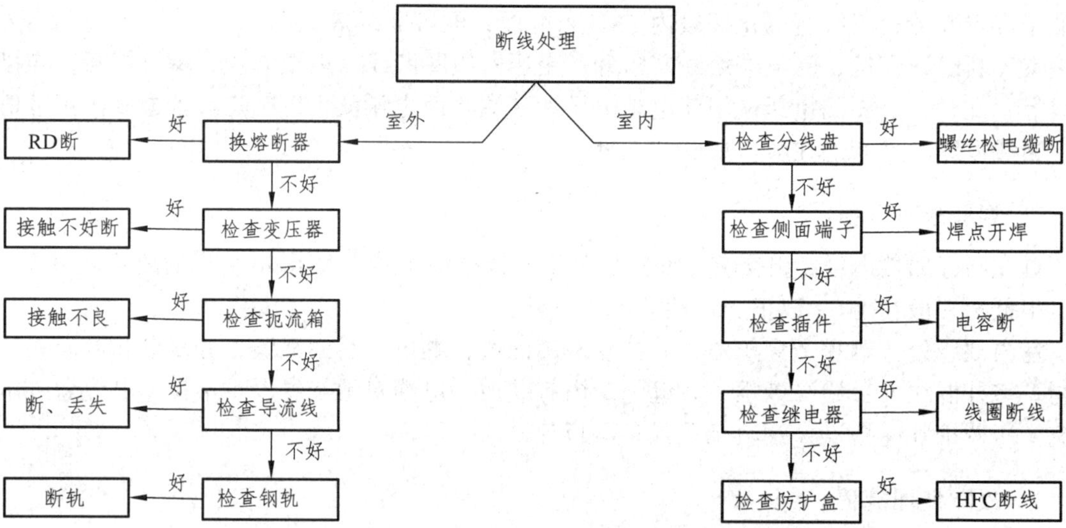

（c）

图 4.3.22　25 Hz 轨道电路故障处理流程

3. 25 Hz 微电子相敏轨道电路故障分析举例

1）轨道区段红光带，而该区段接收器红、绿指示灯均点亮

此类故障接收器的局部电源、轨道接收电压均为正常，而直流电源或直流输出部分不正常，故障部位在室内。信号维修人员应首先在轨道测试盘处进行测试（轨道测试盘接收器交流输入电压取自轨道架组合侧面端子，接收器直流输出电压取自轨道执行继电器所在组合侧面端子），然后再做进一步的分析和判断。

（1）接收器直流输出电压偏高（比正常值高 4 ~6 V）为断线故障。

断线故障点可能是：执行继电器至组合侧面端子间断线；执行继电器插座 1、4 或 2、3 插片接触不良；执行继电器插座 2、3 跨线断线；执行继电器线圈断线。

（2）接收器直流输出电压偏低（小于 16.8 V）或为 0，再测接收器插座端子 32、42 电压，若有电压且偏高（比正常值高 4 ~6 V），则为接收器至执行继电器组合侧面端子间断线。若无电压或偏低（小于 16.8 V），再将执行继电器拔下：若直流电压升高（比正常值高 4 ~6 V），说明执行继电器线圈混线或接收器输出部分电路带负载能力降低；若直流输出电压仍无大的变化或输出电压幅值不够，有以下 4 种情况：

① 接收器输出部分电路故障。

② 接收器插座 32、42 插片接触不良。

③ 接收器至执行继电器间混线（包括组合侧面端子）。

④ 接收器插座 72、82 插片接触不良，造成接收器直流电源电压低于 20.4 V，或者由于其他原因导致的直流电源电压降低，致使接收器直流输出电压远小于执行继电器的工作电压，但接收器的红、绿指示灯还是依然点亮的。

2）轨道区段红光带，而接收器红指示灯正常点亮、绿指示灯灭灯

此类故障接收器的直流电源、局部电源电压均为正常，而轨道接收电压或直流输出部分不正常。处理此类故障，同样要先判断故障在室内还是在室外，是断线还是混线，分析、判断方法如下：

（1）若测试接收器轨道接收交流电压正常，而无直流输出电压时，则为室内故障，而且是接收器本身故障（如直流稳压 9 V 或 5 V 电源故障、压控振荡器故障或晶体振荡器故障等）。

（2）若测试接收器轨道接收交流电压偏低（小于 10 V）或为 0 且无直流输出电压时，主要有以下几种情况：

① 室内故障：

（a）分线盘至接收器间混线（包括分线盘至轨道架组合侧面端子间、组合侧面端子至防护盒间、防护盒至接收器间混线）；

（b）接收器插座 73、83 插片接触不良；

（c）防护盒至接收器间断线；

（d）接收器输入变压器 T1 一次侧断线；

（e）防护盒内部断线。

② 室外故障：

（a）故障性质有可能是混线（包括钢轨绝缘破损，此时有可能造成绝缘节两侧相邻区段同时故障或相邻区段接收器轨道接收电压明显降低）或断线（包括接触不良）；

（b）电码化区段还要检查 DGFJ 是否吸起，轨道 220 V 电源是否送出。

3）轨道区段红光带，而接收器红指示灯点亮、绿指示灯闪光

此类故障接收器的直流电源、轨道接收电压均为正常，而主要原因是 110 V 局部电源电压过低或断线所致。通常有以下几种情况：

（1）接收器插座 51、61 无交流 110 V 电压，则为局部电源断线。

（2）接收器插座 51、61 交流 110 V 电压正常，则为接收器插座 51、61 插片接触不良或接收器内部 110 V 局部电源电路断线。

4）轨道区段红光带，且接收器红、绿指示灯均灭灯

此类故障一般为接收器直流 24 V 电源故障，而接收器的局部电源、轨道接收电压均为正常。主要有以下几种情况：

（1）接收器插座 72、82 无直流 24 V 电压，则为直流电源断线。

（2）接收器插座 72、82 直流 24 V 电压正常，则有可能是：

① 接收器 1 A 熔断器接触不良或断路；

② 接收器插座 72、82 插片接触不良；

③ 接收器内部集成稳压器 7809 输入回路断路。

3.3 知识拓展

25 Hz 相敏轨道电路的检修作业

1. 任务描述

掌握 25 Hz 相敏轨道电路的检修作业流程、工作内容及标准、作业方法，达到铁路现场信号工岗位能力要求。

2. 所需设备与工具

25 Hz 相敏轨道电路、通信工具、钥匙、万科端子螺丝刀、套筒扳手、活口扳手、克丝钳、螺丝刀，万用表、移频表、抹布、油盒、毛刷、0.06 Ω 标准分路线、定压测试仪。

3. 操作步骤

1）确定检修重点

利用微机监测重点对轨道电压曲线进行分析、结合季节性变化确定巡检作业重点。

2）仪表料具准备

出场前进行通话试验、仪表校核、料具检查。

3）检修测试

（1）检查测试钢轨绝缘，标准：钢轨绝缘≥1 000 Ω。

（2）检查测试安装装置和各类杆件等绝缘，标准：转辙机安装装置≥200 Ω，轨距杆、尖端杆、地锚拉杆绝缘≥200 Ω，道岔钢枕、轨道衡及超偏载仪≥10 Ω。

（3）校核极性交叉。

（4）每季度对轨道电路进行分路测试，标准：97 型≤7.4 V，电子型≤10 V，旧型≤7 V。

（5）测试吸上线、回流线。

（6）使用钳形表测试双套化引接线电流，防止出现引接线单断，测试数值应基本保持平衡。

（7）使用兆欧表对轨道变压器Ⅱ次侧与扼流变压器间电缆在线测试对地绝缘，标准≥1 MΩ。

（8）每年一次防雷保安器检定。

（9）断路器通断三次试验 1 A 铅丝完好。

（10）器材、配线无破损、各部螺丝紧固。

（11）内部清洁，无异物。

4）作业后复查

确认设备无异状，加锁良好；料具按照登记清点无遗漏，作业人员全部下道，室内防护员人员销记；作业全部结束，人员返回室内或撤除网外，室内防护员离台。

3.4 相关规范、规程与标准

《铁路信号维护规则（技术标准）》4.3.1 ~ 4.3.13。

项目小结

轨道电路是铁路信号的基础设备之一，主要由钢轨、送电端和受电端组成，用来监督铁路线路的空闲与否、传递行车信息。铁路车站站内的轨道电路主要采用工频交流连续式轨道电路和 25 Hz 相敏轨道电路，区间主要采用 ZPW2000 等移频轨道电路。轨道电路有三种基本工作状态：调整状态、分路状态和断轨状态。根据轨道电路应用的处所不同，轨道电路的划分原则也不同，绝缘的设置要考虑很多具体因素，送受电端要按极性交叉原则布置。

工频交流连续式轨道电路是非电气化区段铁路车站站内常用的轨道电路。采用工频 50 Hz 交流电源供电，以机械绝缘作为轨道绝缘节，以 JZXC-480 型整流继电器作为主要的接收元件，可以构成无岔区段轨道电路和道岔区段轨道电路。道岔区段轨道电路专门设置道岔绝缘和道岔跳线。本项目重点介绍了工频交流连续式轨道电路的技术标准、日常检修维护程序及故障处理方法。

25 Hz 相敏轨道电路具有相位鉴别性和频率选择性，是电气化区段铁路车站站内主要采用的轨道电路。电气化区段对轨道电路有着特殊的要求。本项目在介绍 97 型 25 Hz 相敏轨道电路和微电子 25 Hz 相敏轨道电路的组成、部件作用功能的基础上，详细介绍了 25 Hz 相敏轨道电路的技术标准、日常检修维护程序及故障处理方法。

移频轨道电路和驼峰轨道电路内容在后续的专业课程中有详细的介绍，因此本项目不再介绍。

复习思考题

在线题库资源

1. 轨道电路的基本工作状态有哪几种？每种状态下最不利工作条件是什么？
2. 什么是轨道电路的极性交叉？实现极性交叉有什么作用？
3. 什么是轨道电路的死区段？为保证行车安全，对死区段有哪些要求？
4. 什么是轨道电路的标准分路灵敏度？
5. 画图说明交流 480 轨道电路并联式道岔区段轨道电路的工作原理。
6. 交流 480 轨道电路应测试哪些内容？
7. 交流 480 轨道电路如何调整？
8. 交流 480 轨道电路发生故障的原因有哪些？
9. 如何分析交流 480 轨道电路的断线故障？
10. 电化区段对轨道电路的要求有哪些？
11. 扼流变压器有哪些作用？
12. 97 型 25 Hz 相敏轨道电路由哪几部分组成？
13. 25 Hz 相敏轨道电路的防护盒有什么作用？
14. JXW 微电子相敏接收器有哪些类型？各有什么特点？
15. 25 Hz 相敏轨道电路的主要技术指标有哪些？
16. 怎样调整 25 Hz 相敏轨道电路？
17. 日常维护中更换使用中的扼流变压器应注意什么？
18. 引起电化区段不平衡牵引电流的因素有哪些？
19. 怎样分析 25 Hz 相敏轨道电路的混线故障？

项目 5　铁路信号设备防雷与接地

PPT 资源

项目描述

随着铁路信号技术的不断发展，电子技术产品广泛应用于铁路信号系统中。雷电造成信号系统的故障时有发生，铁路信号设备雷电防护显得尤为重要。通过本项目的学习，学生应掌握防雷元件与防雷设备、接地技术、铁路信号设备雷电综合防护等基本知识；掌握铁路信号防雷设备的维护测试方法，以达到信号工岗位要求。

图片资源

教学目标

视频（课件）资源

1. 能力目标

（1）具备辨别铁路信号设备防雷元件及设备性能好坏的能力。

（2）具备日常检修铁路信号防雷接地系统的能力。

（3）具备更换铁路信号设备防雷元件及设备的能力。

2. 知识目标

（1）掌握雷电危害的形式及入侵信号设备途径，雷电综合防护主要的技术措施。

（2）掌握主要防雷元件与设备的性能、铁路信号综合防雷实施方案。

（3）掌握铁路信号防雷保安器的各种应用。

（4）掌握改善铁路信号机房电磁环境的具体措施。

微课资源

3. 素质目标

（1）进一步提高学生理论联系实际和应急处理问题的能力。

（2）树立“安全第一”的责任意识，培养遵章守纪的工作作风。

相关案例

××年××月××日，××车站 4G 发生红光带故障。处理故障过程中，检查发现 4G 受端胶粘绝缘烧坏，打开受端 XB 箱发现 10 A 空开掉下，立即将空开合上，此时红光带没有消失，立即赶往 4G 送端，打开 4G 送端 XB 箱发现 10 A 空开掉下，立即将空开合上；轨道防雷元件冒泡，有烧坏的迹象，立即将防雷元件拔掉，此时红光带没有消失。室内配合人员将机械室内的防雷补偿器 FB_1、FB_2 拔掉，拔掉后发现 4G 红光带消失。检查发现为雷电击中 4G

轨面，大电流冲击造成4G送端10 A空开、受端10 A空开全部掉下，室外4G送端防雷元件烧坏，4G受端胶粘绝缘烧坏。

雷电防护技术是铁路信号控制系统中的重要基础设备之一。现代铁路信号设备雷电防护其对雷电过电压干扰非常敏感，这就使得铁路信号设备雷电防设备极易遭受雷击，其后果可能会使整个系统运行失灵，并造成难以估计的经济损失和安全方面的风险。为了能够准确、有效地提供防雷解决方案，我们首先应准确分析系统遭受雷击损害的主要原因以及可能的雷击过电压的入侵途径。在此基础上，选用合适的防雷保护装置，研究和探讨信号、电源线路的合理布放，明确屏蔽及接地方式，方可给出准确的、系统的防雷解决方案。有效提高系统的抗雷击过电压干扰能力，优化系统的整体防雷水平。

任务1 铁路信号防雷技术认知

1.1 任 务

掌握雷电入侵信号设备途径、雷电防护的主要技术措施、雷电电磁脉冲安全防护体系和防雷元件与防雷设备；了解铁路信号防雷相应规范，对铁路信号防雷技术初步认知。

1.2 相关知识

1.2.1 雷击危害形式

1. 雷击过电压

过电压是指其超过最高额定值的电压。雷击过电压是指雷电直接击中电线、避雷针时，由于电阻耦合、电容耦合、电感耦合而引入电线，或雷击某地造成不同地之间的地电位不均衡等原因在有源或无源导体上产生的瞬态过电压。雷击过电压的能量有时非常强，雷电的放电电流一般为 20～40 kA，在大雷暴时最大可达 430 kA。雷击概率及其电流数据如表 5.1.1 所示。

表 5.1.1 雷击概率及其电流数据

概率/%	50	10	5	1
电流峰值/kA	30	80	100	200
电荷量/As	10	80	100	400

2. 雷电电磁脉冲

雷电电磁脉冲是雷击时产生的强大闪电流及其电磁场。它的感应范围很大，对建筑物、人身和各种电气设备及管线都会有不同程度的危害，这种危害就是雷电电磁脉冲所产生的干扰。雷电击中防雷装置接闪器，在闪电放电的同时，雷击电磁脉冲从作为发生源的闪电通道向周围很远的地方传输。电快速瞬变脉冲群也产生相当强的辐射发射，从而耦合到电缆和机壳线路。电源滤波器可以对电源进行保护。线—地之间的共模电容是抑制这种瞬态干扰的有效器件，它使干扰旁路到机壳，而远离内部电路。当这个电容的容量受到泄漏电流的限制而不能太大时，共模扼流圈必须提供更大的保护作用。

3. 雷电浪涌

雷电对电子设备的危害不是因为直接雷击引起的，而是由于雷击发生时在电源和通信线路中感应的电压（电流）浪涌引起的。一方面由于电子设备内部结构高度集成化，从而造成设备耐压、耐过电流的水平下降，对雷电（包括感应雷及操作过电压浪涌）的承受能力下降；另一方面由于信号来源路径增多，系统较以前更容易遭受雷电波侵入。浪涌电压（电流）可以从电源线或信号线等途径窜入电子设备。金属物体（如电话线）受到这些干扰信号的影响，会使传输中的数据产生误码，影响传输的准确性和传输速率。排除这些干扰将会改善网络的传输状况。

1.2.2 铁路信号雷害的入侵途径

1. 由建筑物、地面突出物直击

雷电直击车站或区间中，装置有信号设备的建筑物，及配置有信号设备的场所附近的构筑物、地面突出物或大地时，雷电电流的感应电磁脉冲，将在信号系统内产生过电压和过电流，该现象亦称为空间电磁感应。

2. 由信号传输线侵入

与信号系统设备相连的信号传输线路、钢轨等设施，遭受直接雷击时产生的电磁脉冲，或与信号系统设备相连的信号传输线路附近遭受直接雷击时，感应在信号传输线上的电磁脉冲，经线路传导侵入信号系统内产生过电压和过电流。

当地面突出物遭直击雷打击时，强雷电压将邻近土壤击穿，雷电流直接入侵到电缆外皮，进而击穿外皮，使高压侵入传输线路。雷云对地放电时，在线路上感应出上千伏的地电压，击坏与线路相连的电气设备，通过设备连线侵入通信线路。这种入侵沿通信线路传播，涉及面广，危害范围大。若通过一条多芯电缆连接不同来源的导线或多条电缆平行敷设时，当某一导线被雷电击中，会在相邻的导线感应出过电压，损坏低压电子设备。

3. 由电源供电线路入侵

向信号设备供电的电源系统上遭受直接雷击产生的电磁脉冲，或电源馈线附近遭受直接雷击时，感应在电源线上的雷电电磁脉冲，经电源馈线传导，在信号系统电源设备上产生过电压和过电流。

信号设备的电源由电力线路输入室内，电力线路可能遭受直击雷和感应雷。直击雷击中高压电力线路经过变压器耦合到低压 220 V 侧，由供电线路侵入电子设备；另外，低压

电力线上也可被直击雷击中或被感应出雷电过电压。220 V 电源线上出现的雷电过电压平均可达 10 000 V 以上，对电子设备造成毁灭性打击。电线路一旦遭受雷电过电压的侵袭，则该电压波由侵袭地点沿线路向两端传播，形成纵向电压（共模干扰）和横向电压（差模干扰）。

纵向电压指导电或设备对地电压，每条导线上的折射电压或反射电压均为纵向电压。横向电压指两导线间的电位差。由于每条导线感应过电压的不平衡、线路阻抗的不一致、防雷元件冲击点为电压的离散性、被保护设备阻抗及接地电阻的影响都造成横向电压。纵向过电压和横向过电压，对人身安全和信号设备的正常运行都会带来极大的危害。纵向过电压将使设备的绝缘产生闪络、击穿，甚至起火等现象。横向过电压会击穿、烧毁信号设备尤其是电子器件。

4. 地电位反击电压通过接地体侵入

雷击车站信号设备场地建筑物的避雷针（或避雷带、避雷网）时，雷电流沿避雷针（或避雷带、避雷网）引下线进入接地装置引起地电位升高，这时，在信号系统接地导体和其他导体间产生反击雷过电压。

雷击时强大的雷电流经过引下线和接地体泄入大地，在接地体附近形成放射状的电位分布，若有连接信号的其他接地体靠近时，即产生高压地电位反击，侵入电压可高达数万伏。当建筑物防直击雷的避雷引下线通过强大的雷电流入地时，在避雷引下线附近空间产生强大的电磁场变化，会在相邻的导线（包括电源线和信号线）上感应出雷电过电压，因此建筑物的避雷系统不但不能保护信号设备，反而可能引入雷电。信号设备的集成电路芯片耐压能力很弱，通常在 100 V 以下。因此，必须建立多层次的信号防雷系统，层层防护，确保信号的安全。

1.2.3 铁路信号防雷的必要性

根据华东地区铁路信号设备故障统计分析，4 ~ 9 月是雷电较为频繁的季节，因累计造成设备的故障概率占 4.5%左右，但平均影响行车 88 分钟/次。

现代化设备运用较高的铁路系统对防雷工作十分重视。近几年，针对铁路设备的具体特征，根据国家的法定法规，相继颁发了铁路信号防雷规范、标准。同时在防雷减灾和检测方面就新建和改造信号设施方面加强了工作力度，有效地保障了行车安全。

每年雷电侵害可造成电力、信号、通信、监控系统、计算机网络等系统瘫痪，严重危害行车安全。因此，加强防雷意识，完善防雷设施已显得十分重要。

1.2.4 雷电综合防护主要的技术措施

1. 接地

所谓“地”，是指“大地的导电团，其电位在任何一点都等于零”。我国国家标准《信息系统雷电防护术语》的定义为“① 导电性的土壤，具有等电位，且任意点的电位可以看成零电位。② 导电体，如土壤或钢船的外壳，作为电路的返回通道，或作为零电位参考点。③ 电路中相对于地具有零电位的位置或部分。”

大地的“地”是指地球陆地的表面层，即地理地。大地是一个电阻非常低、电容量非常大的物体，它拥有吸收无限电荷的能力，而且在吸收大量电荷后仍能体质电位不变，因此电气上把它作为一个系统的参考电位体，这种“地”称为电气地。除了电气地外，在电子设备中，各级电路电流的传输，信号转换时，要求有一个参考的电位，防止外界信号的干扰，这个电位称为逻辑地或浮地。逻辑地可与大地接触，也可不接触。

接地是“一种有意或非有意的导电连接，由于这种连接，可使电路或电气设备接到大地或接到代替大地的、某种较大的导电体”。接地的目的如下：

（1）安全接地（保证设备和人身安全）。

接地可以防止因机壳内部偶然碰地时引起的电击（人身安全）；防止雷电放电对设备和人身造成的危害（人身安全、设备安全）；使继电保护设备动作，排除接地故障（人身安全）；为电源故障电流提供返回路径（设备安全，电源中性线接地）；防止设备静电荷的积累（设备安全）。

（2）提供电位参考点。

接地可以稳定电路的对地电位；为数据电路提供逻辑参考点（逻辑地）。

（3）利用大地为线路的一部分（工作接地）。

接地可以为电源电流（中性线）和故障电流提供返回途径；在电力系统中将其某一适当地点与大地连接，称为系统接地也称工作接地。如变压器中性点接地、零线重复接地等；电台接地线是电路的一部分；过去的直流电报回路地线是电流返回途径。

（4）电磁兼容。

机壳、机架接地作为雷电和瞬态噪声的入地途径，为射频电流提供均匀和稳定的导体，降低和消除机架和机壳上的射频电位。

接地是等电位连接、传导、瞬态等电位、屏蔽等防雷措施的基础，接地妥当与否，直接影响到防护的效果，是防雷工程的难点和重点。

2. 屏蔽

屏蔽是对两个空间区域之间采用屏蔽体进行隔离，以减少电磁场向指定区域感应或辐射。具体地讲，就是用金属网、箔、壳、管等导体把元器件、电路、组合件、电缆或整个系统的干扰源包围起来，防止干扰电磁场向外扩散；或用屏蔽系统将接收电路、设备或系统包围起来，防止它们受到外界电磁场的影响。因为屏蔽系统对来自导线、电缆、元器件、电路或系统等外部的干扰电磁波和内部电磁波均能起到吸收能量、反射能量和抵消能量的作用。主要屏蔽措施有：建筑物和房间的外部设屏蔽措施，以合适的路径敷设线路，线路屏蔽。

3. 等电位连接

等电位连接又称为均衡连接，就是把各种金属物用粗的铜导线焊接起来，或把它们直接焊接起来，以保证各个分系统的电位相等。完善的等电位连接还可消除因“地电位骤然升高”而产生的反击现象，等电位概念是雷电防护最重要的理论基础。

4. 瞬态等电位

其做法是凡从室外来的导线（包括电力电源线、电话线、信号线或者这类电缆的金属外套等）都要并联（串联）一种暂态等电位连接装置接至地线，不仅是在入户处，在每个需要防雷保护的仪器入机壳处都要安装，它的作用是把循导线传入的过电压波通过防雷器瞬态短路到地，这也是普遍意义的“防雷”。

5. 传导

这是防范“直接雷击”的措施，通过外部防雷装置把雷电的巨大能量引导到大地耗散掉，将雷引向自身来保护其周围的设备。但是，引导闪电入地的引下线会产生巨大的电磁冲击波辐射，会产生感应电磁场，也可能损坏设备。所以，它必须与其他防雷措施联合起来，才能使被保护设备处于安全状态。

以上五项措施构成一个有机联系的整体，全面实施才能达到效果，这也是雷电综合防护的基本理论框架。

1.2.5 雷电电磁脉冲安全防护体系

雷电电磁脉冲安全防护体系如图 5.1.1 所示，它包括改善电气、电子设备所处场地的电磁环境和设置合适的浪涌防护设备两个方面。

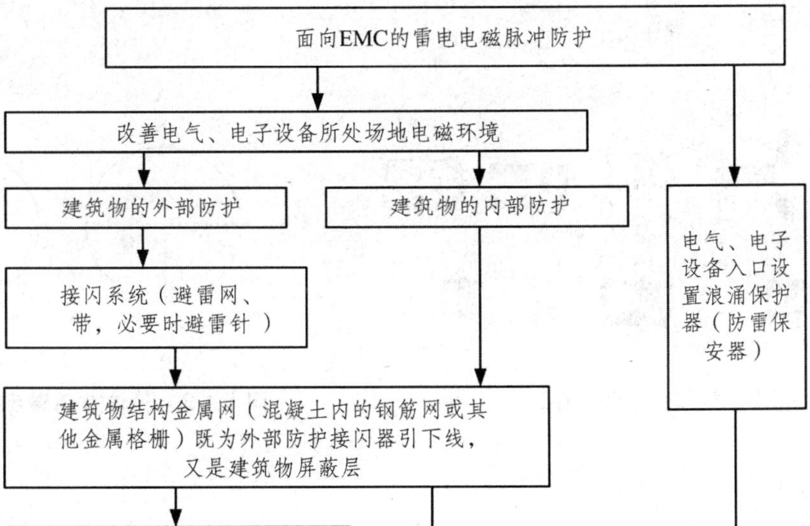

图 5.1.1 雷电电磁脉冲安全防护体系

图 5.1.1 中的建筑物外部防护是在建筑物遭受雷击时，减小入地的雷电流产生的电磁感应对

室内电气电子设备的影响。内部防护是在建筑物近旁遭受雷击时，阻挡大气中雷电电磁脉冲侵入室内影响电子电气设备。当建筑物近旁或远端遭受雷击时，电子电气设备的电源线路和通信及数据传输线路可能受雷电电磁场感应，雷电电磁脉冲沿其侵入室内电子电气设备造成雷害。

设置防雷保安器的目的是将入侵的雷电流一部分泄放到地下，并将雷电压钳制到电子电气设备耐雷电冲击安全水平以下。当建筑物遭受雷击而地电位上升时，电子电气设备的电源线路、通信及数据传输线路与地线间有一较高的电位差，设置防雷保安器可以均衡电源线路、通信及数据传输线路与地线间的电位。其电位差变成防雷保安器的限制电压。同时从等电位防护的角度讲，设置防雷保安器是电子电气设备等电位防护的重要一环。

以上形成三道防线，可有效地防止建筑物落雷形成的感应雷、建筑物近旁落雷形成的感应雷，以及远端落雷形成的传导雷进入电子电气设备，完全实现了等电位防护。

1.2.6 防雷元件与防雷设备

1. 气体放电管

气体放电管是一种陶瓷或玻璃封装、内充低压气体放电介质、密封于一个或一个以上放电间隙中的短路型保护器件，一般分两电极和三电极两种结构。气体放电管是利用气体在低电压时处于高度绝缘、高电压作用下会产生电离导通的原理，实现将电源和通信线路上雷电高压泄放到大地的目的。如图 5.1.2、5.1.3 所示为气体放电管的实物照片与电路符号。

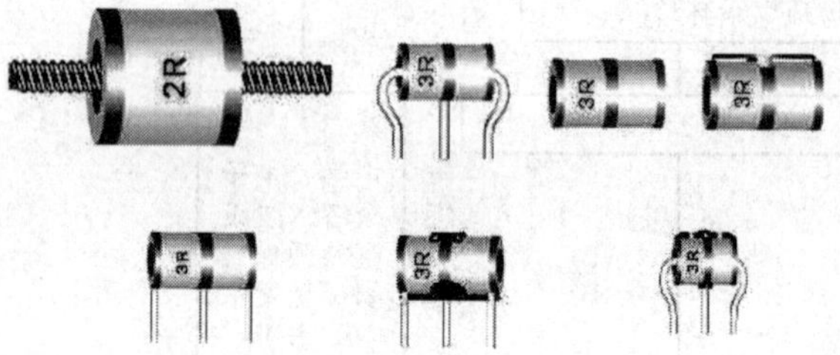

图 5.1.2　气体放电管（GDT）

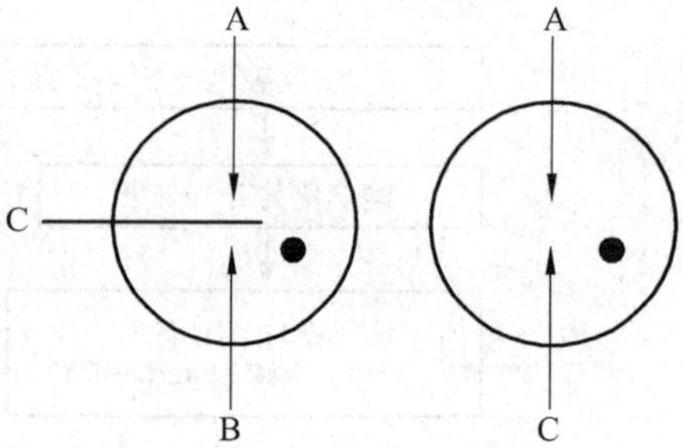

图 5.1.3　气体放电管电路符号

2. 压敏电阻

普通电阻器遵守欧姆定律，而压敏电阻器的电压与电流则呈特殊的非线性关系。在低电场强度下，当压敏电阻器两端所加电压低于标称额定电压值时，压敏电阻器的电阻值接近无穷大，内部几乎无电流流过。而当压敏电阻器两端电压略高于标称额定电压时，压敏电阻器将迅速击穿导通，并由高阻状态变为低阻状态，工作电流也急剧增大。压敏电阻器的电阻值随所加电压而改变压。当作用在其两端的电压达到一定数值后，电阻对电压十分敏感。如图 5.1.4、图 5.1.5 所示为压敏电阻的实物照片与电路符号。

图 5.1.4　金属氧化物压敏电阻器（MOV）

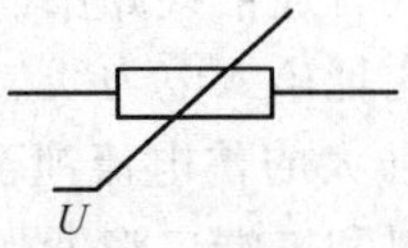

图 5.1.5　压敏电阻电路图形符号

3. 瞬态二极管

瞬态二极管（Transient Voltage Suppressor，TVS）亦称齐纳二极管，是在稳压管工艺基础上发展起来的一种新产品，其电路符号和普通稳压二极管相同，外形也与普通二极管无异，是一种二极管形式的高效能保护器件，具有极快的响应时间和相当高的浪涌吸收能力。

当 TVS 的两端受到反向瞬态过压脉冲时，能以极高的速度把两端间的高阻抗变为低阻抗，以吸收瞬间大电流，并将电压钳制在预定数值，从而有效保护电路中的元器件免受损坏。如图 5.1.6 ~ 5.1.8 所示为 TVS 管的实物照片与电路符号。

图 5.1.6　TVS（贴片式瞬变抑制二极管）

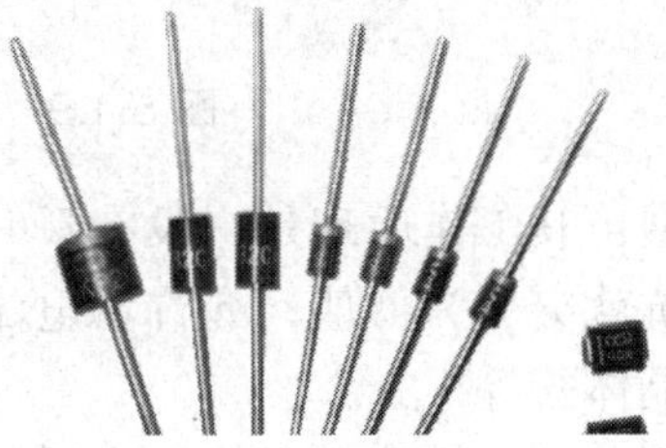

图 5.1.7　瞬态抑制二极管（TVS）

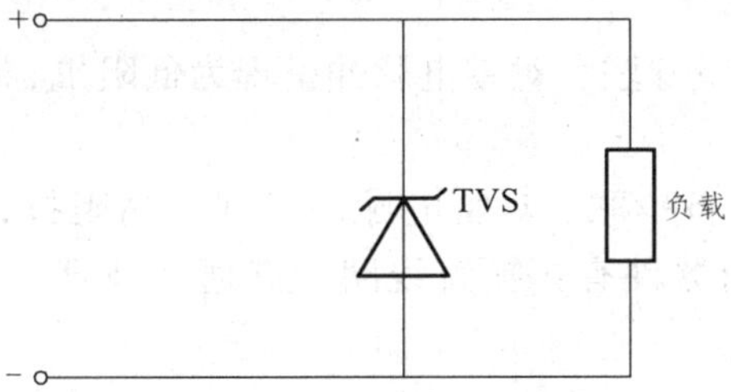

图 5.1.8　瞬态抑制二极管电路符号

4. 直击雷防护装置

避雷针（也称为接闪器）是目前广泛应用于直击雷防护的主要装置。避雷针的说法是对保护设备而言的，它是一种主动式接闪装置，其功能就是把闪电电流引入大地。它不能“避雷”，而是将雷引向自身来保护其周围的设备。采用避雷针是最首要、最基本的防雷措施。

避雷线和避雷带是在避雷针的基础上发展起来的。

5. 电涌保护器（SPD）

电涌保护器是指用于限制瞬时过电压和泄放电涌电流的电器，它至少包括一个非线性的元件。电涌保护器是一种为各种电子设备、仪器仪表、通信线路提供安全防护的电子装置。当电气回路或者通信线路中因为外界的干扰突然产生尖峰电流或者电压时，电涌保护器能在极短的时间内把窜入电力线、信号传输线的瞬时过电压限制在设备或系统所能承受的电压范围内，或将强大的雷电流泄流入地，使得被保护的设备或系统不受冲击而损坏。如图 5.1.9 所示为一端口和二端口浪涌保护器实物照片。

用于电涌保护器的基本元器件有：气体放电管、金属氧化物压敏电阻器（MOV）、瞬态电压抑制器和防雷变压器等。

按 SPD 的设计类型分：电压开关型、电压限制型、复合型、分流型或扼流型。

图 5.1.9　一端口和二端口浪涌保护器

开关型：其工作原理是当没有瞬时过电压时呈现为高阻抗，但一旦响应雷电瞬时过电压时，其阻抗就突变为低值，允许雷电流通过。用作此类装置时的器件有放电间隙、气体放电管、闸流晶体管等。

限压型：其工作原理是当没有瞬时过电压时为高阻抗，但随电涌电流和电压的增加其阻抗会不断减小，其电流电压特性为强烈非线性。用作此类装置的器件有：氧化锌、压敏电阻、抑制二极管、雪崩二极管等。

分流型：与被保护的设备并联，对雷电脉冲呈现为低阻抗，而对正常工作频率呈现为高阻抗。

扼流型：与被保护的设备串联，对雷电脉冲呈现为高阻抗，而对正常的工作频率呈现为低阻抗。用作此类装置的器件有：扼流线圈、高通滤波器、低通滤波器、1/4 波长短路器等。

6. 防雷变压器

防雷变压器是加装有静电屏蔽层的具有防雷功能的变压器，是一种用来限制雷电电磁脉冲过电压的防雷装置。

防雷变压器在设计、取材和工艺上均采用特殊结构，最重要的是静电屏蔽接地，即在初、级间串入面积足够大的金属板作屏蔽体，如图 5.1.10 所示。屏蔽体自身必须接地良好，防雷变压器采用静电屏蔽原理防雷，地线虽然不作为泄放雷电流的途径，但没有地线就无法实现静电屏蔽作用。

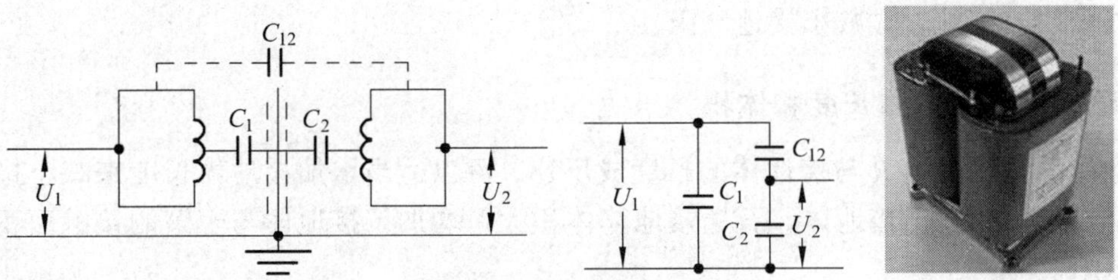

图 5.1.10　防雷变压器

防雷变压器还必须能承受感应雷引起的冲击过电压对变压器的侵袭，即自身要有良好的耐压性能不被击穿。所以实际上防雷变压器是隔离变压器和高绝缘变压器的综合。

7. 接地体

接地体是与大地紧密接触并形成电气接触的一个或一组导电体。接地体有自然接地体和人工接地体。

自然接地体是具有兼作接地功能的但不是为此目的而专门设置的各种金属构件，比如钢筋混凝土中的钢筋、埋地金属管道和设备等统称为自然接地极，最典型的是混凝土基础中的钢筋，它兼有消散电流的作用。

人工接地体是人为特意在土壤中埋设的有接地功能，可以泄放电流入地的物体（金属导体或石墨等固态物质）。人工接地体按结构分有单个接地体、多个接地体、网状接地体和板状接地体等；按埋设方式分有垂直接地体和水平敷设接地体（单一水平接地体、辐射状水平接地体）。

1.2.7　铁路信号防雷管理法规

（1）铁集成〔2006〕220 号关于印发《客运专线综合接地技术实施办法（暂行）》的通知。

（2）铁运〔2006〕26 号关于印发《铁路信号设备雷电及电磁兼容综合防护实施指导意见》的通知。

（3）运基信号〔2007〕535 号关于印发《铁路信号设备雷电及电磁兼容综合防护举例设计》的通知。

（4）铁建设〔2007〕39 号铁路防雷、电磁兼容及接地工程技术暂行规定。

（5）运基信号〔2007〕230 号关于进一步加强铁路信号设备雷电综合防护管理的通知。

（6）运基信号〔2008〕362 号关于对铁路信号设备雷电及电磁兼容综合防护进行补充规定的通知。

1.3　拓展知识

降低接地电阻的措施

1. 更换土壤

接地体的接地电阻 R 与土壤电阻率成反比。因此，若埋设接地体的地方土壤电阻率偏大时，可以采用换土的方式减小接地电阻。

2. 适当增加接地体长度和体积

接地体的接地电阻 R 与接地体的长度成反比，可以适当增加接地体长度来减小接地体的接地电阻。也可用石墨接地体，石墨接地体体积大，增加了接地体与土壤的接触面积，减少了接触电阻。

3. 深埋接地体

有的地表土质不好的地方，若深层土壤较好，可以适当将接地体深埋到土壤电阻率较低的土壤中。

4. 物理降阻

在土壤中添加木炭、煤粉和炭黑粉等，可以降低土壤电阻率和含养水分。但木炭、煤粉和炭黑粉都是酸性的，单独使用会腐蚀电极。日本生产了一种马可尼降阻剂，将碱性的水泥和特制的微孔炭黑混合，使其为中性。

5. 化学降阻

对于临时使用的接地体，当接地体的电阻很高时，可以对接地体周围土壤进行化学处理，在接地体周围土壤中掺入降阻剂，以减少接触电阻和增加接地体与原土壤的接触时的体积（降阻剂的电阻较小，因此相当于加大了接地体的直径和截面）。但是，在化学降阻问世 30 多年来，发现它们有一些不尽如人意的地方：不管是胶体状、液体状还是干粉状、颗粒状，它们要使用半年后才趋于稳定，在水分含养高的地方，化学降阻流失较快（有厂家在研究长效降阻剂），故不适应永久接地装置的需要。由于要减少降阻剂本身的电阻，一般在降阻剂内加入了强电解质物质，强电解质本身大部分偏酸，对原接地体金属有腐蚀作用，缩短了接地体的寿命。

1.4 相关规范、规程与标准

铁运〔2006〕26 号《铁路信号设备雷电及电磁兼容综合防护实施指导意见》。

任务 2 铁路信号综合防雷实施方案

2.1 任 务

掌握雷电入侵信号设备途径、雷电防护的主要技术措施、雷电电磁脉冲安全防护体系和防雷元件与防雷设备；了解铁路信号防雷相应规范，对铁路信号的防雷技术具有初步的认知。

2.2 相关知识

铁路信号设备易遭雷电袭击，造成设备的损坏或误动，影响铁路运输生产。因此，信号设备必须对雷电加以防护。为保证安全，信号设备应按现代防雷理论，全面进行雷电防护。

2.2.1 铁路信号综合防雷概述

根据相关标准及规范要求，铁路信号综合防雷实施方案框图如图 5.2.1 所示。

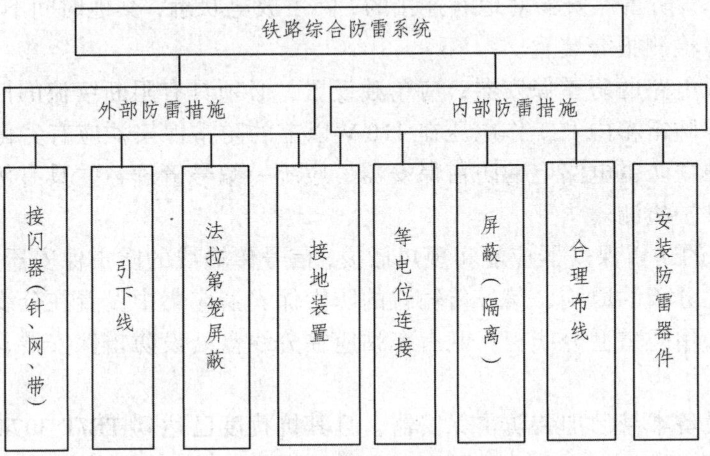

图 5.2.1 铁路信号综合防雷实施方案框图

综合防雷系统是指采用外部和内部防雷措施构成的防雷系统。防雷装置是外部和内部雷电防护装置的统称。

外部防雷装置主要用以防直击雷的防护装置，由接闪器、引下线和接地装置组成。

接闪器用来直接接受雷击的避雷针、避雷带（线）、避雷网，以及用作接闪的金属屋面和金属构件等。引下线是指连接接闪器与接地装置的金属导体。接地装置是指接地体和接地线的综合，由垂直接地体和水平接地体组成。

内部防雷装置主要用于减小和防止雷电流在需防空间内所产生的电磁效应，由等电位连接、共用接地系统、屏蔽系统、合理布线系统、电涌保护器（也称浪涌保护器）等组成。

等电位连接是指设备和装置外露可导电部分的电位基本相等的电气连接。共用接地系统是将各部分防雷装置、建筑物金属构件、低压配电保护线（PE）、等电位连接带、设备保护地、屏蔽体接地、防静电接地及接地装置等连接在一起的接地系统。屏蔽主要是指建筑物钢筋混凝土结构金属框架组成的屏蔽笼（即法拉第笼）、屋顶金属表面、立面金属表面和金属门窗框等。这些措施是内部防雷措施中使雷击产生的电磁场向内递减的第一道防线。合理布线能很好地减少电磁耦合、解决电线与电缆之间的串音和电磁耦合。电涌保护器的使用目的在于限制瞬态过电压和分走电涌电流的器件。它至少含有一个非线性元件，也称浪涌保护器，以前也叫过电压保护器。

2.2.2 铁路信号设备防雷保安器（SPD）

1. 防雷保安器的一般要求

（1）铁路信号设备防雷保安器应纳入产品强制认证管理，技术指标和应用要求必须符合相关检测标准，所用防雷保安器须获得产品强制认证证书。

（2）按照分区、分级、分设备防护和纵向、横向或纵横向防护的需要合理选用防雷保安器。

（3）当防雷保安器处于劣化或损坏状态时，须立即自动脱离电路且不得影响设备正常工作。

防雷保安器并联应用时，在任何情况下不得成为短路状态；串联应用时，在任何情况下不得成为开路状态。防雷保安器对地有连接的，除了放电状态，其他时间不得构成导通状态；否则必须辅以接地检测报警装置。

（4）用于电源电路的防雷保安器，应单独设置；必须具有阻断续流的性能；安装在分线盘（柜）处、电源防雷箱内及工作电压在 110 V 以上的防雷保安器应有劣化指示。

（5）凡属于独立防雷电路上的防雷保安器，应统一编号管理，并具有例行检测记录；其安装应便于日常维护检测。

（6）并联应用的防雷保安器应能实现热插拔，信号传输线的防雷保安器应实现即插即用。

（7）按照分区分级的原则，信号传输线的防雷保安器应集中设置在分线盘处。新建或大修车站（场）应采用防雷型分线柜；既有车站应在分线盘处设防雷保安器，并尽可能采用防雷型分线柜。

（8）被保护设备本身已加装防雷保安器，且其抗扰度已达到 TB/T 3074—2003 第 9 章规定的试验等级为 4 级或 X 级的，可不设置防雷保安器。

2. 防雷保安器应用配置

如图 5.2.2 所示，防雷保安器分别为信号设备提供了横向保护、纵向保护，在实际应用中经常同时采取横向和纵向保护措施，如图 5.2.3 所示。

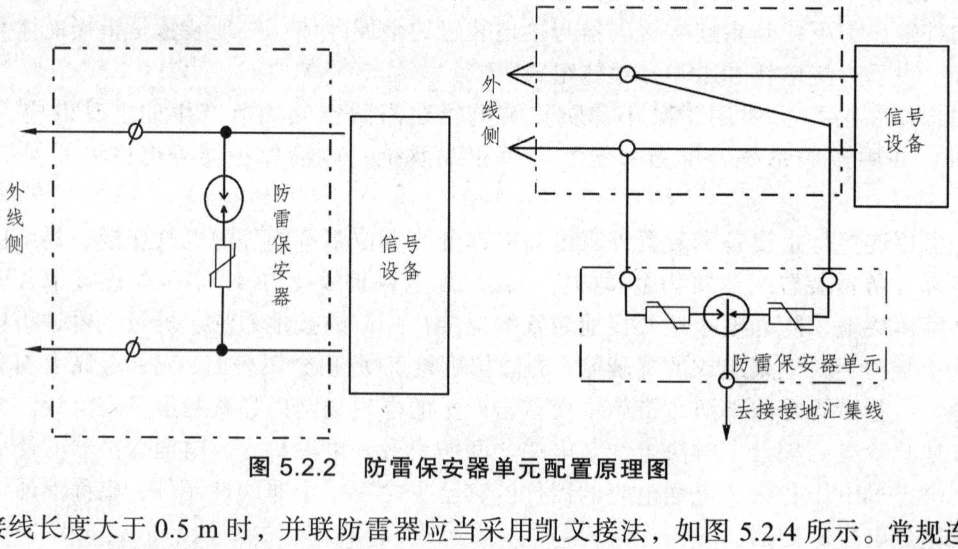

图 5.2.2 防雷保安器单元配置原理图

连接线长度大于 0.5 m 时，并联防雷器应当采用凯文接法，如图 5.2.4 所示。常规连接的并联防雷器，防雷器直接与线路并联，防雷器每个端子只有一条连线。凯文接法则线路进入端子后再离开，每个端子应有一进一出两条线，使线路与端子的距离为零。

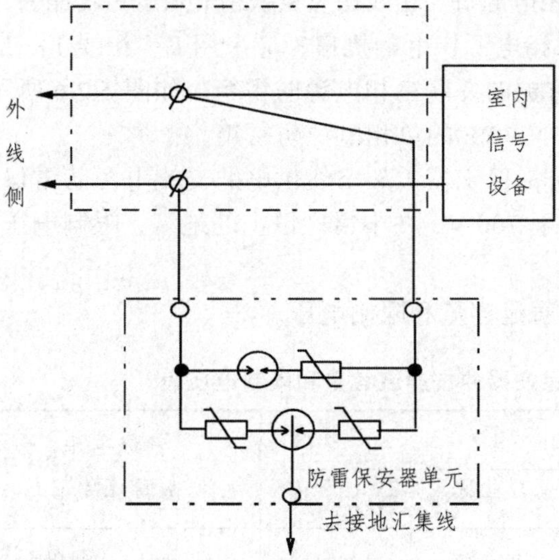

图 5.2.3　防雷保安器单元配置

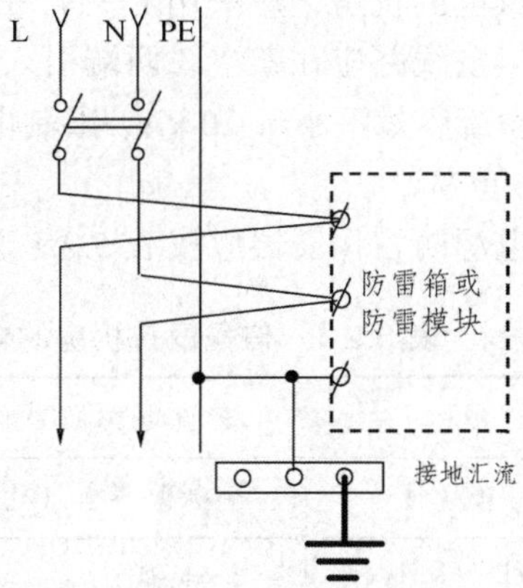

图 5.2.4　凯文接法原理

3. 电源防雷保安器

外电网引入机房建筑物应采用多级雷电防护，如图 5.2.5 所示。第Ⅰ级设在户外交流电源馈线引入处（配电盘）（电力部门未做雷电防护时，第Ⅰ级设在电力开关箱后）；第Ⅱ级设在电源屏电源引入侧；第Ⅲ级设在微电子设备（指计算机终端电源稳压器或 UPS 电源前）。

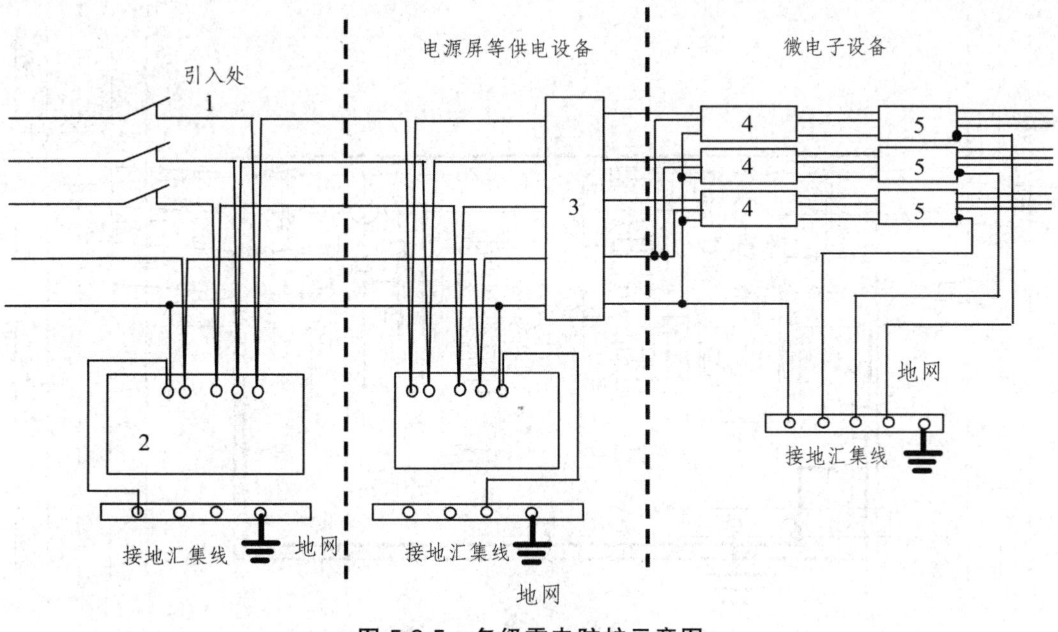

图 5.2.5　多级雷电防护示意图

电源防雷应采用信号电源防雷箱方式，信号防雷箱设置地点应符合防火要求。第Ⅰ级电源防雷应有故障声光报警、雷电计数和状态显示（三相电源每一相线均应有状态显示）等功能。

信号设备机房的电源应采用 TN-S 系统。三相电源供电的机房，应采用 L（相线）—L、L—PE（保护地线）和 N（中性线）—PE 全模防护的并联三相电源防雷箱，如图 5.2.6 所示；单相电源供电的机房，应采用 L—N、L—PE 和 N—PE 的单相电源防雷箱。

室外架空线路应在架空线两端引入处设置防雷保安器。架空线供电的交流电源防雷保安器，冲击通流容量不小于 20 kA，限制电压不大于 700 V，在中雷区以上的地区，限制电压可不大于 1 000 V。

室内电源防雷保安器应按表 5.2.1 选取冲击通流容量和限制电压。

表 5.2.1　信号设备机房的电源防雷保安器冲击通流容量和限制电压表

交流电源防雷保安器						直流电源防雷保安器	
信号防雷箱（Ⅰ）		电源屏前（Ⅱ）		微电子设备电源前（Ⅲ）			
冲击通流容量	限制电压	冲击通流容量	限制电压	冲击通流容量	限制电压	冲击通流容量	限制电压
≥40 kA	≤1 500 V	≥20 kA	≤1 000 V	≥10 kA	≤500 V	≥10 kA	注 3

注：1. 微电子设备电源引入前安装的并联型交流电源防雷箱限制电压达不到要求时，应采用带滤波器的串联型电源防雷箱。

2. 电源防雷箱的功率应大于被保护设备总用电量的 1.2 倍。

3. 直流电源防雷保安器的选取：工作电压 24 V 时，限制电压为 75 V；工作电压 48 V 时，限制电压 110 V；工作电压为 110 V 时，限制电压 220 V；工作电压为 220 V 时，限制电压为 500 V。

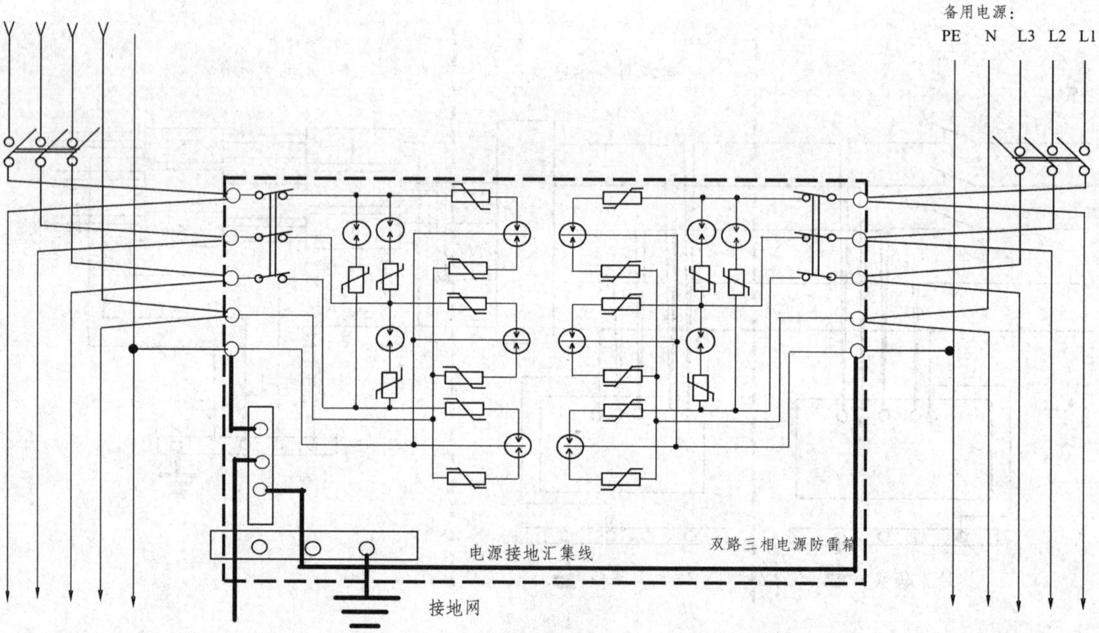

图 5.2.6　三相主备电源防雷箱原理图

4. 信号传输线防雷保安器

（1）室内数据传输线长度在 50～100 m 时，可在一端设备接口处设置防雷保安器；大于 100 m 时，宜在两端设备接口处设置防雷保安器。

（2）室内信号传输线防雷保安器的选用应符合以下要求：

① 室内采集、驱动信号传输线防雷保安器冲击通流容量不小于 1.5 kA，限制电压不大于 60 V，信号衰耗不大于 0.5 dB。

② 室内视频信号传输线防雷保安器冲击通流容量不小于 1.5 kA，限制电压不大于 10 V，信号衰耗不大于 0.5 dB。

③ 室内 RS232、RS422、RJ45、G.703/V.35 等通信接口信号传输线防雷保安器冲击通流容量不小于 1.5 kA，限制电压不大于 40 V，信号衰耗不大于 0.5 dB。

④ 其他室内信号传输线防雷保安器冲击通流容量不小于 5 kA，限制电压按表 5.2.2 选取。

表 5.2.2　信号传输线防雷保安器限制电压表

	信号设备名称（工作电压）	限制电压/V
1	轨道电路发送和接收端	≤190、330、500、700（注）
2	电码化轨道区段（≥220 V）	≤1 000
3	信号点灯、道岔表示、道岔启动（220 V 时）	≤700
4	道岔启动（380 V 时）	≤1 000
5	220 V 交/直流回路	≤700/500
6	110 V 交/直流回路	≤500/220
7	48 V 交/直流回路	≤330/110
8	24 V 以下交/直流回路	≤190/75

注：1. 交流轨道电路：工作电压小于 36 V 时，限制电压应≤190 V；工作电压 36～60 V 时，限制电压应≤330 V；工作电压 60～110 V 时，限制电压应≤500 V；工作电压 110～220 V 时，限制电压应≤700 V。

2. 直流轨道电路：工作电压小于 24 V 时，限制电压应≤75 V。

（3）安装于室外的电子设备宜在缆线终端入口处设置防雷保安器或防雷变压器。

（4）室外信号传输线（非架空线）防雷保安器冲击通流容量不小于 10 kA，限制电压按表 5.2.2 选取。

2.2.3　改善机房电磁环境

根据铁路建筑物的重要性、使用性质、发生雷击事故的可能性和后果，各种信号楼、通信站、电子信息设备的调度、计算中心及各种安全监测中心建筑物为第二类防雷建筑物。

1. 既有机房建筑物直击雷防护和屏蔽

为抗御直击雷和降低雷电电磁干扰，信号机房的建筑物应采用法拉第笼进行电磁屏蔽。信号机房建筑物屋顶不允许设置避雷针。

1）**法拉第笼组成**

法拉第笼由屋顶避雷网、避雷带和引下线、机房屏蔽和接地系统构成。

避雷网由不大于 3 m × 3 m 的方形网格构成，如图 5.2.7 所示，每隔 3 m 与避雷带焊接连通。网格由 40 mm × 4 mm 的热镀锌扁钢交叉焊接构成。热镀锌钢材的镀层厚度为 20 ~ 60 Ω · m。

避雷带（见图 5.2.8）采用不小于 ϕ8 mm 的热镀锌圆钢沿屋顶周边设置一圈，距墙体高度 0.15 m，并用热镀锌圆钢均匀设置避雷带支撑柱，支撑柱间距不大于 1 m。

图 5.2.7　屋顶避雷网

图 5.2.8　避雷带

引下线（见图 5.2.8）是避雷带与接地装置的连接线，沿机房建筑物外墙均匀垂直敷设 4 ~ 6 根，安装应平直，并与其他电气线路距离大于 1 m。引下线的固定卡钉布置应均匀牢固，间距宜小于 2 m。引下线宜采用 40 mm × 4 mm 热镀锌扁钢或不小于 ϕ8 mm 热镀锌圆钢，上端与避雷带焊接连通，焊接处不得出现急弯（弯角不小于 *R*90°），下端与地网焊接。引下线与分线盘（柜）间距应不小于 5 m。

为节省投资和合理利用资源，法拉第笼也可利用建筑物的钢筋混凝土结构或框架结构建筑物，实现引下线和大空间屏蔽网的作用。引下线利用建筑物内主钢筋时，主钢筋应与接地装置（地网）、避雷带焊接。

2）**室内法拉第笼屏蔽**

由于计算机和微电子设备对雷电电磁脉冲非常敏感，微机房内的联锁系统、微机监测系统、DMIS 系统一旦遭到雷电感应产生的浪涌电压的破坏，将造成整个车站业务的中断或停顿，严重时还会造成安全事故，微机房处于 LPZ2 区，应进一步加强防雷电感应措施，安装电子设备的机房宜进行更完善的室内法拉第笼屏蔽，如图 5.2.9 所示。

微机房内墙面和顶面敷设屏蔽层，应选用镀锌铁板等电磁屏蔽材料，板材厚度应不小于 0.6 mm。

门窗屏蔽应采用截面面积不小于 9 mm^2、网孔小于 80 mm × 80 mm 的铝合金网，并用不小于 16 mm^2 的软铜线与地网或屏蔽层可靠连接。

金属板间每间隔 500 mm 必须焊接或用不小于 2 mm^2 的软铜线可靠连接。

屏蔽层必须在引下线与地网连接处，用不小于 25 mm^2 的软铜线可靠连接（可多处连接）。

微机房已经预留钢筋接地端子板的，屏蔽层还应与钢筋接地端子板拴接。

机房地面宜采用防静电地板；其金属支架间应互相可靠连接，或在金属支架底部采用

0.2 mm × 20 mm 铜箔带构成与支架一致的网格，铜箔带交叉处用锡焊接，拴接到金属支架上。

互相连接的金属支架或网格铜箔带，应采用不小于 10 mm^2 的铜带（扁平铜网编织带）应与地网或屏蔽层连接，至少 4 处，铜带一端加线鼻后与地网或屏蔽层拴接，另一端用锡焊接。

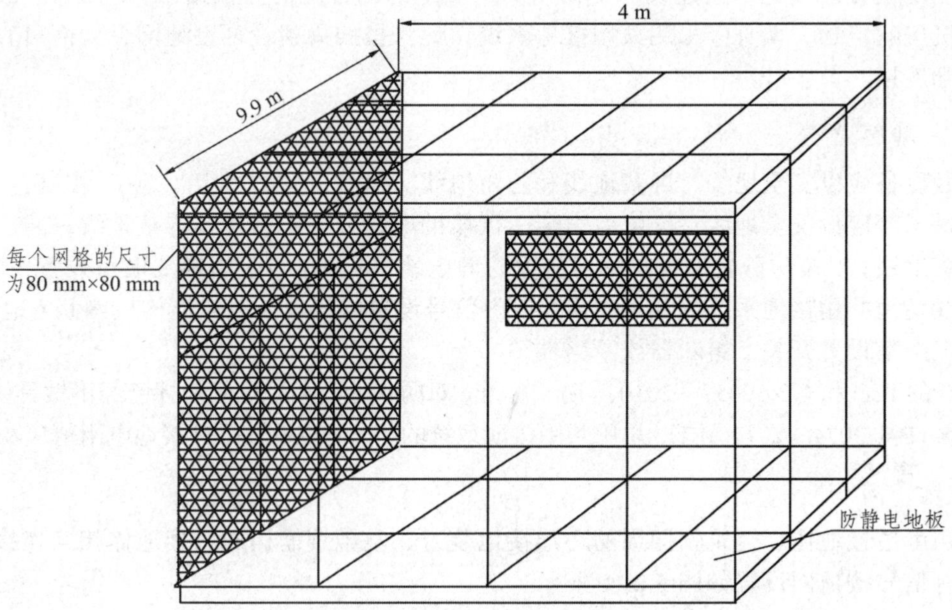

图 5.2.9　室内法拉第笼

2. 新建机房建筑物直击雷防护和屏蔽

信号楼机房在选址上除考虑生产需要、生活方便外，还应选在土壤电阻率低、腐蚀性小；远离砖窑、烟道、热力管道等使土壤电阻率升高的场所；远离牵引变电所、高大建筑物。

房屋结构应采用钢筋混凝土框架结构。在混凝土框架内应设置不小于 ϕ12 mm 的圆钢为主筋（加强钢筋），主筋上端必须与避雷带焊接，下端必须就近与基础接地网焊接。

建筑物施工时，应在机房四周室内、室外距地面 0.3 m 处预留与混凝土框架内主筋连接的接地端子板各 4 块。室外接地端子板应与环形接地装置栓接，室内接地端子板应与机房屏蔽层或与防静电地板下的金属支架（或支架下的铜箔带）栓接。

机房直击雷防护和屏蔽措施与既有信号楼机房的一致。

微机房可在墙体内用钢筋网设置屏蔽层。钢筋网应采用不小于 ϕ8 mm 的圆钢焊接成不大于 600 mm × 600 mm 网格，并与主筋焊接连通，窗户设有防盗网的还应与防盗网钢筋焊接。门窗屏蔽及采用金属板的机房屏蔽既有信号楼微机房屏蔽措施一致。

3. 室外信号设备直击雷防护和屏蔽

室外电子设备集中的区域，可在距电子设备和机房建筑物 30 m 以外的地点安装多支独立避雷针。

包含信号设备的箱、盒、柜等壳体应具有良好的电气贯通和电磁屏蔽性能，壳体内应设专用接地端子（板）。室外信号设备的金属箱、盒壳体必须接地。进出金属箱、盒的电源线、信号线宜采用屏蔽电缆或非屏蔽电缆穿钢管埋地敷设，屏蔽电缆的金属屏蔽层或钢管应接地。

严禁用钢轨代替地线。高柱信号机点灯线缆应采用屏蔽线。

4. 接地系统

按照现代接地理论，应建设一个共用的高质量的综合地网。根据 TB/T 3074—2003，信号设备机房建筑物，本身应采用共用接地系统，信号楼四周建设环型地网，地网可直接与信号楼基础连接。

1）一般要求

信号设备应设安全地线、屏蔽地线和防雷地线。信号设备的机架（柜）、控制台、箱盒、信号机梯子等应设安全地线；交流电力牵引区段的电缆金属护套应设屏蔽地线；防雷保安器应设防雷地线；安装防静电地板的机房应设防静电地线；微电子设备需要时可设置逻辑地线。上述地线均由共用接地系统的地网引出。室内信号设备的接地装置应当构成网状（地网）。接地导线上严禁设置开关、熔断器或断路器。

最新的 IEC 和 GB 50057—2010 等防雷标准，对防雷地的接地电阻指标已经不做具体参数规定。根据 TB/T 3074—2017 要求，采用共用接地系统的信号设备机房，其接地电阻值应小于 1 Ω。

2）地　网

地网由各接地体、建筑物四周的环形接地装置、基础钢筋构成的接地体相互连接构成。既有信号楼地网设置如图 5.2.10 所示。

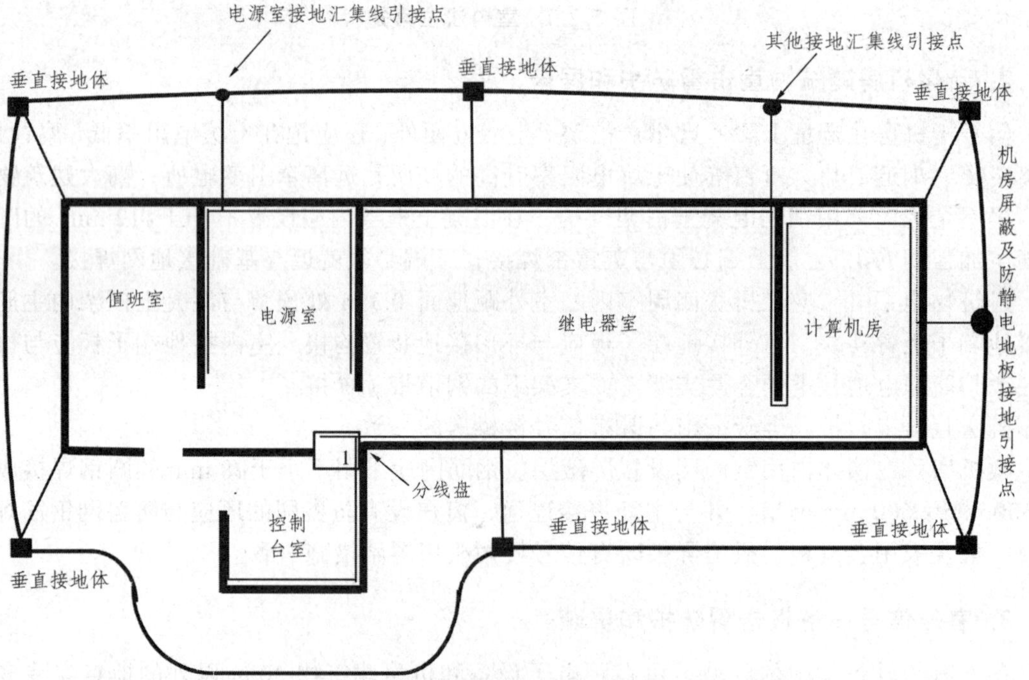

图 5.2.10　既有信号楼地网

新建建筑物混凝土基础的钢筋必须焊接成基础接地网，网格宽度不大于 3 m；既有建筑物为钢筋混凝土基础的，可利用混凝土基础钢筋作为基础接地网。如图 5.2.11 所示，为新建信号楼地网示意图。

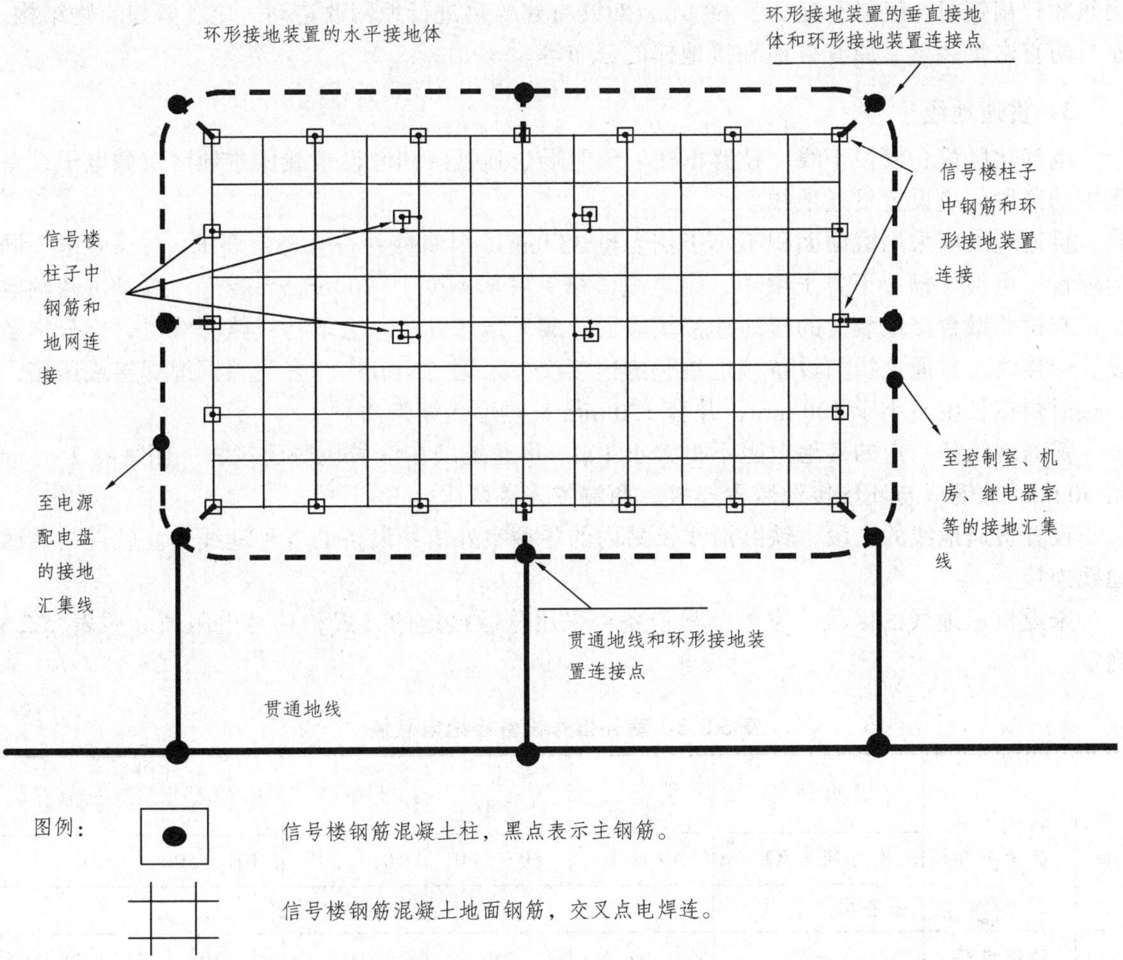

图 5.2.11　新建信号楼地网

环形接地装置一般由水平接地体和垂直接地体组成，应环绕建筑物外墙闭合成环，受条件限制时可不环周敷设，但应尽可能沿建筑物周围设置，以便与地网连接的各种引线就近连接。环形接地装置必须与建筑物四角的主筋焊接，并应在地下每隔 5 ~ 10 m 就近与建筑物基础接地网钢筋焊接一次。接地体应设置永久性明显标志。

水平接地体距建筑物外墙间距不小于 1 m，埋深不小于 0.7 m。水平接地体可采用以下材料：40 mm × 4 mm 热镀锌扁钢；镀层厚度大于 250 μm、直径大于 14 mm 的镀铜圆钢；不小于 50 mm^2 铜带或缠绕的电缆；与贯通地线材质相同。

在避雷带引下线处应设垂直接地体，垂直接地体必须与水平接地体可靠焊接。接地电阻不满足要求时，可增设垂直接地体，其间距不宜小于其长度的 2 倍并均匀布置。

垂直接地体可采用石墨电极、铜包钢、铜材、热镀锌钢材（钢管、圆钢、角钢、扁钢）或其他新型接地材料，电力牵引区段宜采用石墨接地体。

接地电阻难以达到要求时，可采取深埋接地体、设置外延接地体、换土、在接地体周围添加经环保部门认可的降阻剂或其他新技术、新材料等措施。接地体难以避开污水排放和土壤腐蚀性强的地点时，垂直接地体应采用石墨接地体。水平接地体应选用耐腐蚀性材料，采用热镀锌扁钢时，镀层不宜小于 60 μm。对既有建筑物进行地网改造时，应了解建筑物结构、原有防直击雷装置、原有接地和接地体的分布等。

3）贯通地线

电气化区段、繁忙干线、铁路枢纽、编组场、强雷区和埋设地线困难地区及微电子设备集中的区段，应设置贯通地线。

贯通地线应采用截面面积不小于铜当量 35 mm^2、耐腐蚀并符合环保要求。与信号电缆同沟埋设于电缆（槽）下方土壤中，距电缆（槽）底部不少于 300 mm。隧道、桥梁应两侧敷设；与桥梁墩台接地装置的接地连接线应设置成无维修方式。上下行线路分线时，应分别敷设。引接线（贯通地线与设备接地端子的连接线）采用 25 mm^2 的多股裸铜缆焊接或压接，焊接时焊接长度不小于 100 mm，并套 150 mm 长热熔热缩带防护。

贯通地线任一点的接地电阻不得大于 1 Ω。贯通地线在信号机房建筑物一侧每隔 2 ~ 3 m 用 50 mm^2 裸铜线与环形接地装置连接，两端各连接两次。

设置贯通地线的区段，铁路沿线及站内的各种室外信号设备的各种地线均应就近与贯通地线连接。

未设贯通地线的区段，室外信号设备可采用分散接地的方式，接地电阻值参照表 5.2.3 确定。

表 5.2.3　室外信号设备接地电阻值

序号	接地装置使用处所	土壤分类	黑土、泥炭土	黄土、砂质黏土	土加砂	砂土	土加石
		土壤电阻率/Ω · m	50 以下	50 ~ 100	101 ~ 300	301 ~ 500	501 以上
		设备引入回线数	接地装置接地电阻值小于				
1	轨道电路	—	10	10	10	20	20
2	信号电源线	—	10	10	10	20	20
3	站内一般信号设备	—	10	10	10	20	20

5. 接地汇集线及等电位连接

信号楼内信号设备接地汇集线及等电位连接如图 5.2.12 所示。

（1）控制台室、继电器室、防雷分线室（或分线盘）、机房和电源室（电源引入处）应设置接地汇集线。接地汇集线宜采用大于 30 mm × 3 mm 紫铜排，可相互连接成条形、环形或网格形，环形设置时不得构成闭合回路。

（2）接地汇集线受制造长度的限制需使用多根铜排时，铜排间直接连接的接触部分长度不少于 60 mm，接触面应打磨后用 3 个铜螺栓双螺帽连接。

（3）电源室（电源引入处）防雷箱处、防雷分线室（或分线盘）处的接地汇集线应单独设置，并分别与环形接地装置单点冗余连接。其余接地汇集线可采用截面积不小于 50 mm^2 有绝缘外护套的多芯铜导线或 30 mm × 3 mm 紫铜排相互连接后与环形接地装置单点冗余连接。

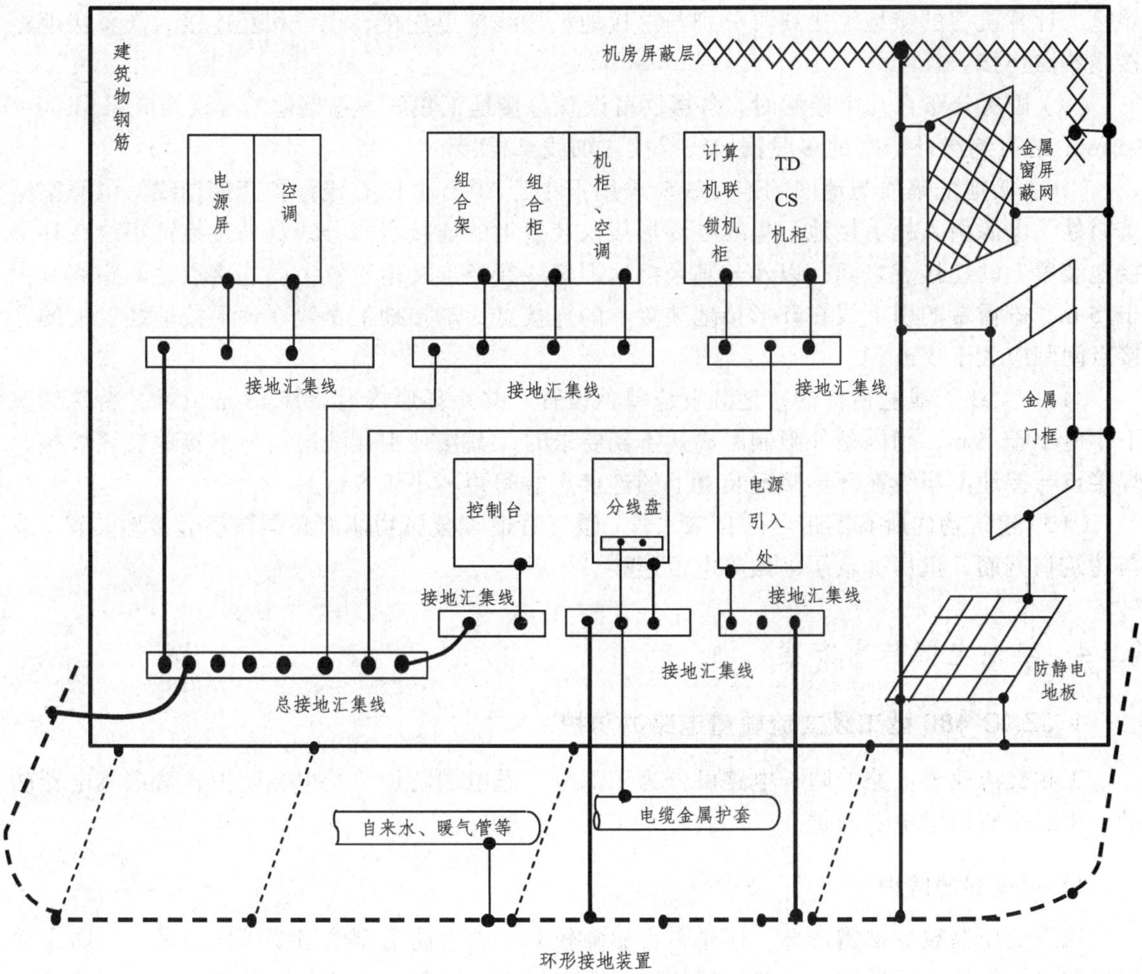

图 5.2.12　信号楼内信号设备接地汇集线及等电位连接

（4）接地汇集线及接地汇集线间的连接导体、接地汇集线与地网的连接线必须与墙体绝缘。接地汇集线一般在距地面 200 ~ 300 mm（踢脚线紧上方）处设置；有防静电地板的机房，接地汇集线可在地板下方距地面 30 ~ 50 mm 处设置，距墙面宜为 100 ~ 150 mm；也可在地板下方设成条状或网格状。需要时，也可在机房房顶设置。接地汇集线上每隔 1 ~ 1.5 m 应预留接地螺栓供连接使用。

（5）室内走线架、组合架、电源屏、控制台、机架、机柜等所有室内设备必须与墙体绝缘，其安全地线、防雷地线、工作地线等必须以最短距离分别就近与接地汇集线连接。

（6）走线架不得布置成环型，已构成闭合回路的可加装绝缘。在不构成闭合回路的前提下，必须保持走线架在电气上的连续性（可利用剥开的 25 mm^2 铜导线，敷设在电缆走线架内，并将每段走线架至少在两点进行连接），并用 30 mm × 3 mm 紫铜排与接地汇集线拴接，连接螺栓采用 ϕ8 mm 铜质或不锈钢质，并不得少于 3 枚。

（7）室内同一排不同的金属机架、柜之间用大于 10 mm^2 多股铜导线栓接后再用不小于 50 mm^2 有绝缘外护套的多股铜线或 30 mm × 3 mm 紫铜排就近与接地汇集线连接。

（8）机房面积较大时，可以设置与地网单点冗余连接的总接地汇集线。控制台室、继电器室、计算机房的接地汇集线可分别与总接地汇接线单点连接，也可相互连接后与总接地汇接线单点连接。

（9）机房分布在几个楼层时，各楼层可设置总接地汇集线，总接地汇集线间应采用 50 ~ 95 mm^2 的有绝缘外护套的多股铜导线焊接或加线鼻栓接。

（10）接地汇集线与地网的连接线应采用不小于 50 mm^2 的有绝缘护套铜导线。电源室防雷箱处（电源引入处）接地汇集线在环形接地装置上的连接点与分线盘处接地汇集线在环形接地装置上的连接点之间，以及与其余接地汇集线在环形接地装置上的连接点之间距离宜大于 5 m。避雷带的引下线在环形接地装置上的连接点，与接地汇集线在环形接地装置上的连接点间距应大于 5 m。

（11）无线天线避雷针的接地装置应单独设置，并距环形接地装置 15 m 以上，特殊情况下不应小于 5 m，确因条件限制距离达不到要求时，其接地引接线应与环形接地装置焊接，焊接点与接地汇集线在环形接地装置上的连接点的间距不小于 5 m。

（12）建筑物内所有不带电的自来水管、暖气管道等金属物体都必须与环形接地装置（或与建筑物钢筋、机房屏蔽层）做等电位连接。

2.2.4 轨道电路防雷方案

1. JZXC-480 型工频交流轨道电路的防护

工频交流轨道电路的防护电路可分为三部分：送电端防护、受电端防护、轨道继电器防护，重点是轨道继电器防护。

1）送电端的防护

轨道变压器较少被雷击坏，熔丝雷害故障较多。随着防雷型轨道变压器的采用，防雷效果较明显。轨道变压器的Ⅱ次侧设置压敏电阻器做横向防护，主要是防护熔丝，一般雷害地区可不设。

2）受电端的防护

在中继变压器两侧设压敏电阻器做横向防护。随着防雷型中继变压器的采用，防雷效果较明显，但它防护的是纵向过电压，还应设横向防护。对于一般采用 68 V、5 kA，站内电码化的受电端发码区段，也按不低于工作电压互感器 2.2 倍的要求选用。

3）轨道继电器防护

用一只三极放电管作纵向防护，一只压敏电阻器或再加两个电感线圈作横向防护。两个电感线圈有限流作用，减轻压敏电阻器因雷击冲击的老化；对雷电波来说，增加了阻抗，起到了强迫三极放电管两极间的放电的作用。电感量越大限流作用越显著，所以应在不影响正常工作和有安装条件的情况下，尽量采用电感量大的线圈。雷击活动较弱或安装有困难时可取消电感线圈。

防雷保安器应设于分线柜中，新建站采用防雷型分线柜，既有站采用防雷分线柜，当条件不允许时新增防雷柜应紧靠分线柜或分线盘。

2. 25 Hz 相敏轨道电路防雷保安器配置

电化 25 Hz 轨道电路通道防雷措施如图 5.2.13 所示。值得注意的是，站内电码化发码区段的电压可达 300 V，选用防雷保安器时要考虑该因素。图中防雷保安器单元为纵、横向防护，可热插拔，故障模式为开路。各种轨道电路进入信号楼的线路，在分线盘处必须采取纵向和横向防护。室内接受设备的防雷保安器单元为串联型，防雷元件的选取按低电压考虑，可热插拔。

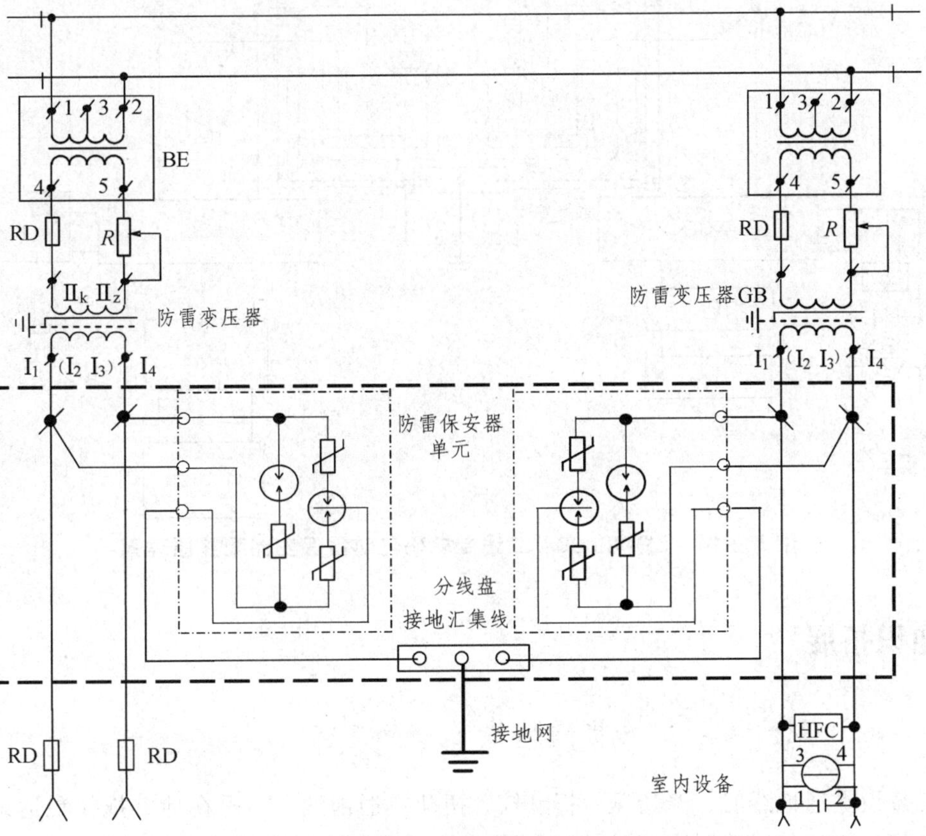

图 5.2.13　电化 25 Hz 轨道电路通道防雷

3. 移频轨道电路防护

移频轨道电路防雷室内部分由防雷变压器和压敏电阻器组成，适用于非电气化区段和电气化区段。室外部分分为非电气化区段用和电气化区段用两种。非电气化区段由防雷变压器、50 Hz 抑制器（用来抑制 50 Hz 干扰）、压敏电阻器和三极放电管组成，安装在变压器箱内。电气化区段由防雷变压器、50 Hz 抑制器组成的匹配抑制器，设在变压器箱内，压敏电阻器和三极放电管组合起来设置在扼流变压器箱内的牵引侧。

因此，移频轨道电路的防护电路由三级防护电路组成。室外的三级放电管（纵向防护）和压敏电阻器（横向防护）作为第一级防护，室外防雷变压器作为第二级防护。室内压敏电阻器（横向防护）和防雷变压器（纵向防护）作为第三级防护。如图 5.2.14 所示为 ZPW2000A 二线制电码化防雷保安器配置原理。

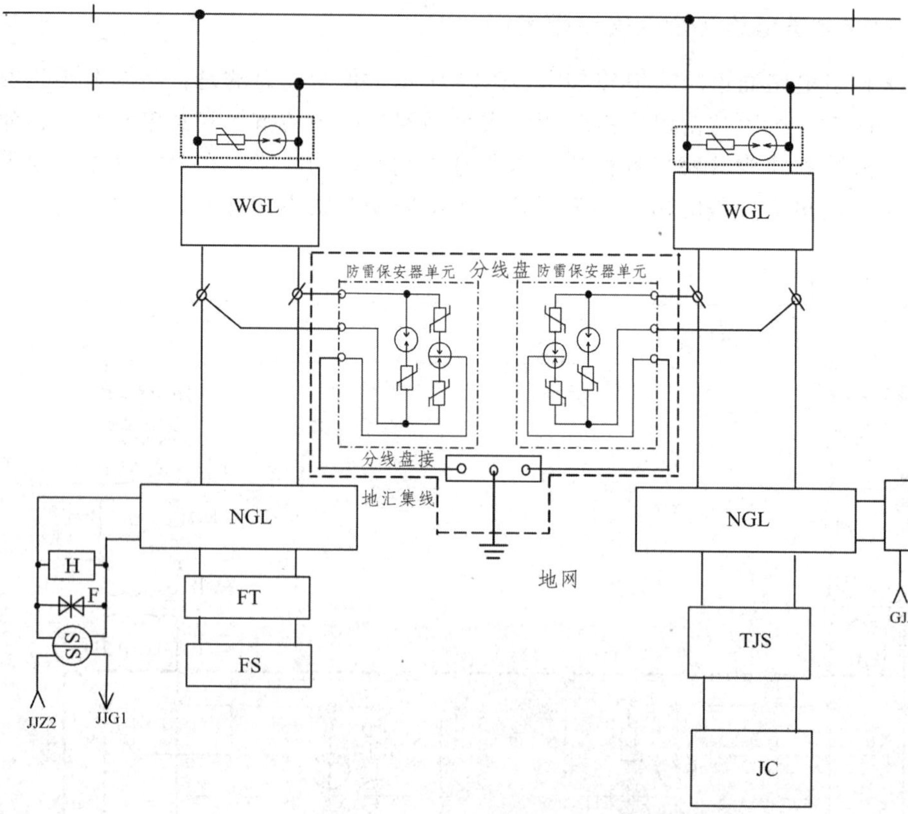

图 5.2.14　ZPW2000A 二线制电码化防雷保安器配置原理图

2.3　知识拓展

贯通地线敷设及工艺

人工敷设贯通地线时，严禁压、折、摔、扭曲贯通地线，不得在地上拖拉贯通地线。桥、隧、路基相互之间的过渡段贯通地线应平顺连接。贯通地线敷设于电缆槽内时，应敷设在电缆槽的最底层并采用砂防护。

综合接地系统应设置供引接线接地引接的不锈钢接地端子或接地母排；室外接地端子或接地母排应直接灌注在电缆槽或其他混凝土制品中。

铁路综合接地系统施工过程中和施工完成后应实测接地电阻，如不满足要求，应增加人工接地体。贯通地线施工后应按设计规定的要求对标志进行编号。

（1）路基地段贯通地线的埋设应满足以下要求：

① 直埋时沟底应平坦，沟内无石块和杂物，回填覆土并人工夯实，与其他电缆或管道交叉时应采用热镀锌钢管进行防护。

② 贯通地线应在环境温度不低于 – 10 °C 时敷设。

③ 接地干线应具有牢固的机械强度和良好的电气连续性，过障碍处应采取相应的机械防护措施。

④ 各接地端子板应设置在便于安装和检查以及接近各种引入线的位置,避免装设在潮湿或有腐蚀性气体及易受机械损伤的地方。

（2）贯通地线的连接宜采用操作简单、连接可靠、经济合理的压接工艺，并满足以下要求：

① 贯通地线的接续和“T”形引接采用铜质“C”形压接件进行连接。铜质“C”形压接件的机械性能和化学成分应满足国家标准《专用纯铜板》（GB 1837—80）的相关规定，

② 压接钳的压接力不应小于 12 t，并应具有压接力未达到规定值时不能自行解锁的功能。

③ 连接处应采取可靠防腐措施，使用寿命与贯通地线相同且满足免维护要求。

（3）贯通地线防护应满足以下要求：

① 以下地点应采用上、下各覆土 100 mm，然后再用砖防护：

接近或交叉其他电缆时，穿越种有农作物的耕地时，穿越居民点时，必须减少贯通地线的埋设深度时。

② 穿越轨道时可选用热镀锌钢管进行防护。穿越轨道的防护管，其两端应超出轨枕 500 mm 以上。

③ 穿越公路时应采用热镀锌钢管防护，其两端应伸出公路边沿 500 mm 以上。

④ 穿越水沟、水渠时，应采用热镀锌钢管防护。

⑤ 各种防护管的内径应不小于贯通地线外径的 3 倍。

2.4 相关规范、规程与标准

《铁建设〔2007〕39 号铁路防雷》《电磁兼容及接地工程技术暂行规定》。

任务3 铁路信号设备雷电综合防护系统的维护与管理

3.1 任 务

掌握铁路信号雷电防护设备的日常维护规则及方法、雷害安全管理相应规定。通过本任务的学习，能对防雷设备及元件进行检修、测试和更换。

3.2 相关知识

1. 铁路信号设备雷电综合防护系统的维护

（1）防雷保安器应逐步实现免维护，并纳入微机监测；需要日常检查测试的，应由供货企业提供测试方法及测试要求，并在改造时提供必要的仪器、仪表和相应的备品。

（2）信号设备防雷设施维护分为周期性维护和日常性维护。

（3）周期性维护的周期为一年。有劣化指示和报警功能的防雷保安器实行故障修，其他防雷保安器等防雷设施应在每年的雷雨季节前进行一次检测。

（4）日常性维护应在每次雷击之后进行。雷电活动强烈的地区，应增加防雷装置的检查次数。

（5）检测外部防雷装置的电气连续性，若发现有脱焊、松动和锈蚀等，应进行相应的处理，特别是在接地测试点，应对地网接地电阻进行测量。

（6）测试电缆芯线绝缘时，应拔除防雷保安器，以免影响测试结果。

（7）检查避雷带（网）、引下线、避雷针的腐蚀情况及机械损伤，包括由雷击放电所造成的损伤。若有损伤，应及时修复；锈蚀部位超过截面三分之一时，应更换。

（8）测试接地电阻，测试值大于规定时，应检查接地装置和土壤条件，找出变化原因，并采取有效措施进行整改。

（9）检测室内防雷设施和金属外壳、机架等电位连接的电气连续性，若发现连接处松动或断路，应及时修复。

（10）检查各类防雷保安器的运用质量，有故障指示、接触不良、漏电流过大、发热、绝缘不良、积尘等情况时应及时处理。

2. 安全管理

（1）雷害组织。各电务段要以雷雨为令，做好雷害处理准备，一旦发生雷害以最快速度到达现场，最大限度地缩短故障延时。

（2）雷害汇报。各电务段在雷害发生后，要在 24 小时内将基本情况网传至局电务检测所，及时填写“月度雷害汇总表（附件 3-11）”，并于每月 20 日前报电务检测所。电务段负责对管内十年内的雷害资料进行积累，按站和区间编制雷害分布图。

（3）雷害处理。雷害发生后要及时组织有关人员恢复设备正常使用，同时要对雷击设备的防雷设施进行测试、检查，更换不良元件；对较严重雷害，还要对雷击范围内的设备进行全面测试复查，发现问题，及时处理。

（4）雷害调查。雷害发生后，电务段要及时指派专业技术人员到雷害现场进行调查、分析，并填写“信号雷害调查记录（附件 3-10）”。“信号雷害调查记录”和“雷害分析报告”须于雷害发生后 48 小时内网传至局电务检测所。

（5）雷害备品配备。根据历年雷害故障情况确定重点雷害车站，重点雷害车站要配备好雷害易损器材；非重点雷害站在车间配备雷害易损器材。

（6）雷害安全措施。进入雷电综合防护的机房，严禁同时直接接触墙体（含屏蔽层、金属门窗、水暖管线等）与信号设备。需要接触信号设备时，必须采取穿绝缘鞋或在地面铺垫绝缘胶垫等措施。雷害正在发生时，严禁插拔防雷元件，严禁触摸各种防雷地线，避免发生人身伤害。

3.3 知识拓展

铁路信号防雷工程验收

验收内容包括检查技术文件，检查、检测防雷设施。

1. 技术文件

（1）设计方案及变更设计记录。

（2）隐蔽工程（环形接地装置、垂直接地体、建筑物基础地网）的安装技术记录和随工验收记录。

（3）避雷网、避雷带、引下线、环形接地装置、垂直接地体、建筑物基础地网和室内各接地汇集线、屏蔽设施等竣工图纸。

（4）防雷保安器配置图和接线、配线图。

（5）防雷保安器使用说明书，包括技术性能、安装方法，技术指标、维修和故障应急处理方法等。

（6）防雷保安器出厂检验报告、出厂合格证，CRCC 证书等。

（7）地网接地电阻（一组）测试记录，包括测试仪表和环境描述（时间、气候、土质等）。

2. 避雷网、避雷带、引下线、地网检查

（1）使用材料。

（2）安装、连接和防腐检查。

（3）地网埋设、标志及隐蔽工程记录检查。

3. 接地汇集线及机房屏蔽的检查

（1）使用材料。

（2）安装及连接检查（其中，金属门窗与地网、防静电地板支柱与地网、机房屏蔽与地网、机房屏蔽的任两点之间用毫欧表进行测试，电阻应小于 0.1 Ω）。

4. 防雷保安器安装检查

（1）安装位置、方式及配线的规格、颜色、长度、径路检查。

（2）各级能量配合及参数检查，并有 CRCC 认证标志。

（3）电源防雷箱报警和雷击计数器检查。

5. 根据现场实际或有特殊要求的其他项目的检查验收

根据现场实际情况，或者对有特殊要求的其他项目进行检查验收。

3.4 相关规范、规程与标准

《铁路信号维护规则（技术标准）》。

项目小结

雷电侵入是目前影响铁路信号设备正常运行的主要因素之一，加强对铁路信号设备的雷

电综合防护是当前铁路相关部门的重要任务。本项目主要介绍铁路信号设备雷电防护的技术措施，以及防雷设备的维护与安全管理。

雷电入侵信号设备的途径有直击雷造成的空间电磁感应、信号传输线、电源供电线路和地电位反击。针对以上四个入侵途径，提出雷电综合防护的主要技术措施为：接地、屏蔽、等电位连接、瞬态等电位、传导，并构成雷电电磁脉冲安全防护体系。

防雷元件与设备主要介绍铁路信号系统常用的气体放电管、压敏电阻、瞬态二极管、直击雷防护装置、浪涌保护器、防雷变压器和接地体。

铁路信号综合防雷系统是指采用外部和内部防雷措施构成的防雷系统。外部防雷装置主要用以防直击雷的防护装置。由接闪器、引下线和接地装置组成。内部防雷装置主要用于减小和防止雷电流在需防空间内所产生的电磁效应，由等电位连接、共用接地系统、屏蔽系统、合理布线系统、电涌保护器（也称浪涌保护器）等组成。

防雷设备的维护与安全管理是信号工岗位应具备的基本能力。

复习思考题

在线题库资源

1. 雷电入侵铁路信号设备的途径有哪些？
2. 雷电综合防护的主要技术措施有哪些？
3. 铁路信号电源防雷保安器如何配置？
4. 改善铁路信号机房电磁环境有哪些具体措施？
5. JZXC-480 型工频交流轨道电路如何防雷？
6. 哪些地方应设置贯通地线？
7. 室外信号设备直击雷如何防护？
8. 地网接地电阻在什么情况下需要测试？

参考文献

[1] 林瑜筠. 铁路信号基础[M]. 北京：中国铁道出版社，2008.

[2] 翟红兵. 铁路信号实训教学指导[M]. 北京：中国铁道出版社，2008.

[3] 中华人民共和国铁道部. 铁路信号维护规则（技术标准）[S]. 北京：中国铁道出版社，2009.

[4] 中华人民共和国铁道部. 铁路技术管理规程[S]. 10 版. 北京：中国铁道出版社，2006.

[5] 铁道部劳动和卫生司，铁道部运输局. 高速铁路现场信号设备维修岗位[M]. 北京：中国铁道出版社，2012.